西北大学"双一流"建设资助项目

西北大学学科史文献资料选编

第一卷

西北大学西北联大与大学文化研究院 编

主编 姚 远 曹振明 伍小东

西北大学出版社

·西安·

图书在版编目（CIP）数据

西北大学学科史文献资料选编. 第一卷 / 姚远，曹振明，伍小东主编. —西安：西北大学出版社，2023.11
　ISBN 978-7-5604-5246-3

Ⅰ.①西… Ⅱ.①姚…②曹…③伍… Ⅲ.①西北大学—学科发展—文献资料—汇编 Ⅳ.①G649.284.11

中国国家版本馆 CIP 数据核字（2023）第 215036 号

西北大学学科史文献资料选编.第一卷
XIBEIDAXUE XUEKESHI WENXIAN ZILIAO XUANBIAN.DIYIJUAN

主　　编	姚　远　曹振明　伍小东
出版发行	西北大学出版社
地　　址	西安市太白北路 229 号
邮　　编	710069
电　　话	029-88302607
经　　销	全国新华书店
印　　装	陕西瑞升印务有限公司
开　　本	787mm×1 092mm　1/16
印　　张	26.5
字　　数	515 千
版　　次	2023 年 11 月第 1 版　2023 年 11 月第 1 次印刷
书　　号	ISBN 978-7-5604-5246-3
定　　价	89.00 元

本版图书如有印装质量问题，请拨打电话 029-88302966 予以调换

西北大学校史编纂顾问委员会

主　　任　张岂之
委　　员　（以姓氏笔画为序）
　　　　　王忠民　方光华　乔学光　孙　勇　李军锋
　　　　　张　炜　陈宗兴　郝克刚　董丁诚

西北大学校史编纂委员会

主　　任　王亚杰　郭立宏
副 主 任　张　清　常　江　吴振磊　田明纲
委　　员　（以姓氏笔画为序）
　　　　　马　来　马向科　王旭州　王根教　刘　丰
　　　　　刘　杰　刘舜康　杨　涛（校庆办）　杨春德
　　　　　杨德生　汪　涛（规划与学科处）　周　超
　　　　　姚　远　姚聪莉　崔云水　崔延力　梁星亮
　　　　　韩志斌　熊晓芬

西北大学学科史文献资料选编
编辑委员会

主　编　姚　远　曹振明　伍小东
总审订　杨德生
执　笔　（以姓氏笔画为序）
　　　　王旭州　王雨曦　宁　岗　伍小东　吕　晶
　　　　朱家栋　刘卫武　战　涛　杨　晶　杨　涛（校庆办）
　　　　杨德生　姚　远　罗彩云　曹振明　崔云水

内容提要

西北大学是我国西北地区创建最早的现代高等学府，其前身是清光绪二十七年（1901）筹建、光绪二十八年（1902）开学的陕西大学堂，1912年始称西北大学，1923年改为国立西北大学，在抗战期间又汇聚了平津诸多著名高校的强大师资力量和学科优势组成国立西北联合大学，在我国西北和全国的现代高等教育史上占有重要地位。然而，有关其历史档案、文献资料相当分散，分藏于海内外各地，或私藏于各类学者和人士，调阅极为不便，而且大多损毁、流失严重，亟须抢救。主编姚远曾为此在清华大学高访一年、在南京大学图书馆挂职副馆长一年，并在陕西省档案馆聘用年余，四处搜集西北大学京陕两源资料。在此基础上，选编了清末陕西大学堂—陕西高等学堂时期、省立西北大学—国立西北大学时期、西安中山学院—西安中山大学时期的档案与史料，为研究西北大学的源流和我国高等教育的发展提供文献依据，展示西北大学在我国西北现代高等教育的发轫、奠基，以及我国现代大学精神的塑造与淬炼方面的贡献。这对于更好地传承和弘扬中华民族优秀高等教育文化，具有重要的史料价值和现实意义。

主要作者简介

姚远，陕西岐山人，二级编审，博士生导师，西北大学西北联大与大学文化研究院院长、西北联大联盟秘书长。著有：《西北联大史料汇编》《国立西北联合大学档案史料选编》《衔命东来：话说西北联大》《国黉播迁：西北联大通史》《西序弦歌：西北联大简史》《融汇西东：西北联大教育思想》《图说西北大学百廿年历史》《西北大学英烈故事十五讲》《西北大学学科发展史·学科源流概述》《西北大学史稿》《西北大学学人谱》等。

曹振明，山东临沂人，西北大学哲学学院副教授，硕士研究生导师，西北大学西北联大与大学文化研究院、关学研究院、玄奘研究院特聘研究员，中国社会科学院博士后，兼任陕西省关学文化促进会理事、中国宗教学会理事等，主要研究领域为中国哲学、高等教育思想史等，在权威和核心期刊发表学术论文数十篇，出版学术著作多部，主持国家和省部级科研项目多项，荣获省部级奖励多项。

伍小东，陕西宝鸡人，科学技术史博士，西北大学马克思主义学院讲师，西北联大联盟秘书，主持教育部项目、陕西省哲学社会科学项目、陕西省社科联项目、西安市社科项目、教育厅项目等7项。在《中国科技史杂志》《西北大学学报（自然科学版）》等发表论文10余篇，参与编写著作4部，获得省厅级奖励3项，主要从事科学教育史研究。

序

　　历史是一面镜子，照见现实和未来。一所大学走向怎样的未来，在很大程度上取决于如何面对自己的过去。因此，认识过去是理解现在和预知未来的钥匙。

　　建校120年来，西北大学始终以人类进步、社会发展为使命，以国家富强、民族振兴为己任，在长期的发展过程中，形成了"发扬民族精神，融合世界思想，肩负建设西北之重任"的办学理念，淬炼出"公诚勤朴"的校训，铸就了"艰苦创业、自强不息"的西大精神，形成了"团结、进取、民主、奉献"的优良校风和"勤奋、严谨、求实、创新"的优良学风。这些赋予了学校很强的包容性、旺盛的生命力和高远追求，激励着一代又一代西大人坚持操守，不畏艰险，克服困难，奋力前行。特别是在新时代、新时期，西北大学以更加开放的胸怀、更加包容的气度、更加坚定的担当，与时俱进、不断创新，深度融入时代潮流当中，更加彰显出以爱国主义为核心的民族精神和以改革创新为核心的时代精神。

　　学科是高校人才培养的依托，是科学研究的平台，是服务社会的基石，是文化传承创新和国际交流合作的载体，被称为高校发展的龙头、主线。纵观西北大学历史，无论是对国立北平大学综合属性的整建制传承、京陕两源的合流，还是1952年的高校院系调整，20世纪末的"211"工程，以及21世纪的"双一流"建设，"学科"是贯穿于整个历史进程中非常重要的关键词。大学本来就是以学科的划分和组合为基础构建起来的一个学术组织，大学的功能、特色以及办学水平等都与学科相关。一部学科史，如同一面镜子，全景式地折射出大学改革、建设与发展的历史，所彰显的则是一代一代学人践行使命与勇担重任的奋斗轨迹！欲揭示参天葳蕤的缘由，欲维系花繁叶茂的根脉，须先厘清学科的源流与走向。

　　西北大学自创设以来，植根西北、兴学求强，在一个多世纪的办学历程中，十分注重依托区域资源，在主动服务国家和区域经济社会发展的同时，巩固和扩大基础学科优势，并向应用学科延伸。学校依托西部自然与人文资源，深入推进保护"一座山"——秦岭，呵护"一条河"——黄河，融入"一条路"——丝绸之路，壮大"一棵树"——地球动物树，建设"一个原"——黄土高原，传承"一个精神家园"——周秦汉唐文明，升级"一个战略"——西部大开发战略，做好服务国家和区域发展的大文章，形成了鲜明的办学特色和学科优势。

《西北大学学科发展史》是我校第一部贯通120年历史的著作，是一项宏大的、具有创新性的、意义深远的文化工程。通过挖掘、整理学校的学科源流与发展走向，研究校史，提炼学校发展理念和精神，有利于更好地继承、发展、建设和丰富西大文化，并为未来的发展提供历史的依据。

学科建设中的重大成就及其治学精神、教育理念，正是《西北大学学科发展史》的核心内容所在。在校史研究、西北联大研究的基础上，我校启动了学科发展史编纂工作，并将其列为120周年校庆的重要工作之一。在全校25个院（系、所）312位执笔人的鼎力支持和积极参与下，600余万字的书稿终于完成，这无疑是我校学科建设发展史上的一项重大成果。这部书稿提出了西北大学主干学科的概念，并阐述了其源流、支流、流向、代表人物和主要贡献，还有一些新的研究发现。另外，依据《西北大学学人谱》统计了1902—2022年我校1492名专家教授队伍的基本信息。书稿还对西北大学人文素养教学、思政教学原则及数学、物理学、化学、地质学等分学科教育理念做了初步探索和提炼。这都将为学校发展提供重要借鉴。我诚挚地希望，西北大学学科史研究不止步于此，还有更多不同视角的成果问世。在此，向参与编纂工作的同志们表示诚挚的感谢和由衷的祝贺！

习近平总书记指出："重视历史，研究历史，借鉴历史，可以给人类带来很多了解昨天、把握今天、开创明天的智慧。"西北大学百廿年来取得的这些重大成就，做出的重大贡献，凝练出的理念思路，彰显出的精神文化，是我们的宝贵财富和不竭动力。研究其形成的背景、基础、机制，传承这些优秀传统，对未来西北大学的"双一流"建设具有十分重要的意义。我相信，西北大学未来的学科建设之路、事业发展之路也必将越走越宽广！

是为序。

郭立宏

2022年10月18日于西北大学

前 言

西北大学是我国西北地区成立最早的高等学府，其发展历史有京陕两源，跨越晚清、中华民国和中华人民共和国三大时代，已经有 120 余年办学历史，与五六十所高等学校的历史血脉相连。这已成为众多学者的共识。黎锦熙教授论及国立西北大学的京源时，即溯及"辛亥革命陕西都督张凤翙发起的西北大学""省立法政专门学校"、刘镇华所办"国立西北大学"等陕源西北大学，甚至认为虽然"代远年湮，不宜如此铺陈"，但"西周京都在陕，所谓'辟雍''成均'即三千年前之国立大学，今西北大学正可承其绪也"。赖琏校长亦明确从"创设陕西"，辐射到"远观周秦汉唐之盛世，纵览陕甘宁青新区域之广大"的时空范围，并将"缅怀先民之功绩""恢复历史的光荣""融合东西文化，发扬民族精神"①提升到大学使命的高度。而抗战时期西北大学京源的形成，又与我国晚清时代的最高学府和最高教育行政机关京师大学堂等联系起来。即抗战时期国立北平大学、国立北平师范大学、国立北洋工学院在西安的"国立三校院合组……除北大及清华外，平津国立校院几囊括以尽"，故黎锦熙教授认为"记其大略，此非但西北大学之导源，亦中国现代史上大学教育之概观也"②。因此，一部西北大学史，不啻中国西北近代史。

1980 年，出版主管部门年审时要求注明《西北大学学报》创刊时间。为此，在四川省图书馆馆藏目录和西南地区图书馆馆藏目录，以及北京大学图书馆馆藏目录中，偶尔发现西北大学 1913 年所办《学丛》月刊的线索，顺藤摸瓜，终有重要发现。由于其创刊号为袁世凯家属给北京大学的捐赠品，故不轻易示人。为此，张岂之校长特地致函北京大学吴树青校长和国家图书馆任继愈馆长，始得复制回创刊号全部胶片。同时，也获得一些新的认识，即该刊早于《清华学报》《北京大学月刊》，是我国北方最早的文理综合性大学学报。其意义：一是首次向我国偏僻的西北地区传播了西方民主制度、法学、政治学、经济学和社会主义思潮；二是填补了我国西部和北方地区新闻出版事业中"大学学报"这个新门类的空白；三是它酝酿了五四运动前夕西北地区知识阶层浓郁的民主气氛和科学气氛，在我国西北现代化进程中具有拓荒意义。当然，最重要的是其大事记栏

---

① 赖琏. 题词 [J]. 西北学术，1943（1）：扉页.
② 黎锦熙. 国立西北大学校史 [M] //西北大学台北校友会. 国立西北大学建校卅周年纪念刊，台北：西北大学校友会，1969：1-9.

目内，赫然有"本校历史始于晚清"的记载，表明西北大学与创建于清光绪二十八年（1902）的陕西大学堂一脉相承。这成为西北大学乃至整个西北地区高等教育源于清末的重要线索。接着，我们在中国第一历史档案馆（北京）、中国第二历史档案馆（南京）、国家图书馆、北京大学图书馆、四川省图书馆、陕西省档案馆、陕西省图书馆等处，找到了有关西北大学源于晚清的大量文字证据。其中姚远与李永森教授一起找到了光绪皇帝朱批陕西巡抚升允开办陕西大学堂的奏折，连同《学丛》所载民国元年秦军政分府以陕西大学堂等五学堂合组西北大学的函电、规章，遂成为西北大学建校百年证据的核心档案。

张岂之校长给予的支持、鼓励，成为校史研究的动力。1996年12月29日和2000年9月1日，姚远先后两次向学校提出将西北大学创建时间推至清光绪二十八年（1902）的建议。同时，发表了《西北大学的源流与承袭》《西北大学的两个历史源头》等系列论文，形成了扎实的史料基础。据此，陕西省政府教育厅主持举行了西北大学创建时间专家论证会，给予肯定，并报国家教育部备案。学校采纳此建议，于2001年改90周年校庆筹备为百年校庆筹备。2002年10月15日，西北大学隆重举行百年庆典。江泽民等党和国家领导人题词祝贺，35000人参加庆典，76000余人次点击校庆网站，中央电视台、《人民日报》《光明日报》等20多家媒体予以报道，校庆获得圆满成功。

与此同时，我们相继主持完成国家出版基金资助的《国黉播迁：西北联大通史》（党史、军史、国史类）项目；主持陕西新华出版传媒集团、西北大学"双一流"建设精品出版项目《发现西北联大丛书》（《西序弦歌：西北联大简史》《融汇西东：西北联大教育思想》）；与陕西省档案局合作完成国家档案局、国家财政部联合资助的抗战重点档案保护项目《国立西北联合大学档案史料选编》，以及《西北联大史料汇编》和《衔命东来：话说西北联大》等。因此，这次主要选编整理了陕源西北大学晚清、民国时期的档案、报刊文献、口述回忆等史料。有关北平大学时期、抗战时期、战后复员时期、中华人民共和国时期的史料将陆续推出。其中，中华人民共和国成立初期、"文革"时期、改革开放时期、"双一流"建设时期史料的整理和利用将是今后工作的重点。

为此，我们选编了清末陕西大学堂—陕西高等学堂时期，省立西北大学—国立西北大学时期，西安中山学院—西安中山大学时期的档案与史料，为研究西北大学的起源与发展提供文献依据。由于已有《西北联大史料汇编》（西安：西北大学出版社，2012）；《国立西北联合大学档案史料选编》（上、下，西安：西北大学出版社，2018）等，故这本史料集主要侧重于西北大学在陕西的发源与发展。其余各个时期的史料发掘整理成果，将陆续推出。

近20年来，我们在校史资料搜集、发掘整理和科学研究方面下了很大气力，也获得一些重要发现。这主要有：一是发现一批晚清、民国时期的档案，包括陕西大学堂前身游艺学塾章程，五学堂立案奏折，屠仁守《陕西省大学校初议》手稿，西北大学在清末、民初两次派出留日学生的完整资料，民国元年（1912）袁世凯北洋政府给张凤翙有关西北大学立案报告的批复，前关中法政大学校长钱鸿钧侵吞公款案和黎元洪大总统特赦令，陕源西北大学民国元年（1912）的创校章程《西北大学章程》，陕源国立西北大学校长傅铜创办的中国第一份哲学杂志全部原件，以及作为罗素弟子和最早传播西方哲学的有关传记资料和图片，西北大学的"国立"文档，发现1931年4月16日教育部令改西安中山大学为"文理学院"，改为西安高中后，令陕西省"仍由该厅酌量地方经济情形，逐渐筹备，以期实现"的档案，发现教育部在卢沟桥事变前后令东北大学、国立西北农林专科学校筹设国立西北大学理学院的档案，发现美国卡尔顿学院所藏2000余幅战时照片等；二是发现西北大学前身最早的照片"旅行灞桥图"，发现1912年全本《西北大学章程》，发现西北大学第一份毕业证和30余种教材和辅助读物；三是继发现1913年《学丛》创刊号后，又发现其第2、3、4、5期，以及西安中山大学所办《西安中山大学日刊》《新西北》《社会学》杂志等期刊，包括反映办学思想的10余篇序文或发刊词等。当然，还有1912年西北大学创设会资料，张凤翙给北洋政府的立案文，陕源西北大学与京源西北大学关系的文档，国立西北医学院并为国立西北大学医学院原档。有关国立北平大学与西北大学的历史渊源的档案等，尚需进一步搜集，另外还有《三秦公学月刊》《西北大学周刊》《西大学报》《地质通讯》第1期等期刊至今未能找到。

由于年代久远，战乱频仍，档案、文物、文献亦随学校分合、迁徙而散失，而且收藏者亦私藏、官藏皆有。比如像1913年西北大学创办的《学丛》月刊创刊号即发现于北京大学图书馆，第2期至第5期则分别发现于四川省图书馆、北京大学图书馆、上海图书馆、西安文物市场等处。同时，由于史料流落各地，得来的确不易。为此，从1985年以来，李永森、姚远等校史工作者曾耗费相当的精力，几乎跑遍了历史较久的档案馆、图书馆，焚膏继晷，兀兀穷年，致力于校史资料的抄录、搜集和整理，而且随着搜集者的离世，会形成新的散失。同时，西北大学校史研究中还有很多的盲点、问题需要进一步搜集大量史料，需要不懈的和持之以恒的努力。早期从事校史研究的李永森、崔漪老师已经相继去世，仍然在世的校史研究主持者，或执笔者，有的已届期颐之年，有的已是耄耋之年，就连2002年百年校史论证的具体参与者也大多年过花甲，校史研究力量严重地青黄不接，难以为继。衷心希望学校能有合适的机制将这项功在当代、利在千秋的事业进行下去！

这部史料集的编选原则、体例和分工如下：

一、总原则。坚持辩证唯物主义历史观，尊重历史事实，坚持实事求是的原则。以真实为生命，以客观事实为标准，坚持从史、从真、从鉴，不为贤者隐，不为尊者讳，做到爱不虚美、恶不毁功。对所选内容和材料，认真考证，去粗取精，去伪存真。坚持述而不论的原则，按照事物本来面目，客观地加以记述。文字力求简明扼要，朴实无华，不做渲染，实而不繁，简而不空。对于成组案卷形成的背景、缘由、案件核心人物、重大事件，作了简要注释和延伸说明。原则上，对政治表述做中性处理。有明显党派攻击、谩骂诽谤、吹捧领导人的词语删去或用省略号"……"代替，或不选。

二、收录范围和时间界限。包括重要校政、教学、实习与考察、科研、专业设置、课程、学术社团、学术期刊、师资、留学、育人、教育思想等。在当时影响较大、事后影响较为久远的事件，均予以记述。以学校历史变迁为纵向主线索，以突出大事、要事不漏为取材方针。主要范围：陕西大学堂的前身（1902年以前）；陕西大学堂—陕西高等学堂（1902—1911）；省立西北大学—国立西北大学（1912—1926）；西安中山学院—西安中山大学（1927—1931）；陕源中断期的复校舆论（1931—1937）。

三、编写体例。做到时有顺序，事有本末，纵有始终，横有关联。章节内各条目以历史顺序展开，个别情况可调整。原则上所辑史料使用原标题，无标题者，则根据其主要内容酌拟标题。原文标点符号、错别字、断句不当，予以纠正，括注正确用字。旧式写法中的"如左""同右""左列"，相应改为"上""下"。一些明显的原文错误或不符今规范者随手改正，未再作注。模糊、缺字用□表示。繁体字均改为简体字，按1986年国家语委颁布的《简化字总表》执行。国名、地名、人名、纪年、汉字数字基本保持原貌，但表格中，或十以上数字，为省版面可改为阿拉伯数字。人名有名、字号不同用法时，可括注通用名称。地名，如有变化，在当时地名后括注今名，如沔县（今勉县）。

四、合作分工

姚　远：陕西大学堂、陕西高等学堂、陕西课吏馆、陕西法政学堂、国立西北大学、西安中山学院、三秦公学、水利道路工程专门学校、陕西公立法政专门学校史料等。

曹振明：省立西北大学章程、《学丛》资料、百廿校庆史料等。

伍小东：生物学科史料、晚清史料等。

王雨曦：校史馆展出晚清史料、陕西大学堂史料等。

罗彩云：西安中山大学史料、校史馆展出晚清史料、百年校庆论文等。

吕　晶：教师名录、档案目录等。

崔云水：黎锦熙《国立西北大学史》、百年校庆论证史料等。

杨　晶：三秦公学开学志盛与政要演讲稿等。

战　涛：三秦公学公文与留学教育赠言等。

刘卫武、王旭州：陕西大学校初议、屠仁守史料、晚清史料校订等。

宁岗、杨涛、朱家栋：陕源西北大学史料、百年校庆史料等。

编　者
2023年3月15日

目 录

第一章　陕西大学堂的创建

第一节　游艺学塾与关中大学堂 / 1

陕西巡抚魏光焘：奏设陕省游艺学塾折 / 1
陕西巡抚魏光焘奏章附件：游艺学塾章程 / 3
陕西巡抚李绍棻：奏建关中大学堂 / 5
光禄寺少卿屠仁守：陕西省大学校初议（节选） / 6

第二节　陕西大学堂与陕西高等学堂 / 7

陕西巡抚升允：陕省拟设农务工艺两斋附入大学堂 / 7
陕西巡抚升允：奏为遵旨开办大学堂拟订详细章程奏明立案恭折 / 8
陕西巡抚升允奏折附件：陕西大学堂章程 / 10
《顺天时报》社说：论陕西大学堂章程之荒谬 / 14
陕西巡抚升允：委前署按察使候补道吴树棻调充陕西大学堂总办奏折 / 15
盐法道常、布政使司樊、按察使锡、候补道周：办理陕西大学堂为札饬事 / 16
英国莫安仁：观西安大学堂与三原县学堂记略 / 16
陕西高等学堂提调仇继恒：高等学堂更订章程 / 17
学务处：详抚宪饬委仇令继恒接办高等学堂监督文 / 19
藩司樊增祥：批高等学堂监修委员涂令嘉荫工竣报销并请派员验收禀 / 20
高等学堂：牌示学生遇讲授时或有质问不能纷纷拥挤致违堂规文 / 20
御史王步瀛：奏为陕西高等学堂教法失宜恭折 / 21
陕西高等学堂课程表 / 22
御史王步瀛：奏为陕西学务亟宜切实整顿恭折 / 22
陕西高等学堂：呈请宪台察核汇案咨复 / 23
陕西清理财政局：陕西清理财政说明书 / 28

陕西高等学堂运动成绩录 ………………………………………………… / 29
　　监督樊增祥：陕西高等学堂开学训词 …………………………………… / 30

第三节　法政、农业、实业与客籍学堂 ………………………………… / 32

　　陕西巡抚升允：奏为遵设陕西省课吏馆折 ……………………………… / 32
　　陕西巡抚升允奏章附件：陕西课吏馆试办章程（节选）………………… / 34
　　陕西巡抚曹鸿勋：奏遵设陕西法政学堂折 ……………………………… / 35
　　陕西法政学堂拟定章程 …………………………………………………… / 37
　　陕西法政学堂附设自治研究所章程 ……………………………………… / 40
　　陕西巡抚恩寿：奏建客籍学堂请立案片 ………………………………… / 43
　　陕西巡抚曹鸿勋：奏请收客籍学费并开办宦游学堂片 ………………… / 44
　　御史王步瀛：奏请饬直隶、山西、山东、河南、陕西合办河北实业学堂折（节选）
　　　………………………………………………………………………………… / 45
　　西安府：委任姚文蔚为客籍学堂帮同监工札 …………………………… / 46
　　陕西提学使司：委任省城客籍学堂官员札 ……………………………… / 46
　　中等农业学堂详请筹拨试验场常年各经费银两立案文 ………………… / 47

第四节　留学与考察 ………………………………………………………… / 48

　　陕西巡抚曹鸿勋：为派学生游学东洋并派员出洋考察奏折 …………… / 48
　　陕西巡抚曹鸿勋：奏试办延长石油折（派出陕西高等学堂石油留学生）… / 50
　　为考察日本学务兴平县知县杨令宜瀚致学务处提调书（附空白合同）… / 52
　　监督樊增祥：送陕西高等学堂学生留学东洋序 ………………………… / 53
　　陕西高等学堂：派赴东洋游学各生花名清册 …………………………… / 54
　　监督徐炯：咨复学务处陕西留学日本官私费各生调查 ………………… / 56
　　留日学生归国名录 ………………………………………………………… / 59

第五节　师生与奖励 ………………………………………………………… / 60

　　陕西巡抚恩寿：陕省高等学堂教授管理各员照章请奖折 ……………… / 60
　　学部：会奏核议陕西高等学堂办学人员奖励折 ………………………… / 60
　　陕西巡抚恩寿：准将法部主事周镛免补本班以员外郎留部补用并加四品衔 … / 61
　　陕西巡抚恩寿：为陕省高等学堂学生补习中学毕业照章分别请奖以资鼓励 … / 62
　　陕西巡抚恩寿：为陕西高等学堂学生补习中学毕业照章请奖 ………… / 63
　　陕西巡抚恩寿：高等学堂补习中学乙丙班学生毕业请奖折 …………… / 64
　　尹钧：德育智育体育论 …………………………………………………… / 65
　　《秦中官报》载：陕西大学堂楹联 ……………………………………… / 66

陕西大学堂—陕西高等学堂教习一览表 .... / 67

第二章　省立西北大学的赓续（上）

第一节　创设与合组 .... / 70

张凤翙：西北大学发生之理由 .... / 70

外部来文：甘督赵咨复考取学生送校肄业由 .... / 71

外部来文：新督杨咨复新疆并无合格学生送校肄业由 .... / 71

致大都督：本大学拟改关中大学为西北大学 .... / 72

致部视学：说明本大学开办各科之大要 .... / 73

马学长将赴东京（节选） .... / 75

旅行参观之纪略 .... / 75

前西北法政学校校长钱鸿钧侵吞公款案 .... / 76

本大学呈民政长造具前法政学堂别科甲班学生历期成绩清册请转咨部由 .... / 78

本大学呈复民政长呈明本校会计、庶务主任姓名、履历、籍贯由 .... / 82

本大学呈复民政长呈明郭德沛在校充当讲师并教务长由 .... / 82

《顺天时报》：西北大学之计划 .... / 83

《申报》：陕省筹办西北大学进行记 .... / 84

第二节　规则与课程 .... / 85

西北大学章程 .... / 85

制帽、制服、徽章 .... / 91

文科大学各科及各科课程表 .... / 92

法科大学各科及各科课程表 .... / 94

商科大学课程表 .... / 97

农科大学各科及各科课程表 .... / 98

大学预科及各科课程表 .... / 100

专门部分科及各科课程表 .... / 101

法政别科分科及各科课程表 .... / 110

研究科规则 .... / 111

选科生及校外生 .... / 112

讲演会、拟国会与拟法庭 .... / 112

体育部及运动会规则 .... / 113

出版部、图书馆及商品陈列馆规则 ·············· / 114

第三节　留日与赠言
　　西北大学送官私费留日学生名单 ················· / 115
　　钱鸿钧校长：送西北大学学生留学东洋序 ········· / 118
　　崔云松学长：送西北大学学生留学东瀛序 ········· / 118
　　马步云学长：送西北大学学生留学东洋序 ········· / 120
　　谭焕章学长：送西北大学学生留学东洋序 ········· / 120
　　郗朝俊学长：送西北大学学生留学赠言 ··········· / 121
　　康炳勋学长：送西北大学学生留学东洋赠言 ······· / 123

第三章　省立西北大学的赓续（下）

第一节　《学丛》与教师
　　雄辩会纪事（节选） ···························· / 125
　　刘芬：《学丛》序一 ···························· / 126
　　黄福藻：《学丛》序二 ·························· / 127
　　《学丛》1913年第3期版权页 ···················· / 129
　　《学丛》大刷新之预告 ·························· / 130
　　《学丛》出版概况 ······························ / 130
　　《学丛》1913年创刊号目录 ······················ / 131
　　《学丛》1913年第2期目录 ······················ / 134
　　《学丛》1913年第3期目录 ······················ / 136
　　《学丛》1913年第4期目录 ······················ / 138
　　《学丛》1914年第5期目录 ······················ / 140
　　校友会、评议会、教授会规则 ···················· / 142
　　职员、教员 ···································· / 144
　　《学丛》诗选 ·································· / 145
　　省立西北大学教师一览表 ························ / 146

第二节　公学与立案
　　三秦公学立案文 ································ / 148
　　张凤翙大都督：三秦公学特设留学预备科招生文 ··· / 148
　　三秦公学开校志盛 ······························ / 149

三秦公学董事会章程 / 149
　　三秦公学学生自治会简章 / 150
　　三秦公学学生讲演会规约 / 151
　　第一至第六次职员会议纪要 / 153
第三节　理念与抱负 / 155
　　陕西都督兼民政长张凤翙：饯送本校留学东西洋学生之训言 / 155
　　陕西教育司司长李元鼎：公学之历史及今日对诸君之赠言 / 155
　　三秦公学校长田种玉：饯送吾校留学东西洋学生之演说 / 155
　　陕西实业司司长张光奎：三秦公学第一周年纪念祝词 / 156
　　教务长李仪祉：教育家之眼界 / 156
　　教员王培卿：三秦公学成立纪念日感言 / 157
　　《三秦公学第一周年纪念》弁言 / 158
　　杨钟健：回忆三秦公学 / 158
　　三秦公学部分教职员名录 / 160

第四章　西北大学的"国立"

第一节　"法专"与"水工" / 163
　　厅令：为令饬事案查陕甘两省筹议设立国立西北大学一案 / 163
　　陕西公立法政专门学校教员 / 164
　　水利道路工程技术传习所改组水利道路工程专门学校宣言书 / 166
　　水利道路工程专门学校教师名录 / 168
第二节　重建与"国立" / 169
　　创建国立西北大学之动机 / 169
　　关于西北大学校址问题之一段谈话 / 170
　　陕甘当局请准设立西北大学之元电 / 170
　　筹备西北大学之续讯 / 172
　　国立西北大学筹备处将成立 / 172
　　傅佩青之西北大学定名谈 / 172
　　西北大学新聘教授抵省后之所闻 / 173
　　西北大学建筑设置之详报 / 173
　　筹备渐见完善之西北大学（节选） / 174

西北大学修理校舍将次告成 …… / 174
国立西北大学校址问题之近讯 …… / 175
筹备西北大学之近讯 …… / 176
西北大学呈请立案与校长任命消息 …… / 176
西北大学中外教授建议之续闻 …… / 177
西北大学"国立"的最早公告 …… / 178
傅铜拟：国立西北大学组织大纲草案 …… / 179
大总统令傅铜为西北大学校长 …… / 180
教育总长章士钊临时执政令准免傅铜 …… / 180
教育总长章士钊临时执政令任命李仪祉为校长 …… / 181
王桐龄参观西北大学 …… / 181

第三节 学术与教育 …… / 182

傅铜请康有为题写国立西北大学校牌 …… / 182
康有为的"盗经"官司与国立西北大学 …… / 183
陕西省教育厅、国立西北大学合办暑期学校开学 …… / 183
刘安国、谢迈千、李瘦枝回忆鲁迅在西北大学讲学 …… / 185
薛声震、昝健行：创造正确而清切的宇宙观与人生观 …… / 185
陈靖回忆"十八学士" …… / 186
国立西北大学周年纪念述略 …… / 186
国立西北大学二周年述略 …… / 187
李仪祉在西北大学一周年纪念会上的致词 …… / 188
国立西北大学教职员名录 …… / 189
国立西北大学工科首届毕业生（"十八学士"） …… / 193

第五章 中山学院与中山大学

第一节 西安中山学院 …… / 195

西大有改组中山学院说 …… / 195
总部委员收束西北大学，以该校一切校产经费改办中山学院 …… / 195
结束西大筹备中山学院委员开会情形 …… / 196
中山学院筹备近况 …… / 196
中山学院筹备处启事 …… / 197

中山学院昨开筹备会 / 198
中山学院初步计划 / 198
各地急需工作人员，中山学院速招大批人才 / 199
中山学院成立大会 / 199
中山学院启事 / 199
西北临时政治委员会昨开常务会议 / 200
中山学院区党部成立，三区分部亦于是日成立 / 200
中山学院成立大会略志 / 200
中山学院特别启事 / 200
中山学院前晚开正式委员会 / 201
中山学院劳动夜学校招生广告 / 201
中山学院妇女劳动班教育计划 / 202
乌斯曼诺夫同志讲演 / 202
甘肃选送女生不日抵西安 / 202
近代世界革命运动研究会今日开成立大会 / 202
国民革命军第二集团军驻陕总司令部公函：中山学院请添设地方行政人员训练班 / 203
国民革命军第二集团军驻陕总司令部训令 / 203
中山学院教育行政人员养成班简章 / 203
中山学院农民运动第三班、军事政治第二班招生简章 / 205
中山学院举行游艺大会 / 206
中山学院非基宣传队连日出发 / 206
西安中山学院概况 / 206
甘肃省主席刘郁芬：关于西安中山学院甘肃女生保送回籍之公电和驳回刘鸿远留日学费申请的批示 / 210
省政府第二次会议记录（节选）和中山学院院长易人 / 210
西安中山学院部分教职员名录 / 211
西安中山学院部分学员名录 / 214

第二节　西安中山大学 / 224

西安中山大学校组织大纲 / 224
西安中山大学延聘教员规程 / 228
全国各大学已立案之统计 / 230

西安中山大学之新发展 / 230
谢镇东、田耕原：最近陕西高等教育 / 231
张本烈：西安中山大学回忆 / 232
《西安中山大学日刊》要目 / 233
《新西北》创刊号目录 / 235
《新西北》双月刊发刊词 / 236
陕西省主席宋哲元：《新西北》创刊祝词 / 237
杨兆庚：《新西北》杂志祝词 / 237
过之翰：《新西北》杂志出版祝词 / 238
邓长耀：《新西北》杂志祝词 / 238
杨励三：西安中山大学之使命（关于开发西北之管见） / 239
余天休：本杂志经过及其将来 / 244
陕西省政府训令 / 245

第三节　中山大学的改组 / 246

陕西省教育厅就改组西安中山大学为陕西省立高级中学校呈教育部 / 246
教育部就改组西安中山大学为陕西省立高级中学校令陕西省教育厅 / 246
谢镇东：西安中山大学成立及改组经过纪实 / 247
陕西省政府改组西安中山大学之经过宣言 / 249
郝耀东：提议设国立西京大学案 / 250
教育部督学：视察陕西省教育报告 / 253

第六章　国立西北大学的中辍与恢复

第一节　开发西北与恢复西北大学 / 255

行政院秘书处抄送刘昭晓《条陈开发西北之意见书》致内政部等函 / 255
刘守中、张继等拟《开发西北提案》（节选） / 256
马步芳：关于开发西北应在青海边地设立工厂、学校等问题的提案 / 256
行政院关于王超凡等在国民党五全大会上提《拟请组织健全机关集中人力财力积极开发西北以裕民生而固国本案》 / 257
康天国：西北应设立一国立大学 / 258
《大公报》：西北教育之总病原在于贫穷 / 258
杨一峰等：请设国立西北大学以宏造就而免偏枯案 / 258

《中国学生》：教部筹设西北大学 ⋯⋯⋯⋯⋯⋯⋯⋯⋯⋯⋯⋯⋯⋯⋯⋯⋯⋯⋯⋯⋯ / 259
《图书展望》：西北大学将设于西安 ⋯⋯⋯⋯⋯⋯⋯⋯⋯⋯⋯⋯⋯⋯⋯⋯⋯⋯⋯⋯ / 260
开发西北协会第三届年会：请中央从速筹设国立西北大学案 ⋯⋯⋯⋯⋯⋯⋯⋯⋯⋯ / 260
开发西北协会第三届年会：从速筹设国立西北大学一案 ⋯⋯⋯⋯⋯⋯⋯⋯⋯⋯⋯⋯ / 260
行政院：关于邵力子请将北平四所大学迁移一所进陕致教育部函 ⋯⋯⋯⋯⋯⋯⋯ / 261
行政院：关于邵力子提议将国立北洋工学院西移事 ⋯⋯⋯⋯⋯⋯⋯⋯⋯⋯⋯⋯⋯⋯ / 262
西北大学设立计划拟定即呈教部核夺 ⋯⋯⋯⋯⋯⋯⋯⋯⋯⋯⋯⋯⋯⋯⋯⋯⋯⋯⋯⋯ / 262
宋联奎等致教育部长陈立夫：为陕省中等教育师资缺乏并为冀鲁晋豫等省学生就
　　学便利计仍请将国立西北师范学院分设陕甘两地以宏造就由 ⋯⋯⋯⋯⋯⋯⋯⋯ / 263
寇陈纲、宋联奎、高祖宪、马师儒等：请教育部主张勿令师范学院迁甘由 ⋯⋯⋯ / 265
教育部代电：准电嘱勿归并北洋工学院西京分院电复歉难照办由 ⋯⋯⋯⋯⋯⋯⋯ / 265
陕西省参议会代电：请转电教育部缓迁国立西北大学等三校 ⋯⋯⋯⋯⋯⋯⋯⋯⋯ / 266
楼桐荪：西北应从速筹设大学 ⋯⋯⋯⋯⋯⋯⋯⋯⋯⋯⋯⋯⋯⋯⋯⋯⋯⋯⋯⋯⋯⋯⋯ / 266
教部筹设国立西北大学（西安） ⋯⋯⋯⋯⋯⋯⋯⋯⋯⋯⋯⋯⋯⋯⋯⋯⋯⋯⋯⋯⋯⋯ / 268

第二节　甘、青争办国立西北大学

甘肃省立临洮师范学校：电恳改设西北大学于甘肃 ⋯⋯⋯⋯⋯⋯⋯⋯⋯⋯⋯⋯⋯ / 268
甘肃省立天水中学：请一致主张将西北大学校址设立兰州以应需要 ⋯⋯⋯⋯⋯⋯ / 269
张民权、凌子惟、汪震：请将西北大学设在兰州 ⋯⋯⋯⋯⋯⋯⋯⋯⋯⋯⋯⋯⋯⋯ / 270
《新青海》报道：西北大学与西北教育 ⋯⋯⋯⋯⋯⋯⋯⋯⋯⋯⋯⋯⋯⋯⋯⋯⋯⋯ / 271
青海省教育会致教育部快邮代电：请将西北大学设在兰州 ⋯⋯⋯⋯⋯⋯⋯⋯⋯⋯ / 272
马步芳：赞同在兰州设立西北大学 ⋯⋯⋯⋯⋯⋯⋯⋯⋯⋯⋯⋯⋯⋯⋯⋯⋯⋯⋯⋯ / 272

第三节　陕西水利工程专科

陕西省政府：准陕西水利工程专科归并西北农林专科学校 ⋯⋯⋯⋯⋯⋯⋯⋯⋯⋯ / 273
国立西北农林专科学校呈教育部：为接收陕西水利专科为本校水利组 ⋯⋯⋯⋯⋯ / 274
李仪祉：勖水利组同学——国难期间更应加紧求学 ⋯⋯⋯⋯⋯⋯⋯⋯⋯⋯⋯⋯⋯ / 275

第七章　百廿校史文献与档案

第一节　论证与前溯

西北大学创建时间专家论证会专家意见 ⋯⋯⋯⋯⋯⋯⋯⋯⋯⋯⋯⋯⋯⋯⋯⋯⋯⋯ / 277
张岂之校长：《西北大学史稿·前言》 ⋯⋯⋯⋯⋯⋯⋯⋯⋯⋯⋯⋯⋯⋯⋯⋯⋯⋯ / 280
张岂之校长致函北京大学吴树清校长和国家图书馆任继愈馆长 ⋯⋯⋯⋯⋯⋯⋯⋯ / 282

中共陕西省委书记李建国：《西北大学史稿·序》 / 283
　　《光明日报》：西北大学学报编辑姚远发现西大早期《学丛》为我国最早学报之一 / 285
　　《人民日报（海外版）》西北大学成立百年的证据：清末皇帝朱批开办"陕西大学堂"奏本被发现 / 285
　　新华社电：西北大学百年华诞，江泽民等领导人题词祝贺 / 286
　　《光明日报》：公诚勤朴——西北大学百年文化传承探源 / 287
　　《光明日报》：西北之光，辉耀世纪——西北大学百年回眸（节选） / 288
　　人民网，《人民日报》：西北大学一百二十周年校庆公告 / 296

第二节　梳理与研究 / 298
　　黎锦熙：国立西北大学校史（节选） / 298
　　姚远：西北大学与陕西辛亥革命 / 299
　　姚远：西北大学的两个历史源头 / 315
　　姚远：陕西大学堂与西北大学一脉相承 / 321
　　姚远：中国西部最早的高等学府——陕西大学堂 / 324
　　姚远：陕西大学堂及其教学活动考 / 331
　　姚远：陕西法政学堂与西北大学沿袭关系考 / 339
　　姚远：晚清陕西农业学堂与实业学堂考——兼论陕西实业高等教育的萌芽 / 347
　　姚远：三秦公学与陕西早期的科学教育 / 355
　　曹振明：民初西北大学——我国现代大学的重要开拓者 / 363

第三节　档案与线索 / 372
　　中国第二历史档案馆所存国立西北联合大学、国立西北大学档案目录 / 372
　　陕西省档案馆所存国立西北联合大学、国立西北大学的有关文档目录 / 376

后　记 / 399

第一章　陕西大学堂的创建

第一节　游艺学塾与关中大学堂

陕西巡抚魏光焘①：奏设陕省游艺学塾折

奏为省城创设游艺学塾，捐款试办，奏明立案，恭折仰祈圣鉴事。

窃维自强之道，以作育人才为本；求才之要，以整顿学校为先。迩年以来，内外臣工禀承谕旨，体念时艰，莫不以添设学堂、储才制器为急务。光绪二十二年，刑部左侍郎臣李端棻奏请推广学校一案内开，各府厅州县兴格致等学，肄习专门，果使业有可观，三

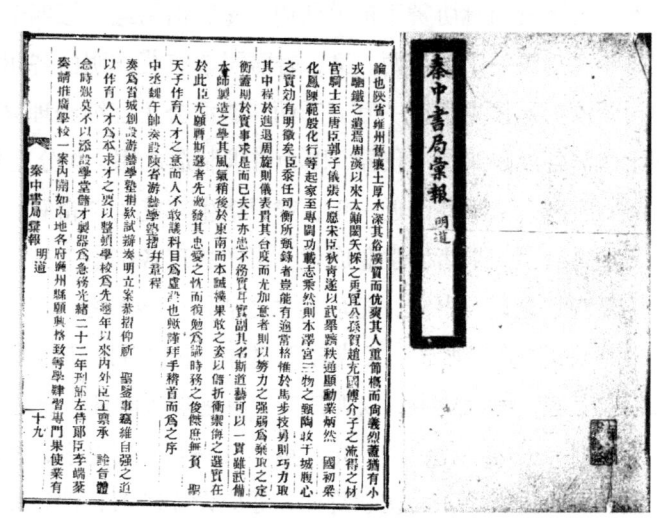

图1-1　《秦中书局汇报》1898年明道专辑

年后由督抚奏明请旨考试录用。本年二月，安徽抚臣邓华熙奏请各省均于省城另设格致学堂，并准奏明指拨的款各等因，均经钦奉朱批允准，由总理各国事务衙门咨行在案。臣查现在京师设立大学堂，天津、上海等处奏设头等学堂，其东南各省或另立书院讲求

---

① 魏光焘（1837—1916），别名魏午庄，字光邴，晚号湖山老人。湖南隆回人。魏源的族侄孙，曾出资刊印魏源的《海国图志》及其他多种著作。与李鸿章、张之洞、刘坤一等同为19世纪八九十年代清政府的重臣。历任陕西巡抚、陕甘总督，后官至两江总督、南洋大臣、总理各国事务大臣，为创建三江师范学堂、西安游艺学塾（格致学堂）的重要人物之一。

朴学，或就现有书院更变章程，纲举目张，学校均有起色。国家需才孔亟，即在偏隅亦应设法筹办，以收鼓舞振兴之效。

陕省为文献旧邦，历代以来名臣大儒辈出。我朝深仁厚泽，涵濡二百余年，文物之美，尤称极盛。近经兵燹，元气未复，而关中、宏道、味经各书院肄业诸生多能研求实学，恪守前贤矩矱。值国事艰难，强邻逼处，其间忠义勃发，蠲除锢习之士亦往往而有，良由风俗质朴士气果毅，故范围可以自守，而策励易于有为。臣到任以来，深维图治之本，尤以兴学育才为亟亟，迭经通饬府厅州县，各就地方书院增设算学、格致等课，多已渐次遵办。其泾阳新建崇实书院前已落成，经臣会同前学臣赵惟熙奏陈办理情形在案，复据督粮道姚协赞转举人薛位等禀请开设格致书院，风气渐开，人知向学，自应于省城创建学堂，俾得荟萃群才，益资讲习。唯开办之始，务须先得要领，不可徒托虚名。经费既应妥筹，章程尤须明定，当经檄行司道会商详复。去后，旋据该司道等禀称：现在款项未充，难于另建书院，拟暂借省城崇化书院房舍创设格致学堂一所，名曰游艺学塾。本年由署臬司姚协赞于粮道任内，先后捐用经费银四千两，以后常年经费并议后任粮道每年筹捐银一千二百两。又，署藩司李有棻详明由各州县每年捐银四千两。又，升任藩司张汝梅筹拨生息银一万五千两，遴派公正官绅经理兴办，延请教习，考课生徒。一面于津沪各处购买图书仪器，以为讲求制造之用，并分立条款，妥定课程，期于日起有功，事归实践，现举办已近一年，肄习诸生率能争自奋勉，拟俟著有成效，再请指拨的款。三年之后，如果诸生学业成就，再送总理各国事务衙门考试录用等情，详请奏明立案。臣复查省会建立书院，尤系人才之消长，学术之纯疵。拘守旧章，既滞于通今，末由一发其扃钥。徒尚西学，又或轻于蔑古，不惮自抉其藩篱。欲救二者之偏，唯有尊崇经训，以端其趋；博综史事，以观其变。由是参考时务，兼习算学，举凡天文、舆地、兵、农、工、商与夫电、化、声、光、重、汽一切有用之学，统归格致之中，分门探讨，务臻其奥。而语言文字尤为初学阶梯，亦应设立教习，俾知途径。然后本末不嫌于倒置，体用亦可以兼赅。至于受益有迟速，所造有深浅，又不外示之升降，以寓劝惩，验之制造，以定优劣。该司等设法措筹，创办要举实属先其所急。所拟各条，亦能因地制宜，均臻妥洽，核与京师、津沪及各省添立学堂办法尚属相符。从此，实力振作，渐次扩充，知河岳灵秀之区，必有奇才异能奋发而起，庶几仰副皇上崇尚实学，造就人才之至意。除将所拟章程咨送总理各国事务衙门查核，并俟办有成效，再行请拨部款，暨三年后，照章咨送肄业优等诸生恳请考试录用外，所有创设游艺学塾捐款试办各缘由，谨会同陕甘总督臣陶模合词恭折具陈，伏乞皇上圣鉴训示。谨奏。谨拟游艺学塾章程开折呈请鉴核。

朱批：该衙门知道。钦此。

光绪二十三年十一月

（原载《秦中书局汇报》1898年第5册明道专辑第19—23页）

陕西巡抚魏光焘奏章附件：游艺学塾①章程

一、筹建书院。省城为人文萃荟之区，自应另立书院，以广招徕而资讲习。唯开办伊始，巨款难筹，现在暂借咸长两邑崇化书院办理。其旧制尚形狭隘，并经添盖房舍以为院长、诸生肄习居止，及安放机器、栖息工匠之所。一俟款项充足即行购地修建。

二、慎择院长。查京师及天津、上海等处学堂皆中西师并延，体制极为美备，现为节省费用起见不得不变通办理。拟暂聘请中西兼通之士一人来充院长，所有学塾考核、功课，以及教习勤惰、学生去取，均归院长管理。其人无论本省、外省，但取品学兼优，唯不得听任本省举贡轮充，以杜干求请托诸弊。

三、酌定课额。查各省学堂取定肆业诸生，均多至百数十人。初设学塾，难即照办，拟暂以五十名为限，定准正课十名，每名月给膏火银三两五钱，副课四十名，每名月给膏火银二两，不拘生童，均由院司面试算学或时事论说，取录序补。初入塾准补副课，下月应课再佳或入塾后进益最速者，升补正课，未经面试不得入塾。如正副额满以外尚多可造之材，亦可选入备课，不拘名数。其愿自备资斧前来讲学者，亦如之，均俟面试有进，照章提补正副各课。又另设上课四名，月给膏火银六两，必得通晓算学，兼精制造者，方准拔补。以上各项课额，统俟经费渐充，再议续增。

四、兼设童塾。查京师及各省学堂，均经考选聪颖年幼子弟挑入小学。俟数年后中西学稍通，升入大学。今学塾拟仿照办理。另延童学塾师一人，幼童年十四岁以上，十七岁以下，查系身家清白，识字略多者令其入塾读书，自备薪水，不出束脩，每日早晨课以四书五经，午后专习算学，仍按季由粮道面试一次，课以默写经书及浅近算法，果属用心求益，酌给薪资。如再试尚无进境，仍停给发。庶几，循序渐进，数年之后可望成材。

五、肄习专门。查算学为诸学纲领，凡入塾者必须通晓，其余化、电、重、汽、光、声，以至兵、农、工、商等学，应各随资性所近，每人专讲一二门，庶收效稍速。又矿学附于地学，天算则另为一门，果能制造天球及各种仪器者，酌予升补上正各课。至西国语言文字之学，亦应认真讲求。现在设有幼童算学，拟再招考十七岁以下，十四岁以上，口齿清利，已读经书一二部者二十名入塾，延请通晓各国语言并精译学之汉教习一人课，令于学算及经史诸功课之外，从英文英语起以次逐渐学习，期于精晓。其年长诸生愿学者，听如此则条理，毕其而有用之材，当接踵而起矣。

---

① 游艺学塾（又名格致学堂），校址在崇化书院旧址。陕西巡抚魏光焘根据粮道姚协赞等的建议，于光绪二十三年十一月（1897年1月）奏设，并建成。前任粮道姚协赞任总办，川人萧开太为算学教习，阎培棠（甘园）等掌理化仪器，毛昌年掌图书兼会计，周铭任检查。当年招生70名。学制3年。

六、酌定月课。考课不勤，无以察勤惰而别优劣。兹定每月斋课数次，由院长分门出题扃试，凭文取舍。住塾正副课生，务须按期应课，以觇进益。如间月不不应课及三次不能列等者，即将正副等课以次递降，用示警戒。其官课由二月初五日起，十一月初五日止，每年共计十课。每次考试五经、四书、讲义一篇，或史论一篇，或时务策论一篇，又光、电、化、重等学之文二篇，算学二题，统共六艺。轮由抚藩臬两道分次照章出题，校阅取定捐廉给奖榜示，以昭劝励。遇有闰月之年，加由首府考课一次，唯不得兼应各书院官课、时艺等课，致滋分骛，而旷学程。年终仍由院司会同院长甄别一次，上等优奖，中等留学，其毫无进益者即议开除。

七、尊崇经史。迂拘之懦，病在不能通今；跅弛之士，又患轻于蔑古。经史为立身之本，以厚心术而扩识量，舍此末由。学塾虽专讲格致，仍令学者研究经史，俾成材既以培其根柢，幼童亦可端其趋向。并购置各国史乘及各国岁计政要各报，于日课中分程讲习披阅，俾周知中西之关键，大局之安危，五洲政治之得失异同。目前富强之要策，必得穷本知变，有体有用，而不狃于一偏。

八、撙节经费。查学塾之设院长，束脩，诸生膏薪，制造工料，并委员、工匠、差役、厨夫人等，各起开支，皆必不可缺之项。现除粮道先后捐银四千两，业经用讫外，其常年经费由粮道每年筹定捐款银一千二百两，藩司筹定每年捐款银四千两，暨前藩司筹拨生息银一万五千两，每年收息银九百两，实抵的款银六千一百两，若非核实节省，势难足用而期持久，拟由司道于府厅州县中慎择讲求时务，廉明公正之员一人，委充提调，督同关中书院监院教官，妥为经理，所有学塾一切布置及照章支付银钱等项，均归主办给发。唯另有用款在四五十金以上者，须禀明院司批准再付，以昭慎重。提调月支薪公银三十四两，监院系兼办，月支薪公银八两。……另设斋长二人，一专管塾中查察事件，一专管塾中机器、书籍各项，遇有须商要务，或应添购各物，仍由两人随时酌妥，交监院禀明办理，以专责成。外童塾算学教习一人，听差二名，厨夫一名。斋长月支薪水银八两，童师月支薪水银八两，正、腊两月如不在塾，仍酌停止。差役月给工食银一两五钱，厨夫月给工资银一两。终年长川在塾一例支发。其工匠人等，随时酌雇工食银两，亦以艺之优劣为差。诸生正副等课膏火银两，正、腊两月均定停发以归画一。以上每年经费各项均由提调、监院随时呈报，以昭核实而防弊窦。

九、严立学规。正副课诸生所有专门兼习各学课程，均由院长酌定。该生等各宜旦夕遵守，务期日起有功。其在塾无事不准请假，唯遇必须告假之事，如疾病、婚丧等类，亦应酌定假期，以示限制。其有托故迟延，以致逾限旷学者，即由委员、斋长查明逾期久、近，分别扣留赡银，记过示罚，即以所扣银两摊赏在塾不旷学诸生，以示劝诫。倘或告假出塾在外滋事，另查惩办。塾中并不许吸食洋烟、酣饮、六博，违者，斥退正课以副课提补，副课以备课提补。

十、广储材料。查制造一事用料繁多，如仪器、炼钢、强水、玻璃等项皆为最要之件，现在渐次试办，唯须量加扩充，以求化分、化合之用，并仿照湖南化学堂章程，广采各处金类、石类、炭类，及一切杂质等物，存储塾中，以资诸生考证。

十一、酌议公利。西人制造日盛由于一器适用，准其专利数十年，是以穷极精微，日进不已。今虽西法不能遽然推行，亦须酌一公利之法，方足资激励，而收速效。诸生能自出新裁制器获利者，除去用费以外，以一分备按年修理之费，余则半充学塾公用，半归制造者酬劳。若查处矿产开采畅旺者，亦以五分归公，三分入学塾，二分给查矿之人。如此，则人自濯磨，学塾公项亦必藉以充裕，唯分利之说，系策其目前之效，仍应俟三年后，择其算测极优，制造著有成效者，奏明请旨考试录用，则人心始益为鼓舞矣。

以上各条皆就目前拟议具陈，深恐未臻周妥，如开办后须有变通更正之处，尚应随时酌补，以期精益求精，合并声明。

（原载《秦中书局汇报》1898年第5册明道专辑第19—23页）

陕西巡抚李绍棻：奏建关中大学堂

护理陕西巡抚李绍棻[①]奏建立关中大学堂，恳留光禄寺少卿屠仁守暂充总教习，所有教法学程，均由总教习等悉心定拟。[②]拟就西安考院拓地兴修，调选学生先以二百名为额。并恳留光禄寺少卿屠仁守暂充总教习，所有教法学程，均由总教习等悉心定拟。如所请行。

（原载《大清德宗景（光绪）皇帝实录》7：自光绪二十五年十一月至光绪三十年一月）

附马凌甫回忆关中大学堂："1904年我们学堂挑选了三个人到省城投考关中大学堂，我在其列。另外还有郭鸿（海楼）及范樵（鹤侣）。由此，我才离开穷乡僻壤的小天地，而眼界为之一宽。但关中大学堂总教屠仁守（梅君，湖北人）是一位讲理学的，与陕西巡抚升允（吉甫）志同道合，仍以忠君爱国为立教之本。我们考学堂的试题是'未有仁而遗其亲者也，未有义而后其君者也'。升允在学堂大礼堂亲书的楹联是'天大地大王

[①] 李绍棻（1849—1924），湖北安陆人。曾任陕西潼商道、粮道道员，陕西按察使、布政使，护理陕西巡抚，山西布政使，云南布政使。1904年在云南布政使任上被罢官。晚年遁世学佛。

[②]《咸宁长安两县续志》（1936）称"关中大学堂在六海坊，即府考院旧址。光绪二十八年（1902）改建，嗣又易名陕西高等学堂"。《西安市二十中学简介》有"光绪二十年（1894）在洋务派的影响下，陕西仿照张之洞在湖北办的学堂，在考院旧址办起了游艺学塾。光绪二十八年（1902）藩台樊增祥、巡抚升允……把学塾改为关中大学堂"。西北大学杨绳信先生据所藏晚清文档认为《咸宁长安两县续志》与《陕西清理财政说明书》（清宣统元年）所载差距较大"。不确，待考。

者亦大，九州共识尊王义；古学今学圣人之学，多士无忘近圣居'。这都可以说明这座大学堂的教学思想了。学堂的课程分了四门：曰性理格致门，曰政治时务门，曰地舆兵事门，曰天算博艺门。学生任习一门或两门。每日撰写笔记，月终由各门教习评分给奖。每月还发给学生膏火银四两二钱。我对天算博艺门的功课甚感兴趣，因而在政治思想方面并没有若何的变化。"

（原载马凌甫《回忆辛亥革命》，见中国人民政治协商会议陕西省委员会文史资料研究委员会编《陕西辛亥革命回忆录》，西安：陕西人民出版社，1982年第83—84页）

光禄寺少卿屠仁守①：陕西省大学校初议（节选）

一曰定名制。学校之名义，著于古今，制通乎国邑。孟子曰：校者，教也。敬敷五教，必自学校始。今题省会大学堂额曰陕西省大学校，次曰西安府中学校，又次曰长安、咸宁县小学校；省（会）外府厅州县，仿此类推。士子肄业阶级，由小学校升中学校，由中学校升大学校。及其有成，贡之京师，入于国学，则国学之名为最尊。必如此然后兴兵、农、工、艺各学堂，有所区别，而学校足以成画一之规。至于官牍公文从便称为学堂，自无不可。学校中以圣贤祠为之主，有总教讲堂，有分教讲舍，有肄业生各院各斋，有西学教习院，有藏书阁、图器库，有总办公廨、提调厅、监院厅、支发所、待宾室、报名处、禀事

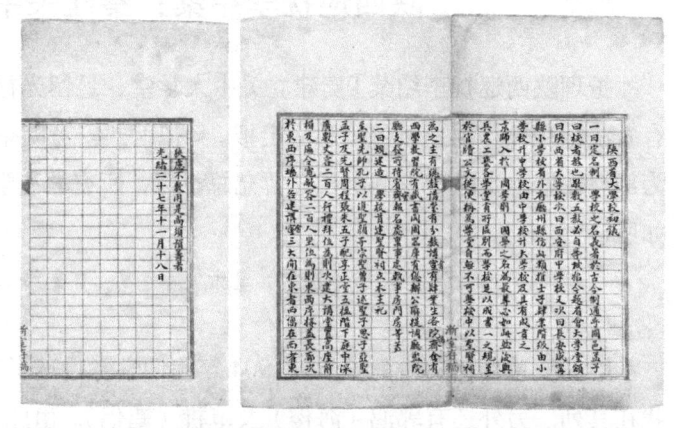

图1-2　屠仁守拟《陕西省大学校初议》手稿首页与末页

---

① 屠仁守（道光乙未年十二月二十二日生，光绪癸卯年十二月二十四日卒，1836—1904），字静夫，号梅君，湖北孝感人。同治末年考中进士，选庶吉士，授编修。先后任都察院江南道监察御史、属户科、兵科给事中，属礼科掌印给事中，掌山西道监察御史。1889年因上《归政届期谨陈旧章疏》被罢官，遂到山西令德堂讲学。1900年因反对滥杀教民，为山西巡抚毓贤所忌，乃离晋入陕。1901年授光禄寺少卿。曾任关中书院、宏道书院院长。门生有于右任、沈钧儒、周镛等。1901年12月（一说1902年3月），任陕西大学堂总教习。在堂期间，除主理教学事务外，并主讲理学。1904年2月9日在西安病逝，葬于西安临潼窑村。陕西巡抚升允在《奏报大学堂总教习光禄寺少卿屠因病出缺折》中称赞"该京卿品端学邃本足式士林，到堂以来，综揽教规，发明正学，不厌不倦，先后两年。在堂诸生因多可造之"。

处、执事房、门房等等。

二曰规建造。学校首建圣贤祠，立木主祀至圣先师孔子，以复圣颜子、宗圣曾子、述圣子思子、亚圣孟子，及先贤周、程、张、朱五子配享。正堂五楹，阶下庭中深广数丈，容二百人行礼拜位为则。次建大讲堂，置高座，前楣及庑，令宽敞容二百人坐位为则。东西序接盖长廊，次于东西序墙外，各建讲舍三大间，在东者西向，在西者东向。

……

唯顷已奏陈建立学堂经费二万金，常年经费二万金，为数过狭，虑不敷用，是尚须预筹者。

光绪二十七年十一月十八日

（屠仁守《陕西省大学校初议》手稿原档，现存西北大学档案馆）

第二节　陕西大学堂与陕西高等学堂

陕西巡抚升允①：陕省拟设农务工艺两斋附入大学堂

陕省拟设农务工艺两斋附入大学堂并咨调教习情形是否有当谨附片

再，前承准军机大臣字寄光绪二十八年正月十七日奉上谕，政务处奏，遵议山西巡抚岑春煊奏请振兴农工商业以保利权一折。农工商业为富强之根本，自应及时振兴，除商务已特派大臣专办外，其农工各务，即著责成各该督抚等认真兴办。查照刘坤一、张之洞原奏所陈，各就地方情形详筹办理，并先行分设农务工艺学堂，以资讲习。将此各谕令知之。钦此。遵旨寄信前来等因，承准此。伏查陕省地方偏僻，风气未开，农工两

---

① 升允（1858—1931），多罗特氏，字吉甫，号素庵，蒙古镶黄旗人。1901年春任陕西布政使，实授陕西巡抚、陕甘总督等要职。清光绪二十八年（1902）四月十二日，在陕西巡抚任内奏请光绪皇帝和慈禧太后开办陕西大学堂，所见奏本有光绪皇帝的亲笔朱批，再次印证了西北大学的前身为陕西大学堂，也说明创建西北大学的首倡者为升允。宣统元年（1909），因上疏反对立宪，以妨碍新政之过失被革职，之后寓居西安满城。武昌起义爆发后，被起用，任陕西巡抚，总理陕西军事，率甘军东进，连下十余城，逼近西安。他反对清帝退位，以"勤王"为名，妄图攻下西安，迎奉溥仪建立偏安西域的小王朝。1912年2月，清帝溥仪退位。1912年3月8日，秦省兵马大都督张云山与升允部下彭英甲、马安良签订停战书，1912年4月10日前后，升允撤离陕境，西路战役结束。张凤翙大都督在西线战事尚未结束之际，成立西北大学创设会，谋划以陕西大学堂等合组西北大学。升允西退后，往来于天津、大连、青岛之间，结纳宗社党人，图谋复辟。后病逝于天津租界。

家不过服先代之田畴,用高曾之规矩而已。语以西人农业之精工制之巧,不唯身所未到,并且目亦未经。现在钦奉谕旨,认真兴办,诚可挽固陋之流风,立富强之基址矣。但陕省正当改置大学堂,工程甚巨,若与农务、工艺学堂同时并营,力量诚有未逮,兼因无人教习,学者益复寥寥。拟就大学堂中先设农务、工艺两斋,在堂各学生如有性情相近及有志愿学者,拨入此两斋中,暂习有关农工之书,以寻蹊径。专家教习,本省实乏其人,已由奴才咨商江鄂两督臣,如查有前项高等学生已经毕业者,咨送来陕,派充大学堂中农工两斋教习。其教法则分门别户,与各学堂殊途。其课程仍递降递升,禀承总教习核定。庶几赏罚一致,而后人无薄视之心;讲习专门,而后人少思迁之意。将来成效渐著,向学者多,再行分设农务工艺学堂,以广传习,而宏才不嫌于多艺,一技亦足以成名。远则争胜于外人,近不患贫于本省。此其效尚需之后日,而未易遽期之此时也。所有陕省拟设农务、工艺两斋附入大学堂,并咨调教习情形,是否有当,谨附片具陈。伏乞圣鉴训示,谨奏。

朱批:农务工艺足厚民生,著即认真兴办,毋涉敷衍。

光绪二十八年正月十七日

(展示于西北大学校史馆,原档现存中国第一历史档案馆)

陕西巡抚升允:奏为遵旨开办大学堂拟订详细章程奏明立案恭折

奏为遵旨开办大学堂拟订详细章程奏明立案,恭折仰祈圣鉴事。

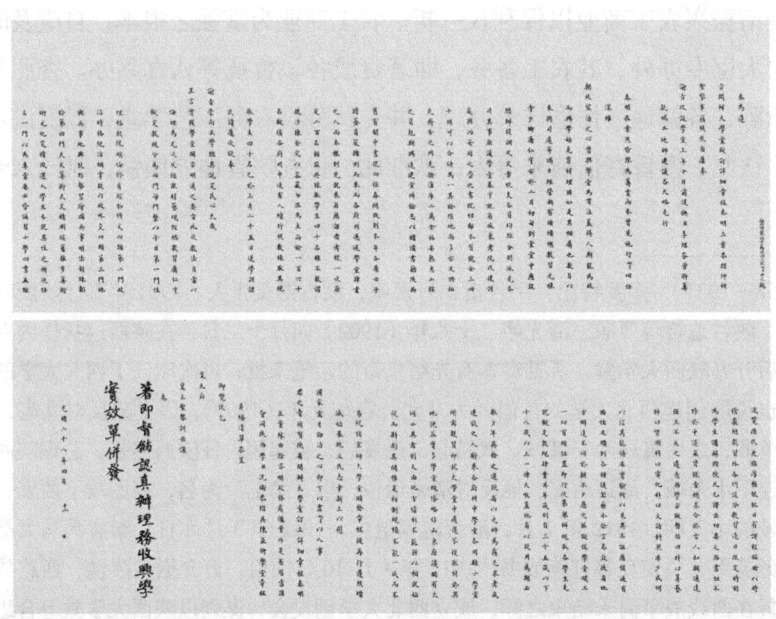

图 1-3 现存中国第一历史档案馆的升允《奏为遵旨开办大学堂拟订详细章程奏明立案恭折》

窃照陕省屡奉谕旨改设学堂，上年十月前护抚臣李绍棻曾将筹款、鸠工、延师建议，各大略先行奏明在案，然皆预为筹划，尚未实见施行。奴才回任，深维朝廷望治之心，实与学堂为贯注，盖得人斯能为政，而兴学始克育才，理固如是，其相属也。数月以来，与司道等竭力经营，渐有头绪。总教习光禄寺少卿屠仁守亦于二月初旬到堂。堂中应设总办、提调及文案、收支各员，均经分别派充，各司其事。原议学堂基宇就省城东考院改建，该处与西安府之崇化书院相邻，本有号舍三四十间，可以合并为一。其余隙地尚多，亦足供拓充斋舍之用。先拨藩库二万金，饬委熟悉工程之员克期兴造建堂，所余悉以购备书籍。陕西旧有关中书院，向系春间甄别，本年各属士子担簦负笈循例而来，而各府州选送学堂肄业之人尚未报到，先就来省应课者考校一次。原定二百名额，兹共录取学生四十名，虽不敢谓披沙拣金，究以宁严勿滥为主，尚余一百六十名，拟俟各府州申送有人，续行照数录取。其现取学生四十名，已于三月二十五日送学训课。伏读屡次钦奉谕旨，崇尚正学，黜异说，定民心大哉。王言实握学堂开宗明道之要旨。此次教法自当以伦理为先，次及经猷才艺。现经总教习屠仁守拟定教规，分为四门，每门系以子目。第一门性理格致，统明伦、修身、综物、博文四类；第二门政治时务，统治纲、掌故、内政、外交四类；第三门地舆兵事，地舆考形势、习绘图，兵事明法制、练韬钤；第四门天文算术，天文精测候、审推步，算术研元化、究积微。选入学生各就其性之所近，任占一门以为专业。要必皆诵习小学、四书五经，流览历代史鉴，厚植根柢，日有课程，按册以时稽核。总教习外各门设分教习，逐日限定时刻为学生讲解指授。凡已译出切要之西书，但不悖于中道并资探索，总求合于古人知类通达强立不反之遗意。西学亦拟暂括四科：曰算艺科、曰质测科、曰电化科、曰文语科。然非少成何以信其能传，非实验何以见其不诬，应俟延有西儒及购到各种仪器药水，徐言奏效。陕省地方僻远，不同于朝求夕应之区，拟俟学堂竣工，一切有所位置，即行次第举办。现取各学生先就拟定教规肄业。其年岁则自三十五岁以下十八岁以上，一律大收。盖他省以致用为期，必取少年英发之选，陕省以乏师为虑，先求老成速效之人，将来各府州中学堂、各州县小学堂所需教习即就大学堂中遴选，不复取材于异地，便益实多。学堂规条略仿山东原议，间有大同小异者，则又由地方情形，不能强以相就，始从而斟酌其间。唯是初创规模，不能一成而不易，统俟京师大学堂颁发章程后，再行遵照增减。始基既立，民志聿新，上以慰国家需才效治之心，即下以尽奴才以人事君之责。所有陕省开办大学堂，订立详细章程奏明立案缘由，除咨明政务处备案外，是否有当，谨会同陕西学臣沈卫恭折具陈，并将学堂章程另缮清单，恭呈御览，伏乞皇太后、皇上圣鉴训示。谨奏。

朱批：著即督饬，认真办理，务收兴学实效。单并发。

光绪二十八年四月十二日

（展示于西北大学校史馆，原档现存中国第一历史档案馆）

陕西巡抚升允奏折附件：陕西大学堂章程

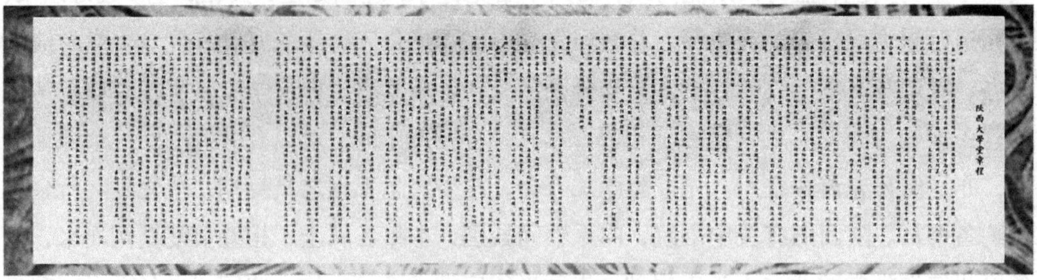

图1-4 陕西大学堂章程

谨将拟议陕西大学堂章程缮具清单恭呈御览。

学堂办法

第一条 陕西学堂系钦遵叠奉谕旨开办，慎选教习，督课诸生，以中学为体，以西学为用，必明体乃有益于身心，必达用乃有裨于家国。绩学尚已，敦品尤先，若不知砥行饬躬、尊君亲上为何事，即智慧日启，学业日精，流弊将不可问甚。有摭拾狂瞽谬说，谓人人有自主之权，驯至诋訾圣贤，畔道离经。王化涵濡，奚容有此郊遂之设，正为斯人杜渐防微，当以此为开宗明义。

第二条 大学堂为全省学堂总汇之所，其学生应于各府直隶州所设中学堂内之优生挑选升入，现因各处中学堂未能克期遍设，暂由各府厅州县按经义史学先行招考申送，以备甄录。凡十八岁以上三十五岁以下，通解经史，文理明顺，身家清白，体质强健并无嗜好者即为合格。

第三条 大学堂本应专立精舍，因各府直隶州议设之中学堂及各州县议设之小学堂尚无成效，可期入学堂一时无所取材，姑立精舍虚左，以待录取诸生暂分中舍、上舍训课，俟各府州县学堂依次有成，中舍、上舍学生毕业后，再升入精舍。

第四条 学堂延聘总教习一人，分教习四人，帮分教四人，洋教习一人。如教习德不称位，才不称职，应由总教习、总办商之巡抚，随时更换。西学洋教习选定后，由学堂订立合同，呈候巡抚派充。

第五条 考选学生以二百名为额，合陕省之驻防七府五直隶州，按其平日文风之优劣，学额之多寡，分立定额，如有一府无人报考，则此府全额皆空。如额数已足，则再不得侵占他府空额。其客籍回民，亦一律酌量甄收，以免向隅而宏乐育。

第六条 肄业诸生半多寒素，如令自备廪膳，势必裹足不前，其朝夕饔飧悉由学堂一体供应。然士皆果腹，膏火亦应代筹，正课一百名，月给膏火银二两，副课不给。其正课学生由中舍升入上舍者，每月加给笔札银二两，升入精舍者再加给笔札银二两，以期愧厉。唯须已应月课季课者，方准照领膏火银两。

第七条　学堂有月课、有季课，月课由总教习阅定后择优酌给奖赏，季课则由总教习评定甲乙，交总办转送巡抚查核，应否给奖，临时再定。其因病在假欠课者，假满病痊仍须一体补课。

第八条　肄业诸生心术品行是否不蹈范围，材力聪明是否可期成就，应由教习、提调详加察核，于到堂三个月后告知总教习，会同总办复加考核，以定去留。其天姿高明而心术不正者，立时斥逐。亦有心术纯正而赋质少绌者，考核以后再留三月以观后效，加两次考核，实属不堪造就不准再留。

第九条　上舍学生毕业后，由总教习、总办考取优等发给凭照，有愿入精舍者应即升入肄业，有愿赴本省州县学堂及他省学堂充当教习者听之。又或愿赴京师大学堂肄业者，由巡抚咨送，至欲出洋游学或愿派练习实事亦酌量咨遣。其有品学出众材质迈群者，应由巡抚随时奏请破格优奖。至寻常学生毕业后应如何选举鼓励，现已奉旨由政务处会同礼部核奏，俟奉咨行到陕即行钦遵办理。

第十条　挑选学生既以三十五岁以下者为合格，其三十五岁以上不能兼攻西学而中学尚优者，应另设师范学堂，俾未第老儒，得借枝栖，俟学成考验后给以师范凭照，或派充中小学堂教习，或自行设帐授徒，均听其便。其本无学行未经给予师范凭照者，不准教授生徒。其师范学堂章程另行筹议。

第十一条　学堂书籍图画仪器等项，原为堂内诸生讲习测验而设，不得携出学堂，违者议罚，遗失损坏者勒令赔偿。

第十二条　学堂设立养病房一所，药房即附其中，并派医生司事，每日辰正医生到堂，患病诸生或由自己报明或由同班代报，立即拨医就诊。其有病重应回家调理者，由医生报明提调转告总教习给假放回，病痊仍回堂肄业。

第十三条　学堂设立工房一所，派熟悉制造者经理，优予工资，凡学堂一切仪器以至测验等项，均令随时修理，唯不准堂内上下人等属令配造自用器物。又立浴房一所，派人经理，以期洁净。

第十四条　学堂设立藏书楼、译书局、博物院各一所，以资考证而广见闻，但甫经创始并营不易，拟俟规模稍备，再行商酌办理。

学堂条规

第一条　大学堂内恭祀至圣先师孔子暨本省诸先贤先儒，每年延师开学散学之期，由总教习、教习、总办、提调率领学生分班恭诣行礼。其每月朔望则由总教习、教习率领学生行礼并宣读圣谕广训一条。

第二条　每年恭逢皇太后万寿、皇上万寿、皇后千秋，由总办率领诸生齐班望阙行礼。

第三条　学生每日三餐，分别冬夏各有定时，每晨夏令七点钟、冬令八点钟在各房早餐，十二点钟午饭，夏令六点钟、冬令五点钟晚饭，咸赴饭厅会食，肃静无哗。眠起亦有定时，凡早起夏以卯初，冬以辰初，晏息夏以戌正，冬以亥正，息后各一律灭烛。住房门首各挂名牌一方，以便稽查。

第四条　学堂假期，年假准给一月，以开印封印为起止；清明给扫墓假一日，端午、中秋各给假一日，假满即回，不得延旷。每月初十、二十、三十，三日准予休沐，省亲治事，即日回堂。其距家道远不愿请假者，听。如于例假外遇有庆、吊等事必须出堂者，须由家长报明，不得仅以本人口说为凭，如无家长或远隔不能代陈，亦须同班学生作保，方准给假。

第五条　学堂为礼法之地，应对乃弟子之职，各学生于总教习、教习前均执弟子礼，升堂则揖，退亦如之，寻常相遇垂手侍立。于堂内各官亦应一律致敬。

第六条　学生在堂讲授之时，各宜端坐静听，如有未喻，许其就前从容质问。其在舍读书遇有疑义，亦准随时请质。若同时有论难者，必俟问者语毕，答者意尽，然后接次问答，不得搀论，以致嘈杂不清。此不但堂规所系，抑亦学养攸关，最宜切戒。

第七条　书楼未建以前，先择一室存庋中外经史政艺各书，委员经理以备诸生查阅。此书约分两类，一为考查之书，只准诸生赴藏书处查检，不准携借。一为诵习之书，准其借归讲舍摘抄。书凡几卷，立限几日，眼同委员登注簿内，阅毕依限缴还，仍眼同登时销号。如有毁污及遗失者，查明责令赔偿。

第八条　稽古莫如读书，通今莫若阅报，无如中外报章大都失实，阅之徒乱人意。现准政务处咨会，每月汇编《政要》一册，刊行各省，将来即以此册摆印多本，送交学堂，俾诸生传观，据以考求时政。

第九条　学生非寻常日食之物不准携入学堂。各房洒扫及琐屑事务，雇有斋夫堂差伺应，学生不得私自添人。如寄家信由委员汇齐饬送，学生不得任意遣堂差外出。如斋夫等不服役使，语言无状，准学生径告委员禀明处置。

第十条　教习教导诸生以明廉耻、知羞恶、敦崇礼让、激发忠良为第一要义，其有违犯堂规，不敦品谊，不守礼法，及梗顽不率，不能完其课程者，或量予记过，或降列等次，或开除名额，应由各教习商承总教习，会同总办、提调秉公核办，其父兄不得到堂辩论，违者治以妄诉之罪。

第十一条　教习常年督课，各有专责，不宜时常请假致误课程。即有紧要事故，亦须告知总教习，转告总办代为详请，并声明假限，以便另派教习代为督课，假限届满即行回堂，逾限不回，束脩照扣。如在两月以外不能久俟，即当辞退另延。

第十二条　学堂立功过簿三本，除总教习、总办外，各教习、各学生共列一簿，提调、委员共列一簿，各司事、夫役共列一簿。各教习、各学生功过总教习主之，各委员、各夫役功过总办主之，分别详记，以便酌量去留有所依据。

学堂经费

第一条　学堂经费原议常年额支银二万两，核计尚属不敷，应俟临时酌增。本年于额支二万两外，另筹银二万两，为创办一切之用。此后如有增置房舍、书籍图画、仪器等类，不在额支之例者，随时由总办禀明巡抚核定筹款，其常年经费分四季赴藩库具领。

第二条　学堂礼延总教习一人，每年束脩银二千四百两。洋教习一人，每年束脩银二千四百两。分教习四人，每年束脩银各四百八十两。帮分教四人，每年束脩银各一百四十四两。派委总办一员每年薪水银九百六十两，提调一员每年薪水银七百二十两，文案、收支各一员，每年薪水银共九百六十两，帮文案、收支各一员，每年薪水银共五百七十六两，斋长四人每年津贴银各九十六两，司事二人，每年工食共银一百九十二两。学生二百名，每年约需火食银六千六百两，百名膏火每年共银二千二百两。书役斋夫等项执事约三十余人，每年共约工食银一千三百两左右。纸张笔墨等项每年约银四百两，油烛茶火等费，每年约银六百两。以上共约计银二万六千两之谱。加给笔札及月课、季课奖赏及遇闰加增，尚不在此数。

第三条　学堂经费如束脩、膏火、薪水、工食以及日用火食、笔墨、纸张等项杂款均属额支。所有一切详细数目，应由总办、提调于开学前切实估计，分造清册呈请立案。其常年活支之款，如购置书籍、仪器、家具，以及药房、工房、化学、格物各种材料，并修葺房舍等项详细数目，虽难预估，亦应将筹办大概情形分别缮具清单，随案声明候夺。

第四条　学堂常年额支经费，应由总办督同提调各员，撙节开支核实造报。收支委员于每年六月、十二月，将出入数目清结两次，分造四柱清册，连同原簿呈由总办、提调核查，公同派员复查一次，详对各项凭单、领状、发票、收条有无讹误，查勘明晰，再行呈报。如有赢余，尽数另储留备活支拨用。

第五条　学堂经费归总办综理大纲，并设收支一所，遴派得力委员专司收发银钱，仍由总办、提调随时认真严密抽查。

第六条　堂内应行置备一切物件，由总办、提调核定，缮具支款凭单交承办人赴收支处具领后，仍将原单存提调处以备核对。售货之家数无巨细，皆令出具发票二纸，计明银钱数目，一存收支处，一存提调处。收支处不见凭单，不准擅发分厘。其各项凭单、领状、发票、收条，均由总办、提调签字后，仍交收支处汇存备查。

（展示于西北大学校史馆，原档现存中国第一历史档案馆）

《顺天时报》①社说：论陕西大学堂章程之荒谬

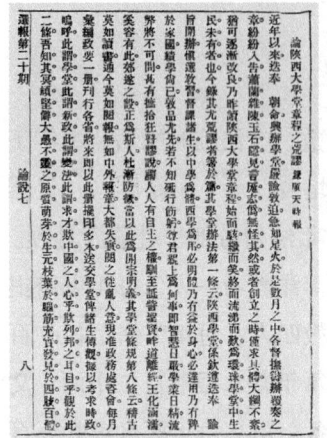
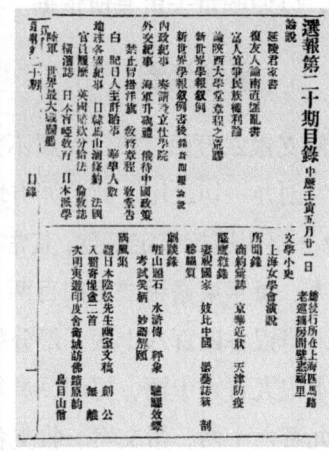

图 1-5 《顺天时报》明治三十五年六月七日（光绪二十八年五月初二日）和《选报》1902 年第 20 期

近年以来，迭奉朝命，兴办学堂，严谕敦迫，急如星火。于是，数月之中，各督抚筹办复奏之章，纷纷入告。萧兰杂陈，玉石隐见，言庞志伪，无怪其然，或者，创立之时，仅求具体大纲不紊，犹可逐渐改良。乃昨读《陕西大学堂章程》，始而骇，继而笑，终而流涕，而叹为环球学堂中，生民未有者也。今录其尤荒谬者箸于篇。其学堂办法第一条云：陕西学堂系钦遵叠奉谕旨开办，慎选教习，督课诸生，以中学为体，以西学为用，必明体乃有益于身心，必达用乃有裨于家国。绩学尚已，敦品优先，若不知砥行饬

---

① 《顺天时报》是日本外务省在华创办的中文报纸，初名《燕京时报》，创刊于光绪二十七年（1901）10 月。该报是日本帝国主义为了配合侵略中国所进行的文化侵略的一部分。发行量曾经达到 17 000 多份，一度成为华北地区第一大报纸。在其社论《论陕西大学堂章程之荒谬》一文中，并未善意地提出办学的不足或章程有何具体不妥之处，或与国外大学相比较有哪些需要改进之处，而对陕西大学堂章程、办学目标等横加指责，使用了"荒谬"，却未举出一处荒谬的例子，使用"欺中国之人心乎，欺列邦之耳目乎""自拥其爪牙而欲尽缚国民之手足""何天祸中国至于此极""废此堂，陕民有福"等十分粗暴的语气，却又没有一处谈到陕西大学堂带来什么"天祸"，哪一处"欺骗列邦""欺骗中国"，"废此堂"能给陕西带来何种"福"。其实，《陕西大学堂章程》是仿京师大学堂、山东大学堂等章程拟就，故《顺天时报》所指，并非单单就陕西大学堂而言，而是对晚清时期大学堂朝政的一个总的无端攻击，否则就不会使用"新政""变法""较之戊戌、庚子、诸元勋有过之而无不及"这样一概否定的词语。即便大学堂初期在中学、西学孰轻孰重，中学课程过多，或西学因师资缺乏尚待完善，也绝非一无是处，大可不必从章程上、办学宗旨上彻底否定。况且，陕西大学堂稍后聘用了 6 名日籍教习，又数次赴日考察学务，与早稻田等日本高校交流和派出留日学生，办学成就斐然。因此，此文与其后英国莫安仁《观西安大学堂与三原县学堂记略》中批评西学仪器闲置，以及御史王步瀛对西学课程开设过多的具体和善意的批评，迥然不同。

躬、尊君亲上为何事，即智慧日启，学业日精，流弊将不可问甚。有摭拾狂瞽谬说，谓人人有自主之权，驯至诋訾圣贤，畔道离经。王化涵濡，奚容有此郊遂之设，正为斯人杜渐防微，当以此为开宗明义。其学堂条规第八条云：稽古莫如读书，通今莫如阅报，无如中外报章大都失实，阅之徒乱人意。现准政务处咨会，每月汇编《政要》一册，刊行各省，将来即以此册摆印多本，送交学堂，俾诸生传观，据以考求时政。呜呼！此谓学堂，此谓新政，此谓变法，此谓求才，欺中国之人心乎？欺列邦之耳目乎？观于此二条，吾知其冥顽坚僻，大愚不灵之原质萌芽于生元枝叶，于脑筋，充实发见于四肢百体，较之戊戌、庚子诸元勋有过之而无不及也。夫此二条之公理，虽三尺童子不难知之，亦何待劳笔费口舌以证明之哉！吾欲执拟条规之人，掩塞锢蔽其耳目，使全生远害于夜半深池之会。试问彼能之否乎，必不能也。彼狞然自拥其爪牙而欲尽缚国民之手足，彼显然相竞为鬼蜮而欲尽废国民之耳目。桑柔之诗曰：自有肺肠俾民卒狂。其谓斯人乎？其谓斯人乎？何天祸中国至于此极也。

吾敢为拟订章程之诸公正告曰：公等既如此，学堂之举可罢也。办法第十条且曰：俾未第老儒，得借枝叶栖矣，则何不移此款为孤贫留养之院。……果废此堂，陕民有福。

[原载《顺天时报》明治三十五年六月七日（光绪二十八年五月初二日），1902年6月19日]

陕西巡抚升允：委前署按察使候补道吴树棻调充陕西大学堂总办奏折

再陕西开办大学堂，经奴才委前署按察使候补道吴树棻充当总办①，于学堂应办一切事宜深资赞助，而该员适丁内艰，扶柩回籍，因之暂委他员代理。查大学堂总办，内而延接总教习暨中西各教习，约束生徒，稽查功课，外而督饬提调并各委员综理一切文案、收支。其事至繁，其责甚重，一有不称，众谕烦滋。该员吴树棻学业夙精，既副群情之望；才能素裕，足持庶务之平。现当学堂经始，总办一事仍以吴树棻为最宜。查丁忧人员向许充当书院山长，若委该员为大学堂总办，事属相同，与别项差使迥别，仰恳天恩俯准将丁忧候补道吴树棻调充陕西大学堂总办，以期整率而专责成。出自鸿施逾格，是否有当，谨附片具陈。伏乞圣鉴训示，谨奏。

朱批：著照所请。

光绪二十八年五月十七日

（展示于西北大学校史馆，原档现存中国第一历史档案馆）

---

① 大学堂办学初期未设专任监督，学堂设总办1人，统辖各员，主持全堂事务。1902年，陕西巡抚升允奏准由前按察使、陕西候补道吴树棻为陕西大学堂总办。1904年，陕西大学堂总教习屠仁守因病去职后，吴树棻以总办兼任总教习。大学堂改为高等学堂后，不再设立总办。

盐法道常、布政使司樊、按察使锡、候补道周：办理陕西大学堂为札饬事

图1-6 光绪三十一年（1905）八月初二日的办理陕西大学堂关防（西北大学图书馆杨绳信先生珍藏，现存陕西师范大学教育博物馆）

照得优劣竞争之世，势难专己自封；文明互换之时，道在取人为善。近来各省选派官绅出洋考察学堂、工艺、巡警诸要务者相望于道。陕西僻处偏陲，无人开通风气，以故学务、政务诸多隔阂。现经委派杨令宜翰驰赴东洋，认真询查。唯诸事之门目甚多，一人之材力有限，非派数员不足集思广益。查该员堪以派令前往，随同考察。除详明抚宪外，合行札饬。仰该员到东后，即将学堂、工艺、巡警一切要务详加考核，分晰登记，以备旋陕后缮呈各宪暨本学堂查阅。此去远涉重洋，务须切实考验，为吾陕力求进益，以期无负简派之意。切切毋违。特札。

总办陕西大学堂之关防（原文末有长方阳文朱印）

光绪三十一年八月初二日

英国莫安仁①：观西安大学堂与三原县学堂记略

中国学务现当萌芽之际，办理甚为棘手，故各处学堂不能一致，规模亦多不齐整。盖因地方官知学务者虽多，而不解办学者亦不少。夫办学堂重在知教育，而不在铺张外观，徒炫耳目也。安仁偶游长安，瞻仰西安大学堂，见其构造宏壮，所费甚巨。其中讲堂及宿所规模颇具，唯各项功课，因匆匆游览，未能详细调查，究不悉其内容何如？若据人言，则谓其缺陷尚多也。其可知者，则格致一门，尚在未发达之时期，观其室内一切仪器，均属藏而未用。其化学试验室，不仅非大学堂之规模，且恐小学堂之程度，亦不止此。房屋既小，器具亦少，更不洁净，大概多日未经洒扫矣。一切器物，亦随意置放，并无次序。夫以一大学堂，而化验室竟至如此，岂非甚异。最后至餐厅，则甚清洁，无可议者矣。越日又观夫三原县之宏道高等学堂，其局势不如西安大学堂，而房舍甚为

---

① 莫安仁（Evan Morgan，1860—1941），英国浸礼会传教士，1884年来华后在陕西一带传教，参与创办西安东关基督教堂，1907年成为《大同报》主笔。

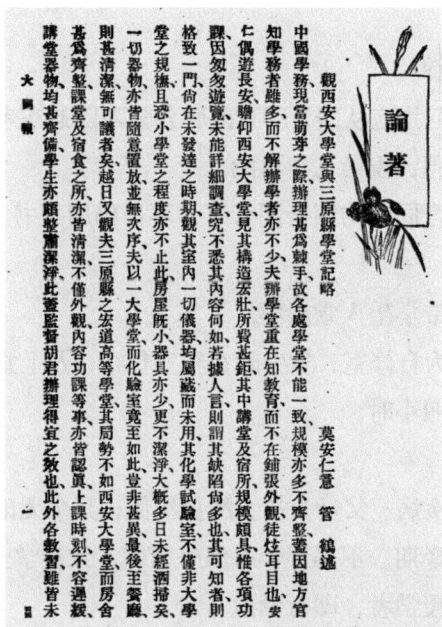
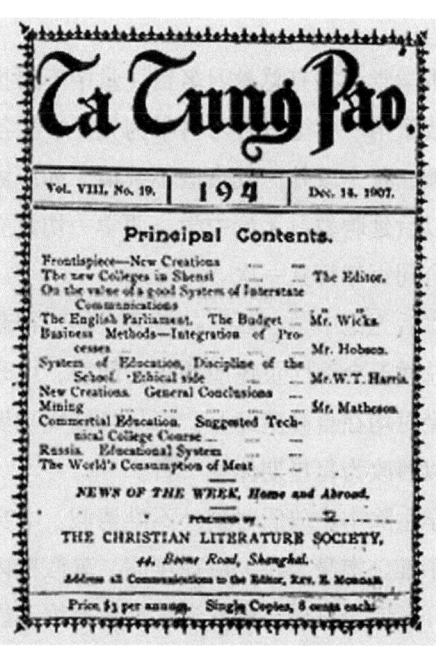

图 1-7 《大同报（上海）》1907 年第 8 卷第 19 期论著栏和英文目录

齐整。课堂及宿食之所，亦皆清洁，不仅外观，内容功课等事，亦皆认真。上课时刻，不容迟缓，讲堂器物，均甚齐备。学生亦颇整肃洁净。此盖监督胡君办理得宜之效也。此外，各教习虽皆未经出洋练习者，然于教育之事，颇为认真……

（原载《大同报（上海）》1907 年第 8 卷第 19 期）

陕西高等学堂提调仇继恒[①]：高等学堂更订章程

本学堂以补习普通科学一年，高等正科三年为宗旨。每日上堂功课六小时，四年毕业。学生仍以二百人为额（考选时备取数十名以便传补）。

本学堂以藩臬两司为名誉监督[②]。

监督不能时常到堂，以提调代行监督事务，统辖全学，所有教务、庶务、斋务均归

---

① 仇继恒（1859—1935），字涞之，晚号赘叟。清上元（今南京）人。光绪八年（1882）举人，光绪十二年（1886）进士，光绪三十年（1904）调陕西巡抚衙门学务处，任陕西高等学堂提调、监督。

② 监督初由藩臬二司兼任，《高等学堂更订章程》规定"本学堂以藩臬二司为名誉监督"。樊增祥兼任了较长时间的监督。继樊增祥之后，陕西高等学堂设立专任监督，杨宜瀚、仇继恒、周镛等先后任监督。周镛，陕西泾阳人，任法部主事，1906 年赴日考察学务后，任高等学堂监督，直到 1911 年，任职五年。

管理。

本学堂无须有总教习名目（堂中不得携眷）。

改章第一年全以补习科学为先，中学各门均应从缓，所有前聘各教习除赴东考察之毛孝廉、狄主政外，其余概不续请，如应添聘，俟第二年再酌。

以后延聘教习无论中学、西学一切订立合同，均照合同行事，不得仍用关书。

合同每年订立一次。

以后无论中学、西学各教习，均不得私带学生入堂附学。

总教习会客厅及住屋并东西厢房，均改为自修室，学生除在寝室住宿，及上堂时刻外，余时均在自修室肄习，每日自修室功课四小时。

以后改为每星期休息一日。

学生除本堂放假时刻外不准请假。本身疾病、父母大故，酌量给假，其余无论何事一概不准。本身娶亲，应在年假、暑假期内择期，不得于年暑假外请假，致误学业。

开学四个月后，察看学生如有颓惰不能授学者，即行黜退。

年假、暑假前举行升班考试，不能授学者除退。

未届毕业之期，无故退学者，罚追学费。

学生、教习、委员均有会客厅。

教习、委员、亲友星期日许入学堂以内探访，余日如有要事，只准于会客厅晤面，至久不得过十五分钟。学生亲友只准在客厅晤接。

以后无论何人来堂，皆在二门以外下轿下车，携带跟役一人入堂（至多不得过三人），其余一切与从人等，皆在二门以外憩息，不得入内。

学堂最宜清洁，不得任意污践。陕省于此事最欠讲究，此后逐日打扫，不准随意涕唾。各人大小解均须在厕所以内，断不准到处蹭蹋，违者堂差灶夫跟役人等斥责。学生每一次，记过一次，屡次故犯者，黜退。委员、教习谅知自重。

管理各员，除提调代管监督统辖全学外，应设教务长一员，由教员兼充（无人则缺），支应官二员兼办文案，检察官二员。以后学堂管理书籍、仪器、药水、稽查号舍、督率洒扫等事甚多，拟于学生及斋长中，拔出年长勤慎者四人（或六人）作为庶务员，每月薪水八两（多则十二两）。

学生除本堂旧有学生外，此次暂由各属保送考取补足。此次之后，非中学堂毕业者不能躐等收入。

本堂向发膏火，由学生自雇灶夫开火，现改由食堂，会食饭菜皆由堂中预备，不取膳费，亦不再发给膏火。

（原载《秦中官报》1905年第1期）

学务处：详抚宪饬委仇令继恒接办高等学堂监督文

查高等学堂监督、兴平县知县杨令宜瀚，前次于役东瀛考察学务，钩深致远，心得独多。内渡以来，既经详请派赴该学堂，加意布置，纲举目张，诸凡秩然，有条不紊。现在该员交替有期，所有该堂监督事务日益纷繁，交涉东师，经营管理，一切督率，需赖得人，非有中西兼贯、精通学务之员不足以专责成而重事寄。兹查有富平县知县仇继恒，前充本堂提调，改弦易辙，学界一新，起发之功，实为不细。今以该员接办，其章程本互商而定，萧曹当彼此规随，其因革不待告而知令尹迭为新旧。除移樊司并檄委外，所有派委接办高等学堂监督⋯⋯

（原载《秦中官报》1906年第6期）

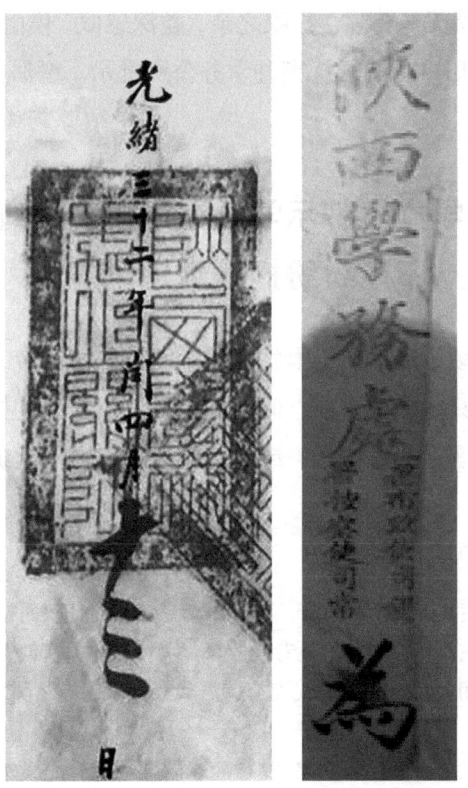

图1-8 光绪三十二年闰四月十三日使用的陕西学务处关防
（西北大学图书馆杨绳信先生珍藏，现存陕西师范大学教育博物馆）

藩司樊增祥①：批高等学堂监修委员涂令嘉荫
工竣报销并请派员验收禀

该令朴实廉勤，曩修石泉水牮已露豹斑。省城高等学堂于壬寅岁创修②，用银三万有奇，诸未合格。自上年来，屡有改作，深知该令长于监造，委寄特殷。兹据禀报落成前来，除提调仇令去秋添建洋式讲堂三座外，其添修、改修各工共计七十三处，大小房舍二百五十二间。查近来学务蔚兴，凡办学堂者，未遑教育，先谋建筑。各省营造之费，多者数十万，少亦十数万。吾陕学堂规制不亚东南，此次添改诸工，就前筑之堂基，仿东洋之图式，历时半年之久，聚工成阵，积料如山，官绅十许人，常川监视，及其成也，仅用银一万八千三百两有奇。试以半年来官绅丁役火食核之，米面钱才一百四十余千，蔬肉钱共六十千三百文，而赏工匠之酒肉并在其内，节省至此，皆由该令一身艰苦卓绝，是以人皆化之，而工与费无一不实。嘉叹之余，益深感佩。俟由学务公所照例委员验收，本司仍亲往察视，以昭郑重。仰候抚宪暨学务公所批示。缴册五本存。

（原载《秦中官报》1906 年第 5 期）

高等学堂：牌示学生遇讲授时或有质问
不能纷纷拥挤致违堂规文

讲堂授课，时刻无多，诸生如于本堂讲授学课有未了解者，须俟教员讲授毕后钟点有余时间，举要质问，只能循序进前，问毕即退，不能纷纷拥挤，致违堂规，断不能于本堂授课之外，撷拾问题，故意诘难，或有切问之端，在本堂讲授之外者，准其下堂后

---

① 樊增祥（1846—1931），字嘉父，号云门，一号樊山。湖北恩施人，光绪三年（1877）进士，翰林院编修，官至江宁布政使、护理两江总督。曾师事李慈铭。时任陕西按察使兼陕西高等学堂监督。光绪三十二年（1906）陕西高等学堂始设专任监督。樊增祥才力富健，善巧思，作诗三万余首。诗宗中晚唐，词藻艳丽，用典精工，为近代晚唐诗派代表诗人。有《樊山全集》。此文为光绪三十一年（1905）八月朔所作。

② 陕西大学堂校舍有两次大的扩建，一次是 1902 年，陕西巡抚升允拨库银两万两兴建学堂，使学堂初具规模，保证了大学堂当年招生开学；另一次是从 1905 年冬到 1906 年春，进行了新的扩建。陕西巡抚曹鸿勋先派人带领工匠到湖北等省考察学堂建设，然后仿华洋各式增建堂舍，共建讲堂、斋舍、自习室、图书仪器室等 73 处，大小房间 252 间，共用银 1.8 万两。《续修陕西通志稿》第二十册卷三十六曰："岁由库额拨银二万两，并拨向动耗羡报部银七百二十两及旧日志学斋生息银一千五百两。"《谕摺汇存》1902 年 5 月 31 日有："先拨库平银二万金，饬委熟悉工程之员克期兴造建堂，所余悉以购备书籍。"

书写质问，呈送本科教员，候其暇时批答。至教员授课之际，务各抄录讲授牌文，或静心坐听讲演，不得漫不经心，置讲授于不听，而任意书写石牌，以为诘难之举。若钟点已毕，既闻下堂铃声，则他班已待教员授课，本班亦有教员上堂讲授他科，无论有何疑难，均须退后质问，不准执问不休，致碍别堂功课。由监学在堂随时稽查，如有违犯以上各条，即行申诫纠正，或不遵从，即告知监督，查照定章，罚儆诸生。为求学问而来，慎勿因不守规则而自阻进修也。切切此示。

（原载《秦中官报》1906 年第 4 期）

御史王步瀛①：奏为陕西高等学堂教法失宜恭折

窃维各国语言文字为今日学堂急务，尽人皆知，唯查奏定章程，中学堂、高等学堂始习各国语言，尤重英法德语。其每星期功课多少厘有定规，原不容畸轻畸重凌节而施，致启蔑弃中学之渐近。臣乡人来，闻陕省高等学堂每一星期功课三十六钟，而英日文已占二十钟之多，计每日有习英日文至四钟者。微论学生智识不齐，断难熟习，即令举皆明敏，而于中国根本学问，亦势必荒落，不暇兼顾并营。此皆由近年学务人员任用失当，故张皇补苴，本末倒置，实于陕西学界大有损害。闻新简提学使刘廷琛，平日讲求学务，热心教育，应请饬下陕西抚臣督同该提学使遵照奏定学堂章程速行改良，以资造就，庶陕西人才辈出尚有报国之一日，否则省城学堂既极腐败，外府州县益无所激励，无怪改书院为学堂，呼山长为教习，上司以查学而调剂属员，劣绅因筹款而苛派乡里，掩耳盗铃，民气骚然，士气颓然，甚非国家之幸也。抑臣更有请者，语言文字之学必大学堂习专科者所当悉知，若但论办理交涉，则前大学士李鸿章又何尝精外国语言，又何尝不善办交涉。如必人人责习各国语言文字，臣恐势趋偏重，将来成就岂必尽为通材。陕西士习敦朴，渊源关学，近来风气渐开，益知讲求时务。唯学堂甫立，肄业者率多中年以上，口齿既笨，忆力亦减，事倍功半，往往徒劳。臣之愚见，拟凡现住中学及高等学堂者，所有各国语言文字，除已经学有成绩及有志向学外，其余十人之中，但得三五人留心娴习，即可用世有余，似不必一律强以所难。如此稍为变通，既不至舍本图末，徒工外国语言，即性质稍逊者，益可专心中学，保存国粹。

光绪三十二年八月初一

（原载《学部官报》1906 年第 7 期 57—58 页）

---

① 王步瀛（1852—1927），字仙洲，号白麓，晚号遯斋，又署息壤余生。先祖为山西洪洞县人，明洪武初年（1368）移民时迁入陕西郿县（今眉县），童试连中附生、增生、廪生。同治十二年（1873）癸酉科拔贡。光绪元年（1875）乙亥科举人。次年丙子科考中二甲进士，遂任户部河南司主事（正六品），后升员外郎（五品）。光绪二十七年（1901）七月七日，保护慈禧太后与光绪帝到西安避难，复随慈禧、光绪回京，因功升任户部郎中、京察一等补御史。

陕西高等学堂课程表

早班（七点钟上堂，十点钟下堂）午班（一点钟上堂，四点钟下堂）

	早班	午班
一日	英文、历史、英文	日文、算学、理化
二日	日文、英文、讲经	日文、英文、体操
三日	英文、英文、讲经	日文、日文、国文
四日	英文、英文、算学	日文、地理、体操
五日	算学、英文、英文	日文、伦理、历史
六日	英文、日文、日文	地理、体操、体操

（原载《学部官报》1906年第7期58—59页）

御史王步瀛：奏为陕西学务亟宜切实整顿恭折

窃维兴学要政，自全体言之，则关国家命脉；自分子言之，亦为地方元气。元气剥丧，国家受其影响，故办学之人，贵各尽义务，弊绝风清。有言责者，尤当知无不言，言无不尽。

……

一宜划一办法也。陕西旧有高等学堂二所，原不为多，唯宏道向隶学政，不无歧异，现已改制，自应与省城高等学堂同归提学使管辖，联为一气。此外，各中小学堂功课程度一切皆宜整齐，不得参差搀杂，自为风气。其位置部署均由提学使遵照奏定章程、体察地方情形，禀承督抚学部，藩臬不得掣肘。

一宜慎聘教习也。高等学堂所以造就高等人才，若教习学问空疏，不唯无以餍诸生之望，且于立学宗旨亦大相背谬。窃闻堂内好学之士，往往以质疑问难招教习忌，在学生实欲请益，而教员自反空疏，遂以为有意窘辱。不知教学相长原为切磋，疑而不问何以学，为问而不知又何需乎教员。乃教员不知内疚，反迁怒于学生，遂致师弟睽隔，上堂而外，终岁几不得一晤。亟应破除情面，妙选通儒，并照学科分给学生札记，准其各书疑难，由各教习定期批解颁发。

一宜广阅书报也。陕省书价甚昂，寒士多艰于购备，而学堂藏书最富，唯准学生随时借阅。唯经理人员多由请托而来，抛弃义务，时与学生龃龉，故相戒不敢往借，查堂内管书斋长及级长平日与学生交接，必当由学生投票公举，始免隔阂，并应将堂内所藏书目一一表列藏书处门外，借书各学生亦另列一表，书明某月日某人借某书共几册。还者立即注销，同悬门外，庶触目了然，一扫夙弊。至阅报之益，尤足扩见识而长志气，自前升任抚臣升允到陕，官场皆以愚民为政策，两学堂购报多种，仅备教习、委员之阅看，及其亲朋仆隶之取携，片纸只字，学生从无见者。诸生博古而不通今，学将焉用？应令自高等学堂以下至高等小学，皆设阅报处一所，购置各报，派值日管理，以便学生暇时讨论。无论堂内何项人员，均不得私携出外，违者以破坏公益论。

一宜裁去津贴改为官费也。闻堂内诸生新考者一切自费，旧来者月给津贴二两。学生外出觅食，未免恐误功课，故炊烟四起，殊非所宜，似应无分新旧，一律改为官膳。陕西日用颇贱，裁去津贴费亦无几，而学生得专心致志，收效实多。此外若教习、委员，亦当同甘共苦，不得在堂内自起炉灶，以肃学规。……

一宜将省城客籍学堂划开另办也。查高等学堂学生定额仅二百名，陕士待学孔殷，自必当补足额数。至客籍学生，闻多系显宦子弟，与堂内教习、管理各员声气相通，若与本籍学生杂处，势必易占优胜。岂唯弊窦环生，亦且冲突堪虑，不如划清界限，借学堂地方教习为客籍学生另开附班，宿膳均由自备，卒业一律给奖，并酌量情形令缴学费，庶可行之久远，不滋流弊。凡此五端，皆因旧日之规模而加以改良者也。

一宜声明定章一律遵守也。臣窃见京师各学堂，其教习及管理员之贤者，接待学生类能情谊交孚，而上堂后教习手画口讲，几无暇晷。乃闻陕西学堂教习视讲堂为养尊处优，吸烟饮茶，役视学生，甚至斥责辱骂，犹靦然以为认真。其委员教习下及厨役，竟至以有嗜好者充之，颓惰自放，学生无敢过问，腐败至此，学务安望起色。应令详定章程，各明权限，揭之讲堂。学生如有违犯，准教习及各员声明监督，照章处分。如教习各员亦有违犯，而各员若关碍情面通同欺蒙，亦准由学生公举代表禀明监督，静候照章核办，唯不得聚众要挟，以免贻弊。至对待外国教习，尤当力守合同。……

光绪三十二年八月初四日

（原载《学部官报》1906年第7期60—61页）

陕西高等学堂：呈请宪台察核汇案咨复

查该御史先后所奏各节，多能洞见利弊，除高等学堂卒业给奖，应由本部核议外，所有必当改良，必当创举之处，均应及时办理，不可稍事因循，相应抄录原奏咨行贵抚遵照定章切实整顿，从速见复，以凭核办可也等因到院，行处奉此，除咨师范学堂查复外，拟合移知，为此合移贵学堂，请烦查照来文奉准咨单内事理，希即遵照查明办理，并迅将学生共有若干，教科书如何取给，教员如何选订，经费如何筹备各节，备文移知，以凭详请咨复，望速施行等因，准此。查省城高等学堂，自光绪二十八年，由抚宪升遵旨创办。其时规制新更，章程初订，风气未启，科举犹存，选士既无合格之资，延师亦多守旧之习。教育管理，势不能尽合新法，如原奏所指不尽无因，迨三十年奉到奏定各学堂章程，即经宪台迭饬，遵照新章，逐渐整理。复以学科未备，毕业难期，推究原因，实由科学名师，内地难得其选。旋于上年夏秋，经本司等详明宪台，准就学堂诸生选拔聪强之士数十名，咨送日本留学，并委员偕同前赴鄂沪即渡东瀛，考查学堂教育管理诸法，兼采购图书仪器，聘请语言、格致各科华洋教员。一面更派委员，带同工匠，前往鄂省，考查学堂建筑，克期回陕。即于昨冬今春，赶将高等学堂规模拓展，兼仿华洋各式，增建讲堂、食堂、斋室、自习室及图书仪器、应用储藏预备诸室。至本年三月，赴日委员聘偕华洋各教习，带运图书仪器，一律到陕。随经本司等禀承宪台，督饬管学诸员，商同旧订新延各科教员，遵照颁发章程，审察学生程度，匀配钟点，酌订课程，分别教授，而应有学科，于兹粗备，一切管理规则，亦复中外兼采，斟酌损益，逐一定订，次第实行。言者不察今昔事实之悬殊，徒采道路传言，以相督揆诸宪台不遗余力之经营，固多未悉，即于学堂近年以来之改革，似亦未详也。谨就其指责诸端，一一陈之。

查御史王步瀛奏陕西高等学堂教法失宜，原折内称窃维各国语言文字为今日学堂急务，尽人皆知，唯查奏定章程，中学堂、高等学堂始习各国语言，尤重英法德语，其每星期功课多少厘有定规，原不容畸轻畸重凌节而施，致启蔑弃中学之渐近。臣乡人来，闻陕西高等学堂，每一星期三十六钟，而日文、英文已占二十钟之多者。微论学生智识不齐，断难熟习，即令举皆明敏，而于中国根本学问，亦势必荒落，不暇兼顾并营。此皆近年学务人员任用失当，故张皇补苴，本末倒置，实于陕西学界大有损害等语。言者既知各国语言为今日学堂急务，又知奏章于中学堂、高等学堂皆重各国语言。夫陕省固明高等学堂矣，言者岂不知之。特未悉其占时独多者，由于置其所已能，而补其所未能耳。查本堂开办数年，从前学科，虽未完备，而诸生选自胶庠，其于经史，大都诵习，在堂肄业，因无西学教员，又多教以经史、舆地、算术诸门，故中国学科，早已具有程度。唯于普通西学，咸未讲求，无普通之程度，断不合高等之资格。既悬高等以相期，即不能不先以普通为补习，然章程普通毕业，定限五年，而学科则又以英语、日语并重，诸生学既过时，若再令循途守辙，补习五年普通，则高等毕业之学期，更形遥远。因其经史、舆地、算术之各有素习也，故加重语言，欲其五年程课，缩为二年毕业也，故加多钟点。又因格致诸科，皆须东人讲授，必先通彼国语言，而后可以译读东书，直接听讲也。故于日文一门，分教普通语言、理科应用语言、历史地理应用语言。本堂前学期所定钟点表内，日文虽只标一门，其实则分教三类也。且凡学堂授课钟点，原视一时学科之轻重缓急，以为增损，固非一成不易者也。或数星期而一改，或一二学期而一改，中外学校，同此公法。如本堂格致教员，讲授钟点上期每周每班理化只二钟，而教理科应用语言者三钟。本期则格致无语言钟点，而物理、化学则加至五钟者，即此例也。有可以偏重之故，而又有必当补习之因，此本堂教授外国语言钟点之不得不多也。

又原折内称语言文字之学，必大学堂教习专科所当悉知，若但能办理交涉，则前大学士李何尝精外国语言，又何尝不善办交涉。如必人人责习各国语言，恐势趋偏重，将来成就岂必尽为通材。陕西士习敦朴，渊源关学，近来风气渐开，益知讲求时务。唯学堂甫立，肄业者率多中年以上，口齿既笨，忆力亦减，事倍功半，往往徒劳。拟凡现住中学堂及高等学堂者，所有各国语言文字，除已经习有成绩及有志向学者外，其余十人之中，但得三五人留心娴习，即可用世有余，似不必一律强以所难。如此稍为变通，既不至舍本图末，徒工外国语言，即性质稍逊者，益可专心中学，保存国粹等语。细释其言，似疑外国语言，只为交涉，专科又似疑国际交涉，尚不以语言为重，而言中大旨，则专为学堂中年以上口齿笨而性质逊者，惋惜人才，欲倚之以保存国粹也。夫国民教育，以中学为小成，大学专门以高等为预备，方今世界交通天演优胜，大抵兵农工商，凡所以为富国强国者，如尚可闭关谢客，则吾学自足，何用语言；如欲争存当世，则所持以为伺察研究交换智识者，何事不需语言。况高尚之哲理，完全之政法，精邃之科学，不唯吾中国现在过渡时代，未必据有通儒撰著编译，即日本先我兴学三十年，成才千百辈，亦不能尽绎西书，自成著术。彼国高等以上各学校，讲授科学仍用西籍，而中学校各实业学校，无不以外国语言为通习者，岂果以坛坫樽俎之才，尽期诸三岛四千万熙来攘往之国民哉！即谓中外情形各异，故语言轻重不得强同，然考奏定章程于高等学堂专条载云，各类学科外国语备将来进习专门学科之用，在各科中最为紧要，且谓增多钟点尚不足收语学之实效，必取西文参考书使之熟习。又于中学堂专条载云，外国语言为中学堂必需而最重之功课，各国学堂皆同，必使人人知世界、知国家为主，此岂奏定章程研究教育原理不及言者之真知酌见耶？奏章如此，而弹章如彼，不特陕省学堂靡所适从，方恐天下教育将迷趣向此。应详恳宪台咨请学部核议示复，俾有遵循者也。

又另折奏请整顿陕西学务，胪举条目九事，如划一办法，注重师范，仿设半日学堂三条应归学务处，师范学堂查照议复外，其慎聘教习条内称，堂内好学之士，往往以质疑问难招教习忌，在学生实欲请益，而教习自反空疏，辄以有意窘辱，迁怒学生，遂致师弟睽隔，上堂而外，终岁几不得一晤，亟应破除情面而妙选通儒，并照学科分给学生札记，准其各书疑难，由各教员定期批解颁发等语。查本堂自上年暨今夏，迭遵宪台明谕，极力整顿以来，堂中所延各科教员，旧留者教授有年，新聘者访求尚确，虽不敢谓尽极中外一时之选，要皆各有专长，同具热心。师弟授受之间，时寓友朋切磋之意。讲堂授课余时，既准质问，讲授未解意义，或诸生别有切问之端，复准于退归斋舍各具所疑，另册书请教员批答，且可随时自诣教员居室质疑问难，载在讲堂规则，师弟皆能实行。不知言者所闻系属何年之事，近岁学堂实未有如所言之弊也。

又广阅书报条内称，学堂藏书甚富，原准学生借阅，唯经理人员，多由请托而来，抛弃义务，时与学生龃龉，故相戒不敢往借。并称学堂购报多种，仅备教习、委员之阅看，及其亲朋仆隶之取携，片纸只字，学生从无见者等语。查本堂新旧图书分置两所，派有管理员司订，有借购规条，刊有领书凭券，立有卷目价目表式簿籍，除由学堂发给学生肄习各书外，不禁学生入观采择，不禁学生随意购买，价额有较书肆轻至一半者，有轻至数成者，交价则自费生于学期满时，就已交学费，算结官费，则有三两月自缴者。唯借阅之书，必于学期放假一律缴还，开学复准借领。当今夏采运图书到时，即行分科庋置，传令学生纵观，半年以来，无人不借，无日不领，或有外国图籍原购部数不多而学科急需参考者，即由监督随分发四班领班学生，令其挨室传抄，将书中有关本日讲堂授课可以参考互证者，用纸录出，贴于斋外，令本班诸生各往抄阅，一日一人，周而复始。抄者数十日而一次，阅者数十人，而同参事不为劳益，可共获。此本堂阅书之大概也。阅报办法，本堂自上年规模渐拓，节经增购各报至一十七种，共计三十五份，夏间即分置后园亭馆九所之中，并将自日本购回图书，按照天文、地理、历史、陆军、海军、实业、理化、动植、矿物各部分，张于园之亭馆廊榭，任学生每日休息时间入园游憩，图书在壁，报章在案，明窗净几，纵览自如。或有电传重大纶音，即用学堂刷印器，立时排印多张，分贴各斋，俾得先睹为快。近因园林幽冷，不甚宜冬，又将各报移置旧有之小讲堂二所东西对宇，与四斋前后，皆各适中，亦为诸生就近取益而设，俾免探幽冒冷惮于游行而致囿闻见，此本堂阅报之大概也。读书阅报有在堂之生徒入校参观，有外来之士庶耳目难欺，咨访即得，不知言者所指为好学之士相戒，不敢借书，片纸只字，学生无从得见者，果系何年之事也。

又载津贴改官费条内称，堂内诸生新考者一切自费，旧来者月给津贴银二两，学生外出觅食，未免恐误功课，故炊烟四起，殊非所宜，似应无分新旧一律改为官膳，每日食用颇贱，裁去津贴费亦无多，而学生得专心致志，收效实多等语。查本堂昔年开办，原系官膳会食，嗣因饭菜启端，始改发津贴，由诸生各归各斋自包饭食，斋各有厨，厨各有役，就近取给，自无寒燠远饷之难，少数合包亦无烹饪失调之虑，所有厨夫器具仍系堂内雇人给赀购备足用。比年以来，甚属安静，即本年功课加密，并未迟误上堂钟点，亦未见出外觅食。当时议增食堂，原拟仍复官膳，因见习惯相安，课时无误，又查日本学校自师范高等，师范例皆会食外，其余会食者十仅二三，不会食者十居七八，或携食入校，或罢课还家，学生并不因此辍业旷功，学校转因此而省约费用，增拓讲室，多容生徒，藉收宏效，不似中国各省学堂，经费多为堂餐所困，冲突多因觞豆而生，故堂中现仍照发津贴，未即议复官膳者此也。至本籍新班收费定额极轻，每名每年仅收学费银三十两，除每月各发与饭食银二两一钱，所余无几，留作领用消耗品物之资，岁终散学仍与核算找补。此亦查照奏章，按诸公理，为学校行政者应有之事。其徐除学生倚赖性质之一端，果能逐渐推行，尚可扩充教育，于现时学堂经费并无补裨也。

又划分客籍学堂条内称，高等学堂定额仅二百名，陕士待学孔殷，自必当补足额，客籍学生不如划清界限，另开附班，宿膳均由自备，卒业一律给奖，并酌量情形令缴学费等语。查本堂客籍学生自上年改定章程后，原定二十名为额，每名岁纳学费银六十两定章，迄今仅收一十六名。学费既较本籍新班加倍征取，且秋季开学，本籍凡属旧班不收费，而仍给津贴，客籍虽属旧班，无津贴，而仍收学费，办理原有区别。揆情似甚平允，行之已久，同学皆无异词。言者之令缴学费，不知又复何所闻而云然也。

又声明定章条内云，闻陕省学堂教习视讲堂为养尊处优，吸烟饮茶，役视学生，甚至斥责辱骂，犹觍然以为认真，其委员教习下至厨役，竟至以有嗜好者充之，颓惰自放，学生无敢过问，腐败至此，学务安望起色，应令详定章程，各照权限，揭之讲堂，学生如有违犯，准教习及各员声明监督，照章处分。如教习及各员亦有违犯，而各员关碍情面通同朦弊，亦准学生公举代表禀明监督，静候照章核办。又称待外国教习，当力守合同，主持大体，以一事权而断轇轕，且以祛崇拜外人之劣性等语。查本堂聘用日本教员，订有合同，权限分明，早经详请宪台咨达学部在案，诸人到陕已逾半年，一未干涉政界，二未揽握校权，三未无故旷课，四未格外要求，五于学生感情、堂内交涉并无不洽。管理各员亦皆欵接以礼，绝不放弃主权，讲堂授课则与中国各教员同守今世教授公式，手书口授，师立讲而弟坐听，有和色而无厉容，如吾国旧日书院积习种种恶劣形状，固已消灭久矣。吸烟之习亦早革除，唯饮茶一层势不能断，炎天暑日舌敝唇焦，堂中方为生徒备茶，安能令教员忍渴。至嗜好为学校厉禁，委员、教习表率攸资，厨役、斋夫服向在侧，一有此癖沾染可虑，更何能防制学生。近岁本堂教授、管理诸员，实无一人嗜此。即从前由房荐拔选学生，间有嗜好者，皆于去年一律遣归。杂役人等，历经检查，并已廓清，时或因事更换，尤必注重此弊，断不令滥厕其中。权限规则，久经厘定，礼堂、讲堂、操场、斋舍、学生自习、教员职务、图书仪器、品物储藏、阅报、接待诸至下至门阑浴厕，无不各定规条揭示，各所实行已久，有目共知。学生比来颇自修饬，不仅遵守学规，且立自治规则，互相纠正，偶有违犯小事，即由堂中监督遵照奏章，折衷公理，立与裁处，大事则禀由本司等秉公核办，言者所指不知何据。

又议设附班内称，学堂官费皆有定额，或向学情殷不免为所限制，应令各学堂特开附学一班，与堂中诸生无别，三四月后察其忱潜，有志各科均能及格者，随时提入官费，其或正额有缺，监督、教员亦就附班择优传补等语。查本堂七月收考新班，因见各州县申送诸生取未足额，即开外班旁听，准青年有志投送志愿保证各书，由堂内监督、教习察验，能合学生格式者，即令附班肄业。教育管理一切与额内生徒相待无异，唯于堂中另备自习室，于堂外另置寄宿舍，早入晚出，但不与正额诸生群居杂处，微示区别，以便稽查。附班章程原定俟一学期届满，考其所习各科，如能及格，即与拔补正额。北山边远之邑，申送学生到省已迟，考不入格者，亦令先归外班旁听，迨学期考试时一律考补。又夏季开学数周，见旧班诸生年齿过时，语学困难，即拟提专门一班，就陕省最缺之格致诸科，令其专习，缩期赶课，以备州县小学教员之用。因教员借才异国，读书听讲皆须能通语文，方能受益，故暂时未能遽行，应俟本年冬期考试时，察其语言程度，实能直接听讲者，再行专科教授。此本堂早开附班并拟添专门之实在情形也。

若另折所称形式腐败，设有签筒、印盒及斗蟀打牌诸弊。查讲堂公案撤去已逾二年，至蟀盒、博具则自改设学堂以来，从无此事。言者因毁学员而并诬其同乡之士子，不知是何居心。本司等遍阅原折，三扣规画九条，固属关切桑梓之言，亦多为传闻失实之论。其中指摘高等学堂诸弊及应革应兴条议，除语言课程自有因时增损之法，关系学业成败，应俟提学使到任后再行商酌办理外，余所规陈利弊，或为本堂所早除，或为本堂所已办，或为原议所无，而本堂固已筹画及之者，谨将现办情形逐条声复，仍当督饬学堂管理诸员，会同各科教习，随时整顿，一事有弊立与剔除，一善可从必求进步，断不敢执一偏之成见，生学界之波澜，而陕之士绅亦当体学员任事之苦衷，勿专信不善恶之之谬说，将无作有，指索为缁。在本堂诚有无则加勉之心，而言者能无道听途说之愧，万一化热心为冷血，岂非阻故国之新机？兹准前因理合据实陈复，除咨复学务处外，相应详复呈请宪台察核汇案咨复。

（原载《秦中官报》1906年第4期）

陕西清理财政局：陕西清理财政说明书

高等学堂每年由司库额拨银二万两，并拨向动耗羡报部银七百二十两及旧日志学斋生息银一千五百两……

高等学堂者，即光绪二十八年创设之大学堂也。办学伊始，各省均遵设此项学堂。自奉奏定章程，陕省旋于光绪三十一年八月奏明，遵改高等。其当二十八、九两年，先后详准于司库账余款内，为该大学堂拨发生息本银一十四万两（初系筹拨经费银二十万两，除该堂陆续领用银六万两外，两次拨发生息银一十四万两。后该堂历年结存银三万两，另行发商。除本年拨借宏道学堂工程银二万两，故尚有发商银十五万两），及每年由司库额拨经费银二万两，与志学斋生息银一千五百两（光绪八年前，藩司奉谕于关中书院设立志学斋，官课每月膏奖由筹备生息本银一万五千两，年息一千五百两。光绪二十八年归并大学堂），耗羡报部银七百二十两（内应减平，此项向提给关中书院膏火后，归并大学堂），亦均改归该高等学堂开支。除生息耗羡银两系属有著外，其按年动拨之两万两，原奏系由厘金二成积谷项下拨支。查厘金二成，原为积谷备荒而请，初限三年，复展至光绪三十二年截止，以后此款未再声请扣留，而新军薪饷及赈济偏灾等项，均指此款腾挪。且该堂每年领支又复常逾原定之数，来无涓滴而去若尾闾，此又行将付之无著者也。

发商生息之款，一领款，一原发经费生息本银一十五万两。查此项系光绪二十八、九两年由司库先后筹拨本银十四万两，于光绪三十二、三等年由该堂节省经费及扣旷项下陆续提拨本银三万两，共计本银一十七万两，以月息八厘发交西、同、凤三府属当商领运。嗣于光绪三十四年六月，在此项成本内拨借宏道实业学堂本银二万两，实存成本银一十五万两，岁获息银一万五千六百，以作该堂经费。每年请领经费银二千一百七十六两八钱。查此项系光绪二十九年因该堂经费支绌，由司详请将志学斋拨过生息银一千五百两，并向动耗羡报部银七百二十两内，除耗羡一项应扣六分减平外，实领本银二千一百七十六两八钱，以作该堂常年经费，按季请领此款。

清宣统元年

（原载陕西清理财政局编：《陕西清理财政说明书》，1909年铅印本）

陕西高等学堂运动成绩录

陕西高等学堂跳远成绩录（第一次三月二十五日下午四时）

常士俊	一丈七尺六寸四分	王安仁	一丈五尺七寸五分
冯毓东	一丈五尺七寸五分	巨维新	一丈五尺四寸
王寿图	一丈五尺一寸	萧　钦	一丈四尺九寸五分
廖化龙	一丈四尺九寸五分	谢　雄	一丈四尺九寸五分
王　蕃	一丈四尺九寸五分	马钟钰	一丈四尺九寸五分
王化溥	一丈四尺九寸五分	周德润	一丈四尺一寸七分
马　骧	一丈四尺一寸七分	刘育英	一丈四尺一寸七分
张邦杰	一丈四尺	孟怀清	一丈四尺
胡绪华	一丈四尺	余隆恩	一丈四尺
李含芳	一丈三尺八寸	鲁清源	一丈三尺七寸五分
刘　炳	一丈三尺七寸五分	翟奉先	一丈三尺七寸五分
张　濬	一丈三尺七寸五分	马经世	一丈三尺七寸五分
董　坤	一丈三尺七寸五分	黄梦槐	一丈三尺七寸五分
王平西	一丈三尺七寸五分	高凌霄	一丈三尺七寸
王　谟	一丈三尺五寸	王廷栋	一丈三尺五寸
王秉谦	一丈三尺三寸八分	曹景贤	一丈三尺三寸八分
何天恩	一丈三尺三寸八分	贾又新	一丈三尺三寸八分
王鸿钧	一丈三尺三寸八分	弓尚德	一丈三尺三寸八分
张鸿昌	一丈三尺三寸八分	饶智略	一丈三尺三寸八分
陈步云	一丈三尺三寸八分	张殿璋	一丈三尺三寸八分

王生蔚	一丈三尺三寸八分	孙希贤	一丈三尺二寸
屠义俊	一丈三尺	张书绅	一丈二尺六寸
同明夷	一丈二尺六寸	张大成	一丈二尺六寸
车骏骃	一丈二尺六寸	李　清	一丈二尺六寸
明丙□	一丈二尺六寸	王嗣兴	一丈二尺六寸
邓瑞清	一丈二尺六寸	李承藻	一丈二尺六寸
张应庚	一丈二尺六寸	聂坤垚	一丈二尺六寸
宋祖厚	一丈二尺六寸	张宫鼎	一丈二尺六寸
于炳瀛	一丈二尺六寸	马钟彝	一丈二尺六寸
呼延伸	一丈二尺六寸	李培堂	一丈二尺六寸
翟炳耀	一丈一尺	王久诚	一丈一尺
周鸿淦	一丈一尺	刘士宏	九尺四寸五分
周鸿烈	九尺四寸五分	冯九龄	九尺四寸五分
王之谟	九尺四寸五分		

陕西高等学堂掷铁炼锤成绩录

常士俊	七丈七尺一寸	巨维新	七丈五尺六寸
张　濬	七丈四尺	冯毓东	六丈七尺七寸
翟炳耀	六丈三尺	马　骧	六丈一尺二寸
董　坤	五丈六尺七寸	刘育英	五丈六尺七寸
王　裎	五丈六尺七寸	员树勋	五丈三尺五寸
杨世芬	五丈零四寸	张嘉誉	四丈七尺二寸
张书绅	四丈七尺二寸	赵忠靖	四丈七尺二寸
邓瑞清	四丈四尺一寸	何天恩	四丈四尺一寸
张国维	四丈零九寸	李培堂	四丈零九寸

注：中国市制长度换算：一丈＝十尺＝一百寸；一丈＝十尺＝333厘米＝3.33米；一尺＝十寸＝33.3厘米＝0.333米；一寸＝3.33厘米＝0.033米。

（原载《教育界》1909年第2期）

监督樊增祥：陕西高等学堂开学训词

陕西建立高等学堂于今五年。其先沿于旧学，设科甚简，自去年停止科举，注重学堂，于是提调仇君献议台司，改建学堂，更张学制。我曹中丞育才造士，如渴如饥，既经选派学生三十人，就学东洋，复委兴平杨大令偕诣东京，考察学务，访求教习，顷由杨监督延订田中、足立、菅野、（铃木直）及叶董五君子回陕，而堂中科学乃臻于完备。今日诸生上学吉日，本两司受中丞委寄，督办学务，官师并集，宾主礼成，敬以数言，为诸生将来贺，且为现在勉。大抵天下事，佳恶常并域而居，诚勉亦交相为用，世之轻我者，恒谓吾陕风多朴僿之士，鲜开通。然不如人，在此胜于人，亦在此何也。他省聪明才智之士，骨醉欧风，心忘孔教，破坏轨物，蔑视君亲，下笔则嵌砌名词，启口则倡言革命。本实先拨，成就可知。吾陕士民，独无兹弊，唯是人心浑朴，风气渐开。新令初颁，群疑易集：办巡警则曰是将制缚我也；招新军则曰是将驱吾子弟入洋也。愚妄之言，良亦可恨，然忠纯谨畏则固天厚秦人，而予以有造之资也。诸生在学堂久，虽造诣有浅深，程度有高下，然内服周孔之训，外知欧亚

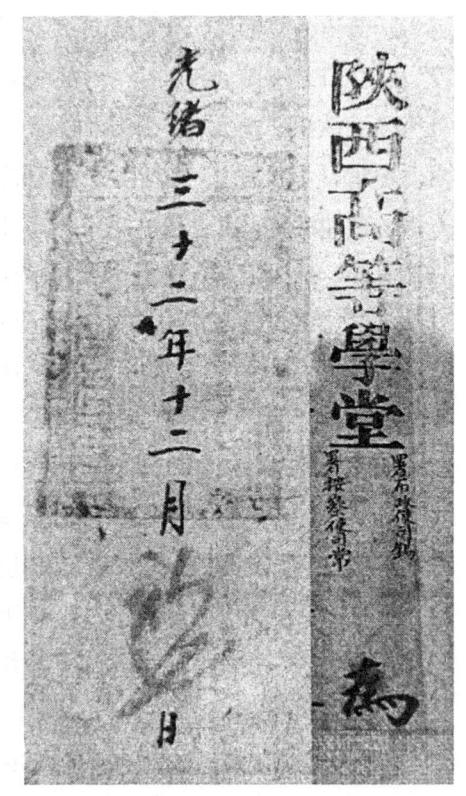

图1-9 光绪三十二年十二月初七日使用的陕西高等学堂关防
（西北大学图书馆杨绳信先生珍藏，现存陕西师范大学教育博物馆）

之情，吾虽少惜其开悟之迟，而实深喜其气质之美。圣门传道唯参也。以鲁得之，安见将来天下人才不以吾秦为冠冕耶！

学堂之事，监督董其成，教习课其实，无待吾言，今所言则在诸生之自修与自勉而已。自修者何？中学则曰修身，西学则曰德育。忠君、爱亲、敬师，无所逃于再三之谊，反是则不可为人。今之乱人，甫言保国，又言排满，夫自居于畔逆而又欲自保，其种族有是理乎？！子弟读一二册新书，即训笑其父兄无用，甚至平权自由，尊卑仄等，试问自伐本根，枝叶曷茂，自伤首目，百体奚存？！至于狂猖之尤，诽孔骂孟，陵侮本师，或借问难以相窘，或结党与以相抗，以捲堂大散为挟制，以匿名诽谤为挤排，凡近来背诞之士风皆诸生切身之大戒。忠孝悌敬，人之本原，福泽功名，皆由此出，不可一日忘也。自勉者何？则诸生日日讲肄之各科学是矣。吾中国学问，无论其为道德，为文章，皆无穷无尽，而无方体，即以毕业论，有终身为之，而不获一衿者。今之科学，则皆有门径可寻，有阶梯可践，但使专心听受，不难按日程功。精于勤，荒于嬉，诸生自择之矣。往日父兄，各教其子弟，自出脩脯，自觅师资，书院寄居，亦不过旬课一文，季获

一考，薄给膏奖而已。今朝廷锐意兴学，台司不惜钜款，大启鸿规，诸生试思今日之学堂，较往日之书院，何如也？中西书籍、仪器标本，衣械饮食，无不具备，以视昔日伏处穷乡，欲买书而无钱，欲学而苦于无师者，又何如也？各门各师，尽心指授。为监督者，不惜身亲渡海，延访名流，异邦之人，万里而来，成就后进，以视昔日旬一文，季一课，官师士子，了不接洽，一任其自勤、自惰、自进、自止者，又何如也？三年毕业，贵之京辇，桂杏之籍，操券可登，以视昔人白首青灯屡伤氄氋者，又何如也？诸生幸际变法之时，值过渡之代。以科学言，则昔难而今易；以进修言，则昔纡而今捷；以致用言，则昔虚而今实；以执贽从师言，则昔出于己，而今仰于官；以发名成业言，则昔听于天，而今操诸己；公家所以致美尽力，以速其成者，为国家培人才，为关中开学派，将以启千年之蒙昧，基三辅之富强。诸生来学之初，已属不世之遇，若犹不自奋发，坐负殷期，上何以对官师，归何以见乡里。本司督办学堂，以规矩为第一义，功课为第二义，不敬师长、不受约束者黜之，程度差、分数少者降之。全堂之权，授之监督，讲画之任属之教习，监督、教习，中丞以下犹皆敬之，况诸生乎。身为士流，当志远大，饮食细故勿为筯豆之争，同舍相亲勿效缊狐之耻，委员、稽察，是其职任，勿厌频烦，斋夫、小人、伺应偶疏，勿遽怒詈。弟子之职，泛爱亲任，夫子之道，忠恕而已。总之，勤学好问，为切己之务而其他可遣。英识远量乃大成之材，而小者勿计。诸生勉之矣。

（原载《秦中官报》1906年第2期32—33页）

第三节　法政、农业、实业与客籍学堂

陕西巡抚升允：奏为遵设陕西省课吏馆折[①]

为政之要，首在得人，内而部院，外而封疆，均应以询事考言为鉴别人才之准。各部院衙门行走人员，旋进旋退，何能明习例章，谙练政事，现当振兴庶务，亟应切实考课，以期鼓励真才。著各堂官于该衙门司员，除掌印、主稿各员，每日自有应办事件，应随时考核外，其余各员不分满汉及笔帖式，均令捡阅例案，俾得专心考究，遇有应办应议奏咨事件，即令学习拟稿，并准各抒所见，另具说帖呈堂查阅，以备采择。一切要

[①] 此文为清光绪二十九年二月十二日（1903年3月10日）升允为开办陕西课吏馆，给慈禧太后和光绪皇帝的奏折。光绪帝朱批："知道了，仍著随时认真考核，以裨吏治。"陕西课吏馆于清光绪三十三年十月初一日（1907年11月6日）奏准改为陕西法政学堂。

差即由此选派，务使司员皆亲手治事，书吏等自无从蒙弊揽权。至各省候补人员冗滥尤甚，平时不加考查，一旦使之临民莅事，安望其措理得宜。近来各省已有奏设课吏馆者，自应一体通行，唯重在考核人才，不得视为调剂闲员之举，仍著该将军督抚两司等勤见僚属，访问公事，以观其才识，并察其品行。其贤者，量加委任，不必尽拘资格；其不堪造就者，即据实参劾，咨回原籍，统限半年具奏一次。各当破除情面，严行甄别，不准虚应故事，稍涉瞻徇，致负朝廷循名责实之至意。将此通谕知之。钦此。当即钦遵饬办在案。窃维人才消长为国家强弱所关，方今时局孔艰，朝廷锐意求才，学堂而外，尤谆谆于课吏。诚以学堂所教者，士犹可需之岁时，课吏馆所教者，官行将付以民社，且仕途日杂，半非学古以入官，吏治未谙，深恐代斫而伤手，此缓急轻重之故所关，尤非浅鲜也。陕省地方简僻，官场风气较称谨，饬自当保其所固有，增其所未能。查前抚臣叶伯英奏设学律馆，课试各员，专以讲习刑案为主。现拟推广办法，另行择地建馆。即遵此次谕旨，课吏馆为名，凡正佐各班皆令入馆，肄习馆中功课，参酌大学堂仕学①规模，统分三类：一曰历代政书，一曰国朝政书，一曰西国政书，各分子目随令占习一门，期于中外古今得知沿革短长之要，限之课程日记以稽其学，试之策论公牍，以察其才。每月课试而外仍当随时访见，遇事甄陶以为施教，因材之用即就等差之优劣，以为委用之后先。并仿政务处《政要汇编》之例，每月由馆选刻《秦报》②一本，取助见闻。唯开设之始，教率须人，拟仿晋豫各省设立监督一员，无论本省京外各官求其品学兼优者主充斯选。现时尚难其人，暂拟令藩臬两司权兼课督。所有应需经费，由司酌筹常款，搏节开支。现拟章程，如有应行变通之处，随时酌核办理等因，由司道等会详请奏前来。奴才伏查课吏之法，与课士不同，课士宜广，其途以储宏达之才。课吏在考其实，以收切近之效。自当懔遵谕旨，以才识、品行为教育之宗旨，以考言询事为鉴别之准绳。异日临民任事于一切地方，事宜悉皆讲求有素，自不致措置乖方。至于语言文字各学，能兼习固佳，否则亦可从缓，总期有济实用，不敢徒托空谈。该司道等所拟章程，于陕省

---

① 清光绪二十八年（1902）京师大学堂恢复后张百熙奏准始设的京师大学堂速成科仕学馆，为西北大学"京源"北平大学的主干历史源头。仕学馆于光绪二十八年十月十八日（1902年12月17日）开办，学制3年。课目为11门，有算学、博物、物理、外国文（英、德、法、俄、日任选一门）、舆地、史学、掌故、理财、交涉、法律、政治。教材均为译本。仕学馆首届实际招生57名。
① 又名《秦中官报》，是西北大学前身创办最早的学堂期刊，亦为陕西教育机构所办最早和连续出版时间最长的刊物。清光绪二十九年七月（1903年9月）创刊，由陕西课吏馆编选，1907年4月改由陕西法政学堂选印。学习《秦中官报》等报刊，被定为课吏馆"日课"，使学人员能明了本省情况和中外时局，以增广见闻。这种学堂办刊并用于教学的形式，给以后三原于1906年创办《关中学报》、三秦公学于1912年创办《三秦月刊》和西北大学于1913年创办《学丛》月刊提供了许多重要借鉴和启发。

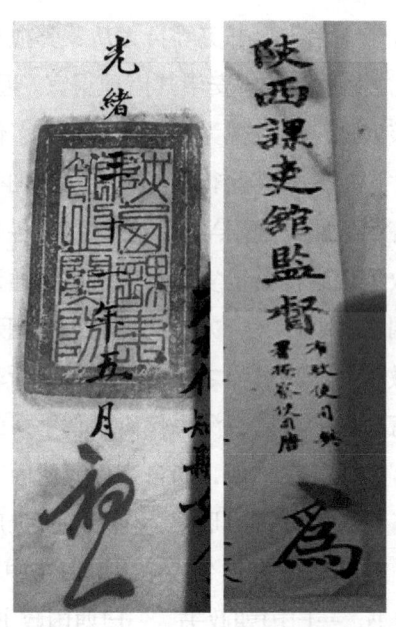

图 1-10　光绪三十一年五月初一日使用的陕西课吏馆关防
（西北大学图书馆杨绳信先生珍藏，现存陕西师范大学教育博物馆）

吏治情形尚为切合，应极择期开办，抑念兹事重大，因责立经久之法，尤贵得法之意，入仕而学其大要，必使作宦者，皆娴吏事，皆能听断，皆不敢贪污，苟且倾轧夤缘，而致此之由，则在操衡人教人用之权者，秉公无私，果能鉴别分明，其才者，以感激而效驰驱，不能者，愧作而生奋勉，则收效宏而成材众，吏治自蒸蒸日上。奴才唯有随时认真督课，秉公黜陟，以期仰副朝廷循名责实之至意。所有陕省遵设课吏馆，酌拟章程缘由，除分咨政务处、吏部外，谨会同陕甘总督臣崧蕃缮具清单恭折具陈。……

朱批：知道了，仍著随时认真考核，以裨吏治。

光绪二十九年二月十二日

（转引自杨汉名、魏天纬：《陕西教育志资料续编》，
西安：三秦出版社，2000 年，第 535—536 页）

陕西巡抚升允奏章附件：陕西课吏馆试办章程（节录）

　　陕西课吏馆系遵奉谕旨开办，入馆之员，务宜心存正大，品务端方，学究本源，才求谙练，以仰副国家甄材佐治之意，切勿误视为干进阶梯，希荣径路，期以一心志而获实功。

　　陕西课吏馆之设，专以考察人才，讲习吏治为本。所有候补同通州县及佐杂各员，现无要差，及卸差卸任回省者，悉令入馆肄习，其现有要差自愿入馆者亦听。

在馆各员，人品、心术、学业、才能各有不同，应即仰遵谕旨以询事考言为鉴别之准，拟于每旬三、八日，由布按两司分期到馆，会同监督传集正班数人、佐班数人，面询一切治理兵刑、钱谷、风土人情，已任者有地方利弊可咨，初官者有生平阅历可访，总期从容陈说，不激不随于以考核，心迹才猷试之以事，如有罔知体要，妄肆干求者，即予斥出馆外，以杜借端请托之渐。

入馆人员，异日皆须出治一方，折狱听讼之功必宜细心研究，应由监督将各员轮班分日饬赴西安府及咸、长两县，学审断，每日三处，各以四员为率，期于日久谙悉民情真伪，参考切究，以次渐臻练达，预储将来勤民息事之才。

馆中课程，专以政学为主。京师仕学馆章程分算学、博物、物理、外国文、舆地、史学、掌故、理财学、交涉学、法律学、政治学十一门；山西课吏章程分讲习中外政治各书、编录晋省档案、钞点律例约章通志三门；河南课吏章程分掌故、本省情形、律例交涉、时务四门。今拟参酌办理，以历代政书为一门，以国朝政书为一门，以西国政书为一门。历朝政书，则舆地、史学、政治学赅焉。国朝政书，则掌故、理财学、法律赅焉。西国政书，则算学、博物、物理、外国文赅焉。各员在馆肄业，于三门中均各自占一门，必俟此门卒业后，方许再占他门，不得兼营并进，以期专一精熟。历代政书如：《御批历代通鉴》《辑览资治通鉴》《正续文献通考》《五礼通考》皆是。国朝政书，如《东华全录》《大清会典》《则例》《正续经世文编》《中兴名臣各奏议》《大清律例》《通商约章类编》皆是。西国政书，如《瀛环志》《略泰西新史》《揽要》《西国近事汇编》《时务通考》《西国富强丛书》《格致新编》等类皆是。

（转引自杨汉名、魏天纬：《陕西教育志资料续编》，
西安：三秦出版社，2000 年，第 536—537 页）

陕西巡抚曹鸿勋[①]：奏遵设陕西法政学堂折

奏为遵设法政学堂，以储人才而资治理，并拟定章程开单，恭折仰祈圣鉴事。前准

---

① 曹鸿勋（1846—1910），光绪二年（1876）中丙子科状元、历任修撰、湖南提督学政、云南永昌知府，调云南府，授迤东道，官至陕西巡抚。任内扩建陕西高等学堂（陕西大学堂）。陕西高等学堂系光绪三十年（1904）陕西巡抚夏㫤据清廷《钦定学堂章程》，由原陕西大学堂改称。任内着手学堂扩建，派人带工匠到湖北省城考察学堂建筑，接着委派知县涂嘉荫负责工程监修，只用了半年时间，就建成中西各式讲堂、斋舍、图书馆、仪器室 73 处，大小房舍 252 间，共用去白银 1.8 万余两，较之他省学堂营造资金"多者数十万，少亦十数万"节省了许多。在扩建任务完工后，于三十三年（1907）春向清廷呈送了《奏高等学堂学生补习中学期满请先办中学毕业折》，得到慈禧太后和光绪帝的允准，使第一期考入陕西高等学堂的学生，终于办理了毕业手续。原载《奏疏便览》，有删节。1912 年 3 月，秦军政分府大都督张凤翙将陕西法政学堂与陕西大学堂等五学堂合组为西北大学。

政务处学部咨饬各省筹设法政学堂，并准直隶总督咨送章程各等因前来。伏查陕省风气之开后于东南各省。近年以来迭奉谕旨，整顿吏治，培养人才，为致治保邦之本。当经升任抚臣升允，督饬两司设立课吏馆，调取本省候补人员入馆肄业，以通知掌故为根柢，以研究律例为措施，以博考约章备交涉，按日程功颇著成效。现在钦奉明诏，预备立宪，海内士夫喁喁望治。举凡宪法施行之次第，地方自治之规模，立法行政之若何，分权、刑事、民事之若何判晰，自非讲求有素，断难措置裕如，当饬三司即将课吏馆改作法政学堂，推广斋舍，建筑讲堂，聘定教习，明定规则，业于三月初八日（1907年4月20日）开校①。所有经费仍饬藩司设法筹拨，综其办法，略分三端：一曰学科程度，按法政之学重为专科，必先有普通之智识，而后分门肄习，始不嫌其躐等第。由预科以进正科计，非五年不能毕业。陕西人才消乏，诸事待理，虽蓄艾之有方，究河清之难俟。查北洋法政学堂章程有简易一科，略分行政、司法两门，以养成谳局裁判及地方自治之人员，科目颇为简要，按之陕省目前员绅程度尚觉合宜，因饬仿照办理，俾应急需，以求速效。一俟中学堂毕业有人，再当改办专门法政科，以养通才而资深造。二曰学额名数，自仕途庞杂、流品混淆，科举既学非所用，捐纳复患在空疏钱谷，刑名未研究于平日，胥吏幕友得把持其短长，况新政各门皆为专学，断非不学而能。陕省需次人员，奚啻千百，其中不乏可造之士，因择其年力尚强、文理清通者正佐六十人，并考选绅士四十人，一并入堂肄习，庶几兼途并进，仕学俱优，佐治不致乏才，百端皆可整理。三曰酌给奖励，谨按京师大学堂仕学馆毕业章程或荐升一秩，或褒奖升衔，所以鼓励劝奖者至为优渥。陕省所学既为简易，自难援引为例，唯该员绅等有志上进，勤苦用功，既经毕业，似宜量予奖励。现拟定为三级：曰最优等、曰优等、曰中等，或拔署要缺，或酌委优差，或派办新政，以昭激劝而励其余。以上三端为开办总纲，至其细目，别具章程。唯是学术多歧，士风不竞，浮薄者醉心欧美，诞妄者忘其本根，未窥法政之精深，辄欲藩篱之破，抉不知外邦政治，凡属齐民各受法律之范围，咸有应尽之义务，天经地义本自昭垂，秩序等威何尝畔越。所幸秦中风俗，素号敦庞，吏治无奔竞之风，士习有朴厚之美，虽开通之较晚，尚流弊之未滋。臣唯有督饬学堂员绅力戒浮嚣，各端趋向，本道德人伦之旨，发忠君爱国之诚，上以任朝廷维新之政，下以慰闾阎望治之心，是则臣之微意也。

朱批：该衙门知道。单并发。钦此。

光绪三十一年十月初一日

（原载《秦中官报》1907年第5期第175—178页）

---

① 校址在今西安城西北隅万寿宫旧址（莲湖路西段老关庙十字北），即原陕西课吏馆旧址。当年实际招生94名。次年又附设自治研究所，招收"士绅之品学较优、富于经验、素孚众望者；官吏之文理明通、不染嗜好、于法学曾有门径者"为"研究生"23名，还招有"所外研究生"。

陕西法政学堂拟定章程

第一章 总 纲

第一条 本学堂以改良吏治,培养佐理新政人才为宗旨,驯至能襄内政外交为成效,就原有课吏馆改修增建讲堂,添葺食堂及教员住室并购地为体操场,定名为陕西法政学堂。

第二条 本堂意在使官绅通知中外法政,故以《大清律例》《会典》为主,兼课中西法政诸书,以储吏材而资治理,一切邪说畸行在所严屏。

第三条 本堂开办之初,额定学员一百名,拟考取同通州县三十名佐贰,各班三十名,在籍绅士四十名。凡应考正佐各员绅,均先期报名投考,以凭录取,绅士非由正途出身者暂缓报考。

第四条 本堂新聘中东各教员,每日均按定钟点上堂教授。其律例会典、历史掌故、旧有之学科,均由旧日教员分别校定。

第五条 学员年龄以在五十岁内,文笔清通、精力强壮、素无嗜好者为合格。

第二章 分科及年限

第六条 本堂学科查照北洋法政学堂简易科办法,分为两门,曰行政、曰司法。毕业之期以三学期为限,计一年又六个月。

第七条 行政、司法两门应授学科为《大清律例》、《大清会典》、政治学、经济学、财政学、宪法、行政法、刑法、民法、商法、国际法、地方自治论、选举制论、裁判所构成法、户籍法、警察学、监狱学、统计学、历史、地理、东文、东语、体操。

第八条 各科授业晷刻,每星期均以三十点钟为率,应由提调会同教员,分按各学期,另列详细钟点表,呈总理、监督核定后遵行。

第九条 本堂课程以法政为正课,其体操一门作为随意科。

第十条 本堂以每年正月开学,至年终散学为一学年,中分两学期,年假后开学,至次年暑假为三学期。

第十一条 本堂每年休课日期开列于下:年假自十二月二十日至正月二十日;暑假自小暑节起算,共放假四十五日;皇太后万寿十月初十日;皇上万寿六月二十八日;至圣先师诞日八月二十七日;端午节;中秋节;星期。

第三章 入学、退学与告假

第十二条 凡学员于报名考取后,听候示期一律入学,暑假、年假期满亦如之。

第十三条　凡学员一经录取，开学后不得托故不到，不得半途无故废学，如有违章者即立予斥退。

第十四条　学员在堂用功无暇晷，勿庸赴各署衙参，以免旷误。

第十五条　学员中如有沾染嗜好，品行不端，或荒废学业，不堪造就，由提调查看禀明总理、监督，立予退学。

第十六条　学员在堂，平日不得无故旷课，如有要事，必须告假者，须呈明请假凭单，注明事故及限期，以备稽查。

第十七条　学堂常事告假每月不得过三日，如有婚丧疾病，情非得已，必应展假者，届时由提调呈明总理、监督酌夺。

第四章　考　试

第十八条　开堂之前，各员来堂报名，听候总理、监督示期，考试合格者，始得录取入学。其考试题目如下：史论一篇，时务策一道。

第十九条　本堂考试分四种：一、月考；二、季考；三、学期考；四、毕业考。

第二十条　月考每月一次，由各科教员随时命题面试；季考每三个月一次，由总理、监督、提调率同各员考试；学期考每半年一次，于暑假、年假前行知之；毕业考即第三学期考试，凡经历三学期者即举行之。

第二十一条　凡学期考、毕业考，届时均由学堂禀明巡抚，督率总理、监督、提调各员到堂考试。

第二十二条　凡考试平均分数除不满二十分者令其出学外，在二十分以上者，俟下届考试时，仍以所得分数与此次分数平均计算，其分数能及格者即按照下二十四条办理，不满二十分者出学。

第二十三条　考试分数评定后，再与平日功课积分合算，如平日功课八十分，而考试成绩得七十分者，以七十五分计算，余可类推。

第二十四条　毕业考试以通计各科分数满百分者为极，则满八十分以上者为最优等，满七十分以上者为优等，满六十分以上者为中等，不满六十分者为下等，不满五十分者为最下等。唯毕业考试除就平均分数分别等差外，如所习各科分数有两科不满六十分或一科不满五十分者，不得列最优等，有两科不满五十分或一科不满四十分者，不得列优等，以示区别。

第二十五条　考试分数由总理、监督、提调核总会齐，分别次第，开具成绩表，统呈巡抚鉴核。

第二十六条　学员品行一科应如何考验之处，谨遵定章办理。

第二十七条　凡届考试，非实有疾病要事，不得规避请假，如有前项准假病痊事毕，仍由学员自行呈请起假，听候定期补考。

第二十八条　凡毕业期考试及格者，一律应给毕业凭照，届时由学堂禀明巡抚，督率总理、监督、提调及所有堂中各员，行毕业礼，即行发给凭照。

第五章　奖　励

第二十九条　学员毕业后，正佐各班，应得奖励。其列最优等者，遇有本班缺出，即委署繁缺一次；列优等者，遇有本班缺出，即委署中简缺一次，或量委优差；列中等者，或派委省中各局所当差，或委赴各府厅州县襄办行政裁判诸事宜。本籍正途各绅，其列最优等者，酌量派委襄办新政并学务，有官者给予凭照，准到省后免其入学堂肄业，并得量委优差；列优等者，酌量派委襄理新政及学务，有官者给予凭照，准到省后免其入学堂肄业；列中等者，酌量委用，有官者给予凭照，准到省后免其入学堂肄业，以示优异。所有取列各员，由本堂监督按照取列名次造册，咨明司道并各局所，俾照委派。

第六章　外　班

第三十条　本堂于正额外再添外班三十人，一律上堂听讲核计功课。

第三十一条　本堂新聘教员讲授法政各科学，不论官职大小，皆应到堂听讲。道府有统率僚属之责，凡新学新律，亦须通知大意，握要提纲，以资表率。其分发到省，未奉差委之前，拟作为旁听员上堂听讲，勿庸核计功课及毕业年限，如愿同各员入堂肄业一律毕业者，应如何酌给津贴，并毕业后奖励之处，由学堂禀明巡抚酌夺。

第三十二条　凡部选各缺人员，除已在各学堂毕业执有文凭勿庸来堂外，其曾经身膺民社，起复铨选，年岁较长者，愿否到堂肄习，听其自便。其由次铨选年富力强者，应饬来堂听讲，应如何核计功课及毕业年限之处，随时禀明巡抚酌办。

第三十三条　凡卸缺、卸差同起复。各项分发人员到省先后，势难预定，拟自开堂后凡以上各员禀到者，均自行呈请入堂肄业，听候总理暨监督示期考试，以凭录取汇送。

第七章　设员职掌

第三十四条　本堂以藩、学、臬三司为总理，任整顿考察之责，道员一员为监督，会同督办全堂一应事宜。西安府知府同府班一员为提调，专管全堂一应事宜，并考核学员功课、勤惰及堂上下人役。教习八员，分任讲授；书记官一员，管理堂中一应公牍及往来笔墨公事；会计官一员，管理堂中一应出入款项；管书一员，管理堂中一应书籍及报章等事件；稽查一员，经管学员出入、请假、起假各事宜，并接待往来宾客及稽查堂中人役。

第八章 经 费

第三十五条 本堂经费约分两种，一曰活支，一曰额支，每年计共需银两万四千余两，均由藩司设法筹拨，按月由学堂造册报明巡抚及藩司稽核。

以上各条系仿照山东办法，略行增减变通，量陕西力之所能及者，先行试办。其有未尽事宜，并随时改良之处，均由总理、监督等酌拟，禀明巡抚核定施行。

（原载《学部官报》1907年第43期第492—502页）

陕西法政学堂附设自治研究所章程

第一章 名 称

一、本所就法政学堂余址增修附设，由各府厅州县选送士绅入所，授以关于地方自治各学科，名曰陕西省自治研究所。

第二章 宗 旨

二、本所专为养成自治人才而设，然自治团体与官厅均为国家行政之机关，欲求各机关活动之调和，在官者亦宜研究自治之性质，故于士绅外酌添官班，庶可各尽职权，且免隔阂之意。

第三章 办 法

三、本所研究人员不收学费，亦不给津贴，唯日供午饭一餐，其寄宿舍悉由各人自负。

四、研究生选送到省，复由本所秉承三司并本堂监督详请抚院定期试验经义、时务策各一道，以观学识而定去留。

五、本所教习专聘中国通晓法政者充之，以期直接听讲，较请外国教习而资通译者似觉事半功倍。

六、本所修业时间每星期三十小时，以扣足六个月为一学期，满一学期为毕业。

七、本所逐日功课，分上午三小时，下午二小时，按日出早晚列表宣布，务须先期到所，庶免迟误。

八、本所毕业人员仿照部定各学堂考试新章，分为最优等、优等、中等、下等、最下等，考列前三等者除给毕业文凭外，绅则派充分设传习所教习，并备代议士之选，官则酌委相当差使，考列后二等者仅给修业文凭以示区别。

九、自治为立宪之基础，应成一种普通知识。本所创办伊始，经费为难，名额不能多设，且毕业后派往本地分设传习所，成立尚需时日，拟添设所外研究生，不拘额数，以期普及一切办法，详第七章。

十、本所研究生年分两班，以上学期为头班，下学期为二班，头班毕业后续招二班。其额数资格均照第四章第十三、十四等条办理。

十一、本所开学放假休息各日期及退学管理等规则，均照法政学堂定章程。

十二、本所经费暂在本堂节省项下开支，如不敷用再另筹措。

第四章　额数及资格

十三、所内研究人员之额数

甲　省城府会二人；

乙　每厅州县一人；

丙　候补正佐二十人。

十四、所内研究人员之资格

丁　士绅之品学较优、富于经验、素孚众望者；

戊　官吏之文理明通、不染嗜好、于法学会有门径者。

第五章　课程及授课时间

十五、本所研究之科目：法学通论、宪法、选举法、警察行政、教育行政、户籍法、地方自治制度论、市町村制、国际公法、理财学。

十六、本所授课时间表

学科	第一季每星期钟点	第二季每星期钟点
法学通论	五	二
宪法	四	四
选举法	四	二
警察行政	三	四
教育行政	三	四
户籍法	三	二
地方自治制度论	四	
府县郡制	二	五
市町村制	二	五
国际法		二
理财学		二

| 共计 | 三十 | 三十二 |

第六章　本所暂设之职任

十七、设所长一员，主禀承三司并本堂监督、详请抚院、管理研究人员并商通教习厘订课程及全所一切事宜。

十八、设所员一人，主帮同所长掌理书籍及稽查旷课，指挥使役一切事宜。

十九、设所役一名，随时听所长、所员之命令，专司钟点及茶水洒扫一切事务。

二十、除所员应另派充外，其所长以本堂教务长兼之。他若关于购置文牍、收支、饭餐等事，并由本堂现设之庶务长、文案、会计、杂物各官兼任，以符附设之义。

第七章　所外研究人员附则

二十一、所外人员可勿来所投考，唯必如第十四条所开资格，绅则仍由地方官选送，官则报由本所认可，方得为外所研究人员。复开大略于下：

己　本省绅士，现充团绅局绅及当学堂与劝学所教育会办事人员不能常川到所者；

庚　已经地方官保为所内生或因另有事故不能应选到所者；

辛　本省候补人员或在外府州县并省中各局所充当要差，不能常川到所者。

二十二、本所各科讲义每半月发交地方官，转给其在省城及省外已通邮政村镇，可将姓名、住址开送本所，由本所径发照收，以免周折。

二十三、所外人员所需之讲义、纸墨、邮费由本所试办，一星期后核算确数，另单告知。省内每月终派所役往收，省外则责成原送地方官向所属各员分收汇缴。

二十四、本所讲义参酌中外格外明晰，以期所外人员开卷释然。如尚有未能解悟之处，另设质问券一纸，可将疑事书明，函请本所教习详答，唯问难不得过于烦琐，以妨教习功课。

二十五、本所举行季考，凡为所外人员务必亲自来所试验，若第一季有不能与考之理由，呈由本所许可，仍照常给发讲义，以便下季补考。如两季皆未与考，即将所外研究资格取消。

二十六、本所举行各考试之时，先将所内人员考毕，而后续考所外人员。

二十七、毕业奖励照第十条所内人员减一等办理。

以上各条系开办时暂行章程，嗣后如有应行增减之处，随时核议添列。

（原载《陕西官报》1909年第2期第1—6页）

陕西巡抚恩寿①：奏筹建客籍学堂请立案片

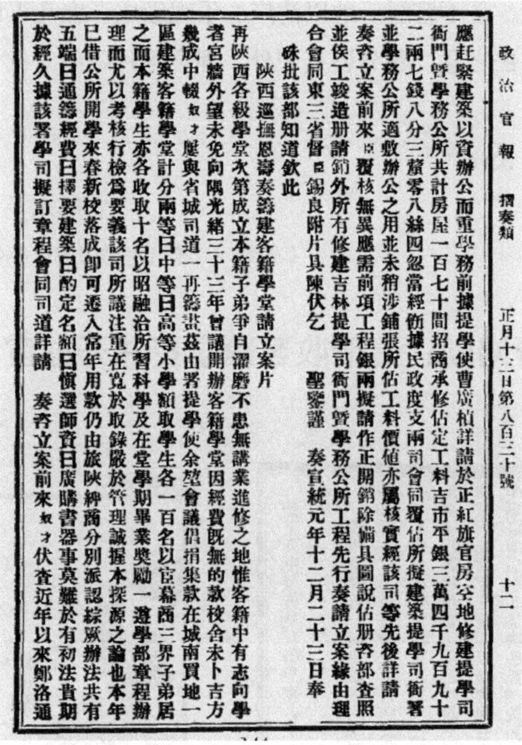

政治官報 摺奏類 正月十三日第八百三十號 十二

應赶緊建築以資辦公而重學務前據提學使曹廣楨詳請於正紅旗官房空地修建提學司
衙門暨學務公所共計房屋一百七十間招商承修估定工料吉市平銀三萬四千九百九十
二兩七錢八分三釐零八絲四忽當經飭據民政度支兩司會同覆估所擬建築提學司衙署
並學務公所適敷辦公之用並未稍涉鋪張所估工料價值亦屬核實經該司等先後詳請
奏咨立案前來臣覆核無異應需前項工程銀兩擬請作正開銷除備具圖說估冊咨部查照
並俟工竣造册請銷外所有修建吉林提學司衙門暨學務公所工程先行奏請立案緣由理
合會同東三省督臣錫良附片具陳伏乞
聖鑒謹 奏宣統元年十二月二十三日奉
硃批該部知道欽此
陝西巡撫恩壽奏籌建客籍學堂請立案片
再陝西各級學堂次第成立本籍子弟爭自濯磨不患無講業進修之地惟客籍中有志向學
者宮牆外望未免向隅光緒三十三年曾議開辦客籍學堂因經費既無的款校舍未卜吉方
幾成中輟奴才屢與省城司道一再籌畫茲由署提學使余堃會議倡捐集款在城南買地一
區建築客籍學堂計分兩等曰中等曰高等小學額取學生各一百名以宦幕商三界子弟居
之而本籍學生亦各收取十名以昭融洽所習科學及在堂學期畢業獎勵一遵學部章程辦
理而尤以考核行檢爲要義該司所議注重在寬於取錄嚴於管理誠握本探源之論也本年
已借公所開學來春新校落成即可遷入常年用款仍由旅陝紳商分別派認綜厥辦法共有
五端曰通籌經費曰擇要建築曰酌定名額曰愼選師資曰廣購書器事莫難於有初法貴期
於經久據該署學司擬訂章程會同司道詳請 奏咨立案前來奴才伏查近年以來鄭洛通

图 1-11 《学部官报》1910 年第 119 号刊登《陕西巡抚恩寿：奏筹建客籍学堂请立案片》

再陕西各级学堂次第成立，本籍子弟争自濯磨，不患无讲业进修之地。唯客籍中有志向学者，宫墙外望未免向隅。光绪三十三年曾议开办客籍学堂，因经费既无的款，校舍未卜吉方，几成中辍，奴才屡与省城司道一再筹划，兹由署提学使余堃曾议倡捐集款，在省城南买地一区，建筑客籍学堂。计分两等，曰中等、曰高等小学。额取学生各一百名，以宦幕商三界子弟居之，而本籍学生亦各收取十名，以昭融洽。所习科学及在堂学期、毕业、奖励，一遵学部章程办理，而尤以考核行检为要义。核司所议，注重在宽于取录，严于管理，诚握本探源之论也。本年已借公所开学，来春新校落成，即可迁入。

① 恩寿（？—1911），清满洲镶白旗人，索卓罗氏，字艺棠。父麟魁，官至兵部尚书，协办大学士。同治元年（1862），奉命赴兰州办事，因病遽卒，朝廷赐恩寿举人。同治十三年（1874），恩寿中三甲进士。光绪二十三年（1897）任陕西陕安道。后历任江西按察使、江苏巡抚、漕运总督等。光绪三十二年（1906）改山西巡抚。次年调陕西巡抚。在任江苏巡抚期间，镇压爱国运动，引发了《苏报》案。宣统三年（1911）武昌起义时，因病被免职。

常年用款仍由旅陕绅商分别派认，综厥办法，共有五端：曰统筹经费，曰择要建筑，曰酌定名额，曰慎选师资，曰广购书器。事莫难于有初，法贵期于经久。据该署学司拟订章程，会同司道详请奏咨立案前来。奴才伏查近年以来，郑洛通轨，游秦人士，至者日多。此项客籍学堂建筑，必不容缓。地以清广，乐观厥成。庶几下以全学者千里向善之心，上以副朝廷一视同仁之意。除分咨查照外，理合附片陈明。伏乞圣鉴训示，敕部立案。谨奏。

朱批：该部知道。钦此。

宣统元年十二月二十六日

（原载《学部官报》1910年第119号第12—13页）

陕西巡抚曹鸿勋：奏请收客籍学费并开办宦游学堂片

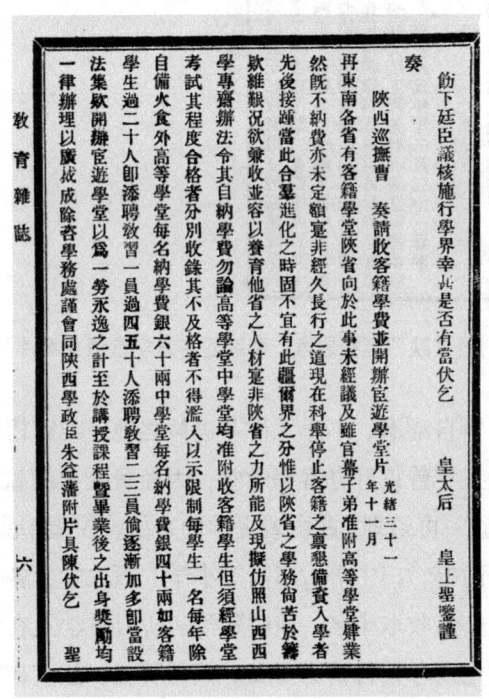

图1-12 《教育杂志》1906年第21期所载陕西巡抚曹鸿勋《奏请收客籍学费并开办宦游学堂片》

再东南各省有客籍学堂，陕省向于此事未经议及，虽官幕子弟准附高等学堂肄业，然既不纳费，亦未定额，实非经久长行之道，现在科举停止，客籍之禀恳备资入学者先后接踵。当此合群进化之时，固不宜有此疆尔界之分，唯以陕省之学务，尚苦于筹款维艰，况欲兼收并容，以养育他省之人材，实非陕省之力所能及。现拟仿照山西西学专斋办法，令其自纳学费，勿论高等学堂、中学堂，均准附收客籍学生，但须经学堂考试。其程度合格者分别收录，其不及格者不得滥入，以示限制。每学生一名每年除自备伙食外，高等学堂每名纳学费银六十两，中学堂每名纳学费银四十两，如客籍学生过二十人即添聘教习一员，过四五十人添聘教习二三员。倘逐渐加多，即当设法集款，开办宦游学堂，以为一劳永逸之计。至于讲授课程暨毕业后之出身奖励，均一律办理，以广栽成。除咨学务处谨会同陕西学政臣朱益藩附片具陈。伏乞圣鉴。谨奏。

朱批：学部知道。钦此。

光绪三十一年十一月

[原载《教育杂志》（天津）1906 年第 21 期第 6 页]

御史王步瀛：奏请饬直隶、山西、山东、河南、陕西合办河北实业学堂折（节选）

窃维今日时局外观，虽云商战，其胜负早决于实业。盖商务握富强之源，而实业又为商务之母。苟内力不充外人，将蹈隙抵瑕，扼其吭而制之死命。我中国地大物博，陷兹危难，原因虽多，究由工艺之无学，顾揆其受害之深，尤以黄河流域为最，则筹夫抵制之策，当联濒河诸省共谋。盖京师为天下根本，而濒黄河诸行省，实近卫乎皇都。实业不兴，民穷必涣，受害尤切。臣非敢如今日倡分省界之谬说，以南北对敌也。

东南各省为国家尽纳税义务额数倍于西北，其民在生计界，亦居优胜，良因风气早开，工艺颇能讲求，出口之货如糖、茶、丝、纸张等类皆出于手工制造，故利红而民奢。北省出口之货……则如枣、如栗、如豆、如皮毛，皆天产土货，与外人所谓原料粗品，且奖励其入口者也。……唯濒河诸省寂然无闻，未必识见，皆愚实亦财力不逮。长此贫弱，何以善后？为今之计，唯有会同直隶、山西、山东、河南、陕西五省，速在河北合立实业学堂，期以收利权而厚国基。

……

拟分学科为九……一、算学至代数积分；二、化学至性量分析；三、博物学；四、物理学；五、动、植、矿物学；六、地质、文学；七、英、德、法语言文字；八、几何画；九、体操。第三年当习实用化学、汽机学、机械学、森林学、虞学、农学、铁路学、矿学、电学、建筑学，以为入外国专门学堂之预备。似此办理，则光阴不至虚糜。

……

濒河诸省之硗瘠，其母财尽为外人所吸收，矿产亦为外人所攘夺。至学成而无所用之，上下交困，悔将噬脐。臣蒿目时艰，见濒河诸省贫弱尤甚，实非所以尊神京而固根本，缕缕愚悃。谨献刍荛，唯祈宸谟独断，决策施行，不胜企望感幸之至。是否有当，谨恭折具陈伏乞皇太后、皇上圣鉴训示。谨奏。

奉旨：该部知道。钦此。

光绪三十二年十月十一日

（原载《学部官报》京外奏稿 1906 年第 7 期第 1—3 页）

西安府：委任姚文蔚①为客籍学堂帮同监工札

花翎三品衔西安府正堂加五级纪录十次光为札委事②。照得省城设立客籍学堂，业经禀奉列宪批准，现将届兴工改修，所有监工一切事宜，已委樊令哲诰在案。唯监工事务纷繁，恐一人势难兼顾，自应委员帮同办理。查该员笃诚干练，办事实心，堪以帮同监察，办理一切，令行札委。为此，札仰该员遵照，刻即前往帮同监工，并调度一切，妥为办理，毋负委任。切切。此札。

右札仰候补知县姚令。准此。

西安府（原有满汉合璧"西安府印"）

清光绪三十三年六月二十六日

（西北大学图书馆杨绳信先生珍藏，现存陕西师范大学教育博物馆）

陕西提学使司：委任省城客籍学堂官员札

为札委事。案照省城客籍中、小学堂，现经本司添筹经费，推广名额，照章开办。所有管理各员，自应分别札派，以专责成。应设监督一员，查议叙知县王猷堪以派委；文案一员，查试用知县姚文蔚堪以派委；会计一员，查候补知县涂嘉荫堪以派委；庶务一员，查试用县丞叶丙蔚堪以派委；掌书兼监学一员，查试用典史曾纪庸堪以派委。除详咨外，合行札委。为此，仰该员遵照来札事理，即便到差，将该学堂文案应办事宜，悉心经理，毋负委任。切切。此札。

陕西提学使司（原有满汉合璧"陕西提学使司之印"）

清宣统元年正月十二日

（西北大学图书馆杨绳信先生珍藏，现存陕西师范大学教育博物馆）

---

① 姚文蔚（1881—？），顺天府（今北京）人。光绪二十八年（1902）以捐班指分陕西试用县丞。光绪三十二年（1906）任陕西学务处调查学务委员，同年改任陕西高等学堂庶务长。光绪三十四年（1908）委派办理陕西省城客籍中小学堂文案。宣统元年（1909）因在陕西高等学堂庶务长任上获奖，以直隶州知州补用。同年以署孝义厅同知调署三原知县。

② 该档系雕版刷印，正文墨笔行书。

中等农业学堂详请筹拨试验场常年各经费银两立案文

为详请事。窃照省城创设中等农业学堂①，业经详蒙宪台奏明，钦奉朱批行知在案。宣统元年十二月十四日准中等农业学堂申称。窃查本堂常年经费一项系由官钱局按月请领库平银七百四十两，每月额支、活支两项，总计需银九百余两，出入相较，计每月不敷银二百余两。此项银两均系核实支销，毫无冒滥。现正清理秋冬二季，分支销款项，除俟赶缮齐全另行呈报外，不敷之数暂在开办修理项下挪借开支。时值年终，各工匠络绎领价，实在无从弥补，情知新政在在，需款筹措维艰。吾陕财力窘绌，又甲于他省，唯是兴办实业关系部颁筹备要政，常年经费又为学堂万难短少之项，唯有据实呈明，恳请宪台设法筹拨，俾免亏阙，实于实业前途为德无量。再本堂所设蚕业别科，仍拟来春再加扩充，专重训练，考种、养蚕、缫丝、烘茧各项实习，以期速获利益，借开风气，当经禀蒙札饬西、同、凤等六府州选送学生在案。应添教育用品及需用器具，需款若干，尚难预定，拟俟明年开学后核计应用数目，再行禀请筹备外，所有恳请筹添常年经费缘由是否有当，申请鉴核。又宣统二年二月二十八日准中等农业学堂详称，窃查实业为丰本阜民之基，而农业一科，尤为工商所资，衣食所赖。欧美各国立国宗旨，虽各不同，然莫不各讲求实业为富强基本。如美以农立国，而富甲环球，遂足雄视西陆，蔚为望国。盖国力既厚，则权利由是而增，若影随形，莫之或爽。比年以来，朝廷注重实业，锐意提倡，树之风声于时，薄海臣民，咸知实业为现今要务，农工商矿竞起研求，弃虚课实，力洗固习。独是农业各科重在理论，尤重在实验。倘非宽筹校款，无以为实验之地，理论虽优，便不免纸上空谈，贻讥画饼。陕省僻居西陲，风气闭塞，款项支绌，兴办实业，艰窘万状。本堂自去岁春间倡议，逮七月后始经勉强成立。开办之初，四无凭借，幸赖宪台及列宪荩画周备，乐观其成，赐拨基址，以谋扩充，宽筹母金，以资周转。于是，

---

① 据兴平冯光裕《续修陕西省通志稿》第三十六卷中的"陕西中等农林学堂"，应与此文中的"陕西中等农业学堂"为一所学校，在西安城西关。据《三秦公学一周年纪念刊》等，光绪三十年（1904）成立的陕西中等农林学堂和宣统元年（1909）成立的陕西省会农业学堂应为同处于西安城西关呈南北向展布的同一所学堂，只是可能在时间上有停辍和恢复而混淆了修志者的视听。民国初，承袭陕西农业学堂旧址建成的三秦公学的有关记载和《陕西教育官报》的有关记载，亦可印证两学堂同处西关的推论。《续修陕西省通志稿》称："陕西中等农林学堂，在西安城外西关，光绪三十年（1904）设立。根据原三秦公学留洋预备科留德专修班首届学生杨钟健回忆："公学地点在城外西北角，房子很大。"历史地理学家李之勤先生也认为，其地址即今西北大学太白校区一带，原西北大学印刷厂砖木小二楼、教材发行科建筑，应为陕西农业学堂监督和民元三秦公学校长办公室所在。陕西高等学堂监督周镛兼陕西农业学堂监督，岁支银9440两。附设有试验场。另附设有农业教员讲习所，岁支

规模粗立,士论翕然,倘由此整顿有方,当不难渐收效果。查预科两班,刻正补习普通学科,暂时毋庸实验,唯农业本科计一班、蚕业别科计两班,讲堂所授在在,须实地考察。迩来节届春令,百物繁滋,试验场内以款无从出,不能如法布置,弥望荒芜,空无所有,实为农业上一大缺点。现经撙节预算,所有该场开办费一项计建造房屋、购备农具、牲畜,约需银一千九百余两,常年费计员绅薪水、工役口食以及肥料、籽种、用具、各消耗品常年约需银一千五百余两。开办一项,堂内既无余款可以挪用,至于常年经费每年所拨仅只四百余两,不敷尚巨。卑府屡向本堂监督周主事反复磋商,一筹莫展,焦灼难名。幸逢我宪台注意实业教育,提挈之殷,不遗余力。计唯仍恳宪台俯念本堂为各属举办农校所取资,尤为全省改良农业之关键,不忍功亏一篑。……查中等农业学堂就西关外旧营房改修创设,所有开办经费均由本司筹拨,详明立案。至常年降费经会商前许藩司筹拨银十二万两,发商生息,即以所生息款,作为该堂经费。唯合办农、蚕、林三科学生至二百余人,所生息款不敷用。现计额支、活支每月不敷银二百余两,全年共不敷银两千四百两。又试验场开办经费需银一千九百余两,常年经费需银一千五百余两,共计本年应需银五千八百两。以后,每年需银三千九百两。明知库帑奇绌,筹措大难,然事关实业,利在民生,部章严切,既未敢置为缓图,而衡量该堂困难情形,亦未便因噎废食,致使中辍。所有应需各款迭与该堂监督周绅镛一再嗟商,委系核实撙节,无可再减,理合备文详请宪台察核立案批示祗遵,并请饬由藩司按年筹拨,以维久远,实为公便。

(原载《教育官报》1910 年第 6 期第 3—5 页)

第四节 留学与考察

陕西巡抚曹鸿勋:为派学生游学东洋并派员出洋考察奏折①

为派学生游学东洋并派员出洋考察,以造人才而兴学务,恭折仰祈圣鉴事。窃维人

---

① 此文为时任陕西巡抚曹鸿勋于光绪乙巳年八月十九日(1905 年 9 月 17 日)给慈禧太后和光绪皇帝的奏折。光绪皇帝朱批:"该衙门知道,钦此。"此后于光绪乙巳年九月初八日(1905 年 10 月 6 日),有陕西高等学堂(即原陕西大学堂)、陕西师范学堂、三原宏道学堂官费生钱鸿钧、崔云松、马步云(凌甫)、张蔚森(荫庭)、王觐墀(芝庭)、郗朝俊等 31 名,自费生 17 名,由陕西留学生监督徐炯带领赴日本留学。这批留学生回陕后,成为 1912 年由陕西大学堂等合组为西北大学的校政和

才必阅历而始成，学务必体验而后备，处此工商竞战，梯航交通之时，苟非互换文明，疏通学界，则风气之开通既晚，人文之进化愈避。是故同一造材也，而游学之见功为最速；同一兴学也，而考察之收效为最真。游学考察与人才学务之兴衰皆有密切之关系，二者不可以偏废也。近来各省人士游学东洋者三千余人，而陕省游学则寥寥无几，江楚等省于学校管理、师范教育之法考察访询精益求精，而陕省学堂则无出洋考察之举。夫当此穷困危急之秋，而速为兴学育才之计，而听其坐消岁月，虚糜帑藏，其何以造就通材，挽回岋危也。臣到任以来，以作育人才为宗旨，以振兴学务为基础，与布政使樊增祥悉心商榷，考选官费学生三十四人，官籍子弟之自费生十七人，皆择其中学有根底稍深、性情肫挚者，派赴东洋留学，使分习各门科学，以期造为有用之材。又派委兴平县知县杨宜瀚、候补通判方汝士、候补知县姚文蔚、咸宁县举人毛昌杰、白河县举人秦善继等，会同高等学堂分教刑部主事狄楼海监选学生赴东，并考察其学校规则及一切巡警、工艺，悉心访询，务期各有心得，以备回省后分任诸事，则庶几游学诸生既可以速收其效，陕省学务亦可以渐观厥成也。臣伏查陕西古称农国，地号上腴，汴洛之铁路将通，延绥之宝山未掘，工艺、巡警之新政皆已推行，税则、法律之专门又所必讲，凡此农学、路学、矿学、艺学及警务、税务、刑律诸学，为当时所急需者，尤为陕省所切用。唯因僻远边陲，习俗尚古，学生之程度、学堂之规模比之沿江各省，开化较迟。现在新政皆行，民智渐开，经此次游学、考察，而后再为之扩充推广，则数年以后或者海外人才有他年中兴之将相，关中学派为异日保教之师儒，此臣所日夜祷祝而切望者也。所有臣派学生游学并派员考察缘由，除分咨学务暨出使日本大臣外，谨恭折具陈。

附：陕西大学堂详情咨送陕省各学堂挑选学生前赴东洋肄业由

当文明互换之世，必杜门却轨，则新知之输入何从；处工商竞战之场，非问道已经，则实业之振兴自敝。近来各省人士，前赴东洋游学者三千余人，而吾陕寥寥无几，固由僻远西陲风气之开通较晚，益觉导扬先路官师之倡率难迟。本学堂暨师范学堂、三原宏道学堂肄业诸生，不乏聪明可造之士，现值宪台主持学务，士气奋兴，人怀墙面之忧，士以蓬心为耻，群情鼓舞，未便从而遏之。兹由本学堂、师范学堂挑选学生十八人，函商学院，由宏道学堂挑选十二人，共官费生三十人，又官籍子弟之自费生十人，照会四川华阳县举人徐炯，监督赴东留学。查陕西古称农国，地号上腴，栽培长养之术不精，故荣滋发长之功不进。此次留学各生，当先派习农学，而森林、畜牧之类附焉。至若延绥以北，宝山之蕴蓄尤多，汴洛而西，铁路之交通已近，厘金将裁而税务不能不讲，刑律已改而法学不可不兴，拟于农学而外，分矿务、路工、税务、法律为四门，各派数人，俾多士各求一得，虽云求艾三年，经营已晚，所冀为山一篑，进取非难。除俟到东以后，学生应习普通几年，专门几年，应行派人问学，均由徐孝廉面商总监督禀承办理外，相应详请宪台咨明出使日本大臣、留学生总监督杨先行查照，并应否奏明立案，统候宪裁。

为此具呈。伏乞鉴核施行。

（原载《秦中官报》1905 年第 3 期）

陕西巡抚曹鸿勋：奏试办延长石油折
（派出陕西高等学堂石油留学生）

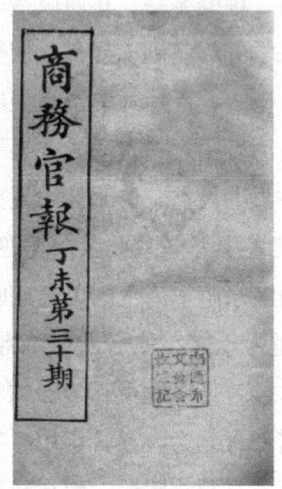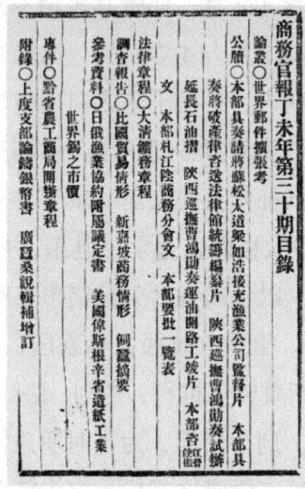

图 1-13 《商务官报》1907 年第 30 期封面、目录与第 6 页派出陕西高等学堂石油留学生

奏为延长石油试办有效恭折具陈，仰祈圣鉴事①。窃臣于光绪三十一年十月初三日

---

① 光绪三十年（1904）十一月获准，清政府拨地方官银 81 000 两为资（屯垦经费）开办延长油厂，命候补知县洪寅为总办，于光绪三十一年（1905）创建延长石油官矿局。经在陕任教习的日本人阿部正治郎介绍，洪寅聘日本人佐藤弥市郎任技师，派人赴日购买钻井炼油机器，雇日本钻井技佐 6 人。第一井钻成后，所雇日本人期满解约，机器多半已不能使用。在此情况下，陕西巡抚曹鸿勋深感"原不得不借材于异地。然使常常假手外人，不特要索挟执，诸多不便，且恐垂涎者日阚其旁，将酿为利源之大蠹"。因此，主张于省城高等、师范两学堂内选化学较通之学生若干名，先令在厂实验，再择其优者，送日本越后油厂学习此专门，待其学成回国，皆能为油矿师。据此计划，清陕西政府奏请光绪帝后，先派陕西高等学堂等学堂学生吴源澧、沈云骧、由天章（云飞）、杨宜鸿、方传龙、舒承熙、冯尔鹏、谭熙彝等 10 人到延长油矿实习。复于清光绪三十四年（1908）七月，派练习生吴源澧、舒承熙、杨宜鸿 3 人"奉派往日本再学习石油"。练习生由天章不得预派，"因典产筹资，自费同往学习"。实际有 4 名留学生成行。这些留学生在日本越后油厂学习两年左右，先后回厂。宣统元年（1909）七月，吴源澧"由日本报告调查条陈各事"，并接受陕西省劝业道交付的购机聘匠任务。宣统二年（1910）七月，杨宜鸿随所聘大冢博士一行同归。1912 年民国成立，新旧交替，厂事无人问津，自费留学归国的由天章"主任一切，勉维现状"。这是中国历史上第一次派出专门学习石油的留学生，而延长油矿又是世界大陆上开发最早的油田，故从西北大学前身陕西高等学堂派出石油留学生的意义重大，实际上揭开了西北大学在延长、玉门、大庆等我国各大油田以及在晚清、中华民国、中华人民共和国三大历史时期为我国石油持续作出重大贡献的序幕。

奏请试办延长石油一折，奉朱批商部知道，钦此。遵即咨承部臣督饬司员次第开办，计开办至今已逾一年，虽美利尚未大兴，而成效现已渐著。臣仰奉恩召，交卸在即，理合将经手始末情形，历溯陈之。先是大荔县人于彦彪窥延长县烟雾沟石油矿苗甚旺，与德国公司私订合同，行将开办。经前抚臣藩司力拒不许，数争而事始寝。嗣是延长石油乃定归自办。然以试验不确，矿师无人，故历一二年之久。其议虽定，而其事终未举。臣到任后，详查情形，非速自开办不能杜外人之觊觎，乃督同藩司，一面考查，一面筹备。先派员携资至汉口聘定日本矿师阿部正治郎来陕采炼，阿部复携油至汉与其师日本化学博士稻并幸吉重为试验，验有把握，始行具奏。复派员至汉，与稻并订立合同，令其回国，购机聘师，定期来陕开工。一面先开北山车路，以备转运机器。嗣由日本聘到技师佐藤弥市郎等，购定各种开井、炼油机器，先后抵陕。适车路告成，遂即筑厂、运机，派员督工，先凿一井试办，当将历次办理情形陆续开列图表，咨部在案。开工以后，地质石土不一，日凿数尺，或尺余不等。八月初开凿至二十四丈余之深度，石油随水涌出，安机采取，每日可得三千余勒。炼提轻油约可得半，以化学验之，光白烟微足，与美孚相敌。日本所产，反出其下。及采取数日，忽而井水注满，油量大减，技手几为束手，继用唧筒汲水，寻源而取，于是原油复出，源不少衰。盖因油脉在下，水源在上，必避水以取油，始不至油为水掩也。并闻技师言，东洋越后之井，深常一二百丈，浅亦六七十丈。美国、俄国亦如之。台湾井浅者亦四五十丈。今此井仅二十四丈，已抵油层，是不唯油质之佳在各国之上，即井工之省，亦各国所无。今第一井已成，明年开春便可于该处左近一带次第开凿，如能添至数十井，则利源所在，正未可量。唯查技师佐藤于化合之理，尚未甚精，油内硫酸漂洗不净则色微带黄，而蚀力亦重，与原日阿部所洗之油相较悬殊。当此井油发现开厂伊始，若前途之名誉有损，即后日之销售有碍。技师佐藤既不担炼油之责，又毫无改良之方法，屡次商筹，自愧弗能，情愿告退，势亦不可强留，且北地苦寒，水土将冻，工作难施，唯有饬令厂员督率华工，就此已成之井取油炼油，不辍其功，免致废弃。至此后办法，则以另聘技师为急务。凡添购机器，广筑工厂，制造药品诸事，皆当次第举办，以图扩充。而其最要者，又莫如多筹资本，预储厂才。盖办矿一事，同于经商利益之厚薄，恒视母财为准，若连开数十井，其资本皆仰给于公家，不唯库款无此余力，且恐经理偶不得人，则本利俱落于中饱。盖同此一事，一经官办，则利必减等，非官之尽不肖也。一官一差不能数年而不易，当其来时，已怀去志，既不能久，自不能专，其势然也。臣以为保护利权，非官不可，经营利益，非商不可。今既由官创办，示效于人，必再集合商力，以承其后，而后赀厚力专，方能为百年经久之计。

……

至若厂中诸业开办之初，原不得不借材于异地，然使常常假手外人，不特要索挟执诸多不便，且恐垂涎者日阚其旁，将酿为利源之大蠹。臣意拟于省城高等、师范两学堂内选化学较通之学生若干名，先令在厂实验，再择其优者送洋留学，习此专门。俾其学成回国，皆能膺矿师之任，则较之借材异地利弊判然。凡此数端，容俟抚臣恩寿到任举所知者与之熟商，当能有以善其后。此事臣适居中纽，其先争回利权，唯督臣之力。其后，补偏救弊，百端扩张，又一一期诸来者。臣尺寸图功，未竟其效用，自愧矣。所有臣试办延长石油效已渐著情形，理合恭折具陈。伏乞皇太后、皇上圣鉴训示。谨奏。

光绪三十三年十月十七日

（原载《商务官报》1907 年第 30 期第 6 页）

为考察日本学务兴平县知县杨令宜瀚致学务处提调书（附空白合同）

  大清国陕西省高等学堂聘清○教习兼教他学堂教习一员，今准大日本○氏绍介，聘得大日本某学校卒业○氏，以充其任，所有议定合同开列于下：

  一受聘人并归学堂总理（即校长）节制，凡一切事项非经总理认许，概不承认。二受聘人薪水，每月给中国现行银元○元，每元七钱二分重，照西历发给，自到学堂之日起支，饮食、衣服、仆役、医药一切在内。三聘定之期暂以一年为限，限内彼此不得辞退，遇不得已之事故辞退者，照第五条给川资银○元外，再无别费。至续聘与否，须于限满一个月以前，彼此提议以决去留。四聘期以到堂之日起算，住学堂十二个月为一年，年暑假一月在内，但由日本起程赴华及期满归国之日均不在年限之内。五受聘之人赴华川资，由代聘人给中国银元○圆，期满归国亦由主聘人给川资○元。六受聘人如有携眷同来，应在堂外自觅房屋居住，如未带有眷属愿在堂内居住，堂当内备房屋并华式床铺桌椅等件，余物自备。七受聘人授业时间，每日时刻以五小时为限，其课程科目时间先后应由总理人与受聘人及各教习参定。八年假暑假中国大节房虚星昴停课日期，均须遵照所定章程。九受聘人如有疾病等项医药概归本人自理，在一个月以内可照给薪水，一个月以外须请相当之人代理，如无代理人扣薪水，病至三月即行解约。设有不测于限内病故，除照第五条由主聘人给川资○元外，再给薪水三个月作为赠邮之用。十合同契约二心公认，照缮三分，一存学务处，一存本学堂，一给受聘人收执，各宜遵守以昭信实，不得稍有违碍。大清国光绪三十一年十二月主聘人○○○，代聘人陕西留学生监督徐炯同陕西高等学堂提调杨宜瀚，大日本明治三十八年○月○日受聘人○○○保证人○○○。

（原载《秦中官报》1906 年第 3 期）

监督樊增祥：送陕西高等学堂学生留学东洋序

出洋游学者多矣，饯送之词亦多矣，千人一口，千篇一律。其文则合时文公牍而一之，而间杂以新名词，言者听者皆自以为剀切沈痛，即吾亦以为剀切沈痛也。吾又何以赠诸君子哉。虽然彼所言勿论数见不鲜，究亦无当于吾陕之情事，与吾意中所欲言则吾言又乌可已也。自同治间，湘乡相国奏派学生出洋游学，天下从风。顷年，吾师张少保总制两湖，湘鄂诸生遍布环球学校，自余诸行省亦各有人焉为喁于之和。独吾陕阙如焉，此非吾之吝而固也，风气未开，士无远志。一、新政繁兴，事须渐及；二、根柢未固，难语开通；三、年少远游，无人督率；四、三年以来，秦人士皆自力于学，而有志于开通，新法亦次第举矣。而蜀中徐子修孝廉适至，儒而使者也，志于圣贤，生而豪杰。吾乃用尹仇两君之言，请于潍县中丞精选两高等学堂官费、自费生四十余人，以孝廉为监督，诣日本留学，而以兴平令杨君为考察官。举一切留学生之流弊，监督皆能涮除而规切之，无假鄙言。加吾学术谫陋，自少至老仅能读四子书，其为诸生临别之赠者，仍吾中国圣人之言耳。《论语》曰："志于道"；《中庸》曰："知耻近乎勇，志不立则事无成，不耻不若人，则终为人役而已矣。"诸生试思之，明治维新之初，其学于泰西者，不先于曾文正，由今以观，文正所遣容闳、马建忠诸人，其视伊藤、陆奥何如也。甲午之役，叶、魏诸军，其视大鸟圭介何如也。

三十年来，彼国势日张，而吾益弱；彼实业日精，而吾益窳；彼人心士气日益团结，而吾益涣益隳。所以然者，人人不立志而不耻不若人也。庚子以后，遍立学堂，扩张新政，然试求诸人人之心与夫上下天泽交通之故，则其散漫而壅塞者，殆无以异前而又加甚也。先圣先儒大抵责己不责人，务实不务名，爱国不爱身，计功不计利。今之谬论专责政府，指斥朝廷，及问客何能，则哑然无具。所谓新学者，猎皮毛而已，志富贵而已，不得富贵则怨望怒骂而已，倖而富贵则亦甘为人役而已。呜呼！新学者皆如是，何颜责政府哉。韩子曰：业患不精，无患不明，行患不成，无患不公。两宫方持高爵厚禄以待天下非常之士，文武一体，满汉一气，以尽洗有司不明不公之旧习。诸生学而有成，何忧韫玉于山林而遗珠于沧海哉，且使人人皆贤皆才，则虽如探筹积薪，皆足以得人而济事。然则不才而偾事者，虽用人之过而亦人人不自力于学之过，为士者独不自愧耶，诸生勉之哉。远涉东瀛，去家万里，父母倚于门，少妇叹于室。慎居处，节饮食，谨暑寒，远声色，卫生之要术也；惜分阴，戒游谈，勤术业，志远大，成业之梯桄也。修羊灯火之需，吾故乡万人之膏血也；舟车衣粮之费，吾官师铢寸所襞积也。吾父吾兄割骨肉之爱，而使之远游，台司郡县不辞供亿之烦，而资之就学，其待之者何如？而其所责望者何事？诸生而无爱亲敬长之心则已，人人有心将人人力学，其忍徘徊歧路，蹈袭狂迷乎。

况吾中国事势如此其亟也，种族如此其衰也，学成而归，转相传习，寸炬千灯，一鸣万和，则光绪一明治也，西都犹东京也，天下之重后生任之矣。若今无异于昔，后更不逮今，群雄相逼而来，父母妻子将仆妾于他人、墟墓田庐恐沉沦于异族。兴言及此，其不发愤忘食，自力于学者，岂独非人情，亦决非吾三秦子弟忠孝沉毅之性质也。诸生行矣，经旅顺眺大连，日露炮火所争，持倏完而倏破者皆吾土地也；泊长埼指马关，甲午城下之盟，掷金二万万之处也。北望辽阳，战血未干，遗骸满目，我太祖太宗发祥之所也；西望故乡，五年以前两宫蒙尘所巡幸也；西南望中华，全国风潮汹涌，海氛蔽天，吾黄帝亿万子孙所侨寄而托命者也，诸生勉之哉。取人所长，益我所短，吐吾之故，纳彼之新，救及身之危，图万世之安，期于各得其精华而仍不自漓其根本。我不若人，唯当自奋，不当自馁，即稍能趋步人，益当自勉，不当自足。日置吾身于薪胆之中，而预悬人格于欧美之上，积愤求通，增高继长，以吾华人之聪明，弃其畴昔无用之学，而人人求为有用之才，何实业之不成，何国耻之不振，勉之！勉之！学成名立，三年来归，河岳腾光，桑梓表色，吾将与三秦父老张乐设饮，相见于灞桥之上。

（原载《国学萃编》1909年第2期9—11页）

陕西高等学堂：派赴东洋游学各生花名清册

窃照本学堂前将拟派出洋游学官费、自费各生详明在案。现定于九月初八日，由监督徐孝廉带领赴东。相应造具各生花名清册。官费生原拟三十名，现三十一名，自费生原拟十名，现十七名。

官费生清册

白常洁　三十四岁　澄城　监生（安徽试用县丞）
张祥麟　二十三岁　紫阳　增生
高冠英　二十四岁　米脂　附生
钱鸿钧　二十三岁　咸宁（今西安）附生
王觐墀　二十一岁　鄠县（今鄠邑区）增生
曹　澍　二十四岁　泾阳　廪生
崔云松　二十六岁　咸宁（今西安）附生
谢增华　二十五岁　咸宁（今西安）廪生
张宗福　二十五岁　三原　廪生
张蔚森　二十二岁　渭南　附生
郗朝俊　二十一岁　华阴　附生
马步云　二十一岁　郃阳（今合阳）附生

张允耀　二十二岁　绥德　廪生
李寿熙　十九岁　咸阳　附生
茹欲立　二十二岁　三原　附生
刘景坡　二十六岁　兴平　增生
刘云祥　二十一岁　咸宁（今西安）　附生
党枳龄　二十四岁　留坝　附生
雷崇修　二十七岁　盩厔（今周至）　优廪生
杨铭源　二十六岁　宜君　廪生
安兆鼎　二十七岁　朝邑（1958年撤销，并入大荔）　优廪生
张炽章　十八岁　榆林　监生
李述膺　二十二岁　耀州　廪生
宋元恺　二十六岁　耀州　廪生
马宗燧　二十六岁　南郑　附生
李鼎馨　二十六岁　同州府　廪生
李元鼎　二十六岁　蒲城　增生
康耀宸　二十七岁　汉中府　增生
姚鑫振　二十四岁　三原　廪生
景志傅　十九岁　富平　附生
张秉钧　二十二岁　三原　廪生

自费生

樊宝珩　二十六岁　湖北恩施　文童
尹　侗　十九岁　四川华阳　文童
尹　稜　十七岁　四川华阳　文童
尹　骞　十七岁　四川华阳　文童
周进圻　二十三岁　湖北宜城　文童
胡国樑　二十岁　四川璧山　文童
胡国栋　十七岁　四川璧山　文童
沈　宝　二十二岁　浙江归安　文童
沈　博　十八岁　浙江归安　文童
刘元熙　二十二岁　湖北谷城　文童
锦　旭　二十岁　京城镶白旗　监生（荆州驻防）
钱鸿谟　十六岁　陕西咸宁（今西安）　文童
陈可钊　十九岁　福建侯官　监生

刘作善　二十三岁　陕西高陵　附生
仇　预　二十二岁　江苏上元　监生
滕　桢　十七岁　江西兴安　文童
陆永植　二十一岁　山西孝义县　监生（原籍江苏，候选巡检）

清光绪三十一年九月
（原载《秦中官报》1905 年第 2 期）

监督徐炯：咨复学务处陕西留学日本官私费各生调查

表 1-1　徐监督炯咨复学务处陕西留学日本官私费各生调查表（1906）

氏名	籍贯①	出身	年岁	所习何科	出洋年月	预计几年回国②
黄国梁	洋县	文童	二十三	入振武学校习普通兵事科，已卒业	光绪三十年六月	光绪三十六年
魏国钧	蒲城	文童	二十	入振武学校习普通兵事科，已卒业	光绪三十年十月	光绪三十六年
张益谦	华阴	文童	二十三	入振武学校习普通兵事科，已卒业	光绪三十年十月	光绪三十六年
白毓庚	咸宁	文童	二十八	入振武学校习普通兵事科，已卒业	光绪三十年十月	光绪三十六年
张凤翔	咸宁	文童	二十六	入振武学校习普通兵事科，已卒业	光绪三十年十月	光绪三十六年
席　丰	咸宁	文童	二十三	入振武学校习普通兵事科，已卒业	光绪三十年十月	光绪三十六年
炳　炎	西安驻防	文童	二十四	入振武学校习普通兵事科，已卒业	光绪三十年十月	光绪三十六年
王天吉	咸宁	文童	二十一	入振武学校习普通兵事科	光绪三十一年八月	光绪三十七年
培　模	西安驻防	文童	二十四	入振武学校习普通兵事科	光绪三十一年八月	光绪三十七年
霍色哩	西安驻防	文童	二十三	入振武学校习普通兵事科	光绪三十一年八月	光绪三十七年
党基璋	华阴	文童	二十三	入振武学校习普通兵事科	光绪三十一年八月	光绪三十七年
宋元恺	耀州	廪生	二十六	入振武学校习普通兵事科	光绪三十一年九月	光绪三十八年
茹欲立	三原	附生	二十二	入振武学校习普通兵事科	光绪三十一年九月	光绪三十八年
雷崇修	盩厔	廪生	二十七	入振武学校习普通兵事科	光绪三十一年九月	光绪三十八年

① 表 1-1 中：咸宁（今西安），长安（今西安），盩厔（今周至），鄠县（今西安鄠邑区），郃阳（今合阳），朝邑（1958 年撤销，并入大荔县）。
② 清光绪朝至光绪三十四年（1908）即改朝换代，故以下"预计几年回国"所谓"光绪三十六年"应为宣统二年（1910）；所谓"光绪三十七年"应为宣统三年（1911）；"光绪三十八年"应为民国元年（1912）。

续表

氏名	籍贯	出身	年岁	所习何科	出洋年月	预计几年回国
马宗燧	南郑	附生	二十六	入振武学校习普通兵事科	光绪三十一年九月	光绪三十八年
高冠英	米脂	附生	二十四	入振武学校习普通兵事科	光绪三十一年九月	光绪三十八年
张宗福	三原	廪生	二十五	入振武学校习普通兵事科	光绪三十一年九月	光绪三十八年
张祥麟	紫阳	增生	二十三	入振武学校习普通兵事科	光绪三十一年九月	光绪三十九年
路孝忱	盩厔	文童	十九	入振武学校习普通兵事科	光绪三十一年九月	光绪三十八年
张炽章	榆林	监生	十八	入济美学堂习普通科医工科	光绪三十一年九月	光绪三十七年
张蔚森	渭南	附生	二十二	入济美学堂习普通科，后习工科	光绪三十一年九月	光绪三十七年
张允耀	绥德	廪生	二十二	入济美学堂习普通科，后习工科	光绪三十一年九月	光绪三十七年
杨铭源	宜君	廪生	二十六	入济美学堂习普通科，后习工科	光绪三十一年九月	光绪三十七年
康耀宸	汉中府学	增生	二十七	入济美学堂习普通科，后习工科	光绪三十一年九月	光绪三十七年
李鼎馨	同州府学	廪生	二十六	入济美学堂习普通科，后习工科	光绪三十一年九月	光绪三十七年
李述膺	耀州	廪生	二十二	入济美学堂习普通科，后习工科	光绪三十一年九月	光绪三十七年
王觐墀	鄠县	增生	二十一	入济美学堂习普通科，后习工科	光绪三十一年九月	光绪三十七年
刘景坡	兴平	增生	二十六	入济美学堂习普通科，后习工科	光绪三十一年九月	光绪三十七年
郗朝俊	华阴	附生	二十一	入济美学堂习普通科，后习工科	光绪三十一年九月	光绪三十七年
李元鼎	蒲城	增生	二十六	入经纬学堂习普通科，后习工科	光绪三十一年九月	光绪三十七年
景志傅	富平	附生	十九	入经纬学堂习普通科，后习工科	光绪三十一年九月	光绪三十七年
刘云祥	咸宁	附生	二十一	入经纬学堂习普通科，后习工科	光绪三十一年九月	光绪三十七年
张秉钧	三原	廪生	二十二	入经纬学堂习普通科，后习工科	光绪三十一年九月	光绪三十七年
李寿熙	咸阳	附生	十九	入经纬学堂习普通科，后习工科	光绪三十一年九月	光绪三十七年
曹澍	泾阳	廪生	二十四	入经纬学堂习普通科，后习工科	光绪三十一年九月	光绪三十七年
井勿幕	蒲城	文童	十八	入经纬学堂习普通科，后习工科	光绪三十一年五月	光绪三十七年
白常洁	澄城	监生	三十四	入经纬学堂习警察兼银行	光绪三十一年九月	光绪三十四年
张兴彦	商州	廪生	三十	入经纬学堂习师范兼理化	光绪三十一年九月	光绪三十三年
崔云松	咸宁	附生	二十六	入早稻田大学习普通科，后习农科	光绪三十一年九月	光绪三十七年
钱鸿钧	咸宁	附生	二十三	入早稻田大学习普通科，后习农科	光绪三十一年九月	光绪三十七年
谢增华	咸宁	廪生	二十五	入早稻田大学习普通科，后习农科	光绪三十一年九月	光绪三十七年
马步云	郃阳	附生	二十一	入早稻田大学习普通科，后习农科	光绪三十一年九月	光绪三十七年
安兆鼎	朝邑	廪生	二十七	入早稻田大学习普通科，后习商科	光绪三十一年九月	光绪三十七年

续表

氏名	籍贯	出身	年岁	所习何科	出洋年月	预计几年回国
姚鑫振	三原	廪生	二十四	入早稻田大学习普通科，后习医科	光绪三十一年九月	光绪三十七年
党积龄	留坝	附生	二十四	入早稻田大学习普通科，后习法科	光绪三十一年九月	光绪三十七年
路孝先	盩厔	文童	二十五	预备日语，后学铁道科	光绪三十一年十一月	光绪三十六年
杨祖勋	长安	文童	二十	预备日语，后学铁道科	光绪三十一年八月	光绪三十六年
张靖	咸阳	文童	二十三	预备日语，后学铁道科	光绪三十一年六月	光绪三十六年
田焕章	富平	附生	二十	预备日语，后学铁道科	光绪三十一年十月	光绪三十六年
徐应庚	三原	附生	二十	预备日语，后学铁道科	光绪三十二年四月	光绪三十六年
张丙昌	富平	附生	十九	预备日语，后学铁道科	光绪三十二年四月	光绪三十六年
赵世钰	三原	廪生	二十四	预备日语，后学铁道科	光绪三十二年四月	光绪三十六年
陈祖蕃	三原	文童	二十五	预备日语，后学铁道科	光绪三十二年四月	光绪三十六年
寇鸿恩	咸宁	举人	二十五	预备日语，后学铁道科	光绪三十二年五月	光绪三十六年
谭焕章	长安	举人	二十四	预备日语，后学铁道科	光绪三十二年五月	光绪三十六年

注释：另有备考习陆军19人，习工科17人，习铁道科10人，习农科4人，习商科1人，习医科1人，习法科1人，习警察1人，习师范1人，总计55人，每人每年需银300两，共需银16500两。

表1-2 陕西留学日本私费生调查表

氏名	籍贯	出身	年岁	所习何科	出洋年月
康宝忠	城固	文童	二十一	入经纬学堂习普通科	光绪三十年五月
徐志鸿	富平	附生	三十八	入宏文学院习师范	光绪三十一年四月
钱鸿谟	咸宁	文童	十六	入早稻田大学习普通科	光绪三十一年九月
郭从和	汉阴	文童	二十	入宏文学院习普通科	光绪三十一年十月
张缙绅	华阴	文童	二十二	入东洋学院习普通科	光绪三十二年三月
王永恕	咸宁	文童	十七	入东洋学院习普通科	光绪三十二年三月
张森炎	咸宁	文童	十七	入东洋学院习普通科	光绪三十二年三月
雷震龙	邠阳	文童	四十四	入铁道学堂	光绪三十二年四月
周天成	富平	文童	三十二	入警务学堂	光绪三十二年四月
张世瑗	临潼	附生	二十	预备日语后习铁道科	光绪三十二年四月
鬲遇文	临潼	附生	二十四	预备日语后习普通科	光绪三十二年四月

注释：另备考，习普通7人，习铁路科2人，习师范1人，习警务1人，总计11人。

（原载《秦中官报》1906年第2期第351—354页）

留日学生归国名录①

张凤翔，陕西长安人，日本士官学校毕业；

魏国钧，陕西蒲城人，日本士官学校毕业；

张益谦，陕西华阴人，日本士官学校毕业，学部考试给炮科举人访册；

张祥麟，陕西紫阳人，日本明治大学毕业，宣统三年学部考试给文科进士；

任秉璋，陕西盩厔（今周至）人，日本明治大学毕业，宣统二年学部考试给法政科举人；

钱鸿钧，陕西咸宁（今西安）人，日本明治大学毕业，宣统二年学部考试给法政科举人；

张　耀，陕西长安人，日本明治大学毕业，宣统二年考试给法政科举人；

党积龄，陕西留坝人，日本明治大学毕业，宣统二年考试给法政科举人；

谢增华，陕西咸宁人（今西安）人，日本明治大学毕业，得法学士学位，宣统三年考试给法政科举人；

崔云松，陕西咸宁人（今西安），日本明治大学毕业；

谭焕章，陕西长安人，日本明治大学毕业，宣统三年考试给法政科举人；

郗朝俊，华阴人，日本早稻田大学毕业，宣统三年学部考试给法科举人；

马步云，陕西郃阳（今合阳）人。日本明治大学毕业，宣统三年学部考试给法科举人；

党基璋，陕西华阴人，日本振武学校毕业；

高冠英，陕西米脂人，日本振武学校毕业；

雷崇修，陕西盩厔（今周至）人，日本士官学校毕业；

路孝忱，陕西盩厔（今周至）人，日本士官学校毕业；

路孝先，陕西盩厔（今周至）人，日本岩仓铁道学校毕业；

路孝植，陕西盩厔（今周至）人，日本东京农科大学毕业；

---

① 1905年，陕西高等学堂、三原宏道学堂和师范学堂选拔30名留日学生。其中，宏道学堂选拔的有：杨西堂、张季鸾、景岩征、姚伯麟、李元鼎、宋相宸、张秉钧、李鼎馨、李述膺、马宗燧、安兆鼎、康耀宸、茹欲立、李伯涣、张景秋等15名。陕西高等学堂有：白西垣、张荫庭、曹雨亭、马凌甫、郗朝俊、钱鸿钧、高冠英、张星岩、王芝庭、崔叠生等10名。师范学堂有：党积龄、雷云亭、刘景坡、刘云祥等4名。1906年后，所学范围涉及政治、经济、军事、法律和自然科学等科目。

钱　元，陕西盩厔（今周至）人，日本东京农科大学毕业；

刘景坡，陕西兴平人，日本法政学堂毕业。

（原载《续修陕西省通志稿》卷四、卷三十六、卷四十三）

第五节　师生与奖励

陕西巡抚恩寿：陕省高等学堂教授管理各员照章请奖折

兹据署提学使余堃详称，伏查陕省高等学堂自光绪二十八年开办以来，计已六年，所有在堂教授、管理各员虽未能概以始终其事，而其中有积资最久、任事实心者。现在学生均已毕业，该员等不无微劳足录，似应查照定章择优请奖，并开单详请奏咨前来。奴才复查该学堂开办已逾六年之久，在堂教授各员历年讲解，昕夕无间。其管理庶务各员均能实心任事，勤奋异常，成就学生之数计在七十名以上，核与奏定学务纲要，准其择优保奖。暨政务处议准，以成就学生人数为衡各定章，均属相符，合无仰恳天恩敕部核议照章给奖，以示鼓励。

谨将陕省高等学堂教授、管理各员照章拟奖，开具清单恭呈御览。计开：陕西议叙知县、高等学堂英文教员兼斋务长王猷，陕西试用知县、高等学堂庶务长姚文蔚，拟均请俟补缺后以直隶州知州补用。陕西试用县丞、高等学堂检察官陈赓云，拟请免补本班，以知县仍留原省补用。陕西候补知县、高等学堂会计官袁鸿逵，陕西试用知县、高等学堂杂务兼会计官胡明显，拟均请俟补缺后以直隶州知州补用。江苏候补州同、高等学堂监学官陈善谟，拟请俟补缺后以知州补用。陕西试用通判、高等学堂文案兼管书官薛士选，拟请俟补缺后以同知补用。陕西试用县丞、高等学堂检察官严肇徵，拟请俟补缺后以知县补用。陕西试用巡检、高等学堂收支官余廷献，拟请俟补缺后以县丞补用。拣选知县、高等学堂监学官韩德潮，拟请以知县归部双月选用。以上十员在堂均系尤为出力，谨拟分别异常、寻常照章请奖。

朱批：览。钦此。

宣统元年闰二月初二日
（原载《学部官报》1909年第83期）

学部：会奏核议陕西高等学堂办学人员奖励折

各省办理学务人员保奖之案，向系学部、吏部会同核议，以昭核实，自应仍照向章办理。学部查历届核奖成案,皆遵照奏定学务纲要及政务处奏案,以毕业学生人数为衡,核计在事各员供差年限,分别异常、寻常劳绩给予奖叙。陕西高等学堂自光绪二十八年开办扣至宣统元年二月,时逾六年,该堂中学班学生上年毕业七十三名,业经部议核准在案,在事各员自应准其酌拟给奖以资鼓励。所有单开之王猷、姚文蔚、袁鸿逵、胡明显、陈善谟、薛士选、严肇徵、韩德潮等八员充当教员、监学及斋务、庶务、会计、文案、杂务等差,在堂均满三年,应准照寻常劳绩给奖。其陈赓云一员,在堂虽届五年以上,唯所充检察差使,并非学堂重要事务,应改照寻常劳绩给奖。至余廷献一员,系充收支官,此项名目为定章所无,应无庸给奖,且该堂既有会计官及杂务兼会计官各一员,应不准再添收支官名目,以杜冒滥。吏部查奏定寻常劳绩章程内开,候补人员准保补缺后以升阶补用,不准保免补本班以升阶,留原省补用各等语。今陕西议叙知县王猷、试用知县姚文蔚、候补知县袁鸿逵、试用知县胡明显均请俟补缺后以直隶州知州补用。江苏候补州同陈善谟,请俟补缺后以知州补用。陕西试用通判薛士选,请俟补缺后以同知补用。陕西试用县丞严肇徵,请俟补缺后以知县补用。查该员等所请奖叙,核与寻常劳绩章程相符,应请照准。其陈善谟系丁忧在籍,得有劳绩,是以照准。又陕西试用县丞陈赓云请免补本班以知县仍留原省补用,所请奖叙核与寻常劳绩章程不符,应改为俟补缺后以知县补用。拣选知县韩德潮请以知县归部双月选用一节,查奏定改选班章程内开,嗣后凡向保以知县选用,或不论双单月选用,均改为俟该员指分到省后试用等语。今选班已停,该员系拣选知县,所请以知县归部双月选用之处,应饬令报捐分发后,再以知县到省试用。

宣统元年十月初九日
(原载《学部官报》1909年第107期)

陕西巡抚恩寿:准将法部主事周镛免补本班以员外郎留部补用并加四品衔

　　成绩以任事五年之该堂监督周镛办事为最久,出力为尤多。查该员周镛品望俱优,由法部主事奏留在籍办学,始充师范学堂斋务长①,继赴日本考察学务,光绪三十二年十一月派充高等学堂监督,及今已届五年。勤劳卓著,会间初终,陕西风气递开,观成

---

① 监督或提调之下设3长:教务长1人,由教习兼任,主要负责管理学科课程设置、教学教法、学生学业。庶务长,主管堂中一切庶务。庶务长下设文案官,管理一切文牍;会计官,掌管银钱出入;杂务官,管理雇用人役、堂室器物等。姚文蔚等先后任庶务长。斋务长,负责考察学生品行及处理学生斋舍的一切事务。斋务长下设监学官,考察学生功课学习的勤惰及学生出入起居等;检查官,检查照料学生食宿、卫生等。英文教员王猷曾任高等学堂斋务长。

不易，该堂现已三次毕业，成就学生二百余名，实属异常出力。准将法部主事周镛免补本班以员外郎留部补用并加四品衔，以昭激劝。

朱批：览。钦此。

宣统三年七月初五日

（原档现存中国第一历史档案馆）

陕西巡抚恩寿：为陕省高等学堂学生补习中学毕业照章分别请奖以资鼓励

陕省高等学堂甲乙两班学生前因改章补习中学课程毕业①，业经前任抚臣曹鸿勋奏明，此项学生补习期满已久，似应就其学之所及，划清等级，先办中学毕业考试给奖。并查照河南、福建高等学堂暂照中学毕业奖励，奏准成案。援请俟三十三年下学期满时，遵章分试科学，严加考校，择其资久学优者，暂照中学毕业给凭请奖，升入高等正科，其不及格者，就其所学分班补习。于光绪三十三年七月初三日奉朱批学部知道钦此，当经行知该提学司遵照办理在案。

谨将陕西高等学堂补习中学毕业生照章拟奖，开具清单，恭呈御览。计开：

考列最优等毕业生王凤仪、王恩纶、康炳勋，以上三名拟请作为拔贡。

考列优等毕业生李瑞麟、岳云韬、王延寿、于绍桐、任宗愷、李海、秦鸿书、刘楷、段大信、王树勋、李步云、田维新、惠霖溥、桂毓松、宋祖绥，以上一十五名拟请作为优贡。

考列中等毕业生吴顺庆、张景纯、席文林、柳翰章、王觐彤、陈肇桊、张联第、段光世、余铭新、张荣宗、傅尔炽、惠象贤、屈绍平、常凌云、贾自强、朱钟闽、熊遇文、王鸿宾、白建勋、赵基、刘燮德、董正谊、陈廷献、张启瑞、赵宗枢、王世荣、张腾蛟、彭继焜、张廷赞、刘定绪、杨日新、赵德慧、刘宗向、延成章、周兆熊、谢崧、刘惠弼、鹿应龙、田炳銮、张崇正、贺炜、朱守训、郭守驯、马起骧、王焕璋、艾光显、艾光华、赵永清、周善述，以上四十九名拟请作为岁贡。

考列下等毕业生余日孜、李鉴堂、彭长哲、南风薰、高增实、袁葆吉，以上六名拟请作为优廪生。

---

① 从光绪三十四年（1908）开始有73名毕业生起，至宣统三年（1911），共有3期毕业生，共毕业学生208名。其中：考为最优等，奖以拨贡出身者6人；考为优等，奖以优贡出身者31人；考为中等，奖以岁贡出身者161人；考为下等，奖以优廪生出身者10人。其中又有白常洁、高冠英、王芝庭、钱鸿钧、曹澍、崔云松、张荫庭、郗朝俊、马凌甫、张允耀（星岩）等10余人于光绪三十一年（1905）考取官费留学生东渡日本，也有10余名由陕西巡抚选送北京京师大学堂或青岛、浙江等地的高一级学堂或分科大学深造，有不少学生被派往充州县学堂任教习。

共计高等学堂补习中学毕业生七十三名，均请援照中学堂毕业章程请奖。

（原载《学部官报》1908 年第 75 期）

陕西巡抚恩寿：为陕西高等学堂学生补习中学毕业照章请奖

陕西高等学堂学生，前经奏明，仍令补习中学。所有第一次毕业学生，臣于光绪三十四年七月奏请照章给奖，奉部核准在案。兹据署提学使余堃详称，该堂补习中学第二次甲班学生自光绪三十一年入堂，扣至宣统元年下学期止已届第十学期。该堂监督呈请毕业，由司按照历年一览表，逐加查核，年限程度均尚合格。饬令照章会同学务员绅，在堂考试毕业，详定分数，送司复核分科考试。其本堂不满六十分者，照章扣除，遵照学部奏定计分降等新章，详核分数，酌定等第，发给毕业文凭。计取最优等一名，优等十名，中等三十名，下等一名，又补考中等一名，下等一名，造具履历，复试分数表册，拟请照章给奖等情，据提学使司详请奏咨前来。臣复查中学堂毕业奖励章程内开，考列最优等作为拔贡，优等作为优贡，中等作为岁贡，下等作为优廪生。前因该堂第一次补习中学学生毕业请奖，由部复准有案。此次事同一律，合无仰恳天恩敕部核议照章给奖，以示鼓励。再查该堂尚有送京投考速记学生二名，应俟毕业回陕补行复试。除表册送部外，所有陕西高等学堂补习中学第二次甲班学生毕业照章请奖缘由，谨缮清单恭折。

谨将陕西高等学堂补习中学第二次毕业学生照章请奖员名缮具清单，恭呈御览。计开：

考列最优等毕业生刘凤翔，以上一名，拟请作为拔贡。

考列优等毕业生邓瑞清、于炳瀛、马骧、雷溥、张鸿昌、王安仁、蔡宝义、鲁清源、王举之、杨槐柱，以上十名拟请作为优贡。

考列中等毕业生张书绅、张大成、贾又新、王家宾、张应庚、李清、程嘉绂、吴世庆、李含芳、谢池、徐焕章、田明彝、王祖培、吕积庆、刘炳、田树楷、王秉谦、柳贵本、林伯钰、张锡甲、李呈材、熊泉、王寿图、吴光辅、张嘉誉、傅岩、孟怀清、王鸿遇、张宫鼎、李宇澄，补考取列中等毕业生秦德琮，以上三十一名拟请作为岁贡。

考列下等毕业生胡绪文，补考取列下等毕业生冯龙骧，以上二名拟请作为廪生。

共计高等学堂补习中学毕业学生四十四名，均请援照中学堂毕业章程请奖。

（原载《学部官报》1908 年第 75 期）

陕西巡抚恩寿：高等学堂补习中学乙丙班学生毕业请奖折

提学使余堃详称，该堂补习中学乙丙班学生，自光绪三十二年入堂，扣至宣统二年下学期届满第十学期，该堂监督呈请毕业，由司按照历年历期一览表暨各学期试验成绩，逐加查核，年限程度均为合格，饬令遵章会同学务员绅，考试毕业，评定分数，其不满六十分者，照章扣除。适值赴考速记学生毕业回陕，一并送司分科复试，遵照学部奏定计分降等新章，详核分数，厘定等第，发给毕业文凭。计取最优等二名，优等六名，中等八十一名，下等二名，造具履历、分数表册，拟请照章给奖等情，据该学司详请奏咨前来臣复查中学堂毕业奖励章程内开，考列最优等作为拔贡，优等作为优贡，中等作为岁贡，下等作为优廪生。该堂补习中学第一、二次甲乙班学生毕业请奖奏部核准在案，此次事同一律，合无仰恳天恩，敕部核议，照章给奖，以示鼓励。计开：

考列最优等毕业生高树基、薛志方，以上二名拟请作为拔贡。

考列优等毕业生谢钧、周德润、夏昌蕃、屠义俊、陈步云、李遇端，以上六名拟请作为优贡。

考列中等毕业生蒙发源、黄梦槐、董正谊、弓尚德、马骥才、何天恩、王鸿钧、明丙谦、柯益谦、李如兰、邵泽南、张应科、孙国新、王化溥、高凌霄、曹景贤、赵忠靖、田自福、郭联第、王平西、任瑞贤、薛琪、刘培仁、廖华龙、宁济廷、王秉钧、冯文焕、师兴宾、胡绪华、张潜、杨维时、萧钦、唐月楼、刘元钧、张廷芝、陈崇正、员苍荫、李培堂、余乃勷、李契竹、李天福、马钟钰、马世杰、邵鼎勋、杨佐清、刘育英、周作哲、荆之鑫、佘隆恩、员树勋、王之权、蒋鸿逵、马钟瑶、仝明夷、王廷栋、杨联芳、王庆柯、马师儒、李景济、李梦华、李尚德、程功余、翟奉先、李齐贤、郑宗周、吕调元、马钟彝、高士杰、翟炳耀、车骏骐、杨珩、杨德煊、党焕午、王嗣兴、曹守谦、杨世芬、田惟上、杨守敬、严肃、呼延伸、鲁家驹，以上八十一名拟请作为岁贡。

考列下等毕业生韩赞勋、姜文涛，以上二名拟请作为优廪生。

共计高等学堂补习中学毕业生九十一名，均请援照中学堂毕业章程请奖。

宣统三年五月二十三日

（转引自杨汉名、魏天纬：《陕西省教育志资料续编》，西安：三秦出版社，2000年第487—488页）

尹钧①：德育智育体育论

今夫人生于茫茫大地之中，其所以异于禽兽而为万物之灵者，亦赖有教育耳。盖社会所在，必有精神以充实之；精神所在，必有教育以陶淑之。否则傀儡其形，刍狗其心而已，乌足贵乎。

虽然教育之要素亦不一矣，析而言之，则有道德之发育焉，有感情之发育焉，有人体之发育焉。其理至精，其学甚邃。吾请先于泰西教育界中探其赜而索其隐焉。西儒之讲教育者，以亚利斯托儿为巨子，尝分德育、智育、体育为三学期。而其教育之法则，自儿女七岁至婚嫁期，注意体育；自婚嫁期至二十一岁，由体育而进于智育；二十岁以下，由智育而进于德育。盖三育备而人格斯全矣。他如斯巴达之德育，则令少年裁抑其情欲，以饮酒为破廉耻，平居谦退，遇事变强健不屈，殆欲养成坚忍之风也。毛塔耶尼氏谓：徒积知识无益实际，其教育之宗旨在启发德育、才力……熏以德育置于教育之最先，而主义则在唤起好名知耻之心。唯斯宾塞尔则注意物理，有偏重智育而轻德育之风。

此数子者，虽于教育界，不能享伟人之名誉，然皆具体而微能发明一偏之理者也。又闻日本之论学堂也，谓以东洋道德、西洋工技合之始成，是其智育、体育得力于西学，为尤巨焉。

夫我中国德育之说，则固自邃古以降，范围曲成，世守其法，不敢变而号为地球道德教育之正宗。然智与体之宗旨，孔子亦尝发明之。有勇知方，则体育实功也；博文约礼，则智育极诣也。盖孔子之学，集教育之大成，固不独性道文章，为尼山盛轨也。所恨者简编之，所揄扬史乘之，所记载流衍于四千余年之前，至于今亦几熄矣。而继起讲学者，又复尘趋涂附于性理之中，而于尚武之精神、穷理之学识，皆莫殚莫究焉。此中国之社会所以长此徘徊于宗法界中，而不能造成军国民之资格也。

今日者，学堂日盛，学生日多，吾愿司铎者，采泰西智育、体育之原蕴，而灌输于斯民神经中，复取吾国之性理天道，昌明而阐发之。体以植德之基，智以广德之用，庶几民俗以纯民力，以强民智，以辟我禹域之黄种不难骧首亚东，一跃而登于二十世纪大舞台之上，虽强如英法，吾何畏彼哉。

（原载《秦中官报》1905 年第 7 期第 68—69 页）

---

① 尹钧，陕西高等学堂取客籍学生超等第一名。此文系学生习作，文末有学堂教习批语称赞此文曰："胸罗廿四史，囊括五大洲而后下笔，为文可极尽词章之能事，此作庶几近之，书法亦秀润可喜。"

《秦中官报》载：陕西大学堂楹联①

陕西大学堂大门联：

天大地大王者亦大九州共识尊王义；

古学今学圣人之学多士毋忘近圣居。

官厅联：

博古通今适于世用；

砥德砺行报以国华。

讲堂联：

吾道自有真真理学不迂真知巧不奸真经济不杂言咙而衷诸圣可以药一切新旧党人少年读时务书先要认明忠孝字；

士流贵知耻耻志力未坚耻纪纲未立耻艺业未精官失而守在夷亟须还三代神灵故物秀才任天下事莫虚生长帝王州。

(原载《秦中官报》1904年第3期)

---

① 这些楹联对"以中学为体"，严摈"异端邪说"，尊崇孔、孟、程、朱儒学，讲求君臣父子纲常、中庸之道的办学宗旨和中心教学内容作了进一步阐发，表明这所新式学堂未脱书院传统教育模式。楹联反映了三个方面的办学目标：一是再次强调要学习西学，必须先"自信是孔氏干城是本朝臣庶"，必须先明"忠孝""耻纪纲未立"，即以中学为体和忠于清王朝；二是强调学生要"为庠序通才"，这种"通才"要博古通今，既明西学又精儒学，且对"内政外交天算舆地"，亦即兵事、技术、工程、经济、政治、外交、天文、数学、地理等均要通融，如此才能"立命安身"，也才能"砥德砺行报以国华"；三是为陕西地方培养人才，并教学生热爱陕西，承续关学，为地方建设献力，这在"莫虚生长帝王州""岂忧秦国无人""到此自成关学派"等联语中表露无遗。

陕西大学堂—陕西高等学堂教习一览表

表 1-3　陕西大学堂—陕西高等学堂教习一览表（1902—1911）

姓名	字号	生卒年	籍贯	任职时间	职务	备注
屠仁守	字静夫，号梅君	1836—1904	湖北孝感	1901—1904	总教习	同治甲戌进士，授翰林院编修，补江南道监察御史。1889年（光绪十五年）因呈《归政届期谨陈旧章疏》，而遭罢官。后到山西主讲令德堂，任令德堂山长。1901年授光禄寺少卿，1901年任陕西大学堂总教习。有《屠光禄疏稿》《格致谱》
吴树棻	字栘香，号郁卿	1854—？	山东历城	1902—1905	1902年总办，1904年兼任总教习	1880年进士，选庶吉士，官四川学使，翰林院编修，按察使候补道
滕经	号玉堂	1852—1930	江西兴安	1902—1905	1902年提调，在监督、总办之下，1905年代行监督	同治甲戌（1874）进士，翰林院编修，陕西候补道
樊增祥	字嘉父，号云门、樊山	1846—1931	湖北恩施	1905-04起	监督	光绪三年（1877）进士，官至江宁布政使、护理两江总督。曾师事李慈铭。有《樊山全集》
杨宜瀚	字吟海	？—1911	四川成都	1906-05-06起	监督	举人，1904年任商州知州
周镛	石笙	1875—1931	陕西泾阳	1906-09—1911	陕西高等学堂监督，1909年兼陕西农业学堂监督	1906年，派往日本考察学务，同年任陕西高等学堂首任专职监督。1909年，兼任陕西农业学堂监督。1915年，曾任陕西法政专门学校校长。任内成就学生200余名。1908年，曾致高等学堂学生全体退学风潮

续表

姓名	字号	生卒年	籍贯	任职时间	职务	备注
吴廷锡	字敬之，号次皋	1864—1946	原籍江苏江宁（今南京），寄籍西安		陕西高等学堂监督	1889年科陕西乡试举人。历任国史馆誊录，陕西华阴、略阳等县知县及乾州知州，延安、汉中府知府等职。编纂有《重修咸阳县志》《周陵志》《太白山志》《史迁谱》等，辑印《关陇丛书》等
王猷				1907年	陕西高等学堂英文教习、斋务长、教务长。1907-08-04兼任客籍学堂监督	1907年8月27日，英人指使丹麦人呼伦盗买"大秦景教流行中国碑"并企图运往伦敦时，以英文特长奉命出面与呼伦交涉，结果盗买协约被废除，是日原碑由西安西郊移至城内碑林保存
李仲特	异材	1858—1937	陕西蒲城	1902年，1906年两次任教	数学教习	1878年中秀才。1898年主讲于甘肃兰山书院。1903年参加川汉铁路勘测。后曾任同盟会陕西分会会长、陕西舆图馆长等。著有《开方数理图说》和《级数比类》等
邵力子	景奎，仲辉，闻泰，凤寿	1882—1967	浙江绍兴	1910年	世界史教习	1902年入南洋公学，1903年中举，为陕西候补知县。同年，入上海震旦学院学习，1905年转入复旦公学。次年秋赴日考察。1907年春，协助于右任等在上海创办《神州日报》，同年随于右任赴日，在东京加入中国同盟会
刘晖	字春谷	1856—1926	陕西长安	1902年	政治时务科算学教习	清光绪甲午举人，曾任四川知县。1912年任陕西实业厅厅长
高普燡	竹轩		陕西榆林	1909年	数理教习	京师大学堂毕业。民国年间任第一师范学校校长、农业学校校长
狄楼海	字凤五，又字观沧	1874—1938	山西猗氏县	1906年	算学教习	癸卯科进士，初在北京任刑部主事，1904年左右，东渡日本留学

续表

姓名	字号	生卒年	籍贯	任职时间	职务	备注
汪如波			陕西长安	1906-07	算学教习	陕西高等学堂优等毕业生
宋元恺	字向辰，又作相臣	1870—1917	陕西耀县	1906年	兵学教习，兼陕西农业学堂日文教员	清末廪生。1905年留日。1910年奉孙中山指示，在朝鲜、大连等地从事革命活动。后随井勿幕返陕。陕西辛亥革命中任外交部部长、交通司司长、陕西留日学生经理等
足立喜六		1871—1949	日本静冈县磐田郡袖浦村字冈	1906-01—1910-02	数理教习	明治三十一年毕业于东京高等师范学校。著有《长安史迹考》等。与足立喜六相继任教的日籍教习还有田中、铃木、菅野、叶董等

注释：教习还有陆元平（算学教习）、杜斗垣、毛昌杰、刘葆锋（算学教习）、董明铭（体操教习）、张子安（地理教习）等，以及日籍教习田中、铃木、菅野、叶董等生平不详。

（姚远根据《秦中官报》等零散资料整理而成）

第二章 省立西北大学的赓续(上)

第一节 创设与合组

张凤翙[①]：西北大学发生之理由

武昌起义，秦中继起，甘新僻远，亦举义旗，比较东南，未遑多让。自统一政府成立之而后，服务中央者，西鄙之人，乃落落如晨星，非勇于破坏，不懈于建设，人才难得，无可如何，不得不诿卸于东南诸贤，使之独任其艰巨。国民责任之谓何，无以对国家，尤无以对东南各省，积渐恶而为奋勉，求根本之解决，固之有西北大学之发生。

政体改良而后，无论立法、行政，非有高等学识者断难胜任而愉快。东南风号开通，具有高尚知识者所在多有，尚力图进步，急急然有南京、广东、湖北大学之经营。西北闭塞日久，若不早为培植，恐愈趋愈下，将来文武法官之考试，西北必少合格人才。东南纵号多才，未必能敷全国之应用，即使敷行政机关之用，而地区所限，于立法机关将奈何？以不健全之分子，而畀之以立法之特权，影响所及，良非浅鲜。一肢痿痹，累及全体，西北不竞，岂国之福。

俄库条约，西北首当其冲，纵此次和平解决，而野心未死，来日大难，欲取决于疆场，须布置于平日。布置方法，千经万纬，要必以培养人才为前提。东南（与西北）风

[①] 张凤翙（1881—1958），字翔初，清秀才。1902年入陕西陆军武备学堂，1904年秋毕业。后赴日本留学，入振武学校，并加入中国同盟会。1906年升入陆军士官学校第六期骑兵科，1908年毕业。1909年归国。1911年，辛亥革命后任中华民国秦军政分府大都督。1912年，他鉴于辛亥革命后西北人才缺乏，成立西北大学创设会，并任会长，又联络西北诸省，最终在1912年春季，由陕西大学堂、陕西法政学堂、陕西农业学堂、陕西实业学堂、陕西客籍学堂等五学堂合组成西北大学，如期开学。当年即招生六七百人。1912年至1913年，西北大学培养学生达到1804人，并向日本派出三批留学生，为西北地区培养出了第一批高级建设人才。

气悬殊，风霜之苦，跋涉之艰，与夫鞍马之驰骤，食麦饮酥之淡泊，皆西北之所长，而东南所不能耐者也。重洋商战，宜注重东南，大漠边防，宜注重西北。

交通便利之省份，设立大学尚可暂行缓图，若西北则地方如此辽阔，关系如此重大，人才如此缺乏，内观外顾，忧心如焚，急起直追，犹虞不及。

本都督环顾东南，起视西北，默察现在，悬想将来，无论从何方观察，似应为破釜沉舟之计，不敢贻因噎废食之机。

（筹办西北大学）非该校长等好铺张，亦非本部都督自取苦恼，此其中实有设立之必要，无停辍之可言。（若要西大停办，好比）荡舟激流，势难中止。①

（原文见李永森1987年于陕西省政协资料室手抄件，2008年9月姚远往中国第二历史档案馆查阅此文未果，仅查到1912年12月17日北洋政府教育部收发文簿中的驳回文）

外部来文：甘督赵咨复考取学生送校肄业由

为咨复事案准贵大学咨请饬司考取学生一百五十名，咨送来陕，以便开课等因到本部督府。准此。除行学司考取咨送外，相应先行咨复贵大学。请烦查照。此咨。

案查前准贵大学咨本大学添设预科，并开办法、文、商、农各专门部，甘肃应考取学生一百五十名……兹据该司呈送考取合格学生谈秉仁等三十名，请咨送前来。除批令发给川资并津贴银两赶速起程外，相应开单咨送贵大学，请烦查收其余学生，容即饬司陆续考送。此复。

（原载《学丛》1913年创刊号第107—108页）

外部来文：新督杨咨复新疆并无合格学生送校肄业由

为咨复事案准贵学校咨开。窃以民国庶政之建设，悉视人才，人才之振兴，端资学校。西北一带，交通阻碍，当前清时代，虽设有高等、专门各学校，祇以规模狭小，未能广收生徒，较之东南各省，不无减色。非士习之不振，皆办理者不能及时扩充所致。

---

① 1912年12月17日，北洋政府教育部驳回陕西都督署1912年11月关于西北大学立案的上书。称"大学规模浩大，经费浩繁""尤足以妨碍普通教育之进行"，故责令停办。为此，张凤翙于1912年12月下旬再次致函教育部申诉理由，指出若要西大停办，好比"荡舟激流，势难中止！"次年，还为西北大学主办的《学丛》月刊创刊号写了"障百川而东之，挽狂澜于既倒"的题词，进一步彰显了他排除千难万险办西北大学的豪迈气魄，也寄托着他对西北大学的极大期望。次年创刊的西北大学《学丛》在"本校大事记"中专门记载了这段艰难创校的历史，指出："本校沿革始于晚清（即清光绪二十八年，1902年），上而官司文电之交驰，下而学课手续之丛杂，几经变折始底于成。"

西北士风淳厚，苟提倡得法，自可收械朴作人之效，况以民国之大势而论，东南宝藏既多开辟，人民程度较高，实业亦渐次振兴。西北利源虽厚，尚属萌芽，于此而欲提倡实业，启发民智，非振兴西北学务不可。欲振兴西北学务，以地点论，唯西安为适中之所。本大学有鉴于兹，是以将关中大学更名为西北大学，已呈请张都督转咨教育部在案。……本大学现定于来年阳历元月二十号前后即便开课，事关西北教育要政。……新疆现无专门各科合格学生。缘由除前已电达外，相应备文咨复贵学校。请烦查照。此咨。

（原载《学丛》1913年创刊号第109—110页）

致大都督：本大学拟改关中大学为西北大学

纪事

本校大事记

名称之沿革

本校席旧日法政学堂地址，初定名为关中大学，继改为西北大学。其变更之原因，见于民国元年十月呈大都督文内。兹特附录于左（下）：

为呈请转咨事。窃以民国庶政之建设，视乎人才，人才之振兴，端资学校。吾秦鄙

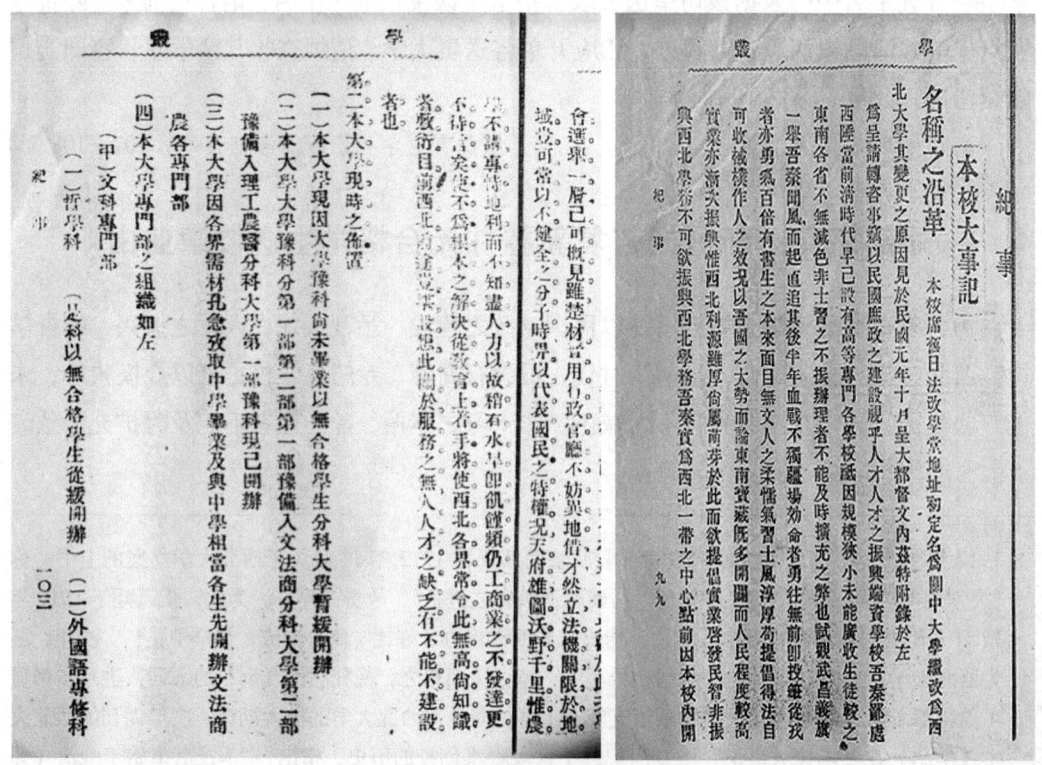

图 2-1　本校大事记：名称之沿革

处西陲，当前清时代，早已设有高等、专门各学校，祇因规模狭小，未能广收生徒。较之东南各省，不无减色。非士习之不振，办理者不能及时扩充之弊也。试观武昌义旗一举，吾秦闻风而起，直追其后，半年血战，不独疆场效命者勇往无前，即投笔从戎者，亦勇气百倍。有书生之本来面目，无文人之柔懦气习，士风淳厚，苟提倡得法，自可收械朴作人之效。况以吾国之大势而论，东南宝藏，既多开辟，而人民程度较高，实业亦渐次振兴。唯西北利源虽厚，尚属萌芽于此，而欲提倡实业，启发民智，非振兴西北学务不可。欲振兴西北学务，吾秦实为西北一带之中心点。前因本校内开办法，法律、政治、经济专科及预科已电明新、甘两省，各送学生若干名，以资造就。现新、甘所送学生业已陆续抵陕。本校长等因思法政虽属要务，然亦仅足备立法、司法、行政各机关之人才。西北一隅，幅员辽阔，文化、实业尤为当务之急。近日协同旧日高等学校校长及农业学堂校长悉心商酌，拟将关中大学即更名为西北大学，除现开之法律、经济、政治及大学第一部预科各班外，并将旧日之农业、实业两学堂改为本大学农科分校，高等学堂改为本大学预科，以旧日之客籍学堂改为文科分校。其开办常年经费即用以上各学堂之经费。其各科内之学科，及讲师、职员姓名，业已编定，《章程》缮列表册，除另折开呈外，所有本大学拟改关中大学为西北大学各缘由理合呈请大都督鉴核，实为公便。此呈。

(原载《学丛》1913年创刊号第99—104页)

致部视学：说明本大学开办各科之大要

本大学初定名为关中大学，继改组更名为西北大学，所有建设理由及现时之布置、将来计划，略举大要，说明如左（下）：

第一，本大学建设之理由

（一）历史上之必要

西北旧日原无中学以上之学堂，前清时代，陕虽办有高等学堂，然仅补习中学；虽设有法政，然仅开一别科。甘较陕则尤逊，新较甘则更弗。若使常此闭塞，西北荆棘何时始劈？此关于历史上之问题，有不能不建设者也。

（二）地理上之必要

西北地方辽阔，由陕而东，因火车之便利，距京汉津沪尚不过十有余日，至由甘而陕，由新而甘，一启行，动辄一至两月有余。西北士人，又多寒畯，故留学一事，较之东南各省，不能得十之二三，使常此向隅，将使人才因地域而消沉，学校因交通而却步。西北不竞岂国之福，此关于地理上之问题有不能不建设者也。

（三）各界需才孔急

东南风气开通尚早，以故任艰钜于中央政府者，颇不乏人。西北专门人才，寥若晨星,即在本省各机关,已不敷分布,遑云中央,观于此次国会选举一层,已可概见。虽楚才晋用,行政官厅不妨异地借才。然立法机关限于地域,岂可常以不健全之分子时畀以代表国民之特权。况天府雄途,沃野千里,唯农学不讲专恃地利,而不知尽人力,以故稍有水旱,即饥馑频仍。工商业之不发达,更不待言矣。使不为根本之解决,从教育上着手,将使西北各界常令此无高尚知识者敷衍。目前,西北前途岂堪设想。此关于服务之无人,人才之缺乏,有不能不建设者也。

第二,本大学现时之布置

……

本校现开之科目。经过学期实有人数表:

法律科第三年第六期一个班,82人;

法律科第一年第二期,一个班,95人;

政治科第二年第三期,一个班,92人;

政治科第一年第一期,两个班,343人;

经济科第一年第二期,一个班,91人;

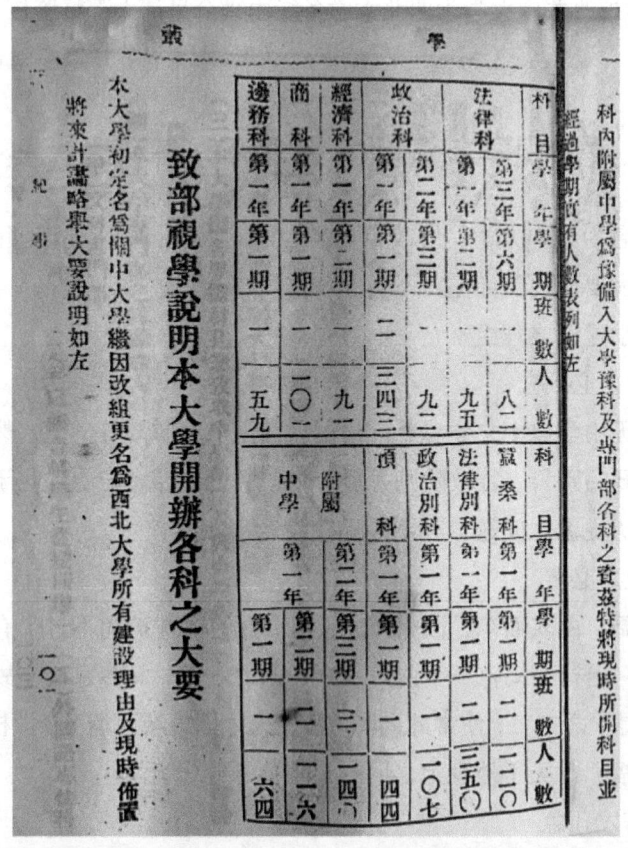

图2-2 截至1913年7月经过学期实有学生人数

商科第一年第一期,一个班,101 人;
边务科第一年第一期,一个班,59 人;
蚕桑科第一年第一期,两个班,120 人;
法律别科第一年第一期,两个班,350 人;
政治别科第一年第一期,一个班,107 人;
预科第一年第一期,一个班,44 人;
附属中学第二年第三期,三个班,140 人;
附属中学第一年第二期,两个班,116 人;
附属中学第一年第一期,一个班,64 人。
小计 1804 人。

(原载《学丛》1913 年创刊号第 100-101 页)

马学长将赴东京(节选)

本校因种种重要事件,马凌甫学长拟于暑假内赴东京一行。其拟办之事项如下:(一)添置图书;(二)购置仪器;(三)延聘教员,拟于暑假后为旧开各班择其主要科目用日文原书教授一门,拟聘请日本专门教员二名,以资教授;(四)联络同等学校,日本私立大学在东京者共有六处,曰早稻田大学,曰明治大学,曰中央大学,曰法政大学,曰日本大学,曰庆应义塾大学。本校拟与各校互相联络,凡由本校经过数期之学生,均可直接送至该大学,令其插入相当学级,则留学者,既可以省时间,又可以节费用,于西北教育前途实有莫大之关系也。

(原载《学丛》1913 年创刊号第 116 页)

旅行参观之纪略

本年(1913)4 月 1 号,为春假开始之一日,本大学集合各科学生先在习武园练习体操毕,由管教各员相率出西门至小雁塔寺,转入南门而归。音乐鼓号等类一律齐备,各科学生与旅行事者计有一千六百余人。

五月三号为教育司集合各小学校运动之期,本校例得参观。是日,仍由管教各员率同前往,其人数亦与旅行时相同云。

(原载《学丛》1913 年创刊号第 120 页)

前西北法政学校校长钱鸿钧侵吞公款案

大总统（袁世凯）令：

陕西巡按使吕调元呈称，前西北法政学校校长钱鸿钧侵吞公款①，查明属实，恳予惩处等语。钱鸿钧身充校长，应如何力砥廉隅，用端士习，乃据该巡按使查明侵吞公款至七万九千余两之多。其浮冒者，尚不在内，且查有倚势妄为，敛财肥己情事，实属罪无可宥。除由该巡按使饬将该前校长家产查封备抵，并将一应人证从速查缉另案办理外，钱鸿钧着即提交法庭，从严讯鞫，按律惩办，以彰法纪，而儆贪邪，交司法、教育两部查照。此令。

中华民国四年三月二十二日
（原载《司法公报》1916 年第 31 期）

国务卿陆徵祥称：司法部奏为前陕西西北法政学校校长钱鸿钧侵占学款一案，经陕西高等审判庭判决，确定照录原判决书。仰祈圣鉴由。政事堂奉。

批令准如所拟执行，即由该部转行遵照判决书，存此令。

洪宪元年②三月十八日
（原载《政府公报》1916 年第 73 号）

（黎元洪）大总统特赦令：

司法总长张耀曾呈称前西北法政学校校长钱鸿钧因公获罪，现在所欠公款业经缴清，且该前校长于民国初元维持地方著有微劳，恳请特赦等语。本大总统依照约法第四十条特赦钱鸿钧。准将原判徒刑免其执行。此令。

中华民国五年十一月三十日
（原载《司法公报》1916 年第 69 期）

---

① 由于年代久远，档案不完整，有待档案对细节的进一步支持。钱鸿钧，字陶之，陕西咸宁（今西安）人。祖籍浙江绍兴。祖父曾任晚清甘肃电报局局长。光绪三十一年（1905）八月官费赴日本留学。归国后，曾任陕西法政学堂（相继改为关中法政大学、西北法政学校）监督、校长等。1916 年 3 月 10 日，钱鸿钧任陕西高等法院检查处代理书记。1922 年往北京工作。20 世纪 30 年代，随刘镇华（时任安徽省省长）、马凌甫（时任安徽省教育厅厅长）往安徽，任民政厅厅长。1937 年抗战全面爆发前夕，回陕闲居。1942 年秋，病逝于西安家中。

② 洪宪帝制（袁世凯复辟帝制，1915 年 12 月 25 日至 1916 年 3 月 22 日）。1915 年 12 月 12 日，袁世凯宣布接受帝位，推翻共和，复辟帝制，改中华民国为"中华帝国"，并下令废除民国纪元，改中华民国五年（1916）为"洪宪元年"。1916 年 3 月 22 日取消帝制。

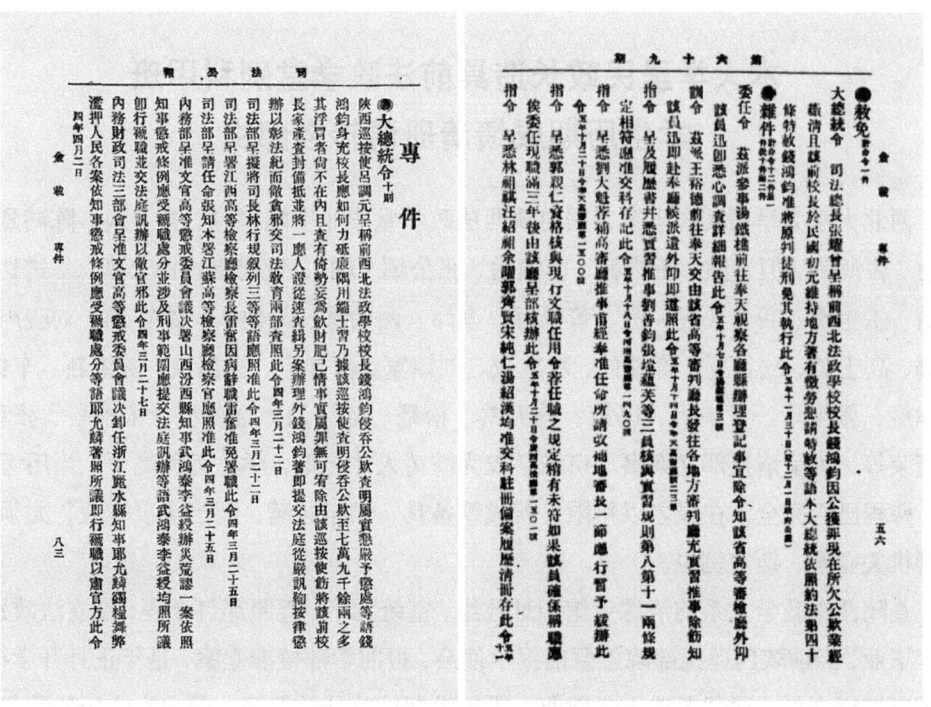

图 2-3 《司法公报》1916年第31期和第69期中的内文

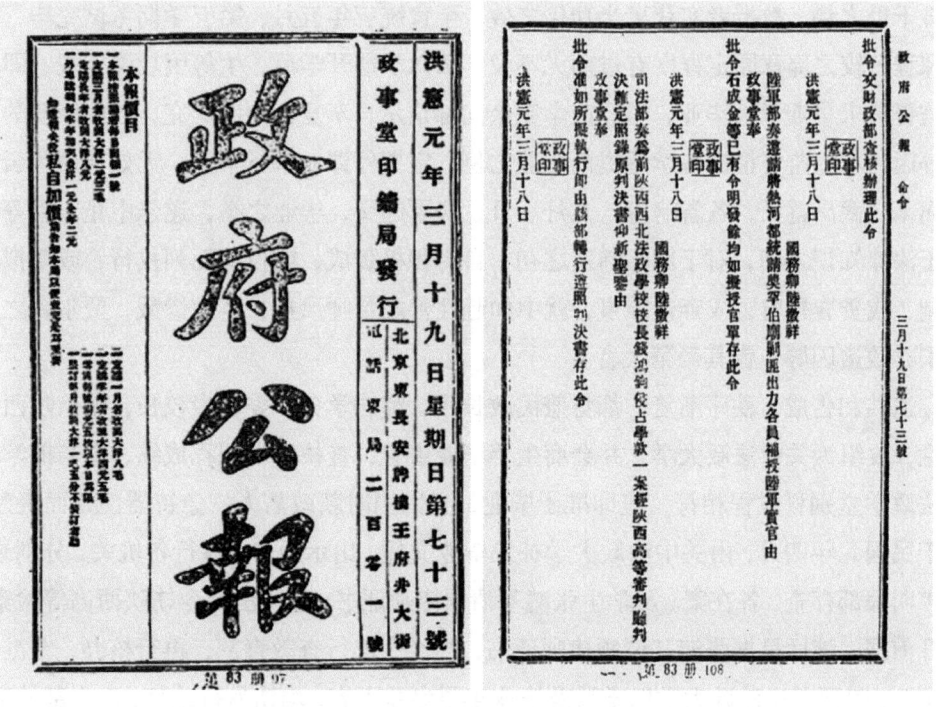

图 2-4 《政府公报》1916年第73号封面和其中的一页内文

本大学呈民政长造具前法政学堂别科甲班学生历期成绩清册请转咨部由

西北大学为呈请转咨事案，据前陕西法政学堂毕业生姚鸿恩、曹文焕、陈鸿烈、王久道、张鸿基、但春煦、王维翰、南镇岳、张公燿（耀）、董纪堂、杨士瀛、华进达、杨福荫、王生杰、龚希（锡）贤、董景舒、李炜、谢贻香、吴建东、姚守仁、刘骏声、杨世儒、高士英、欧谷五、蒋说仲、赖志成、刘镇家、何祥定、杨嘉桢、陈维新、车树森、许晫旂、张宝华、黄中珩、冯策、陈五常、松蟠、陈铭鼎、金瀚澄、朱雨亭、张瑞兰、潘庚荣等，为呈请报部立案事。窃维学校为鼓铸人才之地，学生程度高下，当历考其成绩、课程已否完全，在绳之以年限，若成绩备具，学年届满，固当予以毕业，尤须最高主管机关立案，斯定例也。

查陕西法政学堂系前清课吏馆旧址改组，宣统元年，遵照部订章程，设立法政别科，三年毕业，经前陕西巡抚部院恩暨前提学使余，报前学部核准立案，是年正月开学授课，生等以樗栎之材，谬蒙考选入堂肄业，历年学期试验分数等第，曾由本堂历任监督饶智元、程崇信、张燮堂、尹昌龄严加考核，分别榜示，发给每学期修业文凭，并经前学宪余依限报部，各在案。唯时陕西法学文明，甫经开幕，莘莘学子寝馈弗遑向学者，虽无一日千里之势，教授者实获事半功倍之效。至宣统三年五月，第五学期考试完毕，查所授课程，较之部章原定程度有过而无不及，第六学期开学后，生等因功课完竣，即向本堂监督请求早期考试毕业，当经前学宪余向部请示，奉复：功课既完，准由该使酌量办理等因。本堂监督拟援各学堂提前毕业之例，定期停课，举行毕业，无如革命风云，卷地而来，武昌首义，各省响应，九月一日，陕军起义，毕业之举，遂尔中止。生等日浸濡于法律知识之间，对于民国缔造之初，自为积极赞成，或投笔而列戎行，或草拟单行法制，或赞襄幕府，或奔走国事，就中如赴性善之督师凤翔，卒被惨戮，贾尔森之修电南阳，致遭囚辱，皆其荦荦大者。

追共和告成，秩序渐复，都督兼民政长张，整饬学务，委任贵校长，就前陕西法政学堂，改组为关中法政大学，并会商生等毕业事宜，查核历学课程成绩，确与前学部改订法政学堂别科章程相符，应即准予毕业，且因当时新政需人，急待器使，而资建设，遂于民国元年四月，由关中法政大学补发毕业文凭，出示通告，咨行各机关，分别录用，并声明报部存查，各在案。及学生张鸿基请领律师证书，经司法部令饬陕西高等检察厅，文开前据，该厅呈据张鸿基请领律师证书，当经令俟行查教育部，再行核办，兹准教育部函开，陕西关中法政大学以学科及毕业年限参差不齐，均饬另行改订，由本部核准后，再予立案等因，是张鸿基毕业学校尚未立案，未便准给律师证书，原呈文凭发还，仰即转饬，遵照此令等因，奉此，生等闻命之下，不胜悚惶。

窃查生等肄业课程、年限，均已完满，业经发给毕业文凭，声明报部在案，自应完全生效，至关中法政大学校，对于生等之毕业，仅为补给文凭事宜，至其学校立案与否，本不生何等问题，若因学校尚未立案，遂使毕业受其影响，当此国家改革之际，其权利之中断者，将不知凡几也。又查生等具领文凭，在元年四月间，其时尚未奉到教育部通饬各省，凡毕业学生先由部核准后，方予发给文凭之命令，依法律不溯既往之原则，亦不能使既得之权利，遽归无效。兹奉前因，理合将生等肄业前清法政学堂暨毕业实在情形，历陈颠末，伏乞贵校长鉴核允准，汇齐生等历学期课程成绩等第名册、试卷、讲义，呈请民政长转报教育部核准立案，实为公德两便，各等因据此。本校长查阅各生等呈词，亦是实在情形。唯前以本校接收旧法政学堂地址开办大学之时，适值部令未颁，各生等以年限已满，要求毕业，是以本大学发给五学期证书，转咨立案，兹据前因，当即检查旧案，将该生等五学期考试成绩及勤学分数，按照旧日学部章程，缮册造报，至讲义、试卷，于反正时，不无残阙，未便呈赍，应如何转咨立案核准之处理合覆，请钧府鉴核，施行此呈。

计呈赍清册一份。兹将前法政学堂甲班别科各生五学期成绩，依原案照抄，恭请鉴核。

表2-1 前法政学堂甲班别科各生五学期成绩

姓名	一学期	二学期	三学期	四学期	五学期	平均
曹文焕	七十八	九十二	八十七	九十二	九十三	八十八四
王久道	八十六	八十二	九十	九十一	八十九	八十七六
陈鸿烈	七十六	七十九	八十六	八十八	九十二	八十四二
张鸿基	七十六	八十三	八十九	八十五	八十七	八十四
王维翰	七十七	八十一	八十四	八十三	八十五	八十二
刘化南	七十一	七十一	八十四	九十一	八十七	八十〇八
杨福荫	六十九	八十一	八十三	八十三	八十一	七十九四
龚锡贤	六十一	七十八	八十二	八十二	八十	七十六六
姚鸿恩	六十九	五十四	七十六	八十五	九十五	七十五八
南镇岳	六十五	七十	八十二	七十六	八十五	七十五六
胡焕章	六十七	七十五	七十九	七十八	七十九	七十五六
张彭年	五十五	七十	七十八	八十五	八十七	七十五
杨士瀛	六十二	七十四	七十八	七十八	八十二	七十四八

续表

姓名	一学期	二学期	三学期	四学期	五学期	平均
董纪堂	六十一	七十四	七十九	七十五	八十二	七十四二
王生杰	六十三	七十三	八十	七十五	八十	七十四二
华进达	七十一	七十九	八十六	五十一	八十一	七十三六
张公耀	四十九	七十三	七十九	八十三	八十三	七十三四
董景舒	五十八	七十四	八十	七十七	七十四	七十二六
徐炯	四十六	七十	八十三	八十三	八十	七十二四
刘学锡	五十八	七十	七十八	八十一	七十五	七十二四
但春煦	四十八	七十	七十六	八十	八十六	七十二
江雄藩	五十四	七十一	七十四	七十五	八十一	七十一
王霁	四十七	七十三	七十五	七十六	七十八	六十九八
郑琼	五十四	六十二	七十七	七十八	七十六	六十九四
魏希古	五十	六十八	六十九	八十一	七十八	六十九二
李炜	六十	七十	七十二	七十一	七十三	六十九二
李健	六十二	六十五	六十九	七十七	七十三	六十九二
贾尔森	四十四	七十四	七十七	七十三	七十七	六十九
杨濬	四十二	六十九	七十六	七十六	八十	六十八六
穆文蔚	五十九	六十九	六十九	七十	七十六	六十八六
王寿康	六十一	六十八	六十八	七十四	七十	六十八二
蒋说仲	五十九	六十六	七十三	七十五	六十八	六十八二
杨制科	五十六	六十八	六十九	六十八	七十八	六十七八
陈炳麟	五十四	六十四	七十四	六十七	七十六	六十七
吴建东	四十六	七十	七十一	七十	七十二	六十五八
黄中珩	五十	七十	七十三	七十	六十四	六十五四
姚守仁	五十一	六十二	六十二	六十四	七十一	六十四
刘骏声	六十一	六十三	六十	六十三	七十一	六十三六
张行健	四十六	六十四	七十二	五十九	七十四	六十三
车树森	五十二	六十四	七十二	六十二	六十五	六十三
王贞吉	四十六	五十六	六十九	六十七	七十六	六十二八

续表

姓名	一学期	二学期	三学期	四学期	五学期	平均
欧谷五	四十七	六十三	七十	六十四	六十九	六十二六
何祥定	四十八	六十六	六十五	六十五	六十七	六十二二
杨树勋	四十九	五十六	七十三	五十九	七十三	六十二
杨世儒	五十五	五十六	六十二	六十七	六十九	六十一八
许晫旂	五十八	五十四	六十五	六十七	六十四	六十一六
谢贻香	六十一	四十二	六十八	六十一	七十二	六十〇八
赖志成	四十四	六十二	六十九	五十九	六十七	六十〇二
刘镇家	四十三	五十五	六十五	六十九	六十七	五十九八
俞蔚会	三十六	四十七	六十五	七十二	七十四	五十八八
周鋆	四十四	五十四	七十一	六十一	六十一	五十八二
张宝华	五十三	四十九	六十六	五十四	六十四	五十七二
李志龙	三十	五十三	六十八	六十二	七十二	五十七
李葆初	五十二	三十八	六十六	六十三	六十四	五十六六
高士英	四十	五十三	六十三	五十六	六十九	五十六二
陈铭鼎	三十五	五十五	六十四	六十四	六十二	五十六
陈维新	四十	四十六	六十二	六十二	六十五	五十五
金瀚澄	四十	四十六	六十四	五十八	六十	五十四六
刘文钦	二十六	四十五	六十四	六十二	七十	五十三四
陈五常	三十四	四十五	五十九	五十八	六十三	五十一八
杨嘉桢	四十一	四十	五十七	五十一	六十六	五十一
王象离	三十七	四十	六十	五十二	五十八	四十九四
松蟠	二十七	四十七	五十三	五十四	六十三	四十八八
张瑞兰	五十五	六十一	六十八	五十八	不到	四十八四
何厚骥	三十六	三十二	六十一	五十五	五十八	四十八四
吴永煦	四十六	四十五	五十	五十三	四十七	四十八二
朱雨亭	三十三	四十六	四十三	五十九	五十九	四十八
冯策	三十八	三十六	五十五	四十二	六十三	四十六八
徐育德	三十五	四十一	五十九	四十六	五十	四十六二

续表

姓名	一学期	二学期	三学期	四学期	五学期	平均
李光灿	三十二	二十八	五十二	五十四	六十二	四十五六
原鸿骏	三十三	三十八	五十二	四十八	五十二	四十四六
潘庚荣	四十六	四十九	六十四	六十	不到	四十三八
张怀忍	三十八	三十二	四十八	四十三	五十六	四十三四
桂焕然	三十五	三十八	五十七	四十五	四十	四十三
党尚墨	三十七	二十四	四十三	四十四	五十五	四十〇六
王廷铨	三十一	三十九	四十五	三十七	四十四	三十九二
薛赞宸	二十三	二十五	五十二	四十五	四十九	三十八八
尚希望	二十九	二十九	不到	八分	四十七	二十二六

（原载《学丛》1913年第3期第5—11页）

本大学呈复民政长呈明本校会计、庶务主任姓名、履历、籍贯由

案奉钧令准审计处公函尾开，即将主管会计、庶务之官吏，造具姓名、履历，开折呈赍，以凭转达等因。奉此遵，即将本校主管会计、庶务之人，另折开具外，理合呈请鉴核，转达此呈。

计开：

会计主任一员：郭泽溥，湖北江夏县人，前江汉学堂肄业生，曾充前法政学堂暨法制局司法司各处会计员。

庶务主任一员：王鼎铭，陕西肤施县人，前中央陕甘学堂肄业，曾充法制局庶务员。

（原载《学丛》1913年第3期第11—12页）

本大学呈复民政长呈明郭德沛在校充当讲师并教务长由

为呈覆事案奉钧署令开，准河南高等检察厅函开，案据敝厅检察官郭德沛呈称，窃德沛于前清光绪三十四年，充任陕西法政学校教习，嗣该校改组西北大学，兼任教务长，宣统三年九月，任法制局局长，民国元年五月，任司法司民科科长等差，民国二年，因事赴津，途次失去行李，致将聘约、委札、委任令等件，全行遗失，现在甄别法官注重经验，凡足以证明资格书类，均须送部查验，德沛委令、聘约，既经遗失，无由呈验，应如何办理之处，伏候钧裁等情，据此查所呈各节，敝厅无从稽考，而历经办理司法事

务,又未便泯其劳勋,唯既据该检察官呈称,在贵省服务有年,若由贵省调查,当必较易,为此函请贵民政长饬属查明,该检察官所称,各节与事实是否相合,并希见覆,以便敝厅核办,至纫公谊,除函贵省都督外,此致等因,准此,除函达高等检察厅查照外,合亟令知,为此,仰该大学遵照来文,准函内事理,即便检阅卷宗,该员前旅陕时,是否曾充该校教习兼任教务长各职,迅速具呈,以凭答覆,是为至要,切切此令,各等因奉此。查郭德沛,系四川人,日本法政大学速成科毕业,前在陕西法政学堂别科充当宪法民法教习,三年反正后,本校开办大学,续行延聘,并兼任教务事宜,元年冬因事解约。兹奉前因,相应呈覆,为此呈请鉴核转咨,施行此呈。

（原载《学丛》1913 年第 3 期第 12—14 页）

《顺天时报》：西北大学之计划

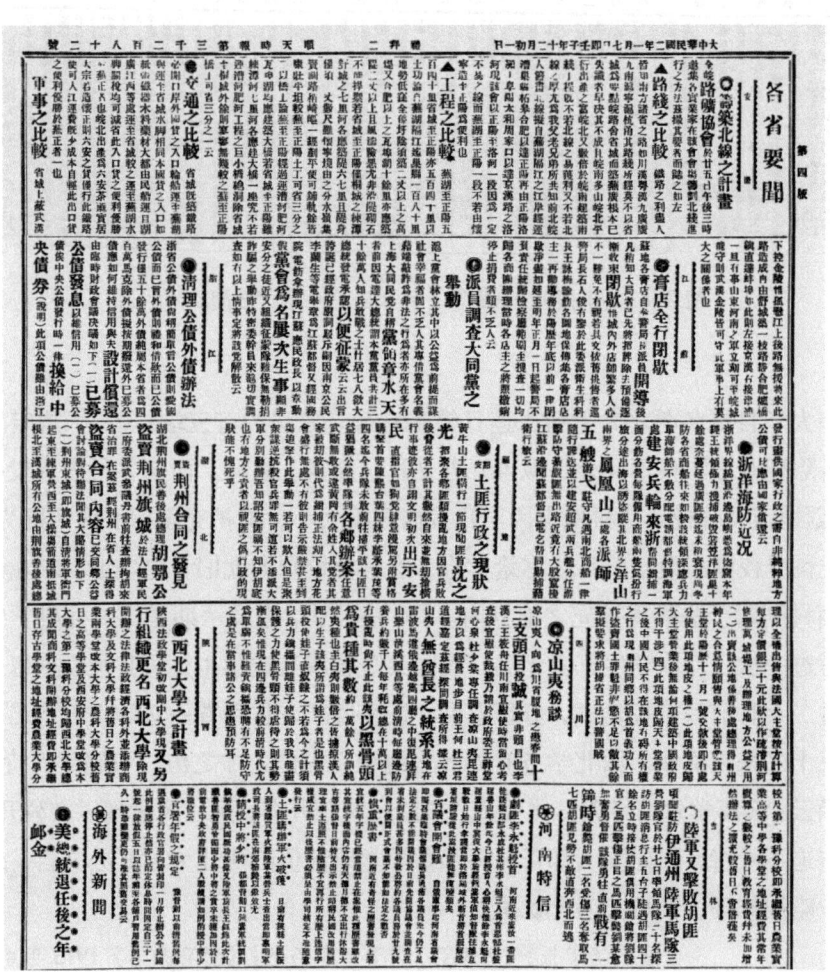

图 2-5 《顺天时报》第 3282 号 1913 年 1 月 7 日第 4 版

【各省要闻—陕西】陕西法政学堂初改为关中大学，又另行组织更名西北大学。除现开办之法律、法政、经济各科外，并添设商科大学及文科大学，并将旧日之农业、实业两学堂改本大学之农科大学分校，旧日之高等学堂及西安府中学堂改为本大学之第二预科分校，均属西北大学总其成。闻商科、文科开办地址、经费即承继旧日存古学堂之地址、经费；农业大学分校及第二预科分校即承继旧日农业、实业、高等中学各学堂之地址、经费。其常年概算之数较之旧日教育经费并未增加，然办法之扩充，较旧日不啻倍蓰矣。

（原载《顺天时报》1913年1月7日第3282号第4版）

《申报》：陕省筹办西北大学进行记

图 2-6 《申报》1913年1月8日第6版"要闻二"栏目

关中大学自更名西北大学后，连日筹备进行。方法约有三端：（一）规定专科及预科。专科除现开之法科不计外，拟再开办文科、商科、农科，而于各科内皆设一预科。（二）规划地点及分校。法科地点因旧日校内规模太小，拟扩充至习和园（疑为习武园）一带，文科分校则拟设于旧日之客籍学堂，农科分校则即就旧日之实业、农业两校地址开办，商科则附于法科现扩充之地界内。（三）招考学生及示期考试。商科学生闻前已在本校考过一次，计取学生五六十名，现闻又令各属考送学生，每县须六人以上，统限今岁一月二十日前后来校复试，分班上课。近又咨新、甘两省一送学生五十名，一送学生一百五十名来校肄业。西北学务有如此之组织，提倡人才之出，可翘足而待矣。

续函云：客籍学堂前经教育司委人，拟即在该校开办。西北大学现以文科开办在即，另地修造迫不及待，因即陈明都督，将客籍学堂地址仍归西北大学开办文科。想该校规模粗具，略加修理，便可招考上课矣。

（原载《申报》1913年1月8日第6版；《教育杂志》1913年4卷11期）

第二节　规则与课程

西北大学章程

中华民国元年（1912）①

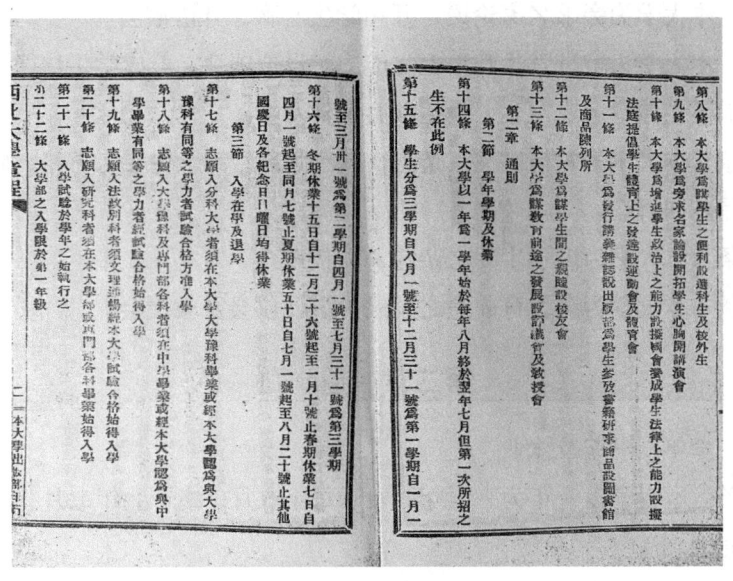

图 2-7　1912 年的《西北大学章程》

第一章　总　　则

第一节　名称及组织

第一条　本大学设立于民国西北部，故定名西北大学。

第二条　本大学校址在陕西省城。

第三条　本大学以教授高深学术，养成硕学宏才，应国家需要为宗旨。

---

① 《西北大学章程》由西北大学出版部印行，其制定时间不迟于 1912 年 10 月。1912 年 10 月，西北大学校长钱鸿钧在上呈陕西都督、西北大学创社会会长张凤翙的《呈大都督文》中指出：西北大学"各科内之学科及讲师、职员姓名，业已编定，《章程》缮列表册。"钱鸿钧：《呈大都督文》（1912 年 10 月），《学丛》1913 年第 1 期。

第四条　本大学分为大学部、专门部及大学预科三种，大学部暂分为文、法、商、农四科，专门部亦分为文、法、商、农四科，大学预科分为第一部、第二部，第一部为文、法、商三科之预备，第二部为农科之预备。

第五条　本大学先设专门部文、法、商、农各科及大学预科，至于大学部，俟大学预科毕业后，即行开办。

第六条　本大学为图法政智识之普及，附设法政别科。

第七条　本大学为求研究学术之蕴奥，设研究科。

第八条　本大学为谋学生之便利，设选科生及校外生。

第九条　本大学为旁求名家论说，开拓学生心胸，开讲演会。

第十条　本大学为增进学生政治上之能力，设拟国会；养成学生法律上之能力，设拟法庭；提倡学生体育上之发达，设运动会及体育会。

第十一条　本大学为发行讲义、杂志，设出版部；为学生参考书籍、研求商品，设图书馆及商品陈列所。

第十二条　本大学为谋学生间之亲睦，设校友会。

第十三条　本大学为谋教育前途之发展，设评议会及教授会。

第二章　通　则

第二节　学年、学期及休业

第十四条　本大学以一年为一学年，始于每年八月，终于翌年七月，但第一次所招之生，不在此例。

第十五条　学生分为三学期，自八月一号至十二月三十一号为第一学期，自一月一号至三月三十一号为第二学期，自四月一号至七月三十一号为第三学期。

第十六条　冬期休业十五日，自十二月二十六号起，至一月十号止；春期休业七日，自四月一号起，至同月七号止；夏期休业五十日，自七月一号起，至八月二十号止；其他国庆日及各纪念日、日曜日，均得休业。

第三节　入学、在学及退学

第十七条　志愿入分科大学者，须在本大学大学预科毕业，或经本大学认为与大学预科有同等之学力者，试验合格，方准入学。

第十八条　志愿入大学预科及专门部各科者，须在中学毕业，或经本大学认为与中学毕业有同等之学力者，经试验合格，始得入学。

第十九条　志愿入法政别科者，须文理通畅，经本大学试验合格，始得入学。

第二十条　志愿入研究科者，须在本大学部或专门部各科毕业，始得入学。

第二十一条　入学试验，于学年之始执行之。

第二十二条　大学部之入学，限于第一年级。

第二十三条　专门部各科及大学预科之入学，得编入第二年级。

第二十四条　志愿入大学预科及专门部各科第二年级者，须先检查该生有入第二年级之资格，方可受验，受验及格，始得编入。

第二十五条　入学试验，须纳受验料二元，随缴四寸相片一张；编入试验，须纳受验料五元，随缴四寸相片一张。受验不及格及受验及格而不入学者，不得要求退还。

第二十六条　得入学之许可者，须填写愿书一通，并请保证人填写证书一通，送存学务课，保证人必须成年男子，住居本城，或为学生之亲属，或在社会上有信用者，皆可，对于学生在学中一切行为，须负责任，如保证人或死亡、移转，应另请保证人填写证书。

第二十七条　本大学学生愿退学者，须与保证人连名具愿书于学务课，经学长或监督查明，转达校长许可，方得退学。

第二十八条　本大学学生有犯左（下）列之一者，得由该科学长或监督查明，转请校长命其退学：

（一）违背校规，不遵校命者；

（二）学力劣等，无成业之望者；

（三）性行不良及身膺痼疾者；

（四）无正当事故，陆续旷课至一月以上者。

第四节　特待生

第二十九条　本大学学生，其品行方正、成绩优异者，由该科学长及监督核定，转请校长作为特待生，但每科不得过二人。

第三十条　特待生或给奖品，或免收学费，由本大学临时定之。

第三十一条　特待生有中途自甘暴弃，或罹痼疾无深造之望者，由该科学长及监督查明，转请校长取消之。

第五节　休学

第三十二条　本大学学生因中途罹病，愿于该学年中休学者，得与保证人具休学愿书，并医师证书，呈送学务课，经学长或监督查明，转请校长准其休学。

第三十三条　休学生次学年得编入原级，如该学年中其病痊愈者，经校长许可，仍得出席肄业。

第三十四条　休学学生如系贷费或给费生，则于其休学之日，停止贷给。

第六节　贷费生及给费生

第三十五条　本大学学生有刻苦励学而无资力者，经该科学长及监督核定，转请校长准其贷费或给费，以补助之。

第三十六条　凡受贷费、给费者，须填写证书一通，送存学务课。

第三十七条　贷费、给费生，有下开各项之一者，由该科学长或监督查明，转请校长停止贷给：

（一）学业荒废；

（二）学年试验不及格；

（三）休学。

第三十八条　贷费、给费生退学时，应偿还所受贷、给金，但因不得已事故退学，经本大学认可免偿者，不在此例。

第三十九条　贷费生卒业一年后，须按月纳还所受贷金，但因事故请求延期者，经本大学许可，得缓期偿还。

第七节　入学金及学费

第四十条　凡入分科大学、大学预科及专门部各科者，应纳入学金二元。

第四十一条　分科大学学生学费，每月二元五角；大学预科学生学费，每月一元六角；专门部各科学生学费，每月二元；法政别科学生，每月学费二元。

第四十二条　应纳之学费，按月征收，以每月一号至五号为缴纳期。一次全缴者，听之。

第四十三条　各科学生学费缴纳未清者，不得受学期及学年试验。

第八节　修业年限

第四十四条　本大学分科大学及大学预科，均定为三年毕业；研究科，一年以上，五年以下。

第四十五条　本大学专门部于各科主要学科，以日文原书教授三门，故附加预科一年，以资补习日文，而定为四年毕业；法政别科，三年毕业。

第九节　试验

第四十六条　本大学试验，分为入学试验、进级试验（学期试验）、毕业试验三种。

第四十七条　入学试验，由各科学长或监督选委员执行之。

第四十八条　学期及学年试验，其课目依本章程所规定（必修及选择科目），试验分数由担任该科目教授评定之。

第四十九条　凡试验时各科学生有违背试验规则者，其试验成绩，或一部无效，或全部无效，或立命退学，临时由校长或学长、监督分别执行之。

第五十条　凡第一、第二学年试验不及格者，不得进级；第三学年试验不及格者，不得毕业。

第五十一条　毕业试验，分论文、口述二种。

第五十二条　毕业应试课目，由各科教授会就所习课目中，选定五科目以上，于施行试验前，协商学长，请校长核夺、揭示之。

第五十三条　论文试验，经试验教授评定其分数，协商学长，请校长核阅之。

第五十四条　口述试验，由试验教授执行之，但执行时，须有二员以上之列席，其分数由列席教授评定后，协商学长，请校长核阅之。

第五十五条　随意课目有愿授试验者，由担任该课教授试验之，其及格者，得由该科学长转请校长给以证明书。

第五十六条　本大学试验细则，由各科教授会协商学长，随时议定，请校长核夺、揭示之。

第十节　毕业称号

第五十七条　凡在本大学大学部各科毕业者，称西北大学文学士、法学士、商学士、农学士；专门部各科毕业者，称西北大学文学得业士、法学得业士、商学得业士、农学得业士；法政别科毕业者，称西北大学法政别科得业士。

第十一节　学生操行成绩

第五十八条　各科学长、监督、教员及学务主任，应随时审查学生之操行，默记于册，送呈校长核定。

第五十九条　学生操行成绩，分甲、乙、丙、丁四等。列丙等以上者，为及格；列甲等者，校长得给以褒奖状。

第六十条　学生升级及毕业时，应以操行成绩与学业成绩，参酌定之。凡学业成绩未及格，其分数相差不及十分之一，而操行成绩列乙等以上者，得升级或毕业；学业成绩除能及格而操行成绩列丁等者，得停止其升级或毕业，但须经教授会之评议，由校长决定之。

第六十一条　关于校内之操行。

第六十二条　学生均以专心学业为主，凡非学生分内事，一概不得预闻。

第六十三条　学生如有向学堂陈说寻常事件，应告知值日生代陈管理员，如有特别事件，须由本人径达，不准聚众要求，藉端挟制。

第六十四条　学生认定学科，不得任意更改。

第六十五条　校内无论何时、何地，不得叫嚣扰乱。

第六十六条　关于教室之操行。

第六十七条　学生在教室内，总以谨慎为旨，不得为粗暴之举动。

第六十八条　学生在教室内，不得杂谈及吸食纸烟。

第六十九条　学生在教室，必着用制服、制帽。

第七十条　凡授课时，不许自离座位，若因不得已事故而外出者，须得教员之许可。

第七十一条　学生在教室内授业开始时，应由职员点名，将其勤惰记载于名簿。

第七十二条　三日以上缺席者，须由保证人届出其原因。

第七十三条　无论以何等之名义继续缺席半年以上者，又无正当之理由缺席一日以上者，立命退学。

第七十四条　每月至交学费之期而不缴纳学费者，不许出席。

第七十五条　关于校外之操行。

第七十六条　学生自应顾名思义，恪守规则，养成高尚之人格，毋得出礼入刑，致损本校之名誉。

第七十七条　每日授课均由本校排定钟点，无论风雨，不得迟到早归、致荒学业。

第七十八条　学生在外寄宿，均须有一定住所，报明本校，以便监督派人随时调查其行为。

第七十九条　学生在外寄宿，若同居者有不正当之行为，宜速移，以免恶习之污染。

第十二节　学生学业成绩

第八十条　学生学业之成绩，分为平时成绩、试验成绩。

第八十一条　平时成绩由教员考察，学生勤惰与其学业之优劣，随时判定。

第八十二条　试验分学期试验、学年试验、毕业试验三种，学期试验于学期终行之，但自一月至三月之一学期得免试验，学年试验于学年终行之，但届毕业试验时，临时酌定或免除学年试验。

第八十三条　各科学生试验成绩分甲、乙、丙、丁四等，甲八十分以上，乙七十分以上，丙六十分以上，丙以上为及格，应进级，丁为不及格，留原级，但考列甲等者，由校长给以褒奖状。

第八十四条　学期及学年试验，其主要科目有一学科分数不及丙等者，不得进级。

第八十五条　学期成绩之评定法：

（一）本学期每学科之试验成绩，参合平时成绩，判定分数，为每学科之学期成绩；

（二）本学期各学科判定之总分数，以学科数除之，得平均数，为总学科之学期成绩。

第八十六条　学年成绩之评定法：

（一）本学年每学科之试验成绩，参合平时成绩，判定分数，为每学科之学年成绩，如施行学期试验，以学期成绩分数相加，以二除之，为每学科之学年成绩，但内有一学科或数学科为学期试验所不及者，得照前款办理；

（二）本学年各学科之学年成绩总分数，以学科数除之，得平均数，为总学科之学年成绩。

第八十七条　毕业成绩之评定法：

（一）最后学年每学科试验成绩，参合平时成绩，判定分数，为本学年每学科成绩分数，与前各学年每学年成绩分数相加，以学年数除之，为各学科毕业分数，如施行学期试验，先以学期成绩分数相加，以二除之，得每学科学年成绩，再依前法，得毕业成绩分数；

（二）各学科毕业成绩之总分数，以学科数除之，得平均数，为毕业总平均分数。

第八十八条　各项试验由各教员评记分数，交该科学长，经教授会会议后，校长决定之。

第八十九条　学生缺席在一学年内至四十小时者，应减学业成绩总平均一分，多于四十小时者，每逾二十小时递减半分，不满二十小时免减。

第九十条　学生因不得已事故，不能出席试验者，须由保证人届出，因疾病而不能试验者，须有医生之诊断书，经校长许可后，始得应补试验。

第九十一条　未受试验者，于次学年之始，由本校指定日期补行试验，但成绩须减十分之三。

第九十二条　学生在试验场内，除笔墨砚及答案纸外，不得携带书物。

第九十三条　试验之际答案既交，不许改窜增订。

第九十四条　未受实验者，于次学期学年之授业，不许出席。

第九十五条　本大学学生操行成绩及学业成绩之考查，除以上各条规定外，依教育部令行之。

（原载西北大学：《西北大学章程》，西安：西北大学出版部，1912）

制帽、制服、徽章

（《西北大学章程》第十三节第九十六至九十七条）

各科学生须着用本大学制定之制帽、制服，于本大学指定之衣服店购买之，禁服常服。

表 2-2　本大学学生制帽、制服表

时节	样式	种类	制帽	制服	纽扣	帽章	襟章				
夏期			平顶草帽附帽章于左侧	黑色学生式洋服	圆形金色嘉禾纹中嵌大学二字	弧形金色嘉禾纹嵌西北大学四字	大学部	文科大文	法科大法	商科大商	农科大农
冬期			黑呢方角形制帽附帽章于前大学预科加白辫三条	黑色学生式洋服	同上	同上	专门部	文科专文	法科专法	商科专商	农科专农
							大学预科	第一部预科一预	第二部预科二预		

（原载西北大学：《西北大学章程》，西安：西北大学出版部，1912）

文科大学各科及各科课程表

(《西北大学章程》第三章"文科大学规则")

文科大学各科及各科课程表。

文科大学分哲学、史学、文学三科。其课程表如下:

表 2-3　哲学科课程表

学年	学科									备注
	哲学	哲学史	宗教学	伦理学 社会学	论理学 言语学 认识学	心理学 生理学	教育学 美学	经济学 古代语学	日文 英文 德文 法文	
第一学年	哲学概论 名著研究 中国哲学研究 (日、德、英书)	中国哲学史	宗教史	伦理学 名著研究 (日、德、英书)	论理学	普通心理学 生理学	教育史 美术学	经济学 罗典语	译解 作文	德文、法文为选择科目,必择一科目修习之
第二学年	纯正研究 名著研究 东洋哲学研究 (日、德、英书)	日本哲学史 印度哲学史	比较宗教学	社会学 名著研究 (日、德、英书)	言语学	实验心理学 生物学原论	教育学 美学	统计学 罗典语	译解 作文	
第三学年	宗教哲学 名著研究 法理哲学 西洋哲学研究 (日、德、英书)	西洋哲学史		近世科学 名著研究 (日、德、英书)	认识论	精神病学 人类学	教授法 文学概论	统计学 罗典语	译解 作文	

表 2-4　史学科课程表

学年	学科									备注
	法制史 宗教史 哲学史	地理学	社会学 伦理学 论理学	哲学	教育学	法理学	文学	古代语学	日文 英文 德文 法文	
第一学年	法制史 名著研究 （日、德、英书）	地理学 名著研究 （日、德、英书）	社会学	哲学概论 名著研究 （日、德、英书）	教育史	法理学	文学概论	罗典学	译解作文	德文、法文为选择科目，必择一科目修习之
第二学年	宗教史 名著研究 （日、德、英书）		伦理学	宗教哲学 名著研究（日、德、英书）	教育学	政治学	国文学	罗典语	译解作文	
第三学年	哲学史 名著研究 （日、德、英书）		论理学	法理哲学 名著研究（日、德、英书）	教授法	经济学		罗典语	译解作文	

表 2-5　文学科课程表

学年	学科								备注
	文学概论	哲学	伦理学 社会学 论语学	教育学	文学	史学	古代语学	日文 英文 德文 法文	
第一学年	文学概论 名著研究 （日、德、英书）	哲学概论 东洋哲学史 （日、德、英书）	伦理学	普通心理学	国文学史 西洋文学史 罗马史 （日、德、英书）	法制史	罗典语	译解作文	德文、法文为选择科目，必择一科（目）修习之
第二学年		美学 西洋哲学史 （日、德、英书）	社会学	教育史	国文学 西洋文学史 希腊文学史 （日、德、英书）	宗教史	罗典语	译解作文	
第三学年		言语学 美辞学 哲学研究 （日、德、英书）	论理学	教育学 教授法	国文学研究 西洋文学研究 （日、德、英书）	哲学史	罗典语	译解作文	

（原载西北大学：《西北大学章程》，西安：西北大学出版部，1912）

法科大学各科及各科课程表

(《西北大学章程》第四章"法科大学规则")

表2-6 法律科课程表

学年	学科													备注
	法理学	国法	刑法	民法	诉讼法	商法	破产法	法院编制法	国际法	经济学财政学	法例国籍法	罗马法法律哲学	法学实习诉讼练习	日文德文英文法文	
第一学年	法理学	宪法	刑法汛论	民法总则 物权法 民法(日、德、法书)	刑事诉讼 民事诉讼	商法总则 商行为商法(日、德、法书)		法院编制法	平时国际公法	经济学	法例		法学实习	译解作文	英、法文为选择科目，必择一科目修习之
第二学年	法学原理(日、德、法书)	行政汛论	刑法汛论	债权名著研究(日、德、法书)		保险法 会社法			战时国际公法	财政学	国籍法	罗马法	诉讼练习	译解作文	
第三学年		行政各论	名著研究(日、德、法书)	亲族相续名著研究(日、德、法书)	民事诉讼	手形法 海商法名著研究(日、德、法书)	破产法		国际私法			法律哲学	法学实习 诉讼练习	译解作文	

表 2-7 政治科课程表

学年	哲学	政治学	国法学	国法	国际法	法学	史学	经济学	财政学	应用经济学	社会学统计学	论文演习国会演习外交文书研究	日文英文德文法文	备注
第一学年	政治学史	国家学原理	国法学	宪法	平时国际公法	刑法要论民法要论	东洋政治史东洋外交史	经济原论经济原理（英、法、德书）	财政总论	社会政策	社会学	论文演习	译解作文	英、法、德文为选择科目，必择一科目修习之
第二学年	政治哲学	政治学（英、德、日、法书）	国法学（英、德、法、日书）	行政总论	战时国际公法	民法要论	西洋政治史西洋外交史	货币论	租税论	殖民政策		国会演习外交文书演习	译解作文	
第三学年	名著研究（英、德、法、日书）			行政各论	国际私法	商法要论		银行论	公债预算财政学（英、法、德、日书）	农业政策工业政策商业政策	统计学	国会演习外交文书演习	译解作文	

表 2-8 经济科课程表

学年	学科											备注
	经济学	经济学史 经济史	财政学	经济政策	国法	法学	会计学 统计学 簿记	国际法	史学	经济实习	日文 英文 德文 法文	
第一学年	经济学原论 经济学原理（英、德、日书）	东洋经济学史	财政学 财政学原理（英、德、日书）	农业政策 工业政策 商业政策 名著研究（英、德、日书）	宪法	刑法要论 民法要论	会计学 簿记	平时国际公法		经济实习	译解 作文	德、法文为选择科目，必择一科目修习之
第二学年	货币论 名著研究（英、德、日书）	西洋经济学史	租税论 公债论 预算制度论	交通政策	行政汎论	民法要论	统计学 簿记	战时国际公法	政治史	经济实习	译解 作文	
第三学年	银行论 名著研究（英、德、日书）	经济史	名著研究 国库制度论（英、德、日书）	社会政策 殖民政策	行政各论	商法要论	簿记（英、德文）	国际私法	政治史	经济实习	译解 作文	

（原载西北大学：《西北大学章程》，西安：西北大学出版部，1912）

商科大学课程表

(《西北大学章程》第五章"商科大学规则")

表 2-9　商科大学课程表

学年	学科													备注
	经济学	商业论	财政学	法学	国际法	簿记数学	统计会计	农政学工业纲要	历史	外国贸易论	商品学	商业实践英语	日文德文法文英文	
第一学年	名著研究 经济原论 殖民政策 (英、德、日书)	商业学 商业各论 (买卖税) (关仓库) (英、日、德书)	财政原论	宪法民法	平时国际公法	簿记(英文) 珠暗算			经济史	外国贸易论	商品学	商业实践商业作文商业会话	译解作文	第二学年以后，随商业志望与外交官志望之区别，可选择科目，又日、德、法文为选择科目，必择一科修习之
第二学年	内外经济事情 货币论 金融论 信托业论	名著研究 商业各论 (海运陆运保险) (英、德、日书)	租税论	民法商法	战时国际公法	簿记(英文) 珠暗算	统计学	农政学	商业史		商品学	商业实践商业作文商业会话	译解作文	
第三学年	名著研究 银行论 金融政策 (英、德、日书)	名著研究 商业各论 (取引所运输) (英、德、日书)	公债预算	商法	国际私法	簿记(英文) 珠暗算	会计学	工业纲要	外交史		商品学	商业实践商业作文商业会话	译解作文	

(原载西北大学《西北大学章程》，西安：西北大学出版部，1912)

农科大学各科及各科课程表

(《西北大学章程》第六章"农科大学规则")

农科大学分农学、林学两科。其科目如下：

表 2-10　农学科课程表

学年	地质学土壤学	气象学	作物	土地改良论	植物生理学植物病理学动物生理学	昆虫学昆虫生理学	肥料	农艺化学农艺生理学	法学通论经济学财政学	园艺学	畜产学兽医学	酪农论	家畜饲养学养渔论养蚕论	农业经济农产制造学	林政学农政学	植物学实验	动物学实验	农艺化学实验	农场实习	农学实验	论文演习	英文德文日文	备注
第一学年	地质学	气象学			植物生理学	昆虫学	肥料	农艺物理学	经济学		畜产学		家畜饲养法	农业经济					农场实习	农学实验		译解作文	英、日文为选择科目，必择一科修习之
第二学年	土壤学		作物	土地改良论	动物生理学	昆虫生理学		农艺化学	法学通论	园艺学	兽医学		养蚕论	农业经济	农政学	植物实验	动物实验	农艺化学实验	农场实习	农学实验		译解作文	
第三学年			作物		植物病理学				财政学			酪农论	养渔论	农产制造学	林政学	植物实验	动物实验	农艺化学实验	农场实习	农学实验	论文演习	译解作文	

表 2-11 林学科课程表

学年	森林数学	地质学/土壤学	气象学	森林植物学/森林动物学	森林物理学/森林化学	最小二乘法/力学	林学通论	造林学	森林保护学/森林经理学/森林管理学	经济学/法学通论/财政学	林政学/森林法律学	植物生理学/树病学	农学大意	森林测量/森林道路	森林利用/森林理水砂防工作	养渔论狩猎术	植物学实验/动物学实验	森林测量实习/森林化学实习/森林道路实习	造林学实习	实地演习论文演习	英文德文日文	备注
第一学年	森林数学	地质学	气象学	森林植物学	森林物理学	最小二乘法	林学通论	造林学		经济学		植物生理学		森林测量			植物学实验动物学实验	森林测量实习	造林学实习		译解作文	英、日文为选择科目,必择一科修习之
第二学年	森林数学	土壤学		森林动物学	森林化学	力学	林学通论	造林学	森林保护学森林经理学	法学通论	林政学森林法律学	树病学			森林利用森林理水砂防工作			森林化学实习	造林学实习		译解作文	
第三学年	森林数学				森林化学			造林学	森林保护学森林经理学	财政学	林政学森林法律学		农学大意	森林道路	森林利用森林理水砂防工作	养渔论狩猎术		森林道路实习	造林学实习	实地演习论文演习	译解作文	

(原载西北大学:《西北大学章程》,西安:西北大学出版部,1912)

大学预科及各科课程表

(《西北大学章程》第七章"大学预科规则")

大学预科分文、法、商、农四科。其课程表如下：

表 2-12　文科大学预科课程表

学年	学科													备注
	伦理	国文	历史	地理	论理学	心理学	法学通论	经济通论	日文	英文	德文	法文	体操	
第一学年	伦理	国文	中国历史	中国地理		心理学			日文	英文	德文	法文	体操	德法文为第二外国语，必选择一科修习之
第二学年	伦理	国文	东洋历史	东洋地理	论理学		法学通论	经济通论	日文	英文	德文	法文	体操	
第三学年	伦理	国文	西洋历史	西洋地理			宪法大意		日文	英文	德文	法文	体操	

表 2-13　法科大学预科课程表

学年	学科													备注
	伦理	国文	历史	地理	论理学	心理学	法学通论	经济通论	日文	英文	德文	法文	簿记	体操
第一学年	伦理	国文	中国历史	中国地理		心理学			日文	英文	德文	法文	簿记	体操	英法文为第二外国语，必选择一科修习之
第二学年	伦理	国文	东洋历史	东洋地理	论理学		法学通论	经济通论	日文	英文	德文	法文	簿记	体操
第三学年	伦理	国文	西洋历史	西洋地理			宪法大意		日文	英文	德文	法文	簿记	体操

表 2-14　商科大学预科课程表

学年	学科														备注
	伦理	国文	商业通论	经济学	法学	商业地理	历史	簿记	商业算术	物理	化学	日文	英文	法文	德文	体操	
第一学年	伦理	国文	商业通论	经济纲要	法学通论	中国商业地理	中国历史	簿记	商业算术			日文	英文	法文	德文	体操	德法文为第二外国语，必选择一科修习之
第二学年	伦理	国文				东洋商业地理	东洋历史	簿记		物理		日文	英文	法文	德文	体操	
第三学年	伦理	国文			宪法大意	西洋商业地理	西洋历史	簿记			化学	日文	英文	法文	德文	体操	

表 2-15　农科大学预科课程表

学年	学科												备注
	伦理	国文	数学	物理	化学	地质	矿物	图书	德文	英文	日文	体操	
第一学年	伦理	国文	数学	物理				图书	德文	英文	日文	体操	英日文为第二外国语，必选择一科修习之
第二学年	伦理	国文	数学	物理	化学理论			图书		英文		体操	
第三学年	伦理	国文	数学	物理	化学实验	地质	矿物	图书	德文		日文	体操	

大学预科共分三学年，一学年分为三学期，一学期试验一次，三学期试验平均及格者，方能进级，三次进级者，方能毕业，毕业者，除授以证书外，即升入大学部肄业。

（原载西北大学：《西北大学章程》，西安：西北大学出版部，1912）

专门部分科及各科课程表

（《西北大学章程》第八章"专门部各科规则"）

专门部分文、法、商、农四科。① 其课程表如下：

---

① 据西北大学《致部视学说明本大学开办各科之大要》，西北大学"专门部"之"文科"中又设"哲学科"为各科之首，其课程设置目前不详。参见西北大学：《致部视学说明本大学开办各科之大要》，《学丛》1913 年创刊号。

表 2-16　外国语专修科课程表

学年	学科										备注
	哲学	算学	文学	史学	教育学	国文	日文	英文德文法文	实际日语实际英语	体操	
第一学年	哲学概论		文学概论	中国历史	心理学	国文学史作文	读方会话	读方会话	自由会话作文练习	体操	英、德、法为第二外国语，必选择一科修习之
第二学年	纯正哲学		东洋文学史	东洋历史	教育史	国文学	读方会话	读方会话	自由会话作文练习	体操	
第三学年	伦理学	算学	西洋文学史	西洋历史	教育学	国文学研究	译解作文	译解作文	自由会话作文练习	体操	
第四学年	伦理学	算辞学	文学研究		教授法	国文学研究	译解作文	译解作文	自由会话作文练习	体操	

表 2-17　法律科课程表

学年	学科														
	法制史法学通论法理学	国法	刑法	民法	诉讼法	商法	破产法	监狱法	法院编制法	国际法	罗马法	经济学财政学	法例国籍法	法学实习诉讼演习	国文	日文	体操
第一学年	法学通论	宪法	刑法总论	总则		总则			法院编制法				法例		文学概论作文	读方会话	体操
第二学年	比较法制史	行政法汜论	刑法各论	物权债权	刑事诉讼法民事诉讼法	商行为会社法				平时国际公法		经济原论	国籍法		文学概论作文	读方会话	体操
第三学年	法理学（日书）	行政法各论	刑法（日书）	亲族相续	民事诉讼法	手形法海商法		监狱法		战时国际公法				法学实习诉讼演习	文学概论作文	译解作文	体操
第四学年	地方制度			民法（日书）		商法（日书）保险法	破产法			国际私法	罗马法	财政学		法学实习诉讼演习	文学概论作文	译解作文	体操

表 2-18　政治科课程表

学年	学科													
	哲学	国法学	政治学	国法	国际法	法学	史学	地理	经济学	财政学	应用经济学统计学	论文国会实习	国文	日文	体操
第一学年	论理学社会学		国家学原理	宪法		法学通论刑法要论民法要论	东洋史	政治地理	经济原论	财政总论	社会政策		文学概论作文	读方会话	体操
第二学年	政治学史	国法学		行政总论	平时国际公法	民法要论	西洋史		货币论	租税	殖民政策		文学概论作文	读方会话	体操
第三学年	政治哲学	国法学	政治学（日书）	行政各论	战时国际公法	商法要论	东洋政治史东洋外交史		银行论经济学（日书）	公债	农业政策	论文国会实习	文学概论作文	译解作文	体操
第四学年		国法学（日书）		地方制度海陆军政	国际私法	商法要论	西洋政治史西洋外交史			财政学（日书）	商业政策	论文国会实习	文学概论作文	译解作文	体操

表 2-19 经济科课程表

学年	学科																		备注
	经济通论	经济学	财政学	应用经济学	经济政策	经济史财政史经济地理	国法	法学	国际法	会计学统计学	数学簿记	保险学	史学	经济实习	国文	日文	英语	体操	
第一学年		经济学	财政学	农业政策	社会政策	经济学史 经济地理	宪法	民法要论 刑法汎论			珠算簿记			经济实习	文学概论作文	读方会话	读方	体操	
第二学年	经济通论	货币论	租税	工业政策	殖民政策	经济史		行政汎论 民法要论 商法要论	平时国际公法	统计学	珠算簿记	保险学	西洋政治史	经济实习	文学概论作文	读方会话	会话	体操	西洋政治外交史、商业史、英文，须择一科目修习之
第三学年		银行论 经济学原理（日书）	公债预算论 财政学原理（日书）	商业政策	交通政策	东洋财政史		行政各论 商法要论	战时国际公法	会计学	珠算簿记（日书）		西洋外交史	经济实习	文学概论作文	译解作文	会话	体操	
第四学年		金融论 名著研究（日书）	国库制度论 名著研究（日书）	名著研究（日书）		西洋财政史			国际私法		珠算簿记（日书）		近世商业史	经济实习	文学概论作文	译解作文	译解	体操	

表 2-20　商科课程表

学年	学科																				备注
	商业通论	经济学	商业学	财政学	经济政策	商品学 商事经营学 商业行政学	会计学 统计学	簿记学	商业算术	法学	破产法	国际法	工业纲要 工场经济 商业地理	商业史	史学	商业实践	国文	日文	英语	体操	
第一学年	商业通论	经济原论	商业各论（买卖仓库关税）	商业政策	商品学			簿记学	商业算术	民法要论			工业史 商业地理	商业史	西洋政治史	商业实践	文学概论 作文	读方 会话	读方 会话	体操	西洋政治外交史、经济学史，英、日文，须择一科目修习之
第二学年		货币论 金融论	商业各论 陆运海运	财政学	殖民政策	商品学	会计学	簿记学	商业算术	民法要论		平时国际公法	工业纲要 商业地理	商业史	西洋外交史	商业实践	文学概论 作文	读方 会话	读方 会话	体操	
第三学年		银行论 信托业论 经济学原理（日书）	商业各论 保险名著研究（日书）	财政学	金融政策	商事经营学	统计学	簿记学	商业算术	商法要论	破产法	战时国际公法	工场经济		外国商业史研究（日书）	商业实践	经济学史	文学概论 作文	译解 作文	体操	
第四学年		外国贸易论 内外经济时事 货币银行（日书）	商业各论 交易所运输名著研究（日书）			商业行政学		簿记学	商业算术	商法要论		国际私法			外国商业史研究（日书）	商业实践	文学概论 作文	日话 作文	译解 作文	体操	

表 2-21 边务科课程

学年	学科																备注
	经济纲要商业通论	经济学	财政学	应用经济学	经济政策	商事经营学商业行政	政治学	国法学	法学	簿记	商业算术	商业史商业地理	史学	国文	英语	俄语	蒙古语	西藏语	体操	
第一学年	经济通论	经济原论		农业政策					宪法	民法要论	商业簿记	商业算术		商业史	文学概论作文	读方会话	读方会话	读方会话		体操	英、藏语及俄、蒙语，必选择两科修习之
第二学年	商业论		货币论	财政学	工业政策	社会政策		政治学		民法要论	商业簿记	商业算术		商业地理	西洋政治史	文学概论作文	读方会话	读方会话	读方会话	体操	
第三学年			银行论	财政学	商业政策	殖民政策	商事经营			行政总论	商法要论	商业簿记	商业算术		西洋政治史	文学概论作文	译解作文	译解作文	译解作文	体操	
第四学年					交通政策	商业行政				行政各论地方制度	商法要论	商业簿记	商业算术		西洋外交史	文学概论作文	译解作文	译解作文	译解作文	体操	

表 2-22 农科课程表

学年	学科																							备注
	伦理	作物园艺	地质学土壤学土地改良	肥料	农具	测量制图	畜产	兽医学大意	养蚕	农产制造	农业经济农政学	气象学	物理学	化学	分析化学	动物学昆虫学	植物学植物病理学植物营养论	细菌学大意	林学大意	实验实习	国文	日文德文英文	体操	
第一学年	伦理		地质学			测量制图			养蚕			气象学	物理学	化学		动物学	植物学			实验实习	文学概论作文	读方会话	体操	日、德、英文为选择科目，必择一科修习之
第二学年	伦理	作物园艺	地质学	肥料		测量制图			养蚕	农产制造	农业经济	气象学	物理学	化学	分析化学	动物学	植物学			实验实习	文学概论作文	读方会话	体操	
第三学年		作物园艺	土壤学	肥料	农具	测量制图	畜产			农产制造	农业经济			化学	分析化学	昆虫学	植物病理学	细菌学大意	林学大意	实验实习	文学概论作文	译解作文	体操	
第四学年		作物园艺	土地改良		农具	测量制图	畜产	兽医学大意		农产制造	农政学				分析化学	昆虫学	植物营养论	细菌学大意	林学大意	实验实习	文学概论作文	译解作文	体操	

表 2-23　林科课程表

学年	学科																			备注
	伦理学	造林保护	森林数学	森林经理	森林利用林产制造	森林土木	经济学	财政学	森林政策材木商况	法律行政大意	森林测量森林制图	物理学	化学	分析化学	森林动物学森林昆虫学	森林植物学树病学	气象学	地质学土壤学	狩猎学论	农学大意	实验实习	国文	日文德文英文	体操	
第一学年	伦理学		森林数学				经济学			法学通论	森林测量	物理学	化学		森林动物学	森林植物学	气象学	地质学			实验实习	文学概论作文	读方会话	体操	
第二学年	伦理学	造林保护	森林数学	森林经理	森林利用	森林土木	经济学			行政大意	森林测量森林制图	物理学	化学	分析化学	森林动物学	森林植物学	气象学	地质学			实验实习	文学概论作文	读方会话	体操	日、英、德文为选择科目，必择一科修习之
第三学年	伦理学	造林保护	森林数学	森林经理	林产制造			财政学			森林制图			分析化学	森林昆虫学	树病学		土壤学	狩猎论	农学大意	实验实习	文学概论作文	译解作文	体操	
第四学年					林产制造	森林土木		财政学	材木商况		森林行政			分析化学		树病学			狩猎论	农学大意	实验实习	文学概论作文	译解作文	体操	

表 2-24 蚕桑科课程表

学年	学科																		备注
	伦理	气候学	数学	养蚕	制种	制丝	蚕体解剖	昆虫生理学	昆虫病理学	桑树栽培法	植物病理学	植物生理学	农艺化学	分析化学	经济学	财政学	农业经济	材料学	细菌学	农学大意	实验实习	国文	日文德文英文	体操	
第一学年	伦理	气候学	数学	养蚕					昆虫生理学			植物生理学	农艺化学		经济学						实验实习	文学概论作文	读方会话	体操	
第二学年	伦理	气候学	数学	养蚕	制种				昆虫生理学			植物生理学	农艺化学	分析化学	经济学						实验实习	文学概论作文	读方会话	体操	日德英文为选择科目，必择一科修习之
第三学年			数学		制种	制丝	蚕体解剖		昆虫病理学	桑树栽培法	植物病理学			分析化学		财政学	农业经济	材料学	细菌学	农学大意	实验实习	文学概论作文	译解作文	体操	
第四学年						制丝	蚕体解剖		昆虫病理学	桑树栽培法	植物病理学			分析化学		财政学	农业经济	材料学	细菌学	农学大意	实验实习	文学概论作文	译解作文	体操	

原载西北大学：《西北大学章程》，西安：西北大学出版部，1912）

法政别科分科及各科课程表

法政别科分法律、政治两科。其课程表如下：

表 2-25　法律别科课程表

学年	学科																		
	法学通论	国法	刑法	刑事诉讼法	法院编制法	民法	民事诉讼法	商法	破产法	监狱法	国际公法	国际私法	经济学	财政学	法理学	比较法制史	拟律拟判	国文	体操
第一学年	法学通论	宪法	刑法总论		法院编制法	总则物权		总则商行为					经济学					文学概论作文	体操
第二学年		行政总论	刑法各论	刑事诉讼法		债权	民事诉讼法	会社手形			平时国际公法			财政学	法理学	比较法制史		文学概论作文	体操
第三学年		行政各论	刑事政策			亲族相续	民事诉讼法	保险海商	破产法	监狱法	战时国际公法	国际私法		财政学			拟律拟判	文学概论作文	体操

（原载《西北大学章程》第九章"专门部附设法政别科规则"）

表 2-26 政治别科课程表

学年	学科																				
	法学通论	社会学	政治学	国法学	刑法	民法	商法	国际公法	国际私法	政治史外交史	政治地理	经济学	财政学	统计学	货币银行	经济政策	殖民政策	国会实习	论文演习	国文	体操
第一学年	法学通论	社会学	政治学	比较宪法	刑法总论	总则物权	总则			政治史		经济学								文学概论作文	体操
第二学年				国法学	行政总论	债权	商行为会社	平时国际公法		政治史	政治地理		财政学		货币论	农业政策工业政策		国会实习		文学概论作文	体操
第三学年				国法学	行政各论	亲族相续	手形海商	战时国际公法	国际私法	外交史				统计学	银行论	商业政策	殖民政策	国会实习	论文演习	文学概论作文	体操

（原载西北大学：《西北大学章程》，西安：西北大学出版部，1912）

研究科规则

（《西北大学章程》第十章"研究科规则"）

本大学为学生研究学术之蕴奥，特设研究科。

一、志愿入研究科者，须将其志愿及研究科目，具呈该科学长，经其许可，再具入学愿书，送存学务课。

二、研究生学费，由教授会酌定。

三、各科学长得依该科教授会议决商，请校长指定研究生指导教授或特开讲演。

四、研究生为研究学术，有旅行参观之必要者，得经教授会议决，由该科学长，转请校长，斟酌情形，给以旅费或证券。

五、研究生于学年末，须将其研究成绩，报呈该科学长，以备教授会评核。

六、研究生如品行不端或成绩不著者，得经教授会议决，由该科学长，转请校长，命其退学。

七、研究生成绩卓著者，得经教授会议决，由该科学长，转请校长，给以研究证书。

八、研究生如愿退学者，须具退学愿书，送存学务课，由该科学长，转请校长，准其退学。

（原载西北大学：《西北大学章程》，西安：西北大学出版部，1912）

选科生及校外生

（《西北大学章程》第十一章"选科生及校外生"）

一、本大学设选科生，有愿入分科大学，选择学科中之一科目或数科目专习者，得入学，但须教授会认定之。

二、选科生学费，由教授会酌定之。

三、选科生习完科目，试验及格者，由学长转请校长，给以证明书。

四、本大学为有志求学，而事业羁身或道路阻隔，不能来校肄业者，特设校外生。

五、凡志愿为本大学校外生者，应先缄请学务科（课）寄送入学愿书，填写履历，邮交学务科（课）。

六、校外生购读本大学讲义，其价值及邮费，由出版部另定之。

七、讲义系每月发行二册，两年发完。

八、校外生阅本大学讲义录，遇有疑难之处，得以书缄质问各主任教员。

九、校外生读毕本校讲义录后，得提出论文，寄送学务课，经校长指定教员审定成绩，分数及格者，给以毕业证书。

（原载西北大学：《西北大学章程》，西安：西北大学出版部，1912）

讲演会、拟国会与拟法庭

（《西北大学章程》第十二章"讲演会"、第十三章"拟国会、拟法廷（庭）"）

讲演会

讲演会之设置，分校内、校外两种。

一、讲演会设会长一人，受理该会一切事务。

二、校内讲演会，由校长延请中外硕学或本校职教员，亲临本会讲演。

三、校内讲演会，每月开会二次，遇有必要事，得随时布告开会。

四、开会时，本大学学生得登台演说，以资练习辞令，养成雄辩。

五、本大学学生演说优异者，经该会会长评定，协商学长，转请校长，给以相当之品。

六、校外讲演会，由校长指定本校教员，赴省外各处讲演，或于春夏冬三期休业时，由校长指定教员，率同学生，组织一演说团，赴各处讲演。

七、凡志愿赴各地方讲演之学生，其旅费由本校酌给。

八、本大学学生出外演说，有背本校规则者，由统率该生等之教员，查实报告校长，命其退学。

九、关于讲演会，细则另定之。

拟国会与拟法廷（庭）

一、本大学为增进学生政治能力，设拟国会。

二、拟国会每年继续开演二次，第一次由校长延请本国政治家及本校职教员开演，第二次则由学生自行开演。

三、本大学为养成法律学生司法之能力，设拟法廷（庭）。

四、拟法廷（庭）得随时开演，由该科主任、教员协商学长办理。

（原载西北大学：《西北大学章程》，西安：西北大学出版部，1912）

体育部及运动会规则

（《西北大学章程》第十四章"体育部及运动会规则"）

一、本大学为谋学生身体健全、精神活泼，设体育部，其门如左（下）：

（甲）陆上运动部

庭球

弓术

（乙）水上运动部

端艇

水泳

（丙）拳术部

（丁）剑术部

二、体育部设部长一人，管理本部全般事务。

三、每门由校长聘请教员一人。

四、体育部经费，由本大学学生每月各缴纳洋元二角充之，不足时，由本校酌量津贴。

五、本大学学生于各门技术中，有一门之绝技者，由部长协商学长，转请校长，给与相当之奖品。

六、关于体育部细则，另定之。

七、运动会，或陆上运动，或水上运动，每年于春秋二季举行之。

（原载西北大学：《西北大学章程》，西安：西北大学出版部，1912）

出版部、图书馆及商品陈列馆规则

（《西北大学章程》第十五章"出版部规则"、第十六章"图书馆及商品陈列馆规则"）

出版部规则

一、本大学为印刷发行讲义录、学报、杂志、书籍等，设出版部。

二、出版部设部长一人，管理本部全般事务。

三、讲义录由校长嘱托本校教员编成，以备学生购读。

四、凡本校教员、学生需用之书籍，得嘱托该部向中外书铺代为购买。

五、本大学教员、学生所著译书籍，得嘱托该部代为发行。

六、本大学每月发刊杂志一份，发表教员、学生研究学术之结果及记载关于本大学一切事项，由该部印刷发行。

七、本大学职教员主办之杂志，得嘱托该部印刷发行。

八、关于出版部细则，另定之。

（原载西北大学：《西北大学章程》，西安：西北大学出版部，1912）

图书馆及商品陈列馆规则

一、本大学为资学生之参考，设置图书馆，搜藏中外书籍、杂志。

二、图书馆设馆长一人，管理本馆全般事务。

三、本大学为商科学生考求商品起见，设置商品陈列馆，搜集中外商品。

四、商品陈列馆设馆长一人，管理本馆全般事务。

五、关于图书馆及商品陈列馆细则，另定之。

（原载西北大学：《西北大学章程》，西安：西北大学出版部，1912）

第三节　留日与赠言

西北大学送官私费留日学生名单

表2-26　国立西北大学考取官费留日学生（47名）

姓名	字号	籍贯	科别与年级	入学时间
何天衢	子亨	陕西蓝田	政科二学年	1912年2月
赵福琳	少艇	陕西城固	新政科一学年	1913年2月
惠秉璋	子忠	陕西咸宁	法科一学年	1912年8月
张世楷	任民	陕西安康	法科一学年	1912年8月
王履中	和亭	陕西宝鸡	新政科一学年	1913年2月
汪成翰	炯卿	陕西安康	法科一学年	1912年8月。1916年毕业于日本法政学校
孙念先	奉堂	陕西兴平	政科二学年	1912年2月
李　崿	云峰	陕西长安	法科一学年	1912年8月
阎志仁	静斋	陕西长安	法科一学年	1912年8月
李含芳	香溪	陕西白水	农科一学年	1912年8月
汪世衡	仲山	陕西西乡	经济科一学年	1912年8月
张　镐	西京	陕西临潼	预科一学年	1912年8月
赵殿英	子俊	甘肃	正科一学年	1912年8月
宣家声	耀先	陕西临潼	预科一学年	1912年8月
史　青	庸民	陕西安康	经济科一学年	1912年8月
李景淑	子楷	陕西长安	商科一学年	1913年2月
张宝善	祥甫	陕西鄠县	政科二学年	1912年2月
程登弟	鼎臣	陕西临潼	预科一学年	1912年8月。1916年入日本东京高工电气科

续表

姓名	字号	籍贯	科别与年级	入学时间
刘麟阁	恩麒	陕西临潼	预科一学年	1912年7月
侯　鹏	振初	陕西咸宁	边务科一学年	1913年2月
杜荫埋	丹梯	陕西商县	经济科一学年	1912年8月
王国鼎	新三	陕西咸宁	新政科一学年	1913年2月
华　俨	恪夫	陕西商县	政科二学年	1912年2月
王怀斌	德生	陕西邠阳	法科一学年	1912年8月
陈钟秀	崧生	陕西商县	政科二学年	1912年8月
同增仲	伯亭	陕西韩城	新法科一学年	1913年2月
胡希瑗	邃然	陕西宁羌	法科一学年	1912年8月。1916年毕业于日本法政学校，
张益晋	靖华	陕西华阴	预科一学年	1912年8月
陈宏滔	少溪	陕西咸宁	政科二学年	1912年2月
张士俊	用章	陕西岐山	经济科一学年	1912年8月
武兆桐	筱航	陕西富平	旧法律三年毕业	
郗朝熙	暭如	陕西华阴	预科一学年	1912年8月
王振家	耀先	陕西咸宁	预科一学年	1912年8月
赵仰山	景斋	陕西朝邑	预科一学年	1912年8月
杨祥荫	瑞庭	陕西朝邑	预科一学年	1912年8月
郭建封	孟圻	陕西陇县	经济科一学年	1912年8月
郗慎基	敬斋	陕西华阴	预科一学年	1912年8月
邢景钰	真为	陕西邠阳	预科一学年	1912年8月
杨清汉	云卿	甘肃	新政科一学年	1912年8月
董彦超	翰周	陕西咸宁	预科一学年	1912年8月
马　强	健如	陕西邠阳	预科一学年	1912年8月
郑维汉	子屏	陕西咸宁		
汪康培	致和	安徽	政科二学年	1912年2月。1913年入早稻田大学，1915年6月改入日本东京高工电气科
李宗祥	仲舒	陕西长安	政科二学年	1912年2月
陈廷壁	瑞五	陕西洵阳		

续表

姓名	字号	籍贯	科别与年级	入学时间
张荣松				
原鸿儒				1908年陕西蒲城县令李体仁毁学案（蒲案）中的高等小学堂被捕学生之一

注：1913年10月，由民政长、西北大学创设会会长张凤翙主持考试，西北大学文法商农预各科考取官私费留日学生共计62人。其中，官费生47人，私费生15人。年龄最大者29岁，年龄最小者18岁。学费每人每年320金，各送路费80金。

表2-27　西北大学甘肃籍官费留日学生（7名）

姓名	字号	籍贯	科别与年级	入学时间
汉烜	森如	甘肃	预科一学年	1912年8月
张永修	佰慎	甘肃	预科一学年	1912年8月
苏景三	意兴	甘肃	法科一学年	1912年8月
张朝选	俊臣	甘肃	新政科一学年	1913年3月
王维屏	福臣	甘肃	法科一学年	1912年8月
师尚谦	益三	甘肃	法科一学年	1912年8月
马三级		甘肃	政科二学年	1912年

表2-28　西北大学私费留日学生（15名）

姓名	字号	籍贯	科别与年级	入学时间
邹雄藩	芝论	陕西安康		
陈韬	勋臣	陕西咸宁		
谢俊耀	应南	陕西安康	新政科一学年	1913年2月
张齐芳	子芬	陕西安康	法科一学年	1912年8月
范祚介	筹眉	陕西西乡	法科一学年	1912年8月
王相斌	文甫	陕西郃阳	新政科一学年	1912年8月
刘震	东堂	陕西鄠县	预科二学年	1912年7月
张廷钧	子规	陕西华县	预科二学年	1912年7月
毛正文	焕臣	陕西安康	法科二学年	1912年7月
彭玉铭	安卿	陕西安康	法科二学年	1912年7月
韩德馨	润生	陕西澄城	预科	

续表

姓名	字号	籍贯	科别与年级	入学时间
邓发生		陕西山阳		
屈毓堃	严如	陕西郃阳		
黄成林				
王觐仪		陕西鄠县	法科一学年	1912年7月

（原载《学丛》1913年第2期第8—17页）

钱鸿钧校长：送西北大学学生留学东洋序

值民国肇造之秋，处经济竭蹶之时，内政外交在在需材，于此而言，留学岂非迂缓之图哉。虽然百年树人古有明训，况吾陕地处边陲，素称贫瘠，以言学务则腐败如故，以言人才则寥如晨星。反正以来，服务中央者无人，致不能与东南各省竞，虽云关系地理实则提倡无方。本校于戎马仓皇之际、财政万难之余，鸿钧与二三同人惨淡经营，艰难缔造迄于成立，致有今日之举，其中甘苦谅诸君闻之悉，而见之切也。我都督眷怀西北前途，不惜为剜肉补疮之计，而亟亟以兴学育才为要图，莘莘学子联袂东游，每一念及本校筹款之艰与同人期望之殷，能无有动于中乎？天生男儿孤矢有志，正勿以室家为念也，远涉洋海，气候各殊，尤当以卫生为亟也。勿畏难，勿废业，勿流连风景见异而思迁，勿沾染恶习逐末而忘本。抱越王卧薪尝胆之志，矢刘琨枕戈待旦之忱，扩其量，毅其力，苦其身，精其业，青年努力勿负光阴，大厦支持还需梁栋。他日学成归国，巩固共和，改良社会，对内对外，上为国家之干城，下为桑梓之光宠，又岂仅为个人谋幸福哉！今日者灞上停骖，渭滨赠策，海天万里珍重一言，路阻关河听骊歌之再唱，谊关师弟，嘱鱼素之常通。勉哉此行！实所厚望。

（原载《学丛》1913年第2期第1—2页，承蒙李之勤教授生前校核）

崔云松[①]学长：送西北大学学生留学东瀛序

自欧西文明输入东亚，英俊士子远适他邦，迄今数十年来，游学之事多矣，送别之

[①] 崔云松，西北大学创设会委员、文科学长。字叠生。陕西西安人，1878—1958。清举人。辛亥革命后任陕西财政部部长（后改司长）。民国初任陕西都督府参事、法制局局长。1913年1月任陕北观察使。1917年6月去职，1918年8月，被选为安福国会众议院议员。此文节录自崔云松：《送西北大学学生留学东瀛序》，原载《学丛》1913年第2期。

文亦多矣。综其大意，不外赞赏激扬与夫告诫策励之词，期学子努力春华无负远游而已，然要旨普通赠言，并非有特殊之历史，既非所论于吾陕，更非所论于吾陕之西北大学。吾陕西北大学开幕在革命后纪元之元年，其间筹备之艰苦、经营之惨淡，当局者煞费心血，始得聿观厥成，种种困难历史，有令人言之伤心，思之悲痛，不能不为诸君详告者，即财政问题、政治问题以及地点问题是也。共和未布以前，东西战争军书旁午，财政之难已成剜肉补疮。适大局甫定，搜罗一空，既瓶罄而罍耻，复无米以作炊，即政治上种种建设亦有捉襟见肘之患，更何遑论及教育，乃我都督为建设人材计、为大局根本计，于点金乏术之时，勉为朴樕作人之举，设立此校，召集英贤。试思去年由法政学校改为法政大学，扩为西北大学，其筹划之苦、期望之深，有非言语可以形容者。回忆元年春季，本校开学，仆承乏财司，每月仅筹三百金。区区之数，尤有几许掣肘者，即此一端，已可概见吾西北大学处于财政方面艰难缔造之历史一也。政治竞争为文明世界之通例，其揽政权之大多数者，人民政治思想必高，次焉者亦等而下之。民国成立，政局变迁，新内阁人材吾陕寂焉无闻，即求一具国务员资格者亦藐不可得，政权堕落，地方即受间接之影响，人非草木，乌肯同归劣败，然欲放一线之光明，须为百年树人之大计。我都督鉴政权之失败，作恢复之欲图，故虽经济恐慌，室罄空悬，而教育前途仍属黾勉支撑不遗余力，此吾西北大学筹划将来政治方面艰难缔造之历史二也。自开办大学之议决，东南各省学校林立，而西北各省寥如晨星，夫近水楼台方可得月，千里跋涉必歌路难。我都督念切作人不惮文牍纷驰、唇焦舌敝，力争此伟大之机关者，盖亦在国言国、在陕言陕之意。吾秦僻处西陲，文化输入亚于他省，非从根本问题解决，则牛后之羞终所不免，而茫茫教育前途又将有一落千丈之势矣，吾西北大学于建设地点方面艰难缔造之历史三也。兼之年余以来，不顾大局者流昧教育之利益竭力反对，由是障碍丛生，谣诼群起，阴谋破坏者有之，造言攻讦者亦有之。本校处此阴霾毒雾、四面楚歌之中，盖已殆哉岌岌不可终日，若非我都督及任事诸公力障狂澜、苦心孤诣、维持其间，则倾覆是惧一再蹉跎，长此终古，吾恐留学之事直如泡影昙花，而诸君求学之目的永无达到之一日，此则云松躬自阅历悲喜交集亟欲为诸君奉告者。经此层层困难之阶级，始有此校之成立，始有诸君之就学，始有选派诸君出洋之盛举。然则，我陕之西北大学苦学校也，经过之历史苦历史也，诸君之入校肄业苦学生也，此次之留学亦苦留学也。人生境遇，处安乐则玩愒，处困苦则奋励，越王之卧薪尝胆，唐王之负弩庙呼，卒底于成而后已。以诸君入此苦校、身为苦人，此次联袂东游，吾知必能仰体都督兴学之苦衷，念及本校筹款之苦况，以越唐古人为师，痛目惕励，抱定方针，以期学成归来无负三秦父老昆仲之望。然尤有不能已于言者，国基未固，险象环生，北望满蒙，风云日恶，封豕长蛇之实逼处此也；西望秦关，民生凋敝，唤癸呼庚之疮痍未复也。旅居之费，皆吾乡同胞之脂膏，不可以任意挥霍也。留学之目的，为建设之预备，不可以畏难苟安也。对内对外任重千钧，治国治邦责无旁贷。日月逝矣，岁不我与，勿老大之伤悲。烟花逐对，转眼皆空，勿流连而忘返。志向务须远大，学科必求精深，毋蹈嚣张之恶习，务求精进之实功。他日学就归国，扶持世运，巩固共和，行见太华增辉、关辅生色，西北长城将唯诸君是赖！云松本拟折柳灞桥，停骖饯别；攀花河浦，把酒吟诗。乃既迁于职守，日苦经营；复戒严于蒙氛，诸侍筹划。凫趋莫遂，骊唱难亲。渭树秦云，徒劳怅望。东瀛北塞，空切遐思。唯忝一日之相知，岂能片词之莫赞。千里赠言，聊当面叙。诸君勉旃，唯希珍爱。

（原载《学丛》1913年第2期第3—6页，承蒙李之勤教授生前校核）

马步云学长：送西北大学学生留学东洋序

日本自维新后，信多魁梧奇伟之士，吾秦辛亥光复，震古烁今之伟烈率得力于东游。方今破坏既终，建设伊始，内政外交在在需才，剞库风藏云一日万变，西北一带亟亟可虑，当千疮百孔之时，为釜底抽薪之计，建大学以振先声，遣留学以资后盾，艰矣，诸生勉乎哉！夫以诸生之才，于群辈中类出萃拔，遣而游之为树人计，非若东南各省之裁冗东渡，藉以消纳闲员也。前事不远，后事之师，问途识径，偕游有人，非若前日之天荒初破而望洋兴叹也。有其利而无其害，又何俟晓晓渎告哉！虽然，问径来人，藉悉熟道，取鉴前辙，无虑覆车，此中甘苦尝之有素，知而不告无以为仁，告而不实无以昭信。盖平等自由误人，实甚秦楼燕市，鸩毒殊深。勿诱于邪说，勿浪掷金钱。勿党同伐异而恩牛怨李，勿遗精取粗而买椟还珠。勿蒙马以虎皮徒为骇人之具，勿刻鹄而类鹜，仅猎迹象之似。专门分肄，各就其性之所近，以研精极深。他日学成旋里，蔚为国华，长城西北锁钥秦陇，皆于此行卜之。诸生勉乎哉！吾因之有感矣。为我吊西乡伊藤井上大隈诸君之墓，而遗风余烈尤有存焉者乎？呜呼，黄海波涛惊心动魄，富士风雨卷地逼人。痛国基之未固，实栋折之足忧。揽辔澄清，指中流以为誓；力挽狂澜，障东川而西之。余于诸生有厚望焉。行矣勉旃，愿执是言以为后券。

（原载《学丛》1913年第3期第7页，承蒙李之勤教授生前校核）

谭焕章学长：送西北大学学生留学东洋序

民国二年十月五号为秦省西北大学文法商农各科考取东洋留学生东游之日。于其将行也，鄙人不敏，敢附回路赠言之例，正立鞠躬而敬告之曰，夫东洋者，秦世新辟之殖民地，倭人之遗传而区区三岛之旧国也。自贞观入朝，四门受教，而后其国始知有文学。自伊陆等游学欧洲，西化东渐，而后其法学始日臻于完备。其商农各业经营组织于三十年以前，而势力膨胀，速率过度，其收效实在近十余年以内。现在国运发皇骎骎日上，将与欧美各强国并驱争先，而学校林立，教育发达，且几近而执东亚之牛耳。然则今日之东洋固人文渊薮之区，而亦渐成为纷华靡丽湫隘嚣尘之场所矣。譬如适五都之市者，原欲各有所得而归也，或瞥见光彩瑰环摇神炫目，恍恍迷离中无所主，当此时而欲预决其所得，盖亦视其所自择而已。昔人有买椟而还珠者，有削棘端为母猴三年而不成，及成而终归无用者，未尝不叹其所费者钜、所业者勤，而其所得者乃止区区之外观，否则织巧琐屑而弗适于用为可惜也。然以彼绣其鏧帨极其机械所得者虽属无几，而于己尚无若何之损失也，甚或沉溺花酒征逐成习，间有一二为留学界污点者。然其大多数则或愤政治之失平，或抱种族之思想，其处心积虑无非欲改良社会，力挽狂澜而卒为满清法网所牵制而不得一行其志者，固比比然也。今则共和告成，诸生以专门资格入专门学校，必期造成专门学问，以负国家专门人才之急需。所谓文必包括乎伦理哲科，法必参酌乎古今中外，商何以战胜于海上，农何以殖财于国中，孜孜焉，澄乃心，渺乃虑，提纲挈目穷委竟源，汲瀛海之余波以沃我陆海，吸蓬岛之灵液以润我神皋。不唯可以造福桑梓，而中国化贫为富转弱为强之机括，直将于诸生一行决其兆焉。是岂有他道哉？亦不过慎其所择，以期各求其所应得，俾胥合乎当世之用，而毋复留污点于游学界中，斯则私心之所默祝者耳。

（原载《学丛》1913年第3期第8页，承蒙李之勤教授生前校核）

郗朝俊学长：送西北大学学生留学赠言

民国肇始之二年，都督兼民政长，考取西北大学文法商农预各科学生总计五十三人，将赴日本留学。内有派遣浙省西湖蚕桑专校者六人，又有自费赴日本留学者十余人。我校将于荣发之前二日，设供张祖道洗爵歌骊以壮行色，且将有所祝也。俊不敏，忝陪座末，爰免冠立正而进言曰，今诸君携一箧书橐数枝笔，御火轨，驾轮舶，经大陆，抵重洋，历风涛浩森之区，至蓬莱扶桑之岛，其志将为求学计也。我国各省岁遣留学生类分东西两洋，今诸生不于西而于东，同洲同种同文之国，性情易恰，语言易晓，所有讲演译述必易于听受，而少杆格不通之处，斯其学较易于西可知也。独是日本之先，不过海上一贫弱岛国耳，自四门受教，中化东渐，通国上下始知读诗书而兴学校。自明治维新挑选学徒留学欧美，而其国乃骎骎日臻于富强。苟执先河后海饮水思源之义，彼仍当奉我为学界之先师矣。因思光绪季年，国内青年志士就东求学者正复不少，但以满清政府疑忌猜防之过甚，其学成归国者或擯之而弗用，或用之而不尽其才，且多方阻挠以败坏为抵制之计，出使监督各员承望意旨，又从而左右掣肘以力阻其成功。试思学问之道，唯专斯精，用志不纷乃凝于神，彼当越国就传而一念为学，复一念分心于国事，则其志之纷而业之不专，有无待蓍龟者。以今较昔，留学诸君何幸！而值此时代，而其心何患不广且泰也。近世日本学校林立，其所研究者固不外于文法商农工医各科，而我校此次所遣之士，则皆由此数科肄业生中选拔者也。夫文法商农工医各执一科，斯学业有专攻，自不难知类而通达矣。试先以文科言之，日本自变法以后，孔耶佛老信教自由，然而经谈郑贾学主陆王，端赖一二大哲学家主持，一时舆论之机括彼邦人所谓武士道、太和魂者，远劳太史公之游历，不如近取王阳明之良知，得其本而握要以图方轨既正。斯所云论理、性理、物理、伦理、地理、理化诸科目庶不至以起点偶误，致学术之乖舛。且其文字汉和并用，较西书为易读，则东方之文学固大有裨益于我者。其次则法学。夫制定法律必鉴于其国固有之人情风俗习惯，而后可臻完善。所以法学一门其范围极广，其性质极流动，其运用极活泼，固与干燥的论理学之研究大异其趣也。日本之人情风俗习惯与我国无大径庭，其一切法制，除与我国体相抵触之部分不能采用外，余如刑民商及其诉讼等法足供我之采择者正复不少，苟能取其所长补己未备，按诸国情变通，咸宜尽善尽美，直反手事耳，则东国之法制即我国之先导也。日本固贫国也，经甲午、丙午两役，内债、外债重重交逼，司农时兴仰屋之叹，幸国内富商大贾若正金三井各家类能竭其所有藉资挹注以暂济公家之急需，其政府方且争口岸，争关税，减出口之征额，筹运输之便利，一意吸收邻邦金钱以填东海之波，卒之库款弗匮金融流通，公与私俱沐其利。要知商务固所由左右社会挽回时变执主权而操纵一世之进退者，此经济、财政、商业各学所当急起研究也，我欲近取师资则商科綦重矣。日本先以农立国，与我国同，唯其地处温带瀛海，周环土地沃衍膏腴，弥望加以择籽、化壤、肥料、疏苗、筑堤、闸防、水旱之类，皆利用新法，以驱遣而指使之，故能一町之田再收，一岁之禾屡获，区区三岛所出，足供举国之耗费而无虞不足，彼农业之发达有志入农科者，在我固将学步焉，至如工业一门较商农为尤重，各国大学例有专科，所谓形而上为道形而下为器，夺天地造化之奇极、人生应用之妙得其奥秘饷我无穷。若习常蹈故一任蚩氓自为之无当也，昔日本工艺扑拙、器具苦窳与我同病，自圣彼易开博览会后，痛惩前愆力图补救、因开劝业、共进等会鼓励进行。迄今日出品之精良、工业之进步几与欧美并驾齐驱，而彼都人士尤于电、光、气、化、采矿、冶金、机器等科发其理想，加意研求，内以振国民技艺之精神，外以动世界各国之视听，其效果如是，则工业一科不又我所急宜取法乎。又医学者，吾人死生性命之所关也，古昔之时，方剂之略列于艺文，惠济之方颁自天子。《周礼》有医师之官岁终有失四之罚，其慎重也如此。今之庸愚无赖假活人济世之名为倚市糊口之计，自命和缓国手，实为歧黄罪人。或不幸有疾即为釜中鱼、俎上肉一听烹治脔割，实可悯矣，夫日本于医学一科法尚新奇术精剖解，本诸实验不泥古方，会通海内海外之见闻，甄拔中法、西法之美善，全体部位无不校风寒燥湿淫，无不辨各物生性，无不识经络脉理，无不谱本仁心以行仁术，人物生灵均获永寿，则医学一科不又我所宜极力精研者乎。若夫西湖蚕桑近在国内，求友非难，获益自易；他日者，吸镜水之文章，润色关内；挹稽山之绵绣，衣被秦中。此其事唯诸君负专责亦唯俊有厚望焉。且夫学者难成而易落者也，时者难得而易失者也，机者难乘而易误者也，诸君生此时遇此机以求学于东洋，吾不禁先为贺，继为误，转为勖。曷言乎其贺也？自清帝逊位，五族共和，中日感情日益亲密，凡一切派遣之人、游学之士，专门教授之学界巨子，其心理莫不沉瀣一气，呼吸相通，略无前清束缚驰骤之弊。诸君又皆亲炙大学粗识门径，考究观摩用力少而成功多而望洋兴叹者无有已。曷言乎其可惧也？彼都人士自经欧风浸灌之余，力求文明雅负，开通智慧渐增，风俗益漓脱，今竞采春华尽忘秋实，剽窃文字掇拾糟粕假虎威而欺世啮腐鼠以吓人，流光掷梭，学期倏满，恐扬州之梦未醒，墟头之酒犹温，一副假面具当场败露，学书不成画虎贻讥，启外人觊觎之心，负秦中父老之望，民国前途何堪设想。俊于是不暇为诸君贺，亦不必代为诸君惧，而不禁殷殷然有所勖也。学成于专毁于纷，业精于勤荒于遂，嗣后我国或于内政不修，外交失败，众论沸腾，传播海外。而业已置身学界则不宜妄谈国事。日本与境地毗连、犬牙相错，或因小故动起交涉，而业已置身学界则不宜分心邦交。政客党人秘密结会，借口自由，动思挟制，而业已置身学界则不宜私通函电。娼寮、妓馆、酒地、花天、风流自赏，道德堕落，而业已置身学界则不宜稍涉逍遥。澄乃神，渺乃虑，肃乃心，平乃气，吸彼精华，瀹我灵府，异日一帆风顺，学成归来，将出其文学以培国粹，出其法学以正国纪，本其商农工医各学以裕国用，厚国本而寿国民。大则利民福国可以宏我神州，小则易俗移风，可以造福梓里，东化中渐，智识交换，事业功名且将驾伊藤大隈诸人而上，而君乃真不愧为民国之伟人，即当道诸公都乃真不负其派遣之盛心，彼时洗尘青诸，建门设俊，将执是言以为息壤。

（原载《学丛》1913年第2期第11-16页，承蒙李之勤教授生前校核）

康炳勋学长：送西北大学学生留学东洋赠言

西北大学诸君负笈东瀛行有日矣，某忝司校务，素与诸君切劘以道义者也，临歧惓惓敢贡刍言，以当绕朝之策可乎？窃维吾秦当三空九尽之余，都督兼民政长不惜巨资提倡游学，诸君不远万余里抠趋异域，无非师人之长以补我之短而已。然欲补我之短，尤须保我之长，乃能包欧孕美，陶铸万流。秦地距天下上游，姬之王化，嬴之霸烈，震古烁今，无俟缕述《朱子》有云：雍州土厚水深，其民敦重质直，无郑卫淫靡之习，导之以仁义则能兴道致治，导之以武力亦足以招八州而朝同列。顾亭林先生徧游齐鲁燕晋，独乐居华下，以为秦人重处士、尚名节犹有先王之遗泽，此岂徒天性异人哉。地气实然也。惜自赵宋南渡，兵焚迭经，文物既皆荡尽，师友亦乏渊源。虽以张横渠先生首倡民物，胸与王葵心先生发明机器图说，海内群诧为先觉而近先哲之居者，反其无人，加以五洲大通，秦独僻处，乡先生守一家之说媛媛姝姝，足已自得，凡当世所谓哲学、名学、心理学、物理、化学，一切屏之以不信，绝之以不观，间有领异标，皇然以砭订愚顽自任，则又学说不完转，无以间执反对之口。以故影响所及，间阎不知兴学为何事。韩之铁，延长之石油，商洛之金矿，宝藏溢于地而人不知开采也。皮毛、绵丝、药材，岁岁输出生货而人不能制造也。嗟呼，以天府天下雄邦，财才两绌，日患寡贫，此固某所当抚躬引咎，而亦全秦人士之奇耻，无庸深讳者也。虽然河岳有灵，呼之欲出。自古建议多在东南，收功常在西北。以某观于世变，务材训农通商惠工，何者非治国之良规，无布衣帛冠之实，则维新皆托空言。十年生聚，十年教训，何一非救时之急务？无卧薪尝胆之诚，即革政亦仍旧弊。吾秦人士衣不重采，食不二肉，徒步自甘，刻苦不厌，凡东南人士七艳说卫文、勾践望尘莫及者，诸君皆优为之设。此后涵泳乎已知，敦笃乎已能，而更扩以远大之识、专精之技、日进无疆之学，譬犹终南文梓经大匠绳墨必中栋梁之选也，荆山璞玉得良工雕砑必成瑚琏之器也。若唯是眩其外观，染其陋俗，或更唾弃吾秦数千年遗传之美质，此则郑贾买椟而还明珠，邯郸学行而失故步，不唯有负都督兼民政长敬教劝学之苦心，亦岂某之所厚望于诸君哉！行矣诸君，努力前修。某将敬听所学，改良校政，且阜吾财。时因东风，惠我好音，不尽欲言。

（原载《学丛》1913年第2期第17页，承蒙李之勤教授生前校核）

第三章　省立西北大学的赓续（下）

第一节　《学丛》与教师

雄辩会纪事（节选）

本校以司法行政辩论当先，内治外交辞令为首，若不练习于未用之先，必难受功于既用之后。因令各科学生组织一雄辩会，于每星期六日由各讲师命题二道，集合全体学生，随意讲演。第一次由钱校长、马学长命题。

第一次雄辩会纪要

其题为：
（一）制定宪法与选举总统二者孰先？
（二）大借款成立于民国，经济前途有何影响？

第二次雄辩会纪要

由宋镜涵、梁凯铭两讲师出题。其题为：
（一）陕省自军兴以来，商工衰微，产业凋敝，应如何整顿以苏民困？
（二）划分国家税与地方税之研究。
是日，演讲者三十余人。

第三次雄辩会纪要

由谭耀堂、马凌甫两学长命题。其题为：
（一）社会主义能否适行于今日之中国？
（二）紧急命令其效力可废止，法律然如因议会不承诺而命令失效力时，其已废止之法律能复活否？

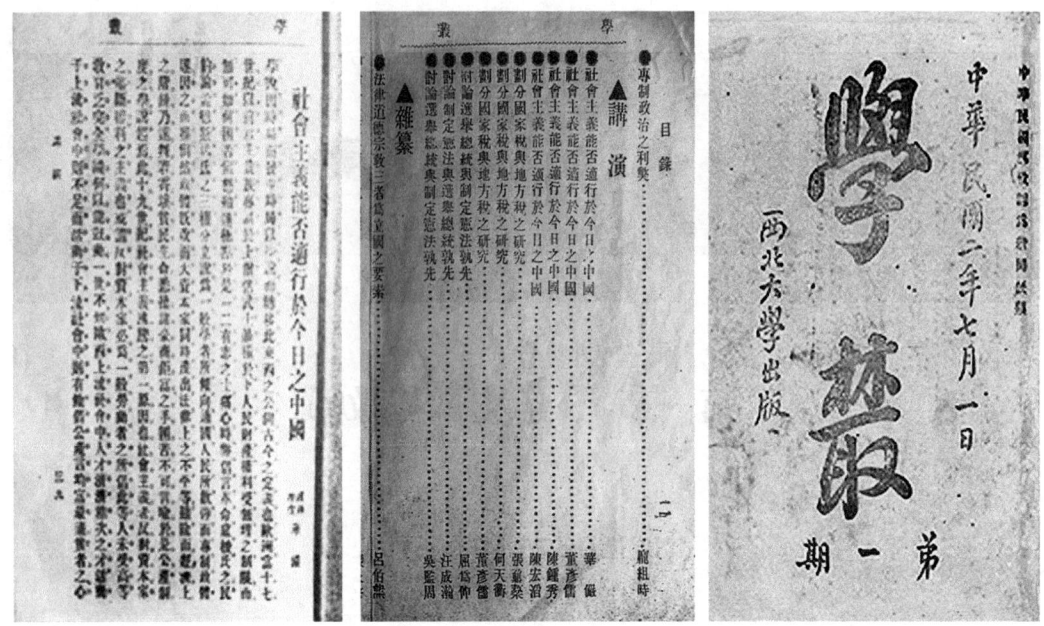

图 3-1 《学丛》1913 年创刊号封面、目录和内文

各学生对第一题讲演者二十余人。其主张约分三派：有谓社会主义绝对不能适行者；有谓将来能行与否虽不敢言，必今日之中国，则绝对不宜；唯有一二人主积极说，谓社会主义可行。……演讲毕，六钟已过，马凌甫学长略加评断，随即闭会云。

（原载《学丛》1913 年创刊号第 111—116 页）

刘芬：《学丛》序一①

凤有毛，麟有角，识者知其为奇珍，而不知其笃生非偶也。山有榛，隰有苓，识者知其为异材，而不知其培植有自也。关中襟山带河，凤称天府，周秦汉唐之所经营，典章文物之所荟萃，名儒伟人之乘间而迭出，彪炳史籍，夐乎尚矣。列朝以降，地气南移，交通阻滞，风气闭塞，士习于固陋，农安于游惰，工流于苦窳，商困于疲滞，地瘠民贫，西北为最，而无由日跻于文明。识者曰此皆不学之过也。夫世无论古今，以教育为要，学无论新旧，以经世为归。时至今日，守旧者，空疏无用，冒托国粹之名；新进者，竞

---

① 此文为《学丛》创刊号序。《学丛》为我国北方创办最早的文理综合性大学学术月刊。1913 年 7 月 1 日创刊于陕西西安。西北大学出版部编辑出版和印刷。在北京顺治门大街秦中公寓、天津自由镜报社、上海商务印书馆、汉口商务印书馆、甘肃行政公署、西安省垣各书局和行政公署设有代派发行处。共出版 7 期，停刊于 1914 年底。1990 年 7 月，姚远发现于北京大学图书馆和四川省图书馆。

尚浮华，卒鲜专门之学，而人才日少，学风日坏，国政日非。二三君子怨焉忧之，览沧海之横流，惧斯文之或坠，出而提倡之，扩充之，阐法政之真理，树大学之先声。燕昭市骨而材骏争驰，叶公好龙而天龙下降，于是，镐鼓洛钟，和声鸣盛，东琳西箭，集羽萃麟。课余之暇，或本心得而抒伟论，或因雄辩而发危言，笔而录之，采而辑之，名曰《学丛》。角艺争长，借资砥砺，片羽吉光，无关宏旨，将欲免屠龙之诮，而励士子向学之忱也。尚望大雅宏达进而教之。学术基于思想，发明赖乎文章，故首之以论说；规画重在实践，成法尤贵参观，故次之以纪事；治事泯争，适用法理，则判例次之；礼失求野，借镜择长，则译述又次之。然麟爪不弃，片言珠玉，时虞漏网，故以杂录终焉。嗟乎，民国新造，干济需才，世运值迍邅之秋，学术有陆沉之慨，内忧外侮，险象环生，莘莘学子，其亦觑斯编而兴起者乎。求实用，祛清谈，化党见，谋公益。改良社会，毋泥古而不通今，宏济时艰，毋见小而失大体。绵文武之遗泽，宏汉京之雅化。异日者，麟凤游于郊薮，蓁苓咏于诗歌，皆将于此觇之。爰濡笔而为之序。临潼刘芬。

（原载《学丛》1913年创刊号第1页，承蒙李之勤教授生前校核）

黄福藻①：《学丛》序二

居斗室之中，驰思万物之表，可发王道，可著圣言，可洞人事，可穷物变。绵二千年之邈暧，萃亿万姓之菁英，由是文藉生焉，学说出焉，盖与时进化，贤哲莫得而测也。游心微密、出日没月而不能尽也，不达于王道圣言人事物变知者勿道也。

二载之秋居西北大学，校日居月，诸幽藏深念群言掊集，浩然璨然如观图画。幸建章门户之可寻，如入名都更山阴，应接之不暇，以为此中东名师之学说，遂矣奥矣；百千学子之理想，广矣博矣；不敢故智自封而贻无目之讥也。爰掸其涯求其门，不囿于一隅，不限于一途，不责乎一人，罗胸果腹，大嚼横吞，弃其糟粕而饮精华焉。择之严，求之勤，而无不至也。我为庖人，而读者坐食焉，慎勿诟其治具之未精也，仍赓前例名曰《学丛》。

抑更有进者昔周之兴也。国有大学、国学、小学之等，乡有党庠、州序、里塾之分，其设教也。诗书、礼乐、射御、书数，条理至详，教法至备也。故《诗》曰：周王寿考，遐不作人。又曰：济济多士，文王以宁。作人，则能寿考，而文王以多士宁也。今之欧美，以材艺胜我矣。普法战后，俾斯麦归功于学堂教师。至荷兰、比利时、瑞典、丹麦以蕞尔之邦，保存独立，则以诸学并立，大学岿然，而人材不可胜用也。游乎美国，则

---

① 黄福藻，字仲唐，陕西人，留日。1918年曾任铜官（今铜川）县知事。1922年在西安参与成立今雨雅集社，为社员。20世纪20年代曾任河南省建设厅厅长秘书。

省有大学数所，学子数千焉。夫人材犹种树也，筑室可不月而就，种树非数年不荫。今者惟新告始，万绪千条，百事可就，而兴学育材不可一日致也。以种树譬之学校园圃也，学生花木也，灌之、溉之、培之、植之，则讲师之责也。又宜试验分析，考其程度成绩之若何。陈之庭庑楼阁，以壮观瞻，布之书籍报章，以广流传。是则《学丛》之不可以已也。《诗》曰：他山之石，可以攻玉。又曰：如切如磋，如琢如磨。是又《学丛》之微意也。

今日之中国颇危极矣。如破舟飘荡于惊风骇浪之中而莫知所届也，舟中人方喧呼叫嚣，而不谋最后之解决也。上无礼，下无学，贼民兴丧无日，洪水猛兽不是过也。所谓虽与之天下，不能一朝居也，赣宁肇乱，举国骚然，所幸彼苍悔祸，大乱粒平，统一之能保存，领土之不破碎，此中有天幸焉，非人力所可施也。惊魂甫定，极端进行，两年积重之余，狃然虽返，瞻望漠北，魂魄欲飞；回首东南，隐患未靖。欲靳成德达材，曹出并起，杂沓鳞萃，立功于当时，垂芳于后世，非莘莘学子之望而谁望耶？

在昔大贤硕儒之居时论势也，道有是非，故文有工拙，则论说生焉。降及后世，其流实繁，今则冶东西为一炉，纯驳更不易辨矣。取其析理精微、意态雄杰者冠之于篇为论说门。

法理精深，中西异轨，见仁见智，理解难同。故必讨论焉、辩驳焉，鉥之、扬之、挈之、衍之，抽丝剥笋，理乃益明，故讲演次之。

医而后知病之轻重，鉴而后知貌之妍媸，其于文也亦犹是也。吾国近年文化日进，思想日新，报章愈多，学说多精选其文辞娴雅，议论详明者著于篇，多士参考，而借镜之，未始非学识之一助也。故又次之以杂纂门。

本校沿革始于晚清，上而官司文电之交驰，下而学课手续之丛杂。几经变折，始底于成。兹特将前后事实辑而录之，使后之人藉以觇西北教育史进化轨迹之一斑，且以见当局者之殷勤擘画之非易也，故以纪事门终焉。

若夫欧风煽人，盲从附和，吠声吠影，谬妄百端，弃国学之粹美，拾欧制之唾余，若斯之伦，在所不取。经传考据，义杂词繁。如三尺之画，七日游而不能尽其蹊径也。虽渊博足多，非当务之急。譬诸商彝周鼎，徒为悦目之玩，不周今日之用也。诗词之作，丛菀之谈，体近纤靡，无当大雅，盖以文词为工，不以学理为本。今之所选，又以略诸。至于阐先贤之遗蕴，知东海有圣人，西海有圣人，此心同此理同也。发共和之真谛，道德物质为先，而政治其后。木有本，水有源也。不龟手之药，既以治国矣，况于文采斐然，金相玉，发先识之覆，疑窍后生之宧奥者乎。学者读之，固无所往而不进于道也。

司马子长之言曰：东方物始所生，西方物之成熟。夫作事者必于东南，收功实者常于西北，至哉言乎。观于近年政体改革而益信矣。三秦为丰镐旧京，械朴作人，形诸歌咏。汉唐以降，人文蔚起，大雅宏达于兹，为群流风余韵，盖历千百年而未能斩也，况于山水奇丽、人物英魂为二十二行省之特出，司马氏之言其再验乎。从此交通日便输入文明。好学之士，发扬踔厉于《学丛》之出也。人手一编，藏焉、修焉、息焉、游焉，祛其固陋之习，蔚为有用之材。有谓三秦人士不能在世界大舞台上崭然露头角者，吾不信也。

民国二年大冶黄福藻谨序

（原载《学丛》1913年第3期第1—5页，承蒙李之勤教授生前校核）

《学丛》1913年第3期版权页

各校学生注意：本校发行《学丛》，原为学生研究学术、交换知识，各校学生如有心得著述，本校极为欢迎，尚望不吝金玉，时赐佳构为盼。

定价：每册洋三角。

本国邮费：每册二分，日本，每册三分，外国，每册五分。

代派：10份以上，九折，30份以上八折，50份以上七折。

广告价目：特等，一面30元；上等，一面20元；普通，一面20元，半面，7元。

总发售处：本校出版部。

编辑所：西北大学本校。

印刷所：本校出版部。

发行所：本校出版部。

代派处：

北京顺治门大街秦中公寓；

天津自由镜报社；

上海商务印书馆；

汉口商务印书馆；

甘肃行政公署；

新疆行政公署。

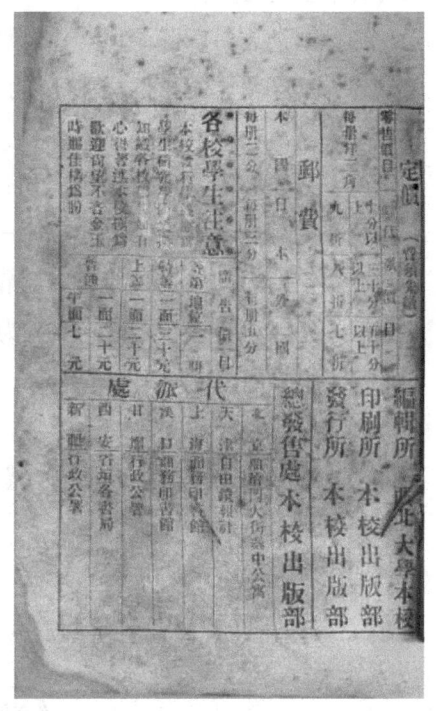

图3-2 《学丛》1913年第3期版权页

（原载《学丛》1913年第3期封三）

《学丛》大刷新之预告

本杂志出版以来，深为吾校同人所称许，现拟自第四期起大加改良，删繁补简，总期材料丰富、体制精良，为爱读本杂志者风簷雨窗之一助也。

一、此后仍两月出一册，而篇幅、页数则远倍于前，于登载稿件选择完备、校阅再三，始行付印，庶不致有临时凑集塞责之弊。

二、本杂志每期除论说、讲演两门仍选择本校学生著作外，其杂纂、纪事两门则不拘此例，谨将应增各项材料列下：

甲、杂纂门内，广求时贤名作，与政法学说有关系者择优登入，其有针砭时弊足为学子身心之助者，亦拟登入一二篇，总期皆属最紧要、最精确之议论也，而自此以后，尤以力合于新文学之潮流为主。

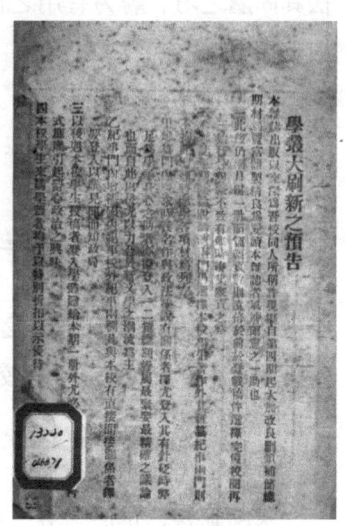

图 3-3　1913 年第 3 期插页所载《学丛》大刷新之预告

乙、纪事门内，增添国内纪事、校外纪事两栏，凡与本校有直接、间接关系者，择要登入，以广见闻而知政局。

三、以后遇本校学生投稿者，登入《学丛》，赠给本期一册，庶几引起留心政治之兴味。

四、本校学生来购《学丛》者，均予以特别折扣，以示优待。

（原载《学丛》1913 年第 3 期封四）

《学丛》出版概况

表 3-1　《学丛》出版状况

期次	出版时间	页码	论文/篇	杂纂/篇	纪事/篇
第 1 期	1913-07-01	138	22	16	17
第 2 期	1913-09	121	28	7	9
第 3 期	1913-11	131	22	1	3
第 4 期	1914-01-01	161	20	7	22
第 5 期	1914-05-01	294	25	13	7

注：姚远据在北京大学图书馆发现的创刊号、在四川省图书馆发现的第 2—3 期和在上海图书馆发

现的第 4 期、第 5 期统计。见有 1914 年 5—6 期合刊的封面，置于第 5 期之前，但未见第 5—6 期目录和正文。1913 年 11 月第 3 期的《启事》预告"本年第五六两期合刊，自第七期其仍旧两月一册"。

《学丛》1913 年创刊号目录

（篇名、作者、年、期、页）

《学丛》（中华民国二年七月 日，创刊号，西北大学出版）目录

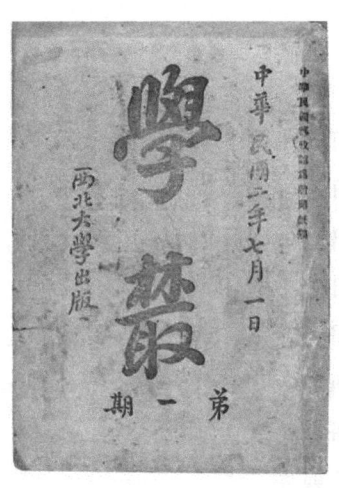

图 3-4 1913 年 7 月 1 日出版的《学丛》创刊号

编　　辑：西北大学《学丛》编纂处
出版印刷：西北大学出版部
创刊日期：1913 年 7 月 1 日

凡　例		1913	1	封 2
题词一	张凤翙	1913	1	1
题词二	钱鸿钧	1913	1	2
学丛序	刘 芬	1913	1	1

论　说

论制定宪法与选举总统之先后问题	何天衢	1913	1	1
国宪问题私议	赵仰山	1913	1	3
征兵制度之研究	杨季石	1913	1	11
内阁政治之得失	陈钟秀	1913	1	13
论国民不可无法律知识	张世楷	913	1	17

法治国论	廖金元	1913	1	20
论党争对于国家之利害	汪成瀚	1913	1	21
论研究政治当用活动之眼光	屈为伸	1913	1	23
论主权	朱汝霖	1913	1	26
主权是否为国家之要素	宫 瀑	1913	1	28
成文宪法之得失	雷澍森	1913	1	30
专制政治之利弊	庞组时	1913	1	34

讲　演

社会主义能否适行于今日之中国	华 俨	1913	1	39
社会主义能否适行于今日之中国	董彦儒	1913	1	42
社会主义能否适行于今日之中国	陈钟秀	1913	1	46
社会主义能否适行于今日之中国	陈宏滔	1913	1	49
划分国家税与地方税之研究	张鼎菜	1913	1	51
划分国家税与地方税之研究	何天衢	1913	1	55
划分国家税与地方税之研究	董彦儒	1913	1	56
讨论选举总统与制定宪法孰先	屈为伸	1913	1	59
讨论制定宪法与选举总统孰先	汪成瀚	1913	1	62
讨论选举总统与制定宪法孰先	吴监周	1913	1	65

杂　纂

法律道德宗教三者为立国之要素	吕伯熊	1913	1	69
法律与道德	王履中	1913	1	70
治外法权与领事裁判权	张永修	1913	1	72
成文宪法与不文宪法	陈钟秀	1913	1	74
国体与政体	马铭彝	1913	1	76
共和国不废专制辩	廖金元	1913	1	77
论神之原理	王怀斌	1913	1	78
释国权	周道南	1913	1	79
其二	王殿英	1913	1	80
自由权之种类各国宪法互有异同其故何欤	孙乃沅	1913	1	81
释资本	张世楷	1913	1	82
张横渠累年究极释老无所得反而求之六经说	石 笙	1913	1	83

诸侯之宝三土地人民政事说	王国鼎	1913	1	84
青苗社仓辨	聂文濬	1913	1	85
大贾人说	聂文濬	1913	1	87
武装平和论	杨季石	1913	1	88
一九一二年国际（学术会议）的会合（1月至7月）		1913	1	94

纪　事

本校大事记	1913	1	99
△名称之沿革	1913	1	99
△现开之科目	1913	1	100
△致部视学说明本大学开办各科之大要	1913	1	101
内部函令	1913	1	105
△致驻日公使介绍本校学生汪康培入早稻田大学肄业由	1913	1	105
△呈大都督呈明本大学旧法律科学生已满三年进行毕业定期考试由	1913	1	105
△函复司法筹备处查明刘瑞琦并未毕业由	1913	1	106
△令汉阴县嘉奖县民张少云捐助巨款并查明有无子弟速来校肄业由	1913	1	106
外部来文	1913	1	107
△甘督赵咨复考取学生送校肄业由	1913	1	107
△新督杨咨复新疆并无合格学生送校肄业由	1913	1	108
△甘教育司马公函	1913	1	110
雄辩会纪事	1913	1	111
△第一次雄辩会纪要	1913	1	111
△第二次雄辩会纪要	1913	1	113
△第三次雄辩会纪要	1913	1	114
△马学长将赴东京	1913	1	116
△本大学建筑规模	1913	1	117
△寄宿舍之构造法	1913	1	118
△出版部成立纪略	1913	1	119
△政法速成班改为别科	1913	1	120
△旅行参观之纪略	1913	1	120

△蚕科第一二两班饲育春蚕采茧成绩一览表	1913	1	121
△蚕科简易班春蚕成绩表	1913	1	122
△本期各科试验问题	1913	1	123
△法律科第三年	1913	1	123
△法律科第一年	1913	1	125
△政治科第二年	1913	1	128
△政治科第一年（甲班）	1913	1	130
△政治科第一年（乙班）	1913	1	132
△经济科	1913	1	134
△商科	1913	1	135
△边务科	1913	1	137

（原载《学丛》1913年创刊号）

《学丛》1913年第2期目录

（篇名、作者、年、期、页）

钱校长鸿钧送西北大学学生留学东洋序	钱鸿钧	1913	2	1
崔学长云松送西北大学学生留学东瀛序	崔云松	1913	2	3
马学长步云送西北大学学生留学东洋序	马步云	1913	2	7
谭学长焕章送西北大学学生留学东洋序	谭焕章	1913	2	9
郗学长朝俊送西北大学学生留学赠言	郗朝俊	1913	2	11
康学长炳勋送西北大学学生留学东洋赠言	康炳勋	1913	2	17
《学丛》序	黄福藻	1913	2	3

论　说

西人商学分两大派曰保护曰自由其说孰优论	宫　瀑	1913	2	
其二	刘铭彝	1913	2	
其三	吕伯熊	1913	2	
财政学以理财为目的经济学以生财为目的论	李莲青	1913	2	
其二	熊际虞	1913	2	
子产弭盗猛以济宽论	张作翰	1913	2	
其二	程鹤云	1913	2	
新内阁成立减裁行政机关停止司法进行				

名义上撙节财用实际上究寓何种政策	程鹤云	1913	2
秦分天下为三十六郡	刘德俊	1913	2
其二	王邦杰	1913	2
其三	张世济	1913	2
经济文章为鼓舞社会之利器然秦皇汉武之功名老庄墨氏之学说及王安石等之政见经数百年为举世所诟病再经数百年忽又为举世所尊崇此其理由安在	汪世衡	1913	2
其二	胡希瑗	1913	2

讲　演

民事诉讼法者公法欤私法欤学者异说试论断之	汪瑞麟	1913	2
国家之形体有国体政体二种我国现今于国体上为何如形体政体上为何如形体诸君研究有素其各抒所见以对	王树棠	1913	2
试述主权之意识	王树棠	1913	2
法律行为成分与法律行为缘由其于法律行为成立有如何之关系	雷秉离	1913	2
原始取得与承继取得之区别	雷秉离	1913	2
问人类分贵贱之所由始	胡应选	1913	2
试述古今宗教不同之点	胡应选	1913	2
犯罪之客体不外指被害者与被害物体而言但被害者与被害物体有别试就杀伤窃盗私擅逮捕监禁侮辱强奸等罪分别举例以说明之	胡伯勋	1913	2
其二	陈邦彦	1913	2
说明行为与所为之区别	胡伯勋	1913	2
其二	陈邦彦	1913	2
古今论性理者不外善恶两途试究其说之利弊如何	屈为伸	1913	2
近世学者多谓人类始祖本于一元然何以形色有不同欤	屈为伸	1913	2
放火烧毁他人所有之家屋者当然成立刑法上之放火罪但放火烧毁自己所有之家屋时可否认为处分自己之法益之行为而不为罪试详述之	吴　昌	1913	2
国家严禁自力保护实行公力保护其理由安在试详述之			
	王树棠	1913	2

杂 纂

送三水徐勤君勉应侨选议员归国序	康有为	1913	2
诘墨	张　长	1913	2
论易之功用	杨　秀	1913	2
春秋为孔子刑书论	王仁俊	1913	2
大同篇	王舟瑶	1913	2
道德堕落之原因	张东荪	1913	2
政治与人物	吴贯因	1913	2

纪 事

△本大学呈民政长呈明遵查前法政学堂讲习科学生李国柱毕业成绩由

△本大学函甘教育司请将甘学生李原桢等再加给津贴由

△本大学函新疆教育司请将新省学生谭承光等援甘成例汇给官费由

△本大学函甘教育司查明甘生官费自费并留日各生姓名年岁籍贯由

△西北大学考送留日官费学生四十七名

△甘肃官费留日学生七名

△自费留日学生十五名

△西北大学考送浙江蚕桑科学生六名

△本期各科试验问题

（原载《学丛》1913 年第 2 期）

《学丛》1913 年第 3 期目录

图 3-5　1913 年 11 月出版的《学丛》第 3 期

《学丛》（中华民国二年十一月第 3 期，西北大学出版）目录
（篇名、作者、年、期、页）

论　说

篇名	作者	年	期	页
子产弭盗猛以济宽论	法科学生周誉嘉	1913	3	1—4
孟子讲性善，经宋儒之阐发而理愈真，荀卿主性恶，征西哲之学说而义近，是试一详其优劣而折衷之论	南复堂	1913	3	2
其二	高　顾	1913	3	4
项羽舍关中都彭城论	商科学生　王灵枢	1913	3	5
其二	辛　爔	1913	3	8
其三	马秉刚	1913	3	9—10
其四	杨尚廉	1913	3	4—11
西汉时令民入物补官出货除罪论	王树棠	1913	3	11—24
其二	党保极	1913	3	14—15
晁错从民实边与今日欧美各国殖民政策异同论	孙国丰			
卢梭、黄梨洲论	胡应选			
其二	马三级			
项羽有取天下之才而无取天下之虑，曹操有取天下之虑而无取天下之量，刘备有取天下之量而无取天下之才论	汪瑞麟			

讲　演

篇名	作者
论党内阁是否能行于中国	张智莹
撒拉米斯之战雅典转败为胜其故安在	倪端序
中世与近世人民国家思想有特异之点，试论其梗概	王秉权
关于俱发罪之处分有并科、吸收、折衷三主义，试述其意义并论其得失	程鹤云
拟中华民国宪法草案	宫　瀑

杂　纂

篇名	作者
中国颠危误在全法欧美而尽弃国粹说	康有为

纪　事

△本大学呈民政长造具前法政学堂别科甲班学生历期成绩清册请转咨部由
△本大学呈覆民政长呈明本校会计、庶务主任姓名、履历、籍贯由
△本大学呈覆民政长呈明郭德沛在校充当讲师并教务长由

（原载《学丛》1913 年第 3 期）

《学丛》1913 年第 4 期目录

《学丛》（中华民国三年第 4 期，西北大学出版）目录
　　（篇名、作者、年、期、页）

论　说

篇名	作者	年	期	页
萧何数以吏事护高祖论	刘　靖	1913	4	1
《史记》《老庄》申韩合传论	宫　瀑	1913	4	3
金禁女真人译为汉姓元赐汉之有功者以蒙古姓论	刘　靖	1913	4	4
汉武帝表章六经罢黜百家论	屈为伸	1913	4	6
其二	宫　瀑	1913	4	8
其三	王建基	1913	4	9
其四	熊受书	1913	4	10
庾元规让中书令表书后	熊治龙	1913	4	12
新内阁成立减裁行政机关停止司法进行名义上搏节财用实际上究寓何种政策	张文彦	1913	4	13
其二	刘　靖	1913	4	16
其三	宫　瀑	1913	4	20
胡安定设教湖州分斋课士论	宫　瀑	1913	4	23
宋制理科进士试刑法金制律科举人试论孟论	王树棠	1913	4	24
其二	张文彦	1913	4	26
汉高帝约法三章唐高祖约法十二条论	南复堂	1913	4	27
其二	吉克昌	1913	4	29
卢梭黄梨洲论	周道南	1913	4	30
帝王与儒者孰重论	王殿英	1913	4	31

讲　演

拟中华民国宪法草案	屈为伸	1913	4	1
国家进化以取法先进国为前提说	陈石麟	1913	4	24

杂　纂

广东国报发刊辞	康有为	1913	4	1
政治家之品格	吴贯因	1913	4	4
人论何以千古不磨	吴彝叙	1913	4	23
论画一主义之教育	余　箴	1913	4	27
论法律之执行	陶保霖	1913	4	35
习惯与法律之冲突	钱景贤	1913	4	52
箴文人	怀　素	1913	4	59

纪　事

国内纪事	1913	4	1—17

△教育部布告第五十二号　二年十一月十三日

△教育部布告第五十七号　二年十二月三十一日

△教育部令第五十二号　二年十一月二十一日

△古德诺氏对于增修约法之主张

△约法会议之事项

△约法会议经费之规定

△约法会议印信铸成

△修改意见之征求

△议长属谁之揣测

△中华民国约法会议议员一览表

△延长承德石油借款合同

校外纪事	1913	4	17—22

△陕西民政长函复护理甘肃都督函请由本省所派留日学生经理员兼办甘肃留学事务由

△陕西民政长函致上海中华法律专门学校请收录陕省学生张希关等十四名入校肄业由

△民政长呈教育部汇报二年分捐资兴学奖案文

△公署会议之结束

校内纪事	1913	4	22—28

△陕西民政长训令第二二一八号
△本大学呈民政长呈明王维新在前法政学堂别科修业年限由
△本大学函复中央政法专门学校查明甘肃学生邓舜琴在本校肄业情形由
△本大学函复甘教育司查明甘学生邓舜琴等三人退学月日并以张明道张昌谟田蕴玉三人补充由
△本大学函甘教育司请将汇陕学费就近拨付兰垣电局以期便利由
△西北大学中华民国三年上学期政法商别各科人数表

（原载《学丛》1913 年第 4 期）

《学丛》1914 年第 5 期目录

《学丛》（中华民国三年 5 月 1 日第 5 期①，西北大学出版）目录
（篇名、作者、年、期、页）

论　说

篇名	作者	年	期	页
赵艺祖杯酒释兵权论	宫　爆	1914	5	1
其二	熊受书	1914	5	2
胡瑗教诸生皆兼时务论	程鹤云	1914	5	4
其二	李莲青	1914	5	6
曹参、王安石合论	程鹤云	1914	5	8
其二	李莲青	1914	5	10
其三	熊际虞	1914	5	12
论知耻	程鹤云	1914	5	14
商君治秦于民有二男以上不分异者倍其赋论	王树棠	1914	5	17
范增以秦灭六国楚最无罪劝项梁为楚立后论	王树棠	1914	5	19
汉卜式输家财之半以助边论	马秉刚	1914	5	21
其二	陈春基	1914	5	22
业精于勤论	熊际虞	1914	5	23
新内阁成立减裁行政机关停止司法进行名义上为撙节财用实际上究寓何种政策	南复堂	1914	5	25
百里奚在虞而虞亡在秦而秦霸论	政科学生尚觐光	1914	5	29

---

①目前仅见第五期，第五、六期合刊待考。

其二	政科学生王海观	1914	5	30
其三	熊治龙	1914	5	31
商鞅废井田说	胡应选	1914	5	32

讲　演

拟中华民国宪法草案理由书	宫　瀑	1914	5	1
拟中华民国宪法草案	宫　瀑	1914	5	8
两利为利说	程鹤云	1914	5	19
迷信为维持社会安宁之利器说	王树棠	1914	5	21
问：吾陕光复以来，现银缺乏，而兑换之价日增，纸币流行，而市估之值日贱，经济恐慌，四民交困，岂当事者之失其信用欤，抑由市侩之蓄殖抑勒欤，应宜如何设法操纵，维持使之有利无弊，诸生讲求经济学理，目睹现时情状，试言其致病之由与其补救之方，各抒己见，无泛无隐	程鹤云	1914	5	24
赵国民无法律知识不可伸张自由说	吉克昌	1914	5	26
近日政府于铁路矿产均持开放主义利与弊欤试详言之	郝荣寿	1914	5	28

杂　纂

乱后罪言	康有为	1914	5	1
论列强对于中国瓜分保全两策之变迁	王侃叔	1914	5	11
吾之政制主张	陈俊三	1914	5	25
民法小史	王　倬	1914	5	41
古德诺氏中国地方官制说		1914	5	57
读古德诺氏地方官制说书后		1914	5	65
刑乱国用重典释义	王予觉	1914	5	72
国民今后之道德	高　劳	1914	5	77

纪　事

国内纪事　　　　　　　　　　　　　　　　　　　　1914　5　1—38
　△大总统令
　△大总统令第四十三号
　△大总统咨约法会议文
　△教育部令第三十四号　二年
　△教育部令第五十六号　二年十二月

△约法会议议事规则

△约法会议开会临时主席马良演说词

△约法会议大总统颂词

△晋省法政学校假裁判志盛

校内纪事　　　　　　　　　　　　　　　　　　1914　5　38—46

△本大学堂：民政长呈明前法政学堂甲班别科生遵照部令补习半年于暑假后开课由

△新疆行政公署公函

△本期各科补考试验问题

专件　　　　　　　　　　　　　　　　　　　　1914　5　1—78

△中华民国约法会议增修约法全案

△约法会议咨复大总统文

△中华民国约法

△中华民国约法增修案理由书

△中华民国约法增修案

△大总统布告

（原载《学丛》1913 年第 5 期）

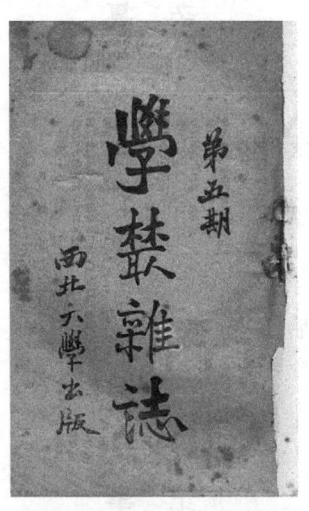

图 3-6　1914 年 5 月 1 日出版的《学丛》第 5 期封面

校友会、评议会、教授会规则

（《西北大学章程》第十七章"校友会、评议会及教授会规则"）

校友会规则

一、本大学为联络感情、交换智识、发展校务、砥砺学风，设校友会。

二、校友会以本大学发起人、名誉赞成员、各职教员及毕业生、在学生组织之。

三、校友会会长，以本大学校长充之。

四、校友会会长每年开会一次，由会长召集之。

五、本大学为校友会本部，渐次推广各省县设立分会，以疏通本大学与校友之关系，而图校友间之亲睦。

评议会规则

一、本大学为议决一切重要事项，设评议会。

二、评议会以各科学长、各科监督、各科主任教员、讲演会会长、体育部部长、出版部部长、图书馆馆长、商品陈列馆馆长组织之。

三、评议会设会长一人，以校长充之，副会长二人，学长充之。

四、会长有事故时，副长得代其职。

五、评议会审议下列诸事项：

（一）各学科之设置及废止；

（二）讲座之种类；

（三）本大学章程修改事件；

（四）本大学内部规则；

（五）本大学之预算、决算；

（六）本大学章程各条规定之审议事项；

（七）会长、副会长、会员提议事项；

（八）教育部总长咨询事件。

凡关于高等教育事项，该会如有意见，得建议于教育部总长。

六、评议会非全体会员三分之二以上出席，不得开议，非得列席会员过半数同意，不得取决。

教授会规则

一、本大学各科（文法商农四科、大学预科、专门部各科），如审议各该科学务，各设一教授会。

二、各科教授会以各该科教授、监督为会员，学长为会长。

三、教授会开会，由会长召集，但会员五人以上联名，得请会长召集开会。

四、教授会审议事项如下：

（一）学科课程；

（二）学生试验事项；

（三）本校章程各条规定之审议事项；

（四）会员提议事项；

（五）本大学校长咨询事项；

（六）教育部总长咨询事项。

五、教授会非全体会员三分之二以上出席，不得开议，非得列席会员过半数同意，不得取决。

（原载西北大学：《西北大学章程》，西安：西北大学出版部，1912）

职员、教员

(《西北大学章程》第十八章"职员""教员")

职　员

一、校长管辖本校全般事务，并监督校内一切职员。

二、文科学长商承校长，管理该科学务，并监督所属职员。

三、法科学长商承校长，管理该科学务，并监督所属职员。

四、商科学长商承校长，管理该科学务，并监督所属职员。

五、农科学长商承校长，管理该科学务，并监督所属职员。

六、预科学长商承校长，管理该科学务，并监督所属职员。

七、别科学长商承校长，管理该科学务，并监督所属职员。

八、各科监督商承校长，调查学生一切校内校外之行为，而定学生之操行成绩。

九、各学主任教授商承该科学长，管理该科学务。

十、学务课主任受校长或学长指挥，管理该科教育行政事件。

十一、文牍课主任受校长或学长指挥，主管本校一切布告、命令、函件。

十二、庶务课主任受校长或学长指挥，主管本校一切建筑、采购及设置等事。

十三、会计课主任受校长或学长指挥，主管本校经费并预算、决算报告等事。

十四、讲演会长商承校长，管理该会全般事务。

十五、体育部长受校长指挥，管理该部全般事务。

十六、出版部长受校长指挥，管理该部一切事务。

十七、图书馆长受校长指挥，管理本馆全般事务。

十八、商品陈列馆长受校长指挥，管理本馆全般事务。

教　员

一、本大学教员以校长名义聘请。

二、本大学聘请教员，概用合同。

三、无论内外国人，凡膺本大学讲师之聘，须依本大学章程之规定行之。

本大学附设有中学校，其章程另定之。本大学一切办事细则，由各科另定之。本章程如有未尽之处，由校长随时召集评议会改订之。

（原载西北大学：《西北大学章程》，西安：西北大学出版部，1912）

《学丛》诗选

《学丛》诗选无题、佚名四首

（一）

江上秋声日动摇，

神州兵气未全消，

颇闻汉将能驰马，

无复胡天与射雕。

叱咤真成通帝谓，

威灵何以绝天骄，

美人帐下仍歌舞，

此事于今未寂寥。

（二）

当年肝胆矢同盟，

九土安危一手擎，

谁使下藩成绝域，

宁闻上将请长缨。

尘埋十六燕云地，

影绝三千子弟兵，

可惜横磨新剑利，

含霜泣月夜无声。

（三）

新朝文物旧山河，

虎踞龙蟠唱凯歌,
十万甲兵腾战马,
百年胡虏尽降魔。
党人流血悲亡种,
诸将争功耻议和,
嘉定扬州千载恨,
同仇志气漫消磨。

（四）

坐看东海竟扬尘,
太极茫茫转日轮,
箕子为奴今及裔,
庭坚不祀最伤神。
千年图史空王会,
八道河山痛种人,
长白山头云暗暗,
更愁鸭绿浪邻邻。

（原载《学丛》1913年创刊号第38、68、98页；1913年第5期第78页）

省立西北大学教师一览表

表3-2 西北大学教师一览表（1912—1915）

姓名	字号	籍贯	职务	其他事迹
钱鸿钧（1883—1942）	陶之	陕西咸宁	西北大学创设会委员、校长、讲师	讲授宪法、政治学课程。1915年在西北法政学校任内侵吞学款，1916年11月获黎元洪大总统特赦。后随刘镇华任安徽省民政厅厅长
崔云松（1878—1958）	叠生	陕西咸宁	创设会委员、文科学长	讲授国文课程。曾任陕西都督府法制局局长、陕北观察使、安福国会众议院议员
谭焕章	耀堂	陕西长安	创设会委员、文科学长、讲师	讲授经济学课程。前清法政科举人
王芝庭（1885—?）	觐埛	陕西耀县	创设会委员、法科学长、讲师	讲授行政法课程。抗战间任国立西北大学法商学院法律系教授

续表

姓名	字号	籍贯	职务	其他事迹
马凌甫（1886—1948）	步云	陕西郃阳	创设会委员、教务长、商科学长、讲师	讲授经济学、宪法等课程。抗战间被李书田聘为西安临大工学院专任教授
郗朝俊（1882—1965）	立丞 励勤	陕西华阴	创设会委员、农科学长、讲师	讲授宪法、法学通论课程。1946年8月起任国立西北大学法商学院法律系教授
康寄遥（1880—1968）	炳勋	陕西临潼	创设会委员、预科学长	1913年到校。后赴日留学，入早稻田大学工科。回国后在西安创办佛化社，任董事长、华洋义赈会陕西分会会长等
张荫庭（1884—?）	蔚森	陕西渭南	讲师	讲授国际法课程
党松年（1878—?）	积龄	陕西留坝	创设会委员、讲师	讲授民法等课程。日本明治大学毕业。1945年2月任国立西北大学法商学院法律系教授
张景秋			讲师	讲授日文课程。1905年留日
寇卓	悔庵	陕西临潼	讲师	讲授国文课程。1885年举人。著有《悔庵集》
冯光裕（1867—1948）	孝伯	陕西兴平	讲师	讲授国文课程。前清举人。曾任陕西通志馆主编。曾在西安高中、西安师范任教
罗锦章	仁博	陕西安康	讲师	讲授民诉、行政法等课程
陈敬存			讲师	讲授国际公法课程。前清法科举人
张南轩			讲师	讲授拟律、物权、刑法等课程
刘韵松			讲师	讲授拟律、物权、刑法等课程
任奉臣	奉琛		讲师	讲授民法等课程
刘星阶			讲师	讲授国文课程
梁凯铭			讲师	讲授商法、财政学等课程。梁漱溟的长兄
田骏声			讲师	讲授社会学课程
刘石生			讲师	讲授国文课程
韩志一			讲师	讲授政治史、西洋史、中外地理等课程
萧锡臣（1883—1918）	荣绶	陕西郃阳	讲师	讲授国文课程。宏道学堂毕业。辛亥冬秦军政分府委任为潼关厅暨同州府事，旋执教于西北大学
宋镜涵			讲师	讲授商业通论、簿记等课程
李厚庵			讲师	讲授国文课程
席梧轩		陕西长安	讲师	讲授国际公法课程。曾留日

（姚远根据零散资料整理而成）

第二节　公学与立案

三秦公学立案文

为组织公学请予立案事。窃维不学之民与不学之民所成之国，在文明世界中久已无存立之余地。吾秦以多年帖伏专制之下之老旧国民，一跃而翕然倾向共和，是学堂新知识输入之功，已不容设而破坏之后。建设大难，则学堂人才之支绌，而不敷治事也，又乌能为端战争。既意正补牢蓄艾之时，况世界学业之进行，不啻旦夕千里，急起直追，犹不可及，若乃旷废焉，且久久旷废焉。国民之程度进退，虽巧历不能计矣。前途之危宁复可量。《语》曰：悲莫悲于学云。同人等深为此惧，爰拟借省城西门外农业学堂旧址，组织三秦公学。盖有见于旧有之师范、高等、中学、农业诸学堂，维兵事之后，未能刻日开学。前此投笔从戎，后此负笈望洋之青年，将有无从成就，无从预备之苦。为救急计，特略仿日本公学体制。其学科区为三类，从时与地上之必要也。其经济除开办费由发起人筹备外，更承当道诸公热心赞成，分任巨款，遂由发起人于元年四月二十八号，开会选举职员任事，翌日招生开校。所有组织三秦公学缘由，合行呈明立案。为此，将公学组织情形及学科表、简章一并呈，希贵司长核察，并呈民政长立案，不胜企望之至。

（原载《三秦公学第一周年纪念刊文件》，西安：公益印字馆，1913年，第1—2页）

张凤翙大都督：三秦公学特设留学预备科招生文

盖闻科学者，人类进化之阶梯、世界文明之管钥。吾华自轩辕而降，代有阐发。成周之际，文物灿然，迄乎周道衰微，浮言是尚，汉业巩固，六艺独尊，士习錮蔽，民智局囿，亦已甚矣。况夫胡乱相仍中原，荆棘腥膻，播文教陵夷，实学退化，岂无因哉。革新以前，有志之士方谋投笔从戎，驱除暴主，无暇事学，诚不得已。今则民国已建，百度维新，不思乘时急起直追，恐不数年后，白人之待吾黄裔诚有如昔人所云：智之欺愚，犹如蒸一猩猩，煮一鹦鹉者，亡国灭种，岂必待枪炮药弹哉。本都督鉴此，特与三秦公学诸君子筹商，在校内附设留学预备科，妥定章程，分英、德、日文三班，选吾秦年力富强、聪颖子弟先入科预备二三年，将来派送出洋，即可直接入彼国专门学校。所望有志之士，奋袂而起，联肩而来，毕业后，本都督将择优派送于东西诸国。庶几，新政设施不必借才异地,科学发达足与欧美抗衡。本都督实有厚望焉。

(原载《三秦公学第一周年纪念刊文件》,西安:公益印字馆,1913年,第3页)

三秦公学开校志盛

六月二十三号,为秦中公学开校之期。是日,政军学商各界来校参观者甚众。先由管教各员率八班学生行开校礼。一时,军乐迭奏,洋洋盛耳,精神为之一振。次出宾客及管教各员、学生等次第演说,慷慨激昂,实心任事,听者无不激动爱国热诚。陕省自光复后,弦诵久寂,今由诸志士创立公学,开全秦学校之先声,可为陕西教育前途贺矣。

(原载《申报》1912年7月19日第6版)

三秦公学董事会章程

第一章 总 则

第一条 本会以维持三秦公学永远公立为宗旨。
第二条 本会地址暂定三秦公学。

第二章 权 限

第三条 本会之权限如下:一、决议公学章程;二、检查公学之预算、决算;三、关于公学经费之筹助;四、协同公学职员议决一切扩充改良事件;五、凡公学职员之进退须本会及公学职员双方同意乃为有效;六、襄理公学发生之特别事项。

第三章 会 员

第四条 凡愿入本会为会员者须具有下列资格之一,经本会会员十人以上之介绍评议认可:一、公学发起人;二、学品兼有者;三、热心学务,曾以百金以上之资产资助公学者。
第五条 凡会员须遵守本会定章。
第六条 凡会员如有违反会章及假本会或公学名义在外招摇者,经本会察觉评议认可,宣告除名。

第四章 职务及选举

第七条 本会设会长一人,副会长一人,干事一人,评议若干人,其职务如下:会长总理本会一切事务,对外有代表本会之权;副会长佐会长办理一切事务,会长因故不到时得代行其职权，干事掌理本会庶务；评议议决本会一切重要事件。

第八条　本会各职员均用记名投票法选举之，任期一年，得连选连任概不支薪。

第九条　本会现任校务之会员有选举权而无被选举权（但本会干事不在此限）。

第五章　会　议

第十条　本会分例会、职员会及临时会三种：一、例会每学期终一次；二、职员会无定期、三、临时会以关于特别重大事件由会长提议，或会员五人并公学职员三人以上之要求经评议认可者举行之。

第六章　附　则

第十一条　本章程自发布日施行。

第十二条　本章程非得会员三分之一议决，不得修改。

（原载《三秦公学第一周年纪念刊》，西安：公益印字馆，1913年，第9—12页）

三秦公学学生自治会简章

（一）定名　本会由三秦公学学生组织而成，故定名曰三秦公学学生自治会。

（二）宗旨　本会以联络感情、互相切磋，实行自治辅助管理之不及为宗旨。

（三）会员　凡本校学生皆得认为本会会员。

（四）职员　本会设代表二人，各科分设代表二人、会计二人、庶务二人、书记二人、调查七人、评议若干人。

（五）职务及权限　本会代表总理本会一切事宜，有代表本会之权。各科代表分理各科一切事宜，有代表各科之权。如代表有事，各科代表中得公推两人以代理之。会计经理本会账目，每一学期应将支出收入列表宣布，以昭核实。庶务掌本会事务之经理及不属他职员范围内之事项。书记经理本会往来文件并出版事宜。调查有调查本会一切事件之责。评议议决本会各种事件，如一事发生，非经评议部议决，不得执行。

（六）选举及任期　本会代表由全体会员投票，公举各科代表由各科投票公举，其余职员亦均由全体会员公举，任期统以一学期为限，但得连举连任。

（七）会规　既属本会会员，均应遵守如下之会规。

1. 遵守本校各种规则，不得故意违反；
2. 恪守本校章程中学生自治公约，不得视为具文；
3. 无论职员、会员遇事皆宜秉公，不得挟嫌攻诘；
4. 如有故意违反前三条，经评议议决事迹确凿者，轻则由众斥责，重则报告管理分则惩办；

（八）会费　本会会费分常年、特别两种，常年费每年每人捐钱一百文，特别费由会员随意捐纳；

（九）会期　本会会期分例会、特别会两种，每两星期会议一次者为例会，如有重大事件发生临时酌定会期者为特别会。

附则　本会暂行简章如有未尽完善之处，由会员十人以上之提议，经评议部认可，得修改之。

（原载《三秦公学第一周年纪念刊》，西安：公益印字馆，1913年，第20-22页）

三秦公学学生讲演会规约

第一章　名　称

（一）本会定名为三秦公学学生讲演会。

第二章　宗　旨

（二）本会宗旨分三纲

1. 讨论学理；
2. 养成雄辩才；
3. 增进个人自治心。

第三章　组　织

（三）本会组织分四部

1. 讲演部；
2. 记事部；
3. 评论部；
4. 监察部。

（四）讲演部设讲演长一人，记事部设记事长一人，记事员四人，均由学生中互相选出之，其未被选举之学生皆为讲演员。

（五）评论部以本校教员组成之，不设部长。

（六）监察部以本校职员组成之，不设部长。

第四章　职　务

（七）讲演长于每讲演期之前一日收集各讲演员预备讲演之材料，先将其标题依序列为讲演表，张贴公布处。

（八）记事部记录会场之演说，汇辑而保存之。

（九）评论部评论讲演员演说之是非或有意义不完全时，得补足演说。

（十）监察部维持讲演场一切秩序，有督责本会人员实践规约之责。

第五章　讲　演

（十一）本会于每星期六日下午课讲演一次。

（十二）讲演人或为派定的，或为自由的，均须于讲演之前二日将讲演之资料抄送讲演长以便预先公布。

（十三）公布后对于讲演人所并标出之演题有赞成或反对者亦须先向讲演长声明。

（十四）讲演时讲演部记事部人员均须临会不得托故不到，但评论、监察两部人员亦须有二人以上莅会。

（十五）讲演长按讲演表之次序请讲演员登台演说毕，请赞成或反对者演说。

（十六）评论部、监察部人员如遇演说时其例与讲演员同。

（十七）校外若有学问渊博、道德完全或长于辩论者，可随时邀请临会演说。

（十八）本校毕业学生及本校学生留学归国者，于本会讲演时均得临会演说。

第六章　禁　约

（十九）开演时无论何人不得在演场内谈话致淆听闻。

（二十）一人讲演未毕，他人不得掺杂演说。

（二十一）未列讲演表者不得自由演说。

（二十二）演说时只宜就题发言不得借口骂人。

（二十三）对于一演题赞成者或反对者只宜据理辩驳，不得以义气相尚。

（二十四）演说未毕，无论何人不得任意出场。

（二十五）凡在讲演场内吸食各种烟草及任意涕唾者，皆为禁约所不许。

第七章　赏　罚

（二十六）每学年终由讲演长、记事长会同评论、监察二部人员考核本年内讲演成绩，择其最优者请照本校奖励章程酌量给奖。

（二十七）如有屡违本规约或缺席过多者，监察部得随时照本校罚则惩罚之。

第八章　附　则

本规约如有窒碍难行或不完全之处，得随时增删。

（原载《三秦公学第一周年纪念刊》，西安：公益印字馆，1913年，第22—25页）

第一至第六次职员会议纪要

第一次职员会议

本校纯系公立性质，凡一切事件除各部分应得专行者外，若关校内兴革事宜概由各职员会议共同决定。当开办之初，创设事繁，遂于元年五月五日开第一次职员会议。其提意条件如下：

（一）班次问题，议决暂定八班：1. 英文专修班；2. 德文专修班；3. 日文专修班；4. 高等预备班；5. 数理化专修班；6. 高级数理化专修班；7. 蚕桑专修班；8. 蚕桑简易班。

（二）本校校章，决议由书记起草经全体职员通过。

（三）本校制服，决议将来遵照教育部所定之学校制服定之。

（四）迁校，公学既设于旧农业学校，开办未满三月，而学生额数已达四百余人，为吾陕素来学生最多之一校甚矣。昔满清以奖励之术笼络天下士子，谓废奖励则学堂既无学生，奖励停止矣。胡以好学之士尚源源不绝耶，可见满清以小人之心厚诬我等洁白子弟也。既以学生众多不能容，而不得不急求变通，以期教育之发达，遂请于大都督暂借西关前陆军小学校，将英文专修科、日文专修科、德文专修科、数理化科、高等预科五班学生迁居焉。

第二次职员会议

本校南北分设后，事务既属繁多，职员自有不能兼顾之初，且章程亦已脱稿，遂于六月十四号开第二次职员会议。其提议事件：（一）通过章程；（二）北校田舍庶务一员；（三）校内各司事由庶务长任用经校长认可，但会计、书记处司事必经会计、书记长认可；（四）校内夫役由庶务长雇佣之；（五）行开校礼之筹备事项。

民国元年六月二十三日本校举行开校式。是日，政、军、学、商各界来校参观者甚众，由各职员及公学发起赞成人与来宾率全体学生至校礼堂，行开校礼。其临时仪注：（一）奏音乐；（二）全体向至圣先师牌位及国旗、校旗各行三鞠躬礼；（三）来宾致祝词，本校致答词。

第三次职员会

元年七月五日开第三次职员会议。提议两大条件：（一）建筑计划。军营林立，军官需人。本省当道有鉴于兹，拟即设军官学校，以资教练，地址即择定陆军小学校，于是北校不能不移，而南校房舍太窄，颇患人满。本日议决请大都督拨款修筑，计筑号社百间。楼式教育用品室六间，贮桑室五间，阅报室、接待室十间，浴室五间，而教员尚无住处，拟再建一楼，长三十二米，达广十六米，达高二层，推定李宜之君任计划及绘图事，余则即于暑假内动工矣。（二）月刊出版。同人深以吾陕关山四塞，交通不便，以故学术进步颇觉迟钝，欲为维新之计，当求灌输之方，是以各职员均愿于课余之暇互相讨究，或译述外籍，或自为论著，以其所得付诸剞劂，月出一册，即定名为《三秦公学月刊》，公之于世，庶可为输入文明之利器。当即严立宗旨，拟定体例，定于九月出版。

其内容略仿杂志，体例门类分而为五：（一）论说；（二）科学；（三）文艺；（四）游戏；（五）杂俎。

第四次职员会议

公学开办已历一学期之久，管教各员皆洁己奉公，若不稍议薪津，恐难以养廉，遂于元年九月事务日开第四次职员会议，但此次会议因关经费问题，更邀请发起人莅会。本日公同议决三条件，如下：（一）管理员每人每月暂定二十两；（二）教员以钟点计算，每点钟议银洋五角，每月合计折送；（三）管理有兼教授者，除应得管理薪金外，所授钟点照教员折半计算。

第五次职员会议

元年十一月二十四日将届年假，凡第二年一切举办事宜具应从早计划，且接都督府参谋处公函谓，军官学校急于开办，请本校从速迁移等因，现在边务吃紧，培养军官自属当务之急，而南校建筑亦将告竣，故本日会议之研究者为民国二年本校进行事宜及合校问题。

（一）北校即定十二月初迁移回南校，三秦公学南北校之名即以移回之日取消；（二）二年第一学期添招蚕桑简易科一班；（三）自二年起凡职员必须订立规约；（四）自二年第一学期开学起学生讲演会于每土曜日下午行之。

第六次职员会议

二年四月四日，本校发起人宋君向辰、吴君希真、樊君灵山，函商组织董事会为公学辅助机关，事在可行，且会员不宜限定，发起人即决议联络同人，以期合力维持，庶进步速而发达易耳。

附董事会名单

会长　吴希真　张聚庭

干事　于海沧

评议　薛卜五　常明卿　杨松轩　王岐山　郑云章　王友卿　李约之　王伟齐

（原载《三秦公学第一周年纪念刊》，西安：公益印字馆，1913年，第2—13页）

第三节　理念与抱负

陕西都督兼民政长张凤翙：饯送本校留学东西洋学生之训言

公学于戎马仓皇之际，由诸发起赞成人热心毅力组织成立，开办至今，年余矣，成效颇著，名誉日增。久欲来校参观只以事务丛繁，未获果行。兹值祖饯留学诸君，特来以偿前愿。唯有进于留学诸君者，处今廿世纪欲长袖善舞于竞争剧烈场中，最当注意者二事：曰能言语；曰能文章。诸君如为将来活动计，于学科外愿常习辩论，留心国文，至在校诸生尤宜体公学缔造之艰难，款项之奇绌，奋力学问、崇尚俭朴、前程远大，期望正殷，幸各自励焉。

（原载《三秦公学第一周年纪念刊》，西安：公益印字馆，1913年，第14页）

陕西教育司司长李元鼎：公学之历史及今日对诸君之赠言

公学之历史及今日对诸君之赠言。民政长已曾说过，但元鼎忝司教育，次此佐民政长考送留学生取去一秉大公，及揭晓后查公学学生几占全数之半。其平日办理之善，功课之优，学生程度之高，即此可见一斑。今诸君行矣，元鼎更有一言以相赠：德育、智育、体育三者宜并重而不可偏废。诚以学问犹货物也，身体犹车也，车不坚则货物莫能载，身体不强，学问何能进步。诸君留学后最宜注重卫生，修焉、游焉，务得其宜，而辍作进退，一暴十寒，均非为学之道，亦非卫生之道。至在校诸君从此后益加勉励，勿使公学此次留学诸君专美于前，是尤元鼎所希望者也。

（原载《三秦公学第一周年纪念刊》，西安：公益印字馆，1913年，第14—15页）

三秦公学校长田种玉：饯送吾校留学东西洋学生之演说

今日为饯送吾校留东西洋学生之日，各先生俱有训言，诸生日当三复弗忘唯李先生欲诸君注重卫生，而鄙人欲诸君毋稍废学人，当求学时代，心不可有二物，苟有他念萦于心中，则其学必不能专。诸君留学海外，均勿以室家之观念或因国内之情事而有累及求学之心。

（原载《三秦公学第一周年纪念刊》，西安：公益印字馆，1913年，第15页）

陕西实业司司长张光奎：三秦公学第一周年纪念祝词

秦僻居西陲，丸泥封关，文化交通，远逊东南。国民教育，让人先鞭，报章嘲骂，等于石顽。久塞则通，一鸣惊天，辛亥举义，为西北冠，霹雳怒吼，宇宙改观，五陵之士，六郡少年，如龙出海，若骥奔泉，请缨投笔，挥戈摩拳，西越乾凤，东略崤函，冰天雪地，弹雨枪烟，未五越月，共和诏宣。光复伟绩，端赖时贤，武功虽烈，文事未遑，兵战笔战，终归学堂。当道发起，士绅云翔，光奎不敏，谬司匡勷，大声疾呼，唯学乃强。兵燹之后，戎马仓皇，校舍毁圮，半为营房，欲谋改造，瞻顾芒芒，于焉发起，为国人倡。输薪割俸，改建序庠，三秦夏声，维扬千百，多士奔走，跻跄洗马，论道投戈。知方健儿，蔚为国光，龙拏虎跃，如归帝乡，春弦夏诵，鼓舞腾骧，潜修周岁，海富山藏。癸丑夏日，大考出洋，唯兹公学，锐莫与当，名夺高标，观彼扶桑，采欧撷美，节短取长，美哉公学，三秦之英。人文蔚起，声驰西京，旭日东出，其焰熊熊，唯我三秦；大放光明，河出龙门，奔涛飞吞，唯我三秦；破浪乘风，愿我发起诸君子，再接再厉，贯彻初终。暨我公学诸志士，龙腾凤举，各竞令名，互相维持，群起卫拱，树关辅之模范，作国民之干城，必使此千辛百苦所建之公学与亿万斯年之民国传之于无穷。张光奎敬祝。

（原载《三秦公学第一周年纪念刊》，西安：公益印字馆，1913年，第1—2页）

教务长李仪祉①：教育家之眼界

教育家之眼界略谓教育之方法，以教育之目的而定，而教育之目的乃以教育之眼界

---

① 李仪祉（1882—1938），原名协，字宜之，水利大师和教育家。早年两次留学德国，专攻铁路、土木工程和水利，归国后曾任河海工程学校校长及北京大学、清华大学等校教授。1924年1月1日起任国立西北大学教授，兼水利工程专门部主任、校仪器委员会委员、教授评议会评议员等职，主讲地质学等课程。1924年暑期鲁迅等到西北大学讲学期间，他同时作了专题讲演。1925年5月任国立西北大学校长。1937年任国立西安临时大学工学院、东北大学工学院名誉教授，1938年逝世后按其遗愿以其讲课费设立"西北联大工学院李仪祉先生纪念基金"，以年息奖励水利系毕业论文。此文系他基于在三秦公学附设留学预备科的实践，首次系统阐述了教育要面向世界的观点。

为准。自野蛮时代以至文明时代，其教育发达之历史直可谓之教育界之眼界扩张的历史。可分为四阶级：一身家，二社会，三国家，四世界。

盖人之生也，先知有己，一切行为皆由一己推出，教育亦然。眼界亦可谓极狭，然其所求，纯为一身之利益。推之一家不过一身范围之稍广。如父为子谋利益，是此身家为第一阶级。

然使长此为己而不扩充于社会上，必多所抵触，而两受其弊，故教育家为第一，不得不将眼界扩放以兴社会利益，使一群之中彼此相将、相养，结成无数小团体，此为第二阶级。

久之，团体与团体相争，小团败而大团胜，涣散者败，而固结者胜，故为御外侮计，不能不合无数团体而成为国。于是，教育家之眼界亦扩放而及于一国。此为第三阶级。

教育进化之迹数千余年，以至于今亦不过至此地步，故现在各国各有特别教育方法，无非自谋富强其国，以抵制外国为目的。然世运所趋，人力弗能遏。有数种教育不期然而足为世界教育之前导。吾国以新造之邦，共和初建，国基未固，虽不能骤舍国家教育而言世界教育，然为世界和平计，为将来大同计，其眼界不能不注射于世界教育者有三要素：（一）各国道德风俗必归于统一，先研究世界之真道德以求改良各国之弊俗，如我国购鬻奴婢、重男轻女、纳妾等俗，不合乎人道主义，均宜速改；（二）各国政治必归于统一，国政之趋势自以共和为标准，然须人人有共和之资格、知识及道德，始可为共和之国民；（三）各国势必归于统一，无政府主义于今日世界固不能骤行，而国界亦不能遽化，非各国势均力敌不能长保和平之幸福。若刀匕俎肉，焉得言和平哉。

凡此，皆教育家所当注意者。庶中国勃兴有日，世界之和平亦有望矣。

（原载《三秦公学第一周年纪念刊》，西安：公益印字馆，1913年，第4—6页）

教员王培卿：三秦公学成立纪念日感言

民国纪元后二年六月二十三号为三秦公学成立之第一周期，发起人及校内职员、学生开会纪念。鄙人今春到校未获睹去岁开幕之盛典，所见而知者唯各职员办事之热心与学生用功之刻苦耳。其组织一切情形则未之详也，然观其现在情状而过去将来之前，因后果可推测而知矣。查公学成立之日，系武昌举义后九月五日秦省反正后八月二十三日，南北统一，共和告成。后四月二十四日，去民军起义仅数月，而与民国成立同一新纪元，盛哉盛哉！破坏之后，贵建设而扩充教育，巩固国基，辟世界文明之局，以造成新时代之人才者，其唯兴学之一端乎。若公学成立，则秦省改革后第一次伟大之建设也。慨自欧亚交通东西洋诸国，均以学术相竞斗，国运进步势如星奔，秦省反正后干戈初定，疮痍未复，弦诵之声寂焉。无闻热心大局诸君子深鉴学校废弛而需才孔亟，于是首先发起，惨淡经营。其意以新国家必须有新建设，而新建设尤需有一般特奇之新人才，其设施宏博、规划远大，希望于三秦子弟者甚殷，而对于民国前途，百凡经营计之，周而虑之详也。至于进德修业，珍重自爱，务期成完全人格，国家良材，是其责不专，在发起诸君子而又在三秦之子弟焉。然吾观公学诸生之品诣姿造，实有可为，前途预贺者。夫求学之根基在精神，不在形式，在朴实不在奢华，在尊重道德、讲求实学，不在矜张嚣浮，夸多斗靡。近世科学盛行，青年子弟一入学校，便袭取皮毛而不求其精神，徒言形式竞以奢侈相尚，假新学之虚名，亡道德之本源，学理未通而陋劣习气已见于面而盎于背。其个人自误为小，影响于社会实大也。公学诸生用功刻苦，成绩素著已，昭昭在人耳目，固无待鄙人烦言，而以少年学子力图自治。其一举一动不求虚名，不染习气，尊崇道德，秩序井然，斯又贵而难能者也。吾愿公学诸生慎终如始，毋负诸君子经营缔造之初心。诸同人同心协力，以期诸生之大成将见，异日人才辈出大放光明，则三秦之幸，亦不啻三秦之幸也。

（原载《三秦公学第一周年纪念刊》，西安：公益印字馆，1913年，第3—4页）

《三秦公学第一周年纪念》弁言

吾校既以公名矣，凡辅助维持，策励进行，三秦人皆与有责焉。同人等忝职校务，不过勉尽提倡诱导之责，期造远大有用之才，异日建树伟业作国干城，同人之荣亦三秦之幸也。兹者民国二年六月二十三日为吾三秦公学成立第一周年纪念日，同人盛开纪念大会，用伸庆祝忭衷，吾知吾三秦人闻之当亦有欣喜舞蹈者矣。虽然，鉴既往以励将来，则吾校过去之历史固当纪念弗忘者乎，缘是发刊三秦公学第一周年纪念记取一周中办理之情形，学生之成绩为吾三秦人一报告焉，特撮数言以弁其首。

（原载《三秦公学第一周年纪念刊》，西安：公益印字馆，1913年，第1页）

杨钟健：回忆三秦公学

因西安久无适当中学，而三秦公学又为当时声誉最好之学校，所以考的人很多，共收了两个班。我被编入甲班，在城西北角上课。三秦公学自一九一二年成立以后，由田种玉当校长。他是三原县人，留日学生，为人非常精干，能做极流利而动人的演说，出门时坐上轿车，其威风实不亚于目下之流线型汽车。中学班之教员亦均为当时负盛名者。影响我最深的为三原县朱漱芳先生。他当时已有六十多岁，为学校教员中年纪最大者。此人极富革命思想，性情放诞而幽默，在学校担任国文、伦理、历史等课程的教学。他教国文一课，所选文章及诗文均别出心裁。有一次发作文卷，我那篇文章的评语是"……

健笔凌云，中学甲班，此为冠冕"。卷子发完之后，看一班人面色多有不平者，盖以为第一本卷子为一最年轻之人所得，心里不是滋味。朱先生有一孙子名叫朱自强，亦在班中上课。他对此事尤不满意，因为他年纪与我差不多，以为我既可得优，他何尝不可得优。我在三秦公学两年所学功课平均在中上等。三年级时得了疥疮，且因学校正要被取消，所以我未回家去，在校与赵汝楫一同自修，并同到临潼温泉洗澡，以治疥疮。1914年初，省府令西北大学的中学班与三秦公学之中学班合并为第三中学，地点设在城内旧贡院后边之新址。另外有两位教员给我的印象也很深，一位叫王肇业（岐山），也教国文。他脸色白嫩，好修饰，风度潇洒。一位叫王培卿，教地理，面黑。二人均为西府人，一时有白娃、黑娃之雅号。黑娃对地理很熟，尤其对于国内各线沿途之小地名都极为清楚，能背诵如数家珍。

（三秦公学与西北大学）这两校合并后，西大中学共有甲、乙、丙三班，三秦公学有丁、戊两班。我被编入戊班。①此次学校改组之原因，与陕西政局有关系。自陆建章督陕后，安徽人来陕甚多，三中的校长及大部分教员全是安徽人，陕西人士当然受一打击。

（原载地质矿产部书刊编辑室编：《杨钟健回忆录》，北京：地质出版社，1983年，第28—31页）

---

① 除杨钟健以外，还有：

杨明轩（1891—1967），曾先后在西安府中学堂、陕西法政学堂、秦省第一中学、三秦公学读书。1913年秋被推荐公费留学日本。

李子洲（1892—1929），1912年曾就读于西安三秦公学。

魏野畴（1898—1928）原名凤标，号明轩，笔名金士铎。陕西兴平人。1912年就读于西安三秦公学。

刘含初（1895—1927），又名刘翰章，陕西中部（今黄陵）人。幼读私塾，后考入西安三秦公学。曾任国立西北大学代理事务长、西安中山学院院长。

杨晓初（1894—1977）原名东升，字振铎。陕西渭南（今渭南市临渭区）人。幼就读于三原高等小学堂，后入西安三秦公学。

赵葆华（1896—1966）原名尔鼎，又名定一。咸阳县赵家村人。1913年入西安三秦公学，1917年入北京农业专科学校。1921年毕业后赴日本考察。1922年初回到陕西后，先后在三原县省立渭北中学、女子中学和西安二中任教。1925年任陕西省立甲种农业学校校长。

刘天章（1893—1931），又名刘望。1921年7月加入中国共产党。西安三秦公学毕业，1918年考入北京大学化学系，是北京大学学生会负责人之一。

薛健（1894—1966），乳名崇新，又名季萱，字强初，狄寨乡夏寨村人。1913年，入西安三秦公学德文预备科学习。1914年离开家乡，前往日本东亚学校学习日文。1922年从长崎医大毕业。

傅鹤峰（1895—1949）名瀛。曾相继就读于高等小学、西安三秦公学。曾任国立西北大学教授。革命烈士。

三秦公学部分教职员名录

表 3-3　三秦公学部分教职员名录

姓名	字号	籍贯	职务	简介
田种玉（1882—1945）	蕴如	陕西三原	校长	毕业于宏道高等学堂，肄业于日本高等工业学校。创办三秦公学、法政专门学校等
李仪祉（1882—1938）	协、宜之	陕西蒲城	教务长兼留学预备科教员	讲授德文、物理等课程，后因留学德国而离校。曾任国立西北大学校长，创办西北大学工科、陕西水利工程专科班等。曾任国立东北大学、国立西安临时大学工学院兼任教授
李元鼎（1879—1944）	子逸	陕西蒲城	教员	讲授日文。毕业于早稻田大学文科。因调任陕西省教育司司长而离校。曾任民国审计部部长、陕西省临时参议会议长
王凤仪（1882—1938）	来亭	陕西鄠县	教员	曾任秦陇复汉军政府外交司司长。留法博士。曾任国立西北大学教务长、西安中山学院五委员之一
王枫阶（1889—1961）	觐宸觐辰	陕西鄠县	教员	两次赴日留学，相继入济美中学、经纬学校、日本明治大学学习。曾任陕西农业学堂、陕西法政专科学校教员
樊林山		陕西耀县	教员	留日
薛辑五	骅	陕西华县	教员	留日。曾任咸林中学校长
惠甘亭（1883—1964）	霖溥	陕西咸宁	教员	留美，入美国密苏里大学应用化学专业，获硕士学位。曾任秦省第一中学校长、农业职业学校校长，曾任教于西北大学
李鼎馨	陋吾	陕西蒲城	会计	日本经纬学校毕业
严敬斋		陕西渭南	教员兼教务长	讲授英文等课程。后因留学英国而离校
张允耀	星岩	陕西绥德	教员兼教务长	日本高等工业学校毕业
朱漱芳		陕西三原		讲授国文、伦理、历史等课程
束士方	云章	江苏丹阳	教员	讲授英文课程。毕业于南洋大学和北京大学

续表

姓名	字号	籍贯	职务	简介
侯纲	纪堂	陕西凤翔	教员	讲授英文课程。某英文专修科毕业
王培卿			教员	讲授地理学课程
华孝康（1884—1946）	三祝	陕西鄠县	教员	讲授英文、史地课程。就读于中国公学和香港一教会学院。曾任陕西省参议员、长武县长等职。1946年9月18日，在与鄠县地方劣绅腐败分子雷某斗争中被暗杀于东羊村附近
朱先照		陕西三原	教员	清末举人
李梦彪	啸风	陕西洵阳	教员	讲授国文课程
梁涵潜	石卿	陕西泾阳	教员	讲授国文课程
陈寅	伯达	江苏常熟	教员	毕业于江苏高等学校、北京大学预科
刘星涵	养伯	陕西岐山	教员	肄业于中国公学
王肇业	岐山	陕西醴泉	教员	毕业于中国公学
常逢吉	介五	陕西临潼	教员	毕业于山东广文大学
史鉴法	镜轩	陕西兴平	教员	讲授物理、化学课程
何冀辉		陕西洵阳	教员	讲授物理、化学课程。后离职任陕西观察使署科员
仝升堂	撰臣	陕西凤翔	教员	讲授博物学课程，包括动植物学、矿物学等。毕业于中国公学
刘定五		陕西凤翔	教员	讲授博物学课程。1913年离校，转任众议院议员
王肇基	丕卿	陕西凤翔	教员	讲授地理学课程。毕业于师范完全科
蒋仲山			教员	讲授地理学课程。1913年转任健本学校校长
赵丕翊	冯左	陕西蓝田	教员	讲授蚕桑学课程。兼任桑园经理，肄业于中国公学
雷发声	动之	陕西渭南	教员	讲授蚕桑学课程。毕业于浙江蚕桑学校
刘荫甲		陕西华阴	教员	讲授蚕桑学课程。毕业于浙江蚕桑学校
朱先照	仲明	陕西三原	教员	讲授历史学课程。毕业于三原学古学校
刘海鹏	瑞生		教员	讲授体操课程。毕业于将弁学校兵马科
马云程		陕西凤翔	教员	讲授体操课程。后转任省立第一中学

续表

姓名	字号	籍贯	职务	简介
贺臣		陕西鄠县	教员	讲授体操课程
吴希真(1885—1924)	聘儒	陕西乾州	公学董事会理事长	兼任柔术课程。早年就读于三原宏道学堂。为辛亥革命前夕孙中山在陕倚重人物之一
金常	云阶	湖北蕲春	教员	任乐歌课程
韩平山		陕西高陵	教员	任美术课程
张绪籍	芝府	陕西商县	舍监	肄业于中国公学
董明铭	雨麓	湖南永顺	庶务长	湖北方言学校毕业
周元璐	品如	陕西富平	学监	肄业于北京实业学校
韩声平	志淮	陕西澄城	学监	肄业于陕西高等学堂
于炳瀛	海沧	陕西商县	书记	陕西高学堂预科

注：此处仅录得55人，包括短暂任教的英文教员蓝正之、庄熙安、王庭宣、李筱修、王燕晋、王梯青等，日文教员杨涛、张阜生、张立卿等，以及数学教员刘辅臣、王叔悝等生平事迹待考。然而，据《三秦公学第一周年纪念刊》，全校教职员先后有56人，其中懂英、德、日文者有20位，而数学、物理学、化学、博物学、地学、蚕桑等科学技术方面的教职员先后有19位。这表明三秦公学是一所以传授西学和留学预备教育为主的新型学校。

（原载《三秦公学第一周年纪念刊》，西安：公益印字馆，1913年，第5—11页）

第四章　西北大学的"国立"

第一节　"法专"与"水工"

厅令：为令饬事案查陕甘两省筹议设立国立西北大学一案

厅令：陕西教育厅训令第三六号（一月十八日）：令公立法政专门学校，为令遵事案奉省长公署训令内开为令饬事。案查陕甘两省筹议设立国立西北大学一案，业经呈咨府院及教育部立案。唯陕西原有法政专门学校一处，兹据该校教员、学生等援照新学制，请将该校改为法科大学等情，前来按之新学制学校系统说明第十九款之规定，该校改为单科大学原无不合，但衡以本身财力、人才一时万难并举。兹拟变通办理，将陕西法政专门学校并入西北大学，于西北大学内暂设大学法科专门部，所有法校原有之政治、经济本科两班，归入该部继续肄业，俟两班毕业，即行停止，以后按大学学科办理，以昭划一。其法校原有预科一班，应由大学核酌办理，并将法校原有经费拨归西北大学，应由西北大学另造预算，至法校附设甲种商业一班，应如何归并之处，即由该厅妥筹办法，呈候核夺施行。……其余所有校舍及关于本、预各科学生案卷、表簿并一切校具、图书、教育用品，应即刻日交由西北大学接收，俾便进行，而资结束。①

中华民国十二年一月十八日
（原载《陕西教育月刊（西安）》1924 年第 37 期）

---

① 陕西公立法政专门学校前身为陕西法政学堂。校址在西安老关庙十字的万寿宫。1912 年并入西北大学，组成西北大学法科。1915 年西北大学改为公立陕西法政专门学校，校址迁至西北大学预科旧址，即陕西大学堂—陕西高等学堂旧址。1923 年 8 月，西北大学重建，并改为"国立"，公立陕西法政专门学校又并入西北大学，组建为法科。周镛、蓝文锦、郗朝俊、蔡江澄相继任校长。1915 年有学生 284 人，1916 年有在校生 219 人。办学 8 年，毕业学生约 700 人。1915 年毕业 40 人，为前法政学堂 1909 年所招学生；1916 年毕业 405 人，为西北大学 1912 年、1913 年所招学生。1919 年 5 月下旬，五四运动消息传来，该校学生参加了西安的反帝反封建爱国运动。

陕西公立法政专门学校教员

表 4-1　陕西公立法政专门学校教员表

姓名	号别	籍贯	到校时间/年月	备注
周镛	石笙	陕西泾阳	1915	1906年至1911年任陕西高等学堂监督，兼陕西农业学堂监督。1915年春至1917年1月任陕西公立法政专门学校校长
蓝文锦	云屏，耘瓶	陕西西乡		1903年癸卯科进士，授翰林院编修。官云南候补知府。 1917年任陕西公立法政专门学校校长
郗朝俊	立丞	陕西华阴	1917-02	日本中央大学高等研究科法学士，前清举人。1912年任西北大学创设会委员、农科学长。继蓝文锦任陕西公立法政专门学校校长
蔡江澄	屏藩	陕西渭南	1923-01	三次留日，1923年1月至1924年2月任公立陕西法政专门学校校长，同年8月任国立西北大学重建筹备主任、交际主任兼法科专门部主任、教授评议会成员
罗仁博	锦章	陕西安康	1917-01	明治大学法学士，前清举人，历任陕西都督府法制局局长、高等审判庭厅长
崔云松	叠生	陕西长安	1917-01	明治大学法学士，前清举人，陕西都督府秘书长。西北大学创设会委员、文科学长。陕西公立法政专门学校教务主任
但春煦	舜质	陕西安康	1917-01	陕西公立法政专门学校毕业，曾任长安地方审判庭厅长、贵州高等检察厅检察官代理厅务
王觐墀	芝庭	陕西户县	1917-02	明治大学法学士，陕西高等审判厅厅长
寇卓	立如	陕西长安	1917-02	前清举人，历任宜宾、大足、德格甘孜等县知事
萧钟秀	愚亭	陕西邠阳	1917-02	前清举人，高陵县知县
卢植瑞	蔼堂	陕西安康	1917-02	陕西高等学堂肄业
吴鸿儒	博山	陕西乾县	1917-02	前清拔贡
张廷芝	瑞卿	陕西蒲城	1917-02	日本法政学校政治经济科毕业
张士达	剑青	山西虞乡	1917-02	山西法政学堂毕业
桂毓松	翰臣	陕西洵阳	1917-02	北京优级师范毕业

续表

姓名	号别	籍贯	到校时间/年月	备注
余璋	季璜	陕西长安	1916-08	北京中华大学法律科毕业
许明复	新甫	陕西褒城	1917-02	南京民国大学预科毕业、上海中国公学专门部法律科毕业
董景舒	策臣	陕西商县	1917-02	陕西公立法政专门学校法政别科毕业
宫瀑	逸泉	安徽怀远	1917-02	陕西公立法政专门学校法政别科毕业
韩璠	仲鲁	陕西渭南	1917-02	日本法政学校毕业
王集才	会文	陕西郃阳	1917-02	日本法政学校毕业
孙念先	仲堂	陕西兴平	1917-02	日本法政学校毕业
党文炳	虎臣	陕西郃阳	1917-02	北京中国公学大学部政治经济科毕业
华俨	恪夫	陕西商县	1917-02	日本法政学校毕业
陈琯	韵轩	陕西沔县	1916-08	上海中国公学专门部法律科毕业
罗九垠	耀洲	陕西长安	1916-08	北京法政专门学校毕业
张江霖	海澄	江苏丹徒	1916-08	北京大学毕业
艾光华	星垣	陕西白河	1917-02	北京法政专门学校毕业
田无为	小亭	陕西渭南	1917-02	日本法政学校毕业
邓溥	瀚亭	陕西山阳	1916-08	日本专门体育学校毕业,体育教员
刘克厚	基生	陕西城固	1917-02	日本振武学校、日本陆军学校毕业,陕西公立法政专门学校体育教员兼教育主任,曾任督军署少校参谋
陈钟秀				

注:长安县为今西安市长安区,户县为今西安市鄠邑区,洵阳县为今旬阳县,褒城县已经撤销,沔县为今勉县,郃阳县为今合阳县。

(原载《陕西省长公署暨各厅处局所道县及学校志愿录目次》,原档现存陕西省档案馆)

水利道路工程技术传习所改组水利道路工程专门学校宣言书

(1923年)

协（著者）避地数年，获旋梓里，承长官重托，父老优瞻，以全省水利见委①。受命以来，日夜惶惶，未遑宁处，思如何始可以不负宠渥②。乃时已半载，经济人才两形缺乏，计划多端，一筹莫展。窃思时局有平，经济自有充裕之日。而培养无素，人才终无敷用之时，乃汲汲③设一水利道路工程技术传习所，业限三年，意取专成，不愿草就。所授功课，切实简要。全国水利局总裁④阅之几加叹赏，谓合乎国内情势，得当务之急，为他校所不及。乃招生以来，负笈而至者殊不踊跃。窥其原因，大抵不出乎以下数端。

（一）工程学术，设校传授，于吾陕为开创。事未前，闻识者自寡，既不知工程之为何物，即不免徘徊而裹足。

（二）社会无律，倖食者多。无才既可以登庸⑤，又何需乎专门学识？故中学毕业之士汲汲先谋利禄，学之可贵视为詟言⑥。

（三）未明本局设学真意，以传习所三字见轻，果有志于远达，乃不屑乎卑就。

（四）数年戎扰，教育多弛。入学资格本非峻悬（严格的门槛），而合格者反不多觏（遇见）。

（五）旱荒成象，薪桂米珠⑦，生计萧条者多，长安居大不易。

有此五端，致未能副我所望。然协决不以此灰心也。将以毅力持之，诚心处之。吾陕既不能终以固闭自封，学术必有昌明之一日。今者，上峰刘公⑧留心内治，干戈载戢，

---

① 系指著者被委任陕西省水利分局局长、渭北水利局董事会总工程师。
② 宠渥：出自《周书·儒林传·沉重》："祗承宠渥，不忘恋本，深足嘉尚。" 原意为"皇帝的宠爱与恩泽"，著者在此引用意为"百姓的宠爱"。
③ 汲汲：出自《礼记·问丧》："其往送也，望望然，汲汲然，如有追而弗及也。" 意即著者心情急切，并想急于得到实现。
④ 指时为清末举人李国珍，其留学日本。历任政事堂参议，国务院参议、教育次长，农商次长，1917年任全国水利局总裁。
⑤ 登庸：《尚书·尧典》："帝曰：畴咨若时登庸。"？孔传："畴，谁。庸，用也，任用，指用来作为奖励。谁能咸熙庶绩，顺是事者，将登用之。" 指选拔任用。
⑥ 詟言：出自清·袁枚《随园随笔·不符》："然则京口之战，顺昌之捷与朱仙镇之威名，史皆詟言耶？"系指不实之言。
⑦ 薪桂米珠：出自西汉·刘向《战国策·楚策三》，指物价昂贵。形容米贵得像珍珠，柴贵得像桂木。
⑧ 刘公：指时为陕西督军兼主席刘镇华。

建设开端。水利道路，民生攸关，交通所系，尤深注重。设局分理，责任匪轻。曾面询得失，深以才难为叹。嘱多收学生，以广储蓄。传习所既有滞碍，即不妨改为专门学校，量力扩充，以图永久。协谛听之下，深为悦服。乃决计改组，易名称为水利道路工程专门学校，并将此校之需要理由，□（条？）陈于左（下）：

国之昌兴，在乎建设。建设之为人所易睹者，工程而已。游欧美名都，眩其营造之奇伟，叹其居住之安适，惊其转运之雳（灵）捷，孰为之？工程家为之也！化榛莽之荒区，成庄严之都市。探穷谷之绝流，开天然之利府。堙巇岩之巘崿①，成如砥之坦途。整纷岐之港汊，兴便利之轮航。竭泉涧之润泽，益畎亩之膏沃。孰能之？唯工程家能之也！地方文塞②之分，工商否泰③之机，皆于工程家系之。然则工程家之责任，不亦綦重乎？是以欧美先进诸国，对于工程学术，鼓励提倡，不遗余力。大小工程学校无虑数十处，每校每岁毕业无虑数千人，无一不得展其才，竟其志。是以铁道、马路、市政、航务无一不举。无一举者而不求愈益精进优美，充其工程家之能力，且扩施于国外。眛弱若吾国者，铁道人代造之，航途人代辟之，市政人代理之，权自人揉（操），遂成太阿倒持④之势。《孟子》曰：国无人才，则国空虚。⑤吾国既然，吾陕尤甚。道路不治，人惮于长征，货困于滞积。水利不兴，农田有旱干之虞，河流失舟楫之利。乡间赤地千里，都市秽恶薰人。觇国者入境，得谓陕宁有人乎？协不敏，窃领鼓励学风，竟新事业，破除玩愒积习⑥，进研高尚学科。学之有素，志亦团结。务使境中山河之秦地，蔚为庄严灿烂之大观。事非一人所可为，故赖群力以赴。时非一日可期，必须继续有人。斯校之不能不设，诚有如此者矣。水利道路，实系土木工程中之两科。因其为吾陕特要之需，故颜（延？）之以为校名。然既表曰专门，当亦务竟全业。今厘定课程，第一年为基本教授，第二、第三年为注重水利道路二项工程，及他项工程切用之教授。第三年毕业，即可以服务于水利道路各项事业矣，更缀以第四年研究科。凡属土木工程中需要之科，高深之理，皆于是年补足之，以成土木工程之全材。是则就本地情形，参酌部定学制，而稍加变通者也，邦人君子其留意焉。

---

① 指整修不好看陡隆起的悬崖或崖、孤立突出的岩石。
② 文塞：出自《后汉书·第五伦传》，指才智与道德。
③ 否泰：出自《易经》六十四卦，意为命运的好坏。
④ 太阿倒持：出自《汉书·梅福传》，意为倒拿着剑，把剑柄给别人。比喻把大权交给别人，自己反受其害。
⑤ 出自《孟子·尽心章句下》："不信仁贤，则国空虚；无礼义，则上下乱；无政事，则财用不足。"
⑥ 愒：同"憩"；荒废，这里系指荒废时日。

胡步川按：先生所创办陕西水利道路工程专校，系由水利道路技术传习所改组后，复改隶国立西北大学工科，为陕西省造就水利道路人才之唯一学府。当时以经费困难，因陋就简，及后逐渐扩充。嗣后八年，复创办陕西水利专修班，后改名为国立武功农学院农业水利系，则设备更好，至今所有毕业学生多为陕西省水利技术之基本人员矣。国家兴亡，在乎建设。建设之为人易睹者，工程而已。游欧美名都，言其营造之奇伟，叹其居住之安适，惊其转运之灵捷。孰为之，工程家为之也……昧弱若吾国者，铁道，人代造之；航运，人代辟之；市政，人代理之；权自人操，遂成太阿倒持之势。孟子曰：国无人才、则国空虚。吾国既然，吾陕尤甚。……协不敏，窃愿鼓励学风，竟新事业，破除玩愒积习，进研高尚学科。学之有素，志亦团结。务使境中之山河秦地，蔚为庄严灿烂之大观。①

中华民国十二年
（《李仪祉先生遗著》石印本第十三册"杂著"）

水利道路工程专门学校教师名录

表4-2 水利道路工程专门学校教师表

姓名	号别	籍贯	事迹
李仪祉	李协	陕西蒲城	教授水功学。时任陕西水利局局长兼渭北水利局总工程师，兼任教育厅厅长。1922年筹建陕西水利道路传习所，后改为陕西水利道路工程学校。开始招生时仅有七八人报名。李仪祉"不以投考者寥寥而懈其志，常围坐庭院，讲述泾渠计划，农事改良，及吾国农田水利之切要"
蔡振	亮工	江苏金山	教授水利学。曾任国民政府财政部技正、水利部水文司司长、中央水利实验处处长等
陆丹右	克铭		教授水文学。毕业于河海工程专门学校，曾任溧阳县建设局技术员
须恺	君悌	江苏无锡	教授测量学、灌溉工程设计。1917年毕业于南京河海工程专门学校。美国加利福尼亚大学硕士。曾任天津华北水利委员会技术长，导淮水利委员会总工程师，水利部技监，中央大学教授兼水利系主任，联合国远东经济委员会防洪局代局长等职

---

① 陕西水利道路工程专门学校，由时任陕西省水利局局长李仪祉在水利道路工程技术传习所的基础上，创建于1922年秋。招预科两班，共60名学生，1923年春正式开学。1923年8月并入西北大学，组建为西北大学工科。李仪祉任工科主任。

续表

姓名	号别	籍贯	事迹
胡步川	正国，竹铭	浙江临海	讲授钢筋混凝土学及木结构学。1917 年毕业于南京河海工程专门学校。1923 年获得美国康奈尔大学硕士学位。1922 年在陕西水利道路工程专门学校任教。1924 年被聘为国立西北大学工科教授。历任渭北水利工程局测量队长，渭惠渠管理局局长，陕西水利局代局长
赵宝珊		陕西蒲城	陕西省水利局秘书，协助李仪祉兴办水利
顾子廉	乾贞	江苏昆山	教授高等代数和微积分。南京河海工科大学毕业，历任水利道路工程专门学校教员，国立西北大学工科副教授，陕西水利工程专科教员兼主任。1957 年任西安交通大学水利土壤改良组主任

注：生平不详者尚有张含侣等。

（姚远据《国立西北大学一周年纪念特刊》《国立西北大学二周年纪念特刊》等文献整理）

第二节　重建与"国立"

创建国立西北大学之动机

关于建设西北大学一事，自经去岁陕刘监督倡议举办，并得甘、新两省当局电复赞同之后，迄以经费困难与主办不易得人问题，遂致不免置搁，消息沉寂。近自北京大学主讲名流到陕讲学以来，于是"大学"二字，遂即不无感触，而陕办大学之说，乃得渐见复活。

昨据省署确息，自夏期讲学大会散后，兹事虽未入于着手筹备时期，然省长业已一面挽留傅佩青君，偕同张辛南君，为之计划大纲，草拟简章，一面即行筹划经费，勘采校址，现在经费大致以抽收纸烟特税来，可得二三十万作为基金。此外，再请甘、新两省拨助若干。至于简章，现已草就，正饬省署第四科刷印，大约不日即可印出。他如校址，闻已觅定西武园（习武园）为相当地点。不过，目下尚得省长下条许可，方能确定。并闻兹事体大，将来非另设有筹备专处，难资进行。现料若设专处，其中筹备主任人员，大约仍非傅佩青、张辛南二君莫属。盖由二君皆系大学毕业、教育专家，对于大学设备多有研究故也。至如此项，校长，闻已定内傅君。该校教务主任，则以张君呼声为最高云。

（原载《陕西日报》1923 年 8 月 19 日）

关于西北大学校址问题之一段谈话

关于西北大学校址问题，迩来陕方虽云积极建筑，然在甘省学界，主张在兰（州）设立，迄仍争执不休，各报迭有揭载。究竟该省人士主持是否坚决，有无挽回余地，记者当以吴晓川氏此次赴甘负有接洽合组西北大学种种委托，对于甘人争持大学地点内幕，定能知之甚悉。因于日前特意过访，据称甘肃人士盖亦明知此校设于该省，事实上全做不到，不过意在要求或于兰垣分设大学中之一二科而已。设使争持无效，以予细审情形，亦不至于决裂。以故西北大学在陕建设，当未成立以前，唯恐备筹进行不力，未能骤观厥成。倘能尽力建造，对于甘人争执，一概听之自然，一旦组织完备，实行开办，彼方鉴于无可如何，亦自不至再争，致蹈故意破坏西北文化之嫌。但在此尚未成立期间以内，而欲其默无一言，殊属万不可能云云。

（原载《陕西日报》1923 年 11 月 20 日）

陕甘当局请准设立西北大学之元电

关于建设西北大学，虽已成立筹备专处，筹划一切内部组织，但陈请中央准予立案，亦属重大问题。迩日以来，外间虽有此案业已电京之说，迄以未见原电，无从征实。顷觅得陕、甘两省当局，曾于元日会呈中央部院，快邮代电一纸，姑录之，以资征证。原电云：

北京国务院教育部钧鉴：民国成立，瞬已周星，沧海横流，乱靡有定。夫礼崩乐坏，而后狂悍之俗兴；□谞除痵，而后游惰之民作。转移之道，无过兴学。筹维之责，实在有司。镇华等忝领疆圻，聿使岁稔。居陇秦之维□，实宗邦之故都，系析相闻，利害夙共，辄相与往□商榷，以为昔伏羲生成纪，而黄帝终桥山，开物成务，实为创作，周秦递嬗，汉唐继兴，文物声明，藉甚典□，宋既东宅，势成偏隅，海通以还，风气遂□，人才凋落，民俗日偷。以二十世纪科学之昌明，而利用无方，则愚以四千余年羲黄之创制，而继述无人，则陋唯愚与陋亡种之由。今虽初中教育粗具规模，而高深学府阙焉。西北大学以发旧邦之曙光，通世界之文明，阐往昔之英华，而淑未来之才哲，询谋咸若，踊跃观成，筹备时日，期以□年，来岁发春，即行开学。

综言其利，约有数端。砖甓皆良，崇台斯固，指臂之患，蓄及腹心，一隅有不□之人，即全国有受病之处。京津大学，成立有年，效绩灼然，在人耳目，最近东南大学，亦经成立，而西北犹付缺如，文化艺术，相形见绌。今建大学，以征国家之不弃西北，即西北将大有献于国家，全国文化发达，平均其利。

（原载：《陕西日报》1923 年 9 月 18 日）

陕甘当局请准设立西北大学之元电（续）

大同之人，信空同之人武；沃土之民，逸瘠土之民劳。西北习俗纯朴，是长而武健，强悍佩□探丸，秦汉以来，莫之能易。又顾亭林有言，北方学者之弊，饱食终日，无所用心。良由生事简单，竞争非剧。是以材武者，去智而尚义；驯良者，坐食而无营。大学成立，则高深学术有研究之所，中外学士多惠临之机，粗狂俗移，探讨兴作，精神、物质发展可期，旧俗新知融和，自易乱源潜杜，乐土斯开，敦物阜民，莫善于此，其利二。

西北交通不便，行旅阻艰，士子负笈远游，动数千里，旷时靡费，成否难期，自非家道甚殷，莫敢轻于一出，其或高堂深砥，犊之□单族乏，应门之童，温清难违，年华坐逝，义民间生，计植本于农，半读半耕，重离乡土，使国家建学，□在东南，富人世族，尚有求学之机，微姓寒门，永深向隅之叹。且自来英俊，每出单寒，其在□梁，类多凡下，贫寒局于乡里，则英俊之摧折者，多□梁独占机先，则资本之毒威益肆，人才消乏，已属可危，社会问题，尤应深虑，近世教育机会贵均，今□大学□□□□，其利三。

（原载《陕西日报》1923年9月19日）

陕甘当局请准设立西北大学之元电（续二）

风土异宜，物产异适，科学之设，未可苟同。试即农言，美洲之农，与中国异，吴越之农，与秦陇异。贸然远学，幸成而归，株守所读之书，无与生活之实。就地建学，则设科分目，因地制宜，讲授研求，取才近例，了解生活之实况，斯奏革新之奇功奥味，因而益增钻研，因之益邃，学无虚设，言可起行，其利四。

社会救济，农业改良，工厂未兴，矿山久闭，此皆西北待决问题。无高深学府为之中坚，政府无所咨询，社会无所仰望，疑难罕往复之所，风会乏指导之人。大学即兴，政府有疑决之于学，社会有作征之于学，乃至私家著述、个人调查，皆可公之于学、稽之于学，庶几政无失策，家有南针，若济川之有舟楫，若御风之有机叶，其利五。

西北近年毕业中学者渐多，升学维艰，谋生亦困，此其人皆负中才以上之资，常识较富而专业未精，无术资生，深为可惜，亟建大学，则升学既便，需费无多，稍假数年，皆成一业，公私获益，福利无穷，其利六。

六利既兴，积弊斯去，周咨博访，众口一辞，镇华等化俗抚民，职责所在，未敢当机失断，坐昧良图。除开办经费、常年经费约需若干，俟复准后，再由镇华等从长计议、另文请核外，所有筹设国立西北大学情形，谨联电陈情，伏希裁纳，伫俟覆命，诸维钧鉴。

刘镇华、陆洪涛、林锡光同叩。元印。

（原载《陕西日报》1923 年 9 月 20 日）

筹备西北大学之续讯

关于建设西北大学，已经组织筹备专处情形，已志昨报，兹悉此项筹备处之设立，不过专在内地计划校舍，如何改造内部，如何安置而已，至如联络甘新、分任经费、延聘教员、购置图书等事，尤为极应在外筹备，事件究竟，近日是否进行，外间殊鲜闻知。

现据省署可靠消息，西北大学经费一项，虽说陕省现筹纸烟营业特税，年可收得二十余万，足资维持，但甘、新两省，既同处在西北二字范围以内，去岁且对设立大学有电赞成，当然负有共同筹款责任。关于此项问题，除新疆距陕过远，不便派员前往接洽，现经径电往复磋商，大约已允担任若干外，至于甘省，确已委托前省议会议长吴晓川氏，亲往交涉。闻已得有协款把握，曾经迭电前来，大致款项一层，今后可不再费若何筹划矣。此外，关于购置图书、延聘教员，闻于昨日即由傅佩青氏专程赴京，先事预办，余如开办期限，以目下校址改用法专，不甚大费建筑时间情形观测，大约年内即可招生，来春即可开学云。

（原载《陕西日报》1923 年 9 月 29 日）

国立西北大学筹备处将成立

创建西北大学情形以及将来内容组织，迭志前报。兹闻序当然以先成立筹备处为第一要件，现据学界消息，该筹备处昨已由傅佩青、张辛南二氏，会同省署第四科科长张午中、教育厅科员段少岩等，曾在旧督署内开始计划如何设立。其设立地点，□因校址已决定改废法专为其建设相当地点，是以现拟即在法专校内，先行择出空舍，以作筹备处所，刻正选觅处内应需庶务、会计、书记三项职员，约于日内即可觅就，着手组成国立西北大学筹备专处，至其处长大致已定傅佩青氏，而以张辛南君辅之云。

（原载《陕西日报》1923 年 8 月 30 日）

傅佩青之西北大学定名谈

西北大学将来组织内容，已详前报所载新草该校大纲案内，姑不再赘，唯此项大学既由吾陕省长发起于前，复经甘、新两省省长赞成于后，从未闻有中央明文，催办所需经费，拟由三省地方担任筹措，以吾陕为主体，而以甘、新两省辅之，亦未闻有动用国家税款之说，是直等于地方自动，含有地方私立性质，与国立大学实际迥不相同，遽其定名冠以"国立"字样，似易滋人猜疑，故关于此点，傅佩青氏曾对本报记者，略有一度谈话，不啻解释取用"国立"意义。兹特述下，以饷阅者。

据云，西北大学冠以"国立"二字，表示内容与各国立大学相同，将来殊有种种利益。

一、凡系国立大学学生，国家待遇极优，将来西北大学学生亦可受同等之待遇。

二、凡系私立大学学生，如入国立大学，仍须受其试验，且虽毕业私立预科或本科，概作无效，仍必按级升科，倘系国立则否，故西北大学冠以"国立"，将来学生毕业预科者，可升本校本科，亦可直接入北京、东南等国立大学，本科毕业者，可升本校大学院，亦可直入其他国立大学院，且均得免再受试验。

三、西北大学冠以"国立"字样，易邀教育部认可立案。

四、学校可以直接教部，将来即可望得国家教育费之辅助及一切有益学校之特殊待遇。

有以上述之种种优点，则西北大学取用"国立"名义，当再不待烦言。

（原载《陕西日报》1923年8月21日）

西北大学新聘教授抵省后之所闻

西北大学预备来春开学，前次已由傅佩青氏专程赴京延聘各科教授一事，业志各报。兹据学界消息，此项教员约十余人，现已由傅聘定，确于日前由京到陕，径赴西北大学筹备处下榻，旋即晋谒兼座，兼座随于二日下午三钟，当在省署设筵款宴，为各新聘大学教授接风洗尘云。

（原载《陕西日报》1923年12月4日）

新聘西北大学中西教授到陕情形，略志本报。兹闻各该教授自到省后，连日对于应建大学必要及该校现时应设学科与夫学校常年经费应需若干，盖皆有所研究，详为论列。刻已拟具意见书及该校将来开课一切规划概算，均于日昨送请兼座核阅，即可宣布，俾陕学界得悉大学开始内幕。至其所拟各件内容，俟探另续。

（原载《陕西日报》1923年12月5日）

西北大学建筑设置之详报

关于西北大学建筑情形，迭志前报。兹闻该筹备处此次所修补之宿舍，计房共七十三间，礼堂十五间，大约数日内即可竣工。又另修最新式之教室三座，共房十八间，刻正建筑，至本年底即可告成，至其修葺费，据报六千余元。

此外，预买床板三百副，宿舍桌子三百个，机凳三百个，书架一百个，又教室桌凳各一百二十个，礼堂新式靠椅一百二十个。以上数宗，据说共需洋四千五百余元。

上列定购之物，十余日内即可完全搬至校内。

记者按法校原有之教室十余座，与新建之教室，合计总在十五六座；原有宿舍与补修之宿舍，合计一百五十余间，可住学生五百余人。又教厅与水利局之房舍，现既划归大学，亦应早日修理，昨闻筹备处已经去函催其迁移，以便动工，并闻该大学之图书馆，现拟暂在教育会之大讲堂设立，将来教厅移去，即在该地另建五层高之大洋楼，以备储藏图书之用云。

（原载《陕西日报》1923年10月27日）

筹备渐见完善之西北大学（节选）

西北大学名称的原由：一、因中央原有于陕西设国立大学之议，故称国立；二、因教育部有任陕省城内设国立高等师范之计划；三、因陕现有国立法政专门学校，依教育部令，应设为国立大学；四、西北大学既非陕西一省所立，故不得谓为省立；五、陕、甘、新三省居中国之北部；六、陕西曾办西北大学一次；七、我国现有东南大学、东北大学，又有西南大学之议，故亦应有西北大学，以免向隅。

……

丁　学科。一、本科应地方之需要，先办文、农、工三科；二、预科分文、理两科，明年秋季开学；三、补习科，一因陕西中等学校多于寒假毕业，一因恐其程度不齐，特于明春开补习科。

戊　近况。陕西方面，校舍即将修妥，理化教室正在估工，教育厅、水利局等处，亦在准备他迁腾房。

（原载《陕西日报》1923年10月24日；续10月25日）

西北大学修理校舍将次告成

西北大学校址，当局已择定法政专门学校，扩充修理，已见各报，兹据学界消息，此项校内应添房舍，动工修理，已有多日，目下依次建成者，居大多数，该校原拟来春招生开学，但以刻下校舍不久即可将次完竣情形，观测预料□历一月一切准可筹备□洽，或者不待来春，便可先行着手招考云。

（原载《陕西日报》1923年10月22日）

国立西北大学校址问题之近讯

关于西北大学校址问题，陕、甘当局有所争执，甘省教育会已派人赴云南全国教联会，提议将该校设在甘省，各节业载前报，兹闻吾陕教育会，因各种窒碍情形，未便派人前往赴会争持，仅向该会（全国教联会）作一提议案，主张校址应设在西安之种种理由，兹将其全文披露于下，以便关心该校者之注意焉。

《提议国立西北大学应设于西安案》：

为建议事，窃维地方之文野，视教育为转移，而教育之设施，以平均为原则，民国成立，岁星已週，干戈扰攘，迄无宁日，陕、甘、新三省，僻处西北，风气锢蔽，重以天灾人祸，纷至沓来，凡百事业，较他省皆瞠乎其后。即就教育一端言之，在执政者，虽竭力提倡，然中小学校规模略存，高深智识，钻研无自，而京津设立大学成绩昭彰，固在人耳目矣。近年来，金陵有东南大学之创建，沈阳有东北大学之观成，此外，东陆大学、杭州大学、中州大学亦均筹备日久，先后成立，独西北数省，犹付阙如，夫万车连轨，不容一乘之退，行四体操劳，何忍半臂之受病，此中华教育改进社所以有"全国应设大学八区，陕、甘、新为一区"之提案，而陕、甘两省长官与夫学界士绅，所以对于国立西北大学联衔请愿、积极筹备也，特是设校地点，在甘、在新，抑或在陕，非明为规定，不足以示鹄的而免争执。

兹就历史、地理、事实各方面，公团集议，详加研究，国立西北大学实有在西安筹设之必要，谨一一为贵会陈之。陕西为周秦汉唐宅都之所，圣哲辈出，开化最先，……光耀史册，宋元以降，首都虽已东迁，而建置设官，莫不视为上游重镇，有清科举时代，陕、甘合闱，值三年之大比，集两省之公车，属在末季，创练新军，部立陕、甘、川、新四省陆军中学，即设于西安城内，良以总汇四省，唯陕西为适宜也。

（原载《陕西日报》1923年10月16日）

国立西北大学校址问题之近讯（续）

更按诸事实，自倡办西北大学之议起，陕西刘监督，甘肃陆督军、林省长，新疆杨督军，函电往复，意见略同，一面会衔电请部院立案，一面在西安设国立西北大学校筹备处，积极筹备。一月以来，校舍既已鸠工，经费复拨专款，延名师于京沪，购图器于美欧，招生之期，预定寒假，更拟斟酌，甘、新两省之与环境，于相当地点，设立分校，总期合三省才俊，共炉而冶，济济一堂，以追槭朴菁莪之盛，此就事实上观察。□在西安设立西北大学者，三也。有此三种理由，则知国立西北大学地址，唯西安为适宜，洵属毫无拟议。

贵会作全国之领袖，谋教育之振兴，翘首南天，无任钦佩，用将西安应设国立西北大学缘由提出议案，敬候公决，建议施行。

陕西省教育会提议

（原载《陕西日报》1923年10月16日）

筹备西北大学之近讯

国立西北大学筹备情形，迭志本报。兹悉近数日来，关于内部设施，刻以旧日校舍，□□既多，残破不堪，耐久兼□，不敷将来应用，刻下正在扩旧建新，另行修筑。此外，理化教室闻亦另拟新建，迩日亦正假图书馆拟绘建筑图形，以俟绘成，即将饬匠动工，从事兴修。至于此项建筑以及一切开办费，闻已现付二万元。此二万元之来历，据传系前烟酒局长林实所交。查林原在印花处长及烟酒局长任内，两共亏空公款，经兼座觉察，派委查实计数，闻在四万九千余元，当时即行将林押追，迄因无力交出，经林多方恳求宽免，愿认罚交建修西北大学费洋二万元，始得邀准释放，而当局因即以此款项，拨作该校开办之资云。

（原载《陕西日报》1923年9月1日）

西北大学呈请立案与校长任命消息

关于西北大学请由中央准予立案并任命校长一事，前次陕甘当局，虽迭有电入告迄，以并未径呈总统，案尚悬搁，顷闻陕甘当局已于日昨，正式直陈特请总统一并令准，大致饬部立案与任命校长，当可望其即日发表也。兹录其原文于下。

呈为筹设国立西北大学拟具大纲……陕、甘……并无高深学府，以资探讨，遂使宗邦故都，文艺日堕，镇华等忝领疆圻，筹维移转，责无旁贷，曾胪举西北地利、人情、交通、物产、经济、生活等状况，析陈六利，以为化俗，非急办西北大学，殊无以固国维而图发展，于本年九月九日，代电联衔，分别呈咨，并蒙我大总统，在巡阅使任内，艳日电复内开，顷接元日邮电并准，吴巡阅使敬日邮电，均已诵悉，西北以地形关系，风气未尽开通，联省筹设大学，洵为当务之急，当已转电院部，讯予批准立案矣。

（原载《陕西日报》1923年12月18日）

西北大学中外教授建议之续闻

……

四、大学地基，宜在西北城，以十亩为最小面积。

五、大学建筑，宜用优美材料，建筑坚固，校舍俾为全省建筑之模范。

六、现暂不设工科，其理由：（一）大学创设之时，须兴办之事业，千头万绪，对于创设工科一层，主张从缓；（二）土木工程科与他项工程科，其重要程度相等，如预创办工科，则各项工程科均应举办，但以西北情形而论，似无理由先设土木工程科；（三）陕省交通不便，若设完全工程科，需费既巨，购买机器复感困难，似非目前急务。

七、本大学设文、理、农、法四科。文科设经济学及社会学系、历史学系、中国文学系、外国文学系、哲学系、心理学系、政治学系。理科设物理学系、数学系、化学系、博物学系、地质学系。农科设农艺学系、森林学系、畜牧学系、园艺学系。法科学系另定。

八、预科，分文、理二部，第一年课程两部相同，第二年分科教授文、理两部，第一年英文五小时，算学四小时，国文五小时，中史大纲三小时，科学大意及地理四小时，体操二小时。

文科第二年，英文五小时，国文三小时，西史大纲三小时，政治学大意三小时，物理三小时，化学三小时，体操三小时。理科第二年，英文五小时，国文三小时，西史大纲三小时，算学三小时，物理三小时，化学三小时，体操二小时。

九、预科学生二百人，分六班，聘用教员九人。第二年学生四百人，用教员十八人，校长、教务长在外。

十、教员薪水，平均每月二百元，寄宿校内，对于远道聘来教员，每年外加二百元旅费，校长、教务长月薪另定。第二年教员、校长、教务长共计二十人。

十一、教员年金加俸，每间一年，依其第一年所得之薪俸，加百分之十，至四百元为止。

十二、教员寄宿舍，每所建筑费估计二千元。

十三、关于本大学本科课程及计划，俟办本科时，再请各科专家规定之。

建议人　李干臣、佟伯润、吴乐德、吴筱朋、凌冰、程振基。

（原载《陕西日报》1923年12月8日）

西北大学"国立"的最早公告

（本厅训令第二八号，中华民国十二年八月二十八日）①

案准

国立西北大学公函内开，径启者十二年八月二十八日接准

陕西省省长公署聘书一件，延铜为国立西北大学筹备处处长，筹备一切。嗣于十二月二十四日接准陕西省长公署聘书一件，延铜为国立西北大学校长等因。同日又准陕西省长公署公函内开径启者案照国立西北大学业经筹备就绪，并函聘校长在案。兹先由本署刊就木质关防一颗，文曰国立西北大学之章，除函知筹备处将来未完事宜从事结束移送贵大学接办外，相应将关防一颗函送贵大学查收启用，以昭信守。所有启用日期及接办情形，仍请见复。实纫公谊。此致等因，并附送大学关防一颗，准此。铜当于十三年一月一日到校。准筹备处将文卷、簿册、器具等项移送前来，即于是日接收任职兼启用关防。除分函外，相应函请贵厅查照，并转行所属中等学校一体知照为荷等因。准此。合行登报通令各中等学校一体知照。

（原载《直隶教育旬报》1924 年 2 月 20 日第 7 年第 5 期）

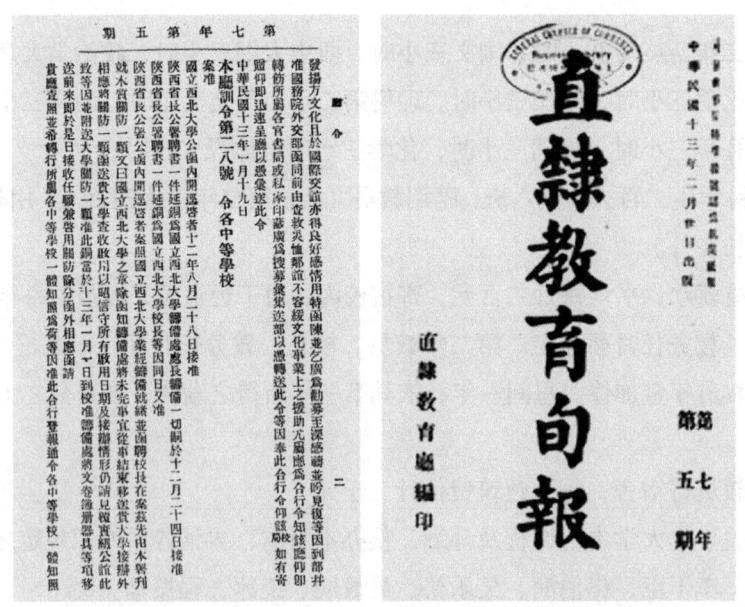

图 4-1 《直隶教育旬报》1924 年 2 月 20 日第 7 年第 5 期

---

① 此为西北大学"国立"的最早公告，并聘傅铜为国立西北大学筹备处处长，又准傅铜为国立西北大学校长。

傅铜拟：国立西北大学组织大纲草案

吾陕筹设西北大学，业由省长特请傅佩青君计划大纲。着手草拟简章一节，已志昨报。兹以此项章程系属一种草案，尚待各界共同商榷，另行修正。永特揭录于下，以供留心大学人士研究，并以预知该校将来之内容云。

本大学以教授高深学术，养成专门人才为宗旨。

本大学定名为国立西北大学。

本大学设于长安县城内。

本大学设大学预科，于各处高级中学办理毕业以前暂设大学本科及大学院。大学预科分甲乙两部。

大学本科先设哲学科、教育学科、中国文学科、外国语文学科、历史学科、数学科、物理学科、化学科、地质学科、土木工程科、机械工程科、采矿冶金科、森林科、农艺科、畜牧科，遇必要时，得增设或裁减之。

本大学设校长一人总辖本校一切事务。

校长办公室设秘书一人或二人办理校长之往来函件。

本大学设评议会，以校长及教授互选之评议员组织之。校长为议长。凡左（下）列之事，须经评议会之议决：一、各学科之设立、废止或变更；二、校内各机关之设立、废止或变更；三、各种规则；四、本校预算及决算；五、教育总长，陕甘新三省省长及校长咨询事件；六、赠予学位；七、关于教育事件将建议于教育部或陕甘新三省省长者；八、关于校内其他重要事件。

本大学设讲座教授、助教及讲师若干，由校长延聘之。

本大学各科设主任一人，由该科教授互选之。

本大学设教务长一人，由学科主任互选之。

本大学设学科教授会，由学科之教授组织之，规划本学科教科上之事务。

本大学设教务会，由教务长及各科主任组织。其职权如下：一、增减及支配各学科之课程；二、增设或废止学科建议于评议会；三、荐举赠予学位之候选人于评议会；四、关于其他教务上之事件。

本大学设总务长一人，由校长委任之。

本大学设会计委员会，聘任委员会、图书委员会、仪器委员会、庶务委员会、出版委员会，协助校长规划推行各部分事务。其委员及委员长由校长指任之。

本大学设注册部、文牍部、会计部、图书部、仪器部，各部设主任一人，遇必要时设事务员若干人，由校长委任之。

（原载《陕西日报》1923年8月20日；8月21日续）

大总统令傅铜为西北大学校长

任命傅铜为西北大学校长。此令。

中华民国十三年五月四日

（原载《江苏教育公报》第 7 年第 5 期）

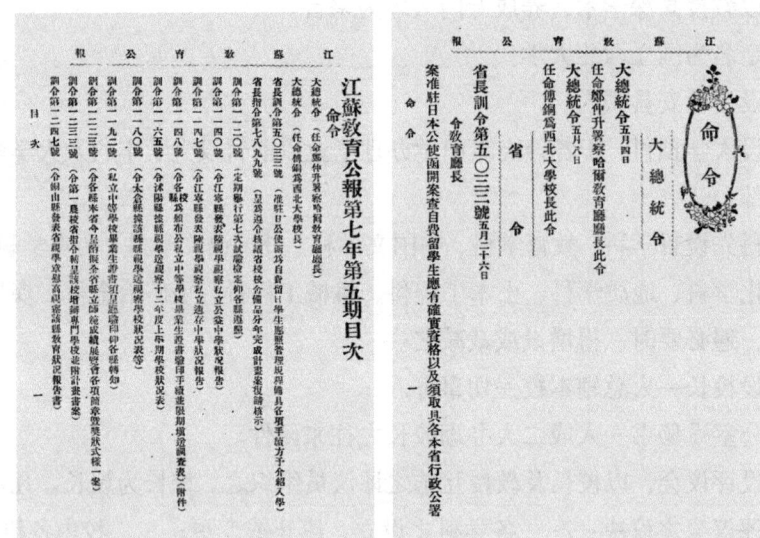

图 4-2 《江苏教育公报》第 7 年第 5 期目次和"大总统令"

教育总长章士钊临时执政令准免傅铜

教育总长章士钊呈国立西北大学校长傅铜恳请辞职，傅铜准免本职。此令。

中华民国十四年十一月十日

（原载《江苏教育公报》第 8 年第 11 期）

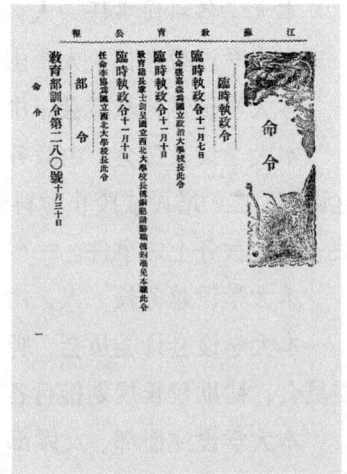

图 4-3 《江苏教育公报》第 8 年第 11 期报道准免傅铜校长本职

教育总长章士钊临时执政令任命李仪祉为校长

任命李协①为国立西北大学校长。此令。

中华民国十四年十一月十日

（原载《江苏教育公报》第 8 年第 11 期）

王桐龄参观西北大学②

15 日晨起，个人参观西北大学。校之南门在东木头市，北门在东大街。有基址 60 余亩（4 公顷），房屋 700 余间，系前清末年省立大学堂故址，旋降为高等学堂。民国成立，改设西北大学预科，旋改为法政专门学校。12 年 9 月，复改设西北大学，大略分为二部，南半为西北大学，北半为陕西教育厅、教育会、水利局、林务处，现在教育厅移居梁府街前旧提学使署，北院只余三机关矣。房屋系中国大四合式，院落周围有回廊，既壮观瞻，又避风雨，其优点一也。院落宏敞，树木甚多，空气清新，颇足怡情悦目，其优点二也。教员学生寄宿舍，职员办公室，皆有相当面积，其优点三也。然讲堂内大柱子，颇碍学生眼目；大礼堂横宽，不适讲演之用；大门之内有二门，二门之内有大堂（现用作接待室），大堂之后有二堂（现用作大礼堂），有三堂、四堂（现均用作讲堂），四堂之后有内宅（现用作图书室）；自大门至二堂，两傍仅有回廊，并无房屋；自二堂至内宅，两傍虽有厢房，然太小不适作讲堂之用；自大门至内宅，南北长约 185 步，适合于讲堂之房，仅有三四间，两旁多跨院，办公室、寄宿舍在焉，东西宽约 88 步，房屋甚多，院落甚宏敞，而能做讲堂之房，亦只有最近建筑者三四间。全校建筑皆用宫廷及衙门式，无一所楼房，占地方太多，大房间尤少，宜于住家，不宜于做学校，知从前监修者皆外行也。梁栋椽柱门窗户牌皆用杨木，知长安木材缺乏也。院内多用土坯做墙，

---

① 李仪祉（1882—1938），陕西蒲城人。1901 年入西安关中学堂。他于 1915 年创办我国第一所河海工程专门学校；1923 年创办西北大学工科，1932 年接续为陕西水利专科，1934 年接续为西北农林专科学校水利系；1938 年任西安临时大学工学院教授；1925 年 11 月 10 日任国立西北大学校长。
② 王桐龄（1878—1953），河北任邱人。我国现代著名的历史学家，是我国第一个在国外攻读史学而正式毕业的学人。1924 年 7 月 14 日以北京师范大学教授身份抵西安，与鲁迅等应邀到国立西北大学讲学，住西北大学教员宿舍。因晚清陕西大学堂、民元省立西北大学和 1923 年恢复的国立西北大学，均相沿在此办学，距 1902 年涂嘉荫监修晚清陕西大学堂校舍不过 22 年，故王桐龄此文不仅涉及西北大学 1924 年间的建筑、布局，也涉及晚清陕西大学堂的建筑与格局，具有重要历史意义。

黄土涂壁，既缺美观，又难耐久，知长安砖与灰俱缺乏也。闻刘督军拟划出从前满城旧址（在城内东北隅，约占全城总面积三分之一）一部分，约2900亩（193.33公顷）建筑新大学，而以此处为预科校舍。然长安物价，较天津约贵三分之二（据关松声君报告，洋灰1桶，在天津卖价大洋5元，此地卖价银32两，砖瓦木料皆贵至一倍以上，西北大学拟建筑新式楼房办公室一所，照天津物价估计，需洋7万元，照此地物价估计，需20万元），陕西财政困难，此计划亦非短期内所能实现也。

长安雨少，故房屋欠修理，尚不至于坍塌。西北大学教员宿舍，屋顶皆瓦松，密如鱼鳞，然室故无恙。若在北京，则大雨时，室内室外淋漓一致矣。

……

长安之教育：甲、研究新学之人太缺乏；乙、整理旧学之人亦缺乏；丙、著作品缺乏；丁、译述品亦缺乏；戊、日报及杂志缺乏；己、出版所及印刷所缺乏；庚、教员缺乏，本省人才不足，专门以上学校之教员，多系借材异地，又因交通不便关系，本省之毕业于外国大学之学生，多在交通便利之外省就事，不肯回本省。

（原载王桐龄：《陕西旅行记》，北京：北京文化学社，1928年，节选第二章第一节）

图4-5　鲁迅1924年7月在西北大学的住室，1936年改为鲁迅纪念室（全景与局部）

第三节　学术与教育

傅铜请康有为题写国立西北大学校牌

1923年12月9日，康有为参观碑林、孔庙等处以后，应邀参观与碑林、孔庙所处的柏树林街隔街相望的东厅门国立西北大学。1912 年时的省立西北大学教务长、时任陕西省议长马凌甫、1923 年时的国立西北大学工科主任、陕西省水利局局长李仪祉均对此有所回忆。

单演义教授记载：

除游览碑林、孔庙等处外，康有为还应邀参观了当时的国立西北大学。此校的筹建是刘镇华为巩固权势，沽名钓誉，安置私人所为。详情见拙著《鲁迅讲学在西安》。

当时西北大学的校长是刘镇华的同乡傅铜。在康有为参观时，傅铜请他为西北大学题写校名。据傅铜回忆说康有为在题书之前，闭目静坐，凝神运气，忽而跃起，一挥而就。

（原载单演义《康有为在西安》，西安：陕西人民出版社，1990 年，第 126 页）

康有为的"盗经"官司与国立西北大学

康有为因"盗经"被陕绅高介人、杨叔节、李汉青等告上法庭后，康氏恼羞成怒，向刘镇华要求赔偿名誉费二百万元，并提出三个要求：

一、家藏图书一批，由西北大学购买，书价以二万元计算；

二、请刘镇华私人投资二万元，作其办《不忍》杂志之股本；

三、聘其门人张扶万等为西北大学教授。

中华民国十二年十二月九日

（原载高拜石《古春风楼琐记》第二集，台北：台湾新生报社，1979 年，第 179 页）

陕西省教育厅、国立西北大学合办暑期学校开学[①]

二十日在西大礼堂先举行一开学式，是日到者有省长代表郭涵、督军代表范滋泽、

---

① 在此之前，1923 年 7 月曾邀请北京大学哲学教授傅铜（1924 年 5 月至 1925 年 11 月任国立西北大学校长）、史学教授徐炳昶，美籍汉学家柯乐文，史学家朱希祖，北京大学哲学系主任陈大齐，北京大学化学与哲学教授王星拱，油画家吴新吾等 7 位学者来陕进行暑期讲演，是为第一次。国立西北大学、陕西省教育厅又于 1924 年 7 月邀请鲁迅等学者来陕进行为期一个月的暑期讲学。同行的有北京师范大学教授王桐龄、李顺卿，南开大学教授李济之、蒋廷黻、陈定谟，北京大学前理科学长夏元瑮，东南大学教授陈中凡、刘文海，留法博士王凤仪，以及晨报记者孙伏园、京报记者王小隐。根据当时暑期学校的简章，约请的讲师还有北京师范大学教授林砺儒，北京法政大学教授柴春霖，剑桥大学哲学博士、广州大学梁龙，东南大学教授吴宓，但未到校。张辛南回忆演讲人还有胡小石，虽为西北大学教授，并未参与此次暑期讲演。人民文学出版社 2005 年版《鲁迅全集》第 15 卷第 522 页中关于鲁迅来陕讲学同行人员中有胡小石应为讹误。

图 4-6　1924 年 7 月 20 日，鲁迅等在国立西北大学
（与陕西大学堂、陕西高等学堂、民元省立西北大学同在一地）

教育厅长马凌甫、实业厅长刘宝濂、西大校长傅铜以及其他军政界要人、讲师、职员、听讲员二百余人。上午十时开会，于未开会以前，先在后院合摄一影始入场，由教长马凌甫与西大校长傅铜主持。按照顺序：一、奏乐。二、全体向国旗行三鞠躬礼。三、由西大校长傅铜介绍各讲师之略历，并谓暑期学校在陕省是第一次开办，诸君（指听讲员）均踊跃而来，足证向学心切。此次所聘讲师，均国内外学术专家、各大学教授，今冒暑跋涉而来。为吾陕灌输新的知识，我们应同申谢云云。四、续由省长代表郭涵致词，略谓陕西鄙处西北，一切事业，常落人后，此次暑期开办，诸讲师对于吾陕军事、政治、教育、实业、交通必有极大贡献也云云。五、次由教长马凌甫致词，略谓陕西因交通不便，以致文化闭塞，今夏西大与本厅商办暑期学校，聘请国内外学者为讲师，因仅在省城讲演，不能普及，外赴外县，又为事实上所不许，故召集各县人士来省听讲，须知此次即普及全陕文化之先声，望勿忽略焉云云。六、由王桐龄代表讲师全体致答词，略谓此次贵省创设暑期学校，招致同人来陕担任讲师，沿途备受优待，并得各界热烈之欢迎，鄙人谨代表全体致谢。至于讲演，陕西实为中国文化发源地，不过因交通不便，逊于沿海各省。同人学识浅陋，恐与关内学人，难相比较，但同人能力所及，绝不稍容，以后开讲，当然有缺漏之处，或言语不明了时，尽可于下堂后来寓研究云云。七、全体听讲员向各讲师行一鞠躬礼。八、奏乐散会。

（原载《新秦日报》1924 年 7 月 21 日）

刘安国、谢迈千、李瘦枝回忆鲁迅在西北大学讲学

时任第三中学校长刘安国回忆鲁迅讲演

使我最难忘的是鲁迅先生不论在讲课还是和我们青年教师、青年学生接谈时,他从来不以人师自居,从来不是板起面孔,把自己的意见强加于人。相反,他总是像一个小学生一样,虚心地听取别人的意见,平易近人,谦虚和蔼,性情开朗,热情奔放,没有一点架子。和他谈话时,像春风化雨,令人恋恋不舍。他讲课非常生动,旁征博引,联系实际,讽刺深刻,句句扣人心弦,沁人肺腑,因而使得我不能不每课必听,每听必终。课后还去请教,受益实多,留下的印象,是永难磨灭的。

(原载单演义《鲁迅在西安》,西安:西北大学出版社,2009年,第110—111页)

时任易俗社编辑谢迈千回忆鲁迅演讲

鲁迅先生上堂讲演,总是穿着白小纺大衫,黑布裤,黑皮鞋,仪容非常严肃。演讲之前,只在黑板上写个题目,其余一概口讲,说话非常简要,有时也很幽默,偶而一笑。

(原载单演义《鲁迅在西安》,西安:西北大学出版社,2009年,第111页)

中学生李瘦枝回忆鲁迅演讲

由于鲁迅先生的讲演内容丰富,见解深刻,特别是他在讲演中的那种昂扬的战斗精神,感染力很强,不多几天礼堂上即座无虚席,及至讲到唐宋以后,就有不少人争不到座位站着听讲了。

(原载李瘦枝《"刘记西北大学"的创办与结束》,中国人民政治协商会议陕西省委员会文史资料研究委员会:《陕西文史资料选辑》第3辑,1963年,第183页)

薛声震、昝健行:创造正确而清切的宇宙观与人生观

人生宇宙间,若果除过照例地吃穿、睡觉之外,只是在黑暗里瞎碰,而别无所思,这样的生活,便是"醉生梦死"的生活,这样的人生,便是盲目的人生,还有什么意味?还有什么价值?那倒不如自杀了,索性返于"黑漆一团",也落个虚无的干脆。所以,哲人苏格拉底说:"不曾有察过的生活,是不值得过的。"那么,人要过值得过的生活,就应得知道:"生活是什么意义?""当怎样去生活?"而"生活是什么意义?当怎

样去生活？"的问题，唯有哲学能阐明，能解决。换句话说：唯有哲学能决定人们生活的正当途径，能使人们努力过有意义、有价值的生活。所以，研究哲学，实在是求良善生活的不二法门。

总之，人是有高尚灵性的，有求最高原理的企图，有达良善生活的欲望，而哲学能给人们以认识宇宙及人生现实与理想的根本原理。我们研究哲学，也许能创造出我们自己正确而清切的宇宙观及人生观，为我们安身立命的指南针。

同志们！在这恶劣而黑暗的社会中，阴沉而烦闷的空气里，我们的生活不觉得干燥而乏味吗？我们应该辟个理想的世界，造座精神上的花园，以供我们悠游自得。同志们！请弹动心琴之弦，而来赏生命之花吧！

（原载《国立西北大学一周年纪念特刊》，国立西北大学，1924年）

陈靖回忆"十八学士"

当时的学生陈靖回忆：

我们的课本有《平面测量学》《灌溉工程设计》《物理》《工程结构》《水力学》，几乎全部是外文原版教科书，后来才有胡步川老师将一部分翻译为中文。李仪祉先生主讲气象学、水功学，须恺教授兼工程部主任，主讲测量学、灌溉工程设计，胡步川教道路工程，蔡亮功教水力学，顾子廉教高等代数、微积分，吴小朋教物理学，胡小石教文学。学校课程进行得十分认真，温德华氏数学习题，几乎要全部学习，晚上12:00前入睡者很少，早饭多是羊肉煮馍馆送到教室里吃，而教师们更辛苦，晚间开着窗子让学生交习题本，翌日上课时，还要把习题改完发下来，所以教师总是后半夜灯下改习题本。平时学习，压力很大，要补习英语，还要钻研工程技术，寒假一律不放假，总是有计划地到野外实习。到1926年在西安围城中毕业时，水利道路工程班只剩下18人，外系同学戏称"十八学士"，其淘汰率之大确至惊人程度。

（原载《陈靖回忆"十八学士"》，《西北大学校史口述和回忆记录》，1984年7月，现存西北大学西北联大与大学文化研究院资料室）

国立西北大学周年纪念述略

本校创建以来，倏已周年。长吏倡导，社会赞襄，奋厉图功，始克稍立基础。现值第一届纪念日，其经过大概情形有不能不叙述者。溯本校之设筹备处也，在民国十二年九月，正式开校则在十三年一月一日，即去年今日也。关于修校舍、厘章规、筹经费、购图器、聘教职员，多系筹备处任之，曾陆续揭橥于本校周刊。毋需赘渎。自去年今日至今年今日，则渐系筹备之期而入于实施之期矣。举其荦荦大者：

曰：设置学科。开校伊始即接收水利、法政两校，将水利学校学生编为工科专门部，法政专校学生编为法科专门部，其政经三年级已举行毕业，预科分文、理两部，程度不及者，设班令补习之。后课程又采用学分制。为造就中等学校教师暨整理国学人才，设国学专修科。为造就通蒙藏语、晓畅边情人才，设蒙藏专修科。此学科之设置也。

曰：添招学生。上学期共分七级，有新旧学生一百六十余名，暑假内在北京、开封、兰州、西安四处添招预科生六十九名，国学专修科生三十三名，蒙文专修科生十一名，除法科专门部毕业一级外，在校学生现有二百六十余名。其籍贯区为秦、陇、豫、晋、直、鲁、湘、鄂、苏、浙、皖、赣、粤、蜀十四省，而因地方不靖，道途梗塞，被取后未到校者尚属不少。此学生之添招也。

曰：图书馆。学校附设图书馆，所以供教员参考、学生涉猎，关系至为切要。本校接收法校旧书寥寥无几，筹备期内在京沪等处所购图书，于开课后始陆续运到，又承刘监督捐赠日文、英文书籍多种，本校图书馆遂得正式开幕。现有书六万二千余卷，分经、史、子、集、丛书、类书、佛典、外国文八类。每日下午赴馆阅览者颇形踊跃。

曰：理化仪器。仪器为研究科学重要工具，本校成立之初即行购置，迨至八月间，各项完全运到，计购物理器械二千一百九十余件，化学药品四百余种。

曰：创办暑期学校。六七月间，各校将放暑假，本校与陕西教育厅合办一暑期学校，延聘国内各大学教授十余人来校讲演，借以宣传文化，输入新知。各县派送办学员绅暨在省报名听讲者共七百余人，校外讲演时聚听人数又超过之。虽为时仅一阅月，而济济一堂，颇极盛况。讲演集录已裒然成帙矣。

他如规定奖学金章程，请拨省城东北隅空地为新校址，组织临时评议会、各种委员会及课外讲演会，亦均属本周年内所次第办理者，非敢谓规模宏阔，媲美圜桥，庶几略具西北国学之基础焉。若夫未来发展，则有待于经济之充裕，群材之辐辏，所冀当世贤豪共予襄助，俾此后进步月异而岁不同。则本校一辟雍也，西北犹东南也。四门弦诵，远集瀛岛生徒，两汉黉宫，兼收大秦子弟。岂唯本校之幸，全国之学术文化实嘉赖之。

（原载《国立西北大学一周年纪念特刊》，国立西北大学，1924年，承蒙李之勤教授生前校核）

国立西北大学二周年述略

本校创建于民国十一年，时刘雪亚长陕兼督军务，聘傅铜为校长，筹备经营，至十二年一月一日正式开校。设文理两部预科，并接收水利局所办之水利道路工程学校，为工科专门部，及法政专门学校两级，为法科专门部。其一级已于去年前毕业，兹次则法科门部第二次毕业者也。后又设国学专修科、蒙藏专修科。一年之内，学生达二百六十余，籍贯属十四省，莘莘日上，气象甚佳。又设图书馆，购备理化仪器，办暑期学校，及校内各种章规组织，皆出前刘省长之提倡。前傅校长及当时诸同事之心力，不敢掠美，其详俱见校第一周年纪念述略。民国十四年春，豫西战事起，傅校长送眷回京，未能返。本校几致覆，乃由评议会推举，复由陕当局聘任李协主持校务。大局已定，而战事影响，人心危爽，教员之辞职者，学生之退者，纷纷也。幸以镇静处之，卒得无恙。十四年春，招收文预丙级新生十名，理预乙级插班生一名，国学专修科插班生二名，蒙文专修科插班生一名。十四年又续招学生于西安、兰州、北京等处。时陕内战事又起，应考者寥寥。仅招得预科文理各级，共学生二十九名。计现时凡十二级，工科专门部学生十九名，法科专门部学生二十名，国学专修科文学组学生二十名，史学组十二名，蒙文专修科学生八名，文预甲乙丙丁共学生七十九名。理预甲乙丙共学生十六名，总计学生一百七十四名，教授及讲师凡二十七席。校中章规及组织，多仍旧贯，唯学分制以学生人数不多，困碍难行，略加变通。图书馆由评议会通过独立进行，以使发展。本学期始，新添书籍五百九十八种，四千八百三十八册，连旧有共四千四百五十三种。计一万八千九百四十三卷。新添测量仪器二十四件，新添物理仪器六十件，连旧有共二百六十件，化学仪器药品，二百七十九种。又本学期始，工科专门部学生，实习测量术于浐河上下。凡三星期，成绩亦优。至于开办分科，分途竞进，正在筹备。唯以政变军仍，交通阻滞，经费拮据，图进实难。尚望邦人君子，共赐赞襄，西北文物，实攸赖之。

（原载《国立西北大学二周年纪念特刊》，国立西北大学，1925年，承蒙李之勤教授生前校核）

李仪祉在西北大学一周年纪念会上的致词

"西北大学于民国初年时，曾经建立……此次黉宫重开"，"大学为最高之学府，国家文化之根本，枝叶扶疏，蜚声于世，皆于大学是赖，故国之有大学，譬之人之有脑髓，一切事业，恃此而发展而进步也，环顾世界强国所以发扬踔厉者，皆以有完善之大学故也，而中国所以如此委顿颓靡者，正以无如彼之大学也，故欲炽中国之膏肓，起中国之废疾，自以最高学府为急需"。"欧美大学，包罗宏富，大学之责，不徒以培养数千数万之人才已也，而大学且为一切知识阶级之领袖，社会事业之指导者，国家恒以大学教授为顾问，藉以解决重大之问题"；"愿诸君奋志进修，务养成纯正之道德洗从前之学风，而挽救中国之厄运"，"养成高尚纯洁之道德与干济时艰之才略，尽改造社会人心风俗之责任，使国民皆成健全分子，国家得尽量发达"；"希冀本校此后有相当之发展，成为发达国家文化、人民事业之策源地，不愧为最高之学府"。

（原载《天津益世报》1925年2月1日第七版《西北大学之周年纪念会》）

国立西北大学教职员名录

表 4-3　1925 年时的国立西北大学部分教职员名录

姓名	字号	籍贯	职务	简介
傅铜（1886—1956）	佩青	河南兰封	校长	1924 年 1 月 1 日到校。评议会成员。1924 年 5 月 4 日曹锟大总统任命为国立西北大学校长。1925 年 11 月 10 日教育总长章士钊准免其校长职。罗素的弟子。他是中国最早学习西方哲学的留学生，最早参加国际哲学学术会议，于 1921 年创办中国最早的哲学社团——哲学社，并创刊中国第一份哲学杂志——《哲学》，他还将西方数理哲学首次引入中国
李仪祉（1882—1938）	协	陕西蒲城	教授、校长兼工科专门部主任、陕西省水利局局长	1924 年 3 月到校。评议会成员。讲授机械、渠闸、图画等课程。1925 年 11 月 10 日教育总长章士钊任命为国立西北大学校长。创办我国第一所水利工程高等学府——南京河海工程专门学校，以及陕西水利道路工程专门学校、西北大学工科、陕西水利工程专科、西北农林科技大学水利系等多所院校，为我国培养了大批水利建设人才
王凤仪（1882—1938）	来庭	陕西鄠县	教授，相继兼任政治经济科主任、教务长、代理校长	1924 年 9 月 11 日到校。评议会成员。留法博士。讲授财政学、外交史、国际法、簿记学、法文等课程。西安解围后，任西安中山学院筹备委员会委员、国民军联军总司令部建设部总务处处长。1928 年后任北平大学区高等教育处处长、北平中法大学孚尔德学院院长等职。1938 年在北平触电身亡
程振基（1891—1940）	铸新	安徽婺源	教授、总务长、陕西省烟卷特税处处长、代理校务	1924 年 1 月 15 日到校。评议会成员。讲授英文等课程。赴英留学，获经济学硕士学位。归国后，历任北京大学经济学讲师、国立北京高等师范学校英语部主任兼总务主任、国立北京师范大学秘书兼会计主任、国立北京艺术专门学校英文教授兼事务长等。1924 年任教于国立西北大学

续表

姓名	字号	籍贯	职务	简介
吴筱朋		安徽泾县	教授兼教务长	1924年1月15日到校。评议会成员。讲授物理、物理实验等课程。英国曼彻斯特大学工程学士。历任北京女高师英文系主任、国立北京工业大学教授、中央研究院地质研究所专任研究员等
蔡屏藩(1891—1973)	江澄	陕西渭南	西北大学筹备处主任、教授、法科专门部主任	1924年1月1日到校。评议会成员。讲授行政法、地方自治大意、法学通论等课程。1919年留日归国。曾任陕西公立法政专门学校校长
陈定谟	汉卿海安	江苏昆山	教授	1924年9月11日到校。评议会成员。留美入哥伦比亚大学，获哲学硕士学位。南开大学教授，1924年7月，曾来西北大学讲学
陆燮钧	理成	江苏无锡	教授	1924年9月到校。评议会成员。讲授英文、植物学等课程。美国威斯康星大学畜牧学博士
唐仰虞(1892—1955)	养愚	安徽含山	教授	1924年1月15日到校。评议会成员，讲授化学等课程。清华大学毕业，留美，获密苏里大学化学学士、威斯康星大学化学硕士
刘含初(1895—1927)	翰章	陕西中部	讲师、事务长	1925年10月到校。评议会成员。讲授英文课程。三秦公学毕业，复入北京大学。1923年任上海大学事务长，并在此加入中国共产党。1927年任西安中山学院院长
陈世桢		河南郏县	教授兼事务长	1924年9月到校。评议会成员。讲授英文等课程。留美归国
罗常培(1899—1958)	莘田恬庵	北京	教授兼国学专修科主任	1924年10月14日到校。评议会成员。讲授修辞学、文字学大意、文论集要、模范文选等课程。1955年当选中国科学院哲学社会科学部学部委员
黄成珖	春田	奉天本溪	专任讲师	1924年9月11日到校。讲授蒙文等课程
胡小石(1888—1962)	光炜夏庐	浙江嘉兴	国文教授	前北京女高师国文系主任。1923年到校
吴芳吉(1896—1932)	白屋吴生	四川江津	国文教授	1925年9月到校。评议会成员。讲授国文等课程。为20世纪20年代中国著名诗人。在清华结识吴宓，成为终生的好友，在吴芳吉因参与罢课被清华开除而穷愁潦倒之时，给予帮助。1925年国学专修科教授兼主任

续表

姓名	字号	籍贯	职务	简介
王文培（1887—？）	仲达	河北深县	英文教授，前北京高师英文系主任	1923年到校，讲授英语语言文学等课程。留美获教育硕士学位。曾任北京师范大学、北平大学教授
张春龄	鹤侣	浙江杭县	专任讲师	1924年9月到校。讲授英文、体育等课程
胡文豹（1891—1958）	仲侯	陕西三原	教授	北京民国大学毕业，历任中学教员、政府职员等
穆济波（1892—1978）	世清	四川合江	教授	评议会成员。讲授文字学、文学概论、史籍文选等课程。成都高等师范学校毕业。著有《中国文字学》《中国文学史》等
段绍岩（1889—1964）	民达	陕西岐山	讲师，西北大学筹备处成员，陕西省立师范专科学校国文科教授兼秘书	1912年奉派赴日考察教育。归国后，力劝陕督创办西北大学。1923年8月起，参与筹办，后任秘书兼讲师。1924年夏，鲁迅讲学时为接待员，鲁迅回京后寄赠他《中国小说史略》和《呐喊》各一部，并互通信函。1925年9月后，历任省长公署秘书、长安县知事等。1949年后，师专并入西北大学，出任学校文书组主任
王翰芳（1900—？）	佐臣	陕西平利	法政科专任讲师兼主任、西北大学斋务长	评议会成员。讲授统计学、交通政策、论理学。1924年1月到校。留日，毕业于东京帝国大学经济学专业。曾任北平大学法学院教授
杨励三（1894—1975）	祥荫	陕西长安	法政科教授兼教务长	评议会成员。1912年考入西北大学留日预科，1924年早稻田大学经济学专业毕业回国，相继任西北大学教授，西安中山大学教授兼教务长
郝耀东（1891—1969）	照初	陕西长安	教授、陕西省立师范专科学校校长	评议会成员。讲授心理学、外国史等课程。相继在西安府实业中学、三秦公学留学预备科学习。留美获教育硕士学位。1925年起相继在陕源国立西北大学、国立西北联合大学、西北大学师范学院任教
熊庆来（1893—1969）	迪之	云南弥勒	教授兼数学系主任	评议会成员。1933年，获得法国国家理科博士学位。中国现代数学先驱、中国函数论的主要开拓者之一。一生创建东南大学（1921）、西北大学（1925秋）、清华大学（1926秋）等大学数学系。学生有华罗庚、严济慈、赵忠尧、钱三强、钱伟长、彭桓武、陈省身等

续表

姓名	字号	籍贯	职务	简介
周燮欧（1902—1975）	雪欧	安徽滁县	专任讲师	讲授代数、几何、三角等课程，1925年9月到校。毕业于南京高等师范，后任江苏省立第一女子师范学校教员
史久恒	寿松	江苏溧阳	专任讲师	讲授德文等课程，1925年9月到校
蔡振	亮工	江苏金山	专任讲师	讲授几何、物理实验、化学实验等课程，1924年3月到校。毕业于北京大学
闻诗（1899—1976）	仲伟	浙江温岭	专任讲师	讲授物理、代数等课程，1924年5月到校
顾乾贞	子廉	江苏昆山	专任讲师，后任副教授、教授	讲授力学、英文、高等代数和微积分等课程，1924年3月到校。河海工科大学毕业。曾任陕西水工程专科教员兼主任
胡步川（1892—1981）	正国竹铭	浙江临海	教授	讲授钢筋混凝土学及木结构学。1955年当选为中国科学院学部委员
须恺（1900—1970）	君悌	江苏无锡	教授	评议会成员。讲授水理、河工、水力、测量学、灌溉工程设计。南京河海工程专门学校毕业。美国加利福尼亚大学硕士
张敬虞			教授	讲授英文等课程。前北京女子高等师范学校国文系主任
康耀宸		陕西城固	讲师	讲授地理等课程。宏道高等学堂选派留日归国
胡文鹏	扶南	陕西长安	图书部助手	1925年8月到校
张振玉	声如	陕西三原	图书部助手	1925年11月到校
路斯		英国伦敦	讲师	讲授英文等课程
郄思德		俄国圣彼得堡	讲师	讲授俄文等课程
万耕庐		美国	讲师	讲授英文等课程

注：另有吴敬轩教授、王儒卿、曾人杰等事迹待考。表4-3仅记录到1923年8月至1926年初的教职员42人。但据1925年的《国立西北大学周年纪念特刊》和1926年初的《西北大学二周年纪念特刊》，全校有教职员126人，其中教师56人（含教授19人）。

（据1926年初出版的《西北大学二周年纪念特刊》等资料整理）

国立西北大学工科首届毕业生（"十八学士"）

表 4-4　1926 年 6 月国立西北大学工科毕业的"十八学士"简介

姓名	字号或曾用名	籍贯	简要事迹
李应良 （1900—1927）	原名培基，字子善，化名银莲	陕西西安	1925 年冬在校期间由吴化之介绍加入中国共产党，中共陕甘区委派往北京给李大钊送信时被捕，于 1927 年 4 月 28 日在京与李大钊一起遇难。1922 年夏，李应良从省立三中毕业，考入西安水利道路工程专门学校学习。1924 年春，水利道路工程专门学校归并于西北大学，李应良转入西北大学工科学习。同年暑假，参加西北大学举办的鲁迅等著名学者来校讲学活动
陈靖 （1904—1989）	字颖溥	陕西泾阳	1925 年在校期间由孟芳洲介绍加入中国共产党，大革命失败后脱党。曾任华北水利委员会工程员、渭北水利工程处工程主任兼定线测量队队长、汉南水利管理局局长、陕北水利工程处主任工程师兼副处长、西北水利部工程师兼科长、宁夏黄河青铜峡灌溉工程协测处工程师兼副处长等
贠德遥	又名明新	陕西渭南	共产党员，曾任泾惠渠主任工程师、眉惠渠管理局工长、1934 年病故
吕金旺	字云秋	河南巩县和义沟	任南京市工务局工程师，陕西省建设厅咸榆路工程师，1935 年病故
王遇道		陕西兴平	不详
杨俣		陕西韩城	曾任韩城中学教员，1982 年以前病故
杨炳堃	字厚山	陕西韩城	曾任华北水利委员会工程员、汉南水路管理局局长、汉白路总工程师、西北水利部工程师等
管纯	字天一	陕西盩厔	曾任汉白公路工程师、建筑工程师等
孙增荣 （1903—1986）	曾用名耀卿，耀青	河南巩县西关村	曾任南京市工务局工程师、陕西省公路局副局长兼总工程师。1950 年到青海高原，任工程处总工程师。1951 年，历任青海省交通处副处长、处长、交通厅厅长兼总工程师、第三届中国土木工程学会理事、青海省人民委员会委员、青海省人大代表、青海省政协委员、省政协第四、五届副主席、第三届全国人大代表，全国政协委员

续表

姓名	字号或曾用名	籍贯	简要事迹
常均	字平若	陕西蒲城	不详
张嘉瑞	字辑五	陕西西安	曾任华北水利委员会工程员、陕西水利局工程师。1940年任汉南水利管理局主任,后为汉南水路管理局局长。在《陕西水利》发表有《泾、渭、洛三水之鸟瞰》等论文
王冀銧	字仲的	陕西临潼	曾任西安市政府工程员、陕西省水利局工程师兼科长、陕西协测设计院工程师兼科长
周克哲	字子明	陕西临潼	曾任西安市政府工程员、陕西公路局工程师
傅健	字健哉	陕西蒲城	陕西省建设厅技士、陕西省水利局测量队队长、眉惠渠管理局局长、陕西省水利局管理处处长等。在《陕西水利》等刊发表有《渭河上游概况》《洛河下游概况》等论文
傅玺	字悦笙	陕西蒲城	曾任陕西省建设厅技士、汉白路工程师、新疆乌鲁木齐市工务局局长等
李应泰	字静庵	陕西渭南	陕西省水利局陕北科工程处副工程师、宁夏水利局工程师
张晔	字介臣	陕西宝鸡	曾任陕西省建设厅技士、汉白路工程师。1982年以前病故
洪益美	字玉山	陕西长安	曾任陕西建设厅技士。1982年以前已故

注:这"十八学士"中有三名共产党员,表明大革命前时期国立西北大学已经建立了地下党组织,并在西安围城期间举办暑期学校。"十八学士"之一李应良在雷晋笙、刘含初、吴化之等共产党人的领导下,与张含辉等人在学校中发展中国共产党与共青团组织,鼓动军民奋力守城。西安城解围后,这届学生毕业,先后分配至陕西、甘肃、宁夏、青海各地,还有的分配至南京、华北、安徽等地,成为开发华北水利、渭北水利、陕西"八惠"(泾、洛、渭、梅、沣、黑、汉、褒等八大灌渠)、西汉公路、汉白公路、西荆公路等工程的骨干。继之,1932年李仪祉先生又在西安高中附设陕西水利工程专科学校,还在建设厅举办建设人员训练班,大多由这些同学任教,成为早期西北公路建设、水利建设的火种和开发西北的先驱。

(姚远据口述回忆资料与相关文献整理而成,原档存西北大学西北联大与大学文化研究院资料室)

第五章　中山学院与中山大学

第一节　西安中山学院

西大有改组中山学院说

日前西北大学三周年纪念时，一部分职教员提议将该校从新改组，以臻完善。兹闻某要人拟在陕组织一中山学院，欲就西大旧址从事改组，亦与职教员意旨相符。若无其他问题发生，即可成为事实云。

（原载《新秦日报》1927年1月8日）

总部委员收束西北大学，以该校一切校产经费改办中山学院

以该校一切校产经费改办中山学院。

收束兼筹备五委员王来庭、李寿亭、赵葆华、刘含初、李子洲。

国立西北大学开办于兹三年有余，因规模过大、学生过少，经费、人才两感困难，兼之城围八月挹注无望，早已演成僵局状况。顷闻总部对此现决定具体办法，将本校收束，即以该校所有一切校产经费改办中山学院。业令委王凤仪、李百令、赵尔鼎、刘翰章、李登瀛等五人为收束该校兼筹备中山学院委员云。兹将总部委令照录如下：为委令事，案照国立西北大学规模过大、学生过少，经费、人才均不足，应即取消，以该校所有一切校产经费改办中山学院。除令该校速照，合亟令委该员为收束该校兼筹备中山学院委员。第一次会议即刘翰章召集，组织委员会，互推一人为主席，从速进行。将办理情形具报核夺，仰即速照，此令。

（原载《陕西国民日报》1927年1月18日）

结束西大筹备中山学院委员开会情形

李子洲接收交代并起草计划。

赵葆华向总部报告交涉特税。

总司令部前委刘含初、王来庭等五人办理结束西北大学并筹备中山学院各节已志前报。兹闻该委员会于前（1927年1月27日）晚七时在纸烟特税处开第一次会议，出席有李子洲、赵葆华、王来庭、刘含初等四人。其程序如此：（一）推刘含初为主席；（二）指定记录；（三）讨论结束事项。结果推定李子洲暂觅两职员接收西大一切交代事宜，如关于教务事宜及学生成绩等，并决定因围城而未考试者，将来由中山学院继续办理，以维持勤苦学生利益为原则；（四）讨论筹备中山学院事项，因中山学院经费已指西大经费系纸烟特税征收之报，决定由赵葆华向总部交涉，另委纸烟特税长，并明令规定税款作结束西大筹备中山学院之需，同时报告第一次会议情形，又推李子洲起草中山学院组织大纲及计划；（五）其他事项，决定于一星期内将接收事宜及起草事宜办理完竣后召集第一次会议，根据报告再行讨论一切进行事宜；（六）闭会十时许矣。

（原载《陕西国民日报》1927年1月29日）

中山学院筹备近况

中山学院筹备委员会于四日下午二时在西大开第二次会议。对于西大结束问题具体办法如下。

甲、关于学生方面：（一）西大学生成绩过去未了之手续由中山学院继续办理；（二）中山学院开办之各班各系中，尽可能范围、尽量地容纳西大学生；（三）高年级学生函送到府，考段录用；（四）愿继续所学科目插入中山学院之各系者，从前修业年限认为有效。

乙、关于欠外各债：（一）直接借用过的债由中山学院尽可能地从速筹还；（二）其他欠外各债由中山学院酌量情形分别筹还。

丙、关于旧欠薪金工资：（一）外省教授之即时离陕者各筹发旅费洋百元，中山学院继续聘任者不在此限；（二）外省教授薪金清止十五年（1926）二月底为止，由中山学院于本年六月以前从学校收入项下分期清偿，如有携带家眷者，急欲离陕者，可以酌量提前发给若干，但此项开支总数以二百元为限；（三）夫役工资即时提出百元，三、四两月中各提出百元，分别清偿；（四）雇员工资清止十五年七月底为止，由中山学院本年八月以前从学校收入项下分期清偿；（五）月薪四十元及四十元以下之职员薪金清止十五年四月底为止,由中山学院于本年八月以前从学校收入项下分期清偿;(六)本省教授及月薪四十元以上之职员薪金清止二月底为止,由中山学院于本年八月以前从学校收入项下分别清偿;(七)其余欠薪一律移交财政委员会设法结束。

对于筹备事项亦议决积极进行,一方面聘请一事务主任筹备开学事,一方面并拟定招生广告,招军事政治班一班、农民运动班一班、组党班一班。军事政治班定于本月二十号即行开学授课,其他两班闻拟于三月一号开始授课。至于初步计划及组织系统表亦已拟定,齐交联席会议,待通过后即可公布。

（原载《陕西国民日报》1927年2月7日）

中山学院筹备处启事

本院鉴于党务骤然发展,工作人才缺乏,特先开办党务科三班,希投考学生注意:

一、军事政治班毕业后由总司令部政治部分发各部队,担任军队政治宣传工作或充任军队中各级党代表。

二、农民运动班毕业后由省党部农民部分派各地,担任指导农民运动。

三、组党班毕业后由省党部委派各地,担任组织党部、宣传党义并训练党员等工作。

附招生广告于下:

（一）宗旨及额数:本院为养成指导农民运动、办理党务及军队中政治工作人才,先开办农民运动班、组党班、军事政治运动班三班,各招收学生一百名。

（二）资格:中等学校毕业或具有同等学历之国民党党员。

（三）年龄:十八岁以上。

（四）修业期限:甲、军事政治运动班四个月毕业;乙、农民运动班及组党班均三个月毕业。

（五）待遇:各班伙食由本院供给,军事政治班并各发单军衣一套,其余学用品均自备。

（六）投考手续:由国民党省党部、各县市党部及各军特别党部介绍到院报名,并须交验国民党党证或登记证及最近之半身相片二张。

（七）报名日期:二月十一日起至考试前一日截止。

（八）报名地点:西安东木头市中山学院。

（九）试验科目:1.作文;2.测验;3.口试;4.检查体格。

（十）考试日期:甲、军事政治班二月十九日;乙、农民运动班及组党班二月二十八日。

附注:凡报名学生如无党证或登记证时,须由住居西安国民党党员二人以上之介绍。

（原载《陕西国民日报》1927年2月15日）

中山学院昨开筹备会

中山学院昨开筹备大会，出席有刘含初、李子洲、吴化之、赵葆华、呼震东、穆济波、亢维恪等二十余人。先由刘含初报告接收西北大学与筹备中山学院之经过及中山学院进行计划，呼震东事务主任、穆济波教务主任亦相继略有报告。厥后由李子洲提议，经众讨论议决成立招生、事务、教育三委员会，各委员会之委员亦当时选定。招生委员会委员为陈玉壁（委员长）、穆济波、吴化之、杨怀英、张汉俊；事务委员会委员呼震东（委员长）、梁俊琪、保之善、李应良；教育委员会委员穆济波（委员长）、吴化之、亢维恪、杨怀英、张汉俊云。

（原载《陕西国民日报》1927 年 2 月 17 日）

中山学院初步计划

中山学院初步计划（从本年二月起至七月底止）。

中山学院积极筹备情形已志本报，兹将其初步计划书录下：

一、本期中一方面尽量开办党务各班，一方面筹备下学期添设学术科之社会科学、政治、经济三系事宜。

二、本期只开党务科，拟先办五班：（一）组党第一班，（二）军事政治第一、二班，（三）农民运动第一班，（四）行政人员养成第一班。其余各班如经费有着即依次添设。

三、军事政治第一班于二月二十日开学授课，四个月毕业；第二班于四月一日开学授课，六个月毕业。其余三班均于三月一日开学授课，三个月毕业。

四、各班学生除行政人员养成班由政府考试委员会考送外，其余三班学生均由省党部指定各县市党部选送，由本院考试委员会试验录取。

五、各班人数以三十人为最小限，一百人为最大限，不满三十人时不得开班。

六、各班一律不收学费，农民运动班、组党班、军事政治班，学生之伙食及学用品由院供给，军事政治班学生每人发给单军衣一套。

七、本期中各班教员薪金均以教课钟点计算，党员一小时以一元计，非党员以一元五角计。

八、本期中职员薪金以三十元为最低度，以一百四十元为最高限。五十元及五十元以上之职员，凡属党员一律以八成开支。雇员薪金以十六元至二十四元为限度。夫役工资以八元至十二元为限度。

九、本期中职员除委员及三部长外，主任职员以十二人为限，司事以六人为限，雇员以十人为限,夫役以二十人为限。

十、各项经费预算(略)。

十一、本期中经费尽先提用陕西烟卷特税,如有不足请政府另为筹给。

(原载《陕西国民日报》1927年2月17日)

各地急需工作人员,中山学院速招大批人才

革命怒潮高涨,工作范围扩大,而各地需要工作人员孔急,故近日各县纷来向总部要求派人前往工作。终以工作人才有限,以致工作不克猛烈进展。观冯总司令来电,即可见各地须要工作人才之紧张。兹录其来电如下:

百万急!西安于总司令、邓副司令大鉴:本军党务及政治工作人才缺乏,军中辖地党务及社会组织亦然,各方均向总部请求派人无法应派。中山学院应定日开学,赶速训练大批人才,以应急需为盼。

冯玉祥铣印

(原载《陕西国民日报》1927年2月20日)

中山学院成立大会

中山学院自筹备以来已日渐就绪,该院昨日院务会议特决定该院成立纪念日于总理纪念日,但以革命大祭时间冲突,并各方关系,本年特别提三月十日举行成立大会。筹备委员会已着手进行,届时当有一番盛况。又该院军事政治第一班之同时举行。并该院此次聘苏联同志赛夫林担任教授世界革命战术纲要、军队中政治工作云。

(原载《陕西国民日报》1927年2月17日)

中山学院启事

本院现筹备就序,定于三月十日开成立大会,同时举行本院仲恺俱乐部开幕式。各机关、各团体及个人如有赠送中国及世界革命人物相片与标语,务请于九日以前送交,以便张悬挂贴。

院事务处,此启。

(原载《陕西国民日报》1927年3月4日)

西北临时政治委员会昨开常务会议

西北临时政委昨开常务会议。

中山学院问题解决，通电各地驻军禁止截收教育专款。

西北临时政治委员会昨日开会，讨论关于中山学院之各种重要问题，以便进行。其议决案如下：一、中山学院隶属国民军联军总司令部西北临时政治委员会指导；二、经费以烟卷特税办理，如不足时由国联总部津贴；三、组织用委员制，委员五人，由五人中推出委员长一人。当时推出委员为刘含初、刘伯坚、杨明轩、李子洲、薛子良，刘含初为委员长；四、开办妇女运动班；五、请冯、于两司令通电各地驻军，禁止截收烟卷、特税、商税及教育专款。

（原载《陕西国民日报》1927年3月6日）

中山学院区党部成立，三区分部亦于是日成立

中山学院区党部于前日在该院开成立大会，到会者除该校学生二百余人外，职教员均同时列席。当由筹备委员报告筹备经过情形，李子洲同志作政治报告，后即选举委员。旋以同志多未相识，遂决取由市党部代表提出经大会承认选举法，结果杨怀英等同志当选。闻该委员等在闭会后即召集第一次常务会议，决定以学生班别为单位分三区分部，并于是日下午开成立大会云。

（原载《陕西国民日报》1927年3月11日）

中山学院成立大会略志

中山学院定昨日开成立大会已志前报，兹将昨日大会情形略志如下：此次大会以该院之加意筹备会场设置颇形完善，除会场内贴满革命领袖肖像及各机关团体送来红条幅外，全院均张贴标语，充满了革命气氛。自上午十一时来会者已渐形拥挤，下午二时止到会者约一千余人。由主席于右任同志宣告开会，刘伯坚、刘含初等同志及苏联同志赛夫林相继讲演。最后有双簧、舞蹈、音乐等游艺。闭会时已下午九时许矣。

（原载《陕西国民日报》1927年3月11日）

中山学院特别启事

本院现有各班学生早已足额，唯近来持各党部、各部队及各机关介绍书前来投考者

其多，兹以事实问题碍难照收，特此登报声明，统希原谅。

（原载《陕西国民日报》1927年3月17日）

中山学院前晚开正式委员会

中山学院开课将近一月，一切进行事宜均由筹备委员会负责办理。闻筹备委员会以学院已正式成立，筹备会急待结束，于昨晚七时半开正式委员会，议决事件如下：（一）西大欠款及欠薪除以已由筹备会清偿外，余均由筹备会呈请总部移交财政委员会；（二）再定期招农民运动班一百名，于一月内招生；（三）开妇女运动班，于四月一日前招生；（四）红城政治训练班移入学院，由国联总部派员负责训练。

（原载《陕西国民日报》1927年3月22日）

中山学院劳动夜学校招生广告

一、定名：中山学院劳动夜学校。

二、宗旨：本学校以养成革命人才及锻炼革命技能为宗旨。

三、学生：分三等：

（一）本院所有夫役必须加入；

（二）本院各部部员任意加入；

（三）校外各界人员欢迎加入。

四、学生成分：不拘男女老少。

五、额数：不拘多少。

六、课目：

（一）三民主义及帝国主义各种浅说；

（二）政治常识；

（三）常识问答；

（四）革命艺术。

七、待遇：书籍用品概归公备。

八、报名日期：阴历二月二十六日起，三月十五日止。

九、授课时间：每日下午六点半至八点半。

十、报名地点：中山学院内。

十一、校址：中山学院内。

中华民国十六年三月□日

（原载《陕西国民日报》1927年3月22日和《陕西国民日报》1927年4月2日）

中山学院妇女劳动班教育计划

中山学院招考妇女运动班业志本报。兹闻该班课程计划已由吴化之同志拟就，内容以社会科学为主，并附授看护学及军事常识。闻军事常识以该院总队长任敬斋先生担授云。

（原载《陕西国民日报》1927年4月2日）

乌斯曼诺夫同志讲演

乌斯曼诺夫同志讲演	（在中山学院第二次讲）
社会党底国际组织	（内容略）
马克思共产主义大同盟	（内容略）
第一次国际	（内容略）
第二次国际	（内容略）

（原载《陕西国民日报》1927年4月14日至16日）

甘肃选送女生不日抵西安

国联总部消息：自中山学院添设妇女运动班后，国联总部即令陕甘各地选送女学生若干名，以资造就作妇女运动模范人才。兰州昨来电谓甘肃选送女学生十九名，业于庚日起程等语。原电云：

万急！西安国民军联军冯总司令钧鉴：昨上庚电敬蒙垂览，送陕女学生业于庚日起行，当能如限到达。唯原招之十九名中临行有三名因事未去，除另文呈报外，理合通电禀闻。刘郁芬、薛笃弼叩。真（十一日）。

（原载《陕西国民日报》1927年4月15日）

近代世界革命运动研究会今日开成立大会

中山学院学生见当此革命怒潮高涨之中，与帝国主义短兵相接之时，做工作的同志们对于近代世界革命运动自应切实研究，彻底了解，因此特组织近代世界革命运动研究会，定于四月二十五日（即星期一）下午四时钟，在本院仲凯俱乐部开成立大会，备有各种文艺及特邀讲演，并发出入游场券十余张，届时定有一番盛况云。

（原载《陕西国民日报》1927年4月25日）

国民革命军第二集团军驻陕总司令部公函：中山学院请添设地方行政人员训练班

案照陕西地方行政人员考试业经举行,此项录取人员按照前定规则应受训练四个月,以便委任工作。当经陈明冯总司令准在中山学院附设地方行政人员训练班在案,现在考试完竣,亟须筹备进行,俾资造就。相应函请贵院查照办理,并希见复为荷。此致

中山学院。

中华民国十六年五月十八日

(原载《陕西政治公报》1927年第65号)

国民革命军第二集团军驻陕总司令部训令

令九十一县县长补送中山学院农民运动、军事政治教育人员。附发：农民运动、军事政治班、教育行政人员养成班简章各一份。

国民革命军第二集团军驻陕总司令部

令九十一县县长补送中山学院农民运动军事政治教育人员。附招生简章。

为令行事,案准中山学院函开续招农民运动第三班、军事政治第二班及附设教育行政人员养成班。请转饬各县,广为介绍各等情,并责各班招考简章到部,合亟令仰该县长遵照来令并简章内事,理从速遴选合格人员依限送省到院投考,切切勿延。

此令附发农民运动班、军事政治班、教育行政人员养成班简章各一份。

中华民国十六年五月
总 司 令 于右任
副总司令 邓宝珊

(原载《陕西政治公报》1927年第79号)

中山学院教育行政人员养成班简章

第一条 本学院为养成实施党化教育的县教育行政人员,设教育行政人员养成班。

第二条 本班暂定修学期限为四个月。

第三条 本班所授科目如左(下)：

一、教育原理。

二、教育行政。

三、教育统计。

四、学校组织。

五、中山主义。

六、社会科学概论。

七、经济学概论。

八、社会进化史。

九、中国政治经济状况。

十、农民运动。

十一、政治训练。

十二、军事训练。

十三、帝国主义侵略中国史。

十四、关税问题。

十五、不平等条约。

十六、国民党史。

十七、各国革命史。

十八、世界政治经济状况。

第四条 本班暂拟招收学员一级以一百人为限。

第五条 凡具有下列各项资格之一而愿入班学习者，由县党部协同县长荐送来院，经试验及格后录取：

一、师范学院毕业者；

二、中等学校毕业任教育职务一年以上者；

三、曾充高小以上学校校长或教育行政职务（如局长、察员或学习委员之类）二年以上者。

第六条 本班学员概不纳费，并由本学院供给伙食。

第七条 本班学员所用经费，由各该县筹发，每人四十元，为其往返川资，由县长从县教育经费项下酌量路程远近发给之。

第八条 每县荐送学员之额数一人或二人为度。

第九条 凡不由县荐送而愿入班学习者，须请得本学院委员会之特许。

第十条 本班考试日期定于阳历八月一日举行，各县报考学生应于考试前三日一律报到。

第十一条 本简章如有未尽事宜得随时修改之。

（原载《陕西国民日报》1927年6月3日）

中山学院农民运动第三班、军事政治第二班招生简章

第一条 本院为养成指导农民运动及军队中政治工作人才，特设农民运动及军事政治班，第一期已毕业，兹续招军事政治及农民运动班学生各一百二十名。

第二条 凡年龄在十八岁以上，系中等学校毕业或具有同等学历之国民党党员，均可请由各级党部介绍报告投考。

第三条 修业期限定为四个月。

第四条 本班学生伙食讲义由本院供给并发单军衣一套，其余学用品自备。

第五条 凡报名投考者，须持国民党省党部或各县市党部及各军特别党部介绍书方准报名，并须交验国民党党证或登记证。

第六条 本两班考试日期分为两次，第一次定于阳历六月十九日举行，第二次定于阳历七月三日举行。各处投考学生须于考试前两日一律至西安东木头市本院收发处报到。

第七条 本班试验科目如下：

（一）作文；（二）测验；（三）口试；（四）检查体格。

第八条 本两班所授科目如下：

一、公共科目

甲、军事科目

术科：操场教练；野外实习。

学科：典范令摘要；四大教程大要。

乙、政治科目

（一）孙文主义；（二）帝国主义；（三）帝国主义侵略中国史；（四）不平等条约及关税问题；（五）中国政治经济状况；（六）世界政治经济状况；（七）革命史；（八）国民党史；（九）社会科学概论；（十）政治学概论；（十一）经济学概论；（十二）革命的艺术；（十三）世界政党与革命党；（十四）社会进化史。

二、特殊科目

丙、农民运动班特殊科目

（一）农民问题；（二）农民运动须知；（三）全国农民运动概况；（四）农民运动中之重要问题；（五）农协与农民自卫军之组织与训练；（六）本党党纲及重要宣言；（七）农民教育。

丁、军事政治班特殊科目

（一）军队中政治工作；（二）土地问题及农民运动；（三）政治工作应用文字。

第九条 本班训练分为政治训练与军事训练，其目的在使党员对党及党的意义有深

切的认识，正确的观念，须要养成吃苦耐劳的习惯。故本院学生须要做到下列三点：（一）思想系统化——对于政治教育及训练全部接受；（二）行动纪律化——一切行动须严守院规，并服从指导者的命令；（三）生活平民化、军事化——衣食起居以平民、士兵为准则。

第十条　本简章如有未尽事宜得随时修改之。

（原载《陕西国民日报》1927年6月6日）

中山学院举行游艺大会

中山学院于昨日（二日）下午五时举行游艺会，全体教职员及学生均列席，并有来宾四十余人。届时由高锦尚主席照例举行各项仪式并致开会词，略谓我们今天举行游艺会是以游艺提高同志革命情绪等语。次即特约讲演，参谋长石敬亭，副司令邓宝珊相继讲演。其大意皆不外中山学院是研究革命理论的园地，将来出去即要担负革命工作，所以对中国革命目前政治经济状况要有相当的研究和了解，并且要确定意志，不要中途变节渝为时代的落伍者，而使他人革我们的命。至于国民党已有十四年的历史，我们每个同志都要站在党的指导之下去做工作，我们要深入群众宣传组织，树立革命基础。至于政策方面我们更要审慎，不要草莽从事等语。复次进行游艺，有音乐、跳舞、歌剧、清唱，颇使听众乐而忘倦，具艺术之优良，堪称上乘。呼口号毕即闭会，时已八时许矣。

（原载《陕西国民日报》1927年7月3日）

中山学院非基宣传队连日出发

中山学院非基①大同盟近因北大街公共体育场午后游戏者甚众，该同盟特组织非基宣传队在该处作长期之讲演，闻已举行数日，听众对非基运动颇有相当明了云。

（原载《陕西国民日报》1927年7月2日）

西安中山学院概况

中山学院为前国立西北大学改组而成。闻原来计划系分大学、党务两大部，但上半年开学后，只办军事政治等数班，毕业期限为四月或六月不等。学生程度不齐，直类速成学校、讲习所性质，直隶于省政府。上半年，国民革命军第二集团军驻陕总司令部执

---

① "非基"运动，即非基督教运动。1922年3月9日，中国社会主义青年团机关刊物《先驱》发表上海各校"非基督教学生同盟"宣言，发起反对帝国主义利用宗教进行文化侵略的群众运动。

行省政府职权，受省党部之指导，经费全恃烟卷特税，农民、军事等班已有毕业者，计划尚未开班者有教育行政人员养成班、地方行政人员养成班两班。闻教育行政人员养成班，本学期将开班。教育行政经验均无限制，初由大学专门毕业之学生，以及在大学专门一二年级肄业之学生，凡可为该院当局引以为同志者，均得被聘为部长、讲师。院长刘某①为前北大毕业生，曾任上海大学事务主任，暑假中已因清党之结果，不知何往。现任院长为法国留学生、前西北大学代理校长王凤仪。兹将上半年该院情形分述如下。

甲、该院行政组织如下图（图5-1）

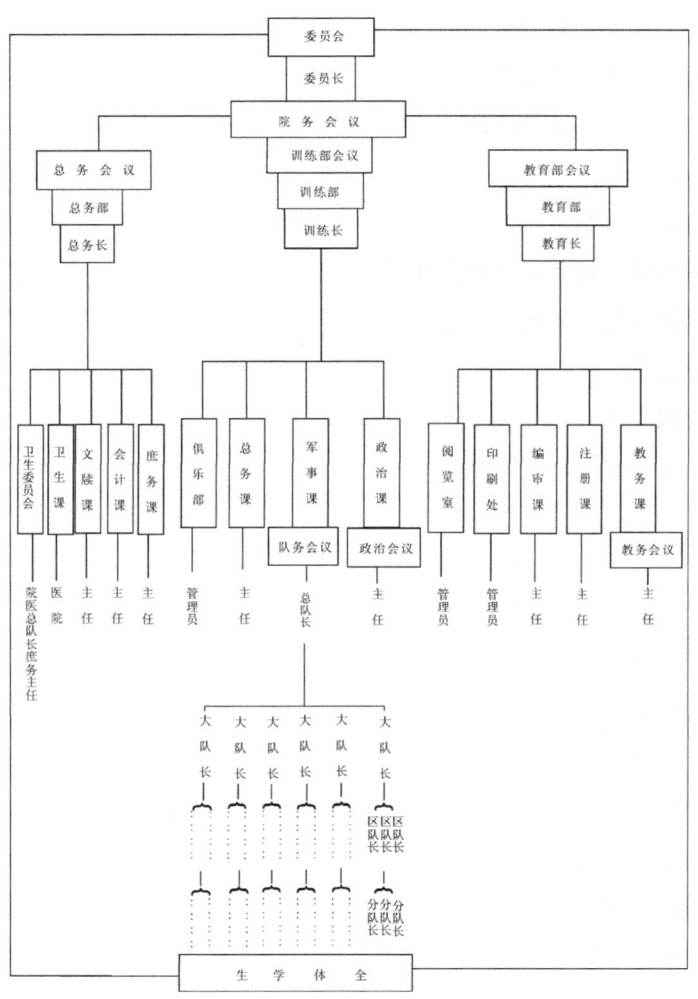

图 5-1　西安中山学院组织结构图

---

① 指刘含初（1895—1927），陕西中部（今黄陵县）人。1912年6月入三秦公学。1916年考入北京大学，1920年秋毕业。1923年在上海加入中国共产党。1925年10月任陕源国立西北大学事务长。1927年3月任西安中山学院院长。1927年8月15日遇害，时年32岁，是西北大学历史上第一个以中国共产党员和校长身份牺牲的革命英烈。

乙、分班

  A. 已开班并有毕业生者

    军事政治班

    农民运动班

  B. 已开班尚未有毕业生者

    组党班

    妇女运动班

  C. 计划中尚未开办者

    教育行政人员养成班

    地方行政人员养成班

丙、各班课程

  A. 各班公共科目

    军事学（妇女运动班除外）

    军操（妇女运动班除外）

    孙文主义

    帝国主义

    帝国主义侵略中国史

    不平等条约及关税问题

    中国政治经济状况

    世界政治经济状况

    革命史

    国民党史

    社会科学概论

    政治学概论

    经济学概论

    革命的艺术

    世界政党与革命党

    社会进化史

  B. 军事政治班特殊科目

    军队中政治工作

    土地问题及农民问题

    政治工作应用文字

  C. 农民运动班特殊科目

农民问题
　　　农民运动须知
　　　全国农民运动概况
　　　农民运动中之重要问题
　　　农民协会与农民自卫军之组织与训练
　　　本党党纲及重要宣言
　　　农村教育
　D. 组党班特殊科目
　　　政党组织原理
　　　党的训练
　　　民权初步
　　　本党党纲及政策
　　　农民问题及农民运动
　E. 妇女运动班特殊科目
　　　军事常识
　　　看护学
　　　社会主义运动
　　　国民党党纲与重要宣言
　　　中国国民党与妇女运动
　　　将来之妇女
　　　妇女解放运动
　　　女性中心说
　　　应用文字
　　　政治讨论
　　　体育

丁、训练

　　据该院学生语：彼等在院生活极苦，食宿诸事大类军营。男生每日有军操，女生每日有体育。有中途不堪其苦，欲退学而不得者。该院农民运动第三班招生简章第九条云：

　　本班训练分为政治训练与军事训练，其目的在使党员对党及党的主义有深切的认识、正确的观念，并要养成吃苦耐劳的习惯，故入本院学生要做到下列三点：（一）思想系统化，对于政治教育及训练须全部接受；（二）行动纪律化，一切行动须严守院规，并服从指导者的命令；（三）生活平民化、军事化，衣食起居以平民、兵士为准则。

可见其训练之一般。

戊、招考

A. 报名——凡年龄在十八岁以上，系中等学校毕业或具有同等学力之国民党党员，均可请由各级党部介绍，报名招考（须持介绍书为证）。

B. 待遇——本班学生伙食及讲义，由本院供给，并发军衣一套，其余学品自备。

C. 毕业——修业期限定为四个月。

注：以上招考办法系节录该院军事政治班招生简章，其余各班想亦无大差异。

（原载《国闻周报》1927年第4卷第43期）

甘肃省主席刘郁芬：关于西安中山学院甘肃女生保送回籍之公电和驳回刘鸿远留日学费申请的批示

甘肃省政府电西安石主席：

陕西石主席筱山兄勋鉴。查中山学院妇女运动班甘肃女生前已电请设法送回在案。现据魏含芳、张华英、高淑贞、高兰英等家长，迭次呈请将该生等保送回籍前来，希即设法令该生等迅速回兰为盼，并祈见复。弟刘郁芬叩庚印。

中华民国十六年十月十五日公布

（原载《甘肃省政府公报》1927年第13期）

甘肃省政府批：

原具呈西安中山学院地方行政班毕业刘鸿远呈请拨给学费留学日本，以资造就由。呈悉。查本府省务会议议决，以后留学省外学生，非经省政府考送及核准者，概不给予津贴。当即令行教育厅，遵照办理在案。该生如果有志求学，应径向教厅投考选送。所请拨给学费之处，碍难照准，仰即知照。此批。

主席 刘郁芬

中华民国十七年一月三十一日甘肃省政府批示

（原载《甘肃省政府公报》1928年第28期）

省政府第二次会议记录（节选）和中山学院院长易人

时间：（1927年）七月十九日下午二时。

地点：省政府。

……

议事日程及议决案：

……

九、其他事项：

……

（二）暂委赵愚如为中山学院维持专员。

……

（原载《陕西国民日报》1927年8月5日）

省政府前委惠有光为中山学院院长，惠未回陕以前由赵愚如暂行维持院事。现因开学在即，惠氏仍未返省，赵亦事务过繁，特于昨日委任前西大校长王来庭氏为学院院长云。

（原载《新秦日报》1927年8月14日）

西安中山学院部分教职员名录

表5-1 西安中山学院部分教职员名录表

姓名	职务	党派	简要事迹
刘含初（1894—1927）	院长	1923年在上海加入中国共产党	字翰章。陕西中部（今黄陵）人。1927年2月任国民党陕西省党部常务委员。主持国立西北大学收束为西安中山学院，任院长。为学员讲授社会发展史、中国政治现状等课程
惠有光（1884—1927）	院长	在日本加入中华革命党	名思温，字又光、友光，陕西清涧人。西安解围后任国民军联军驻陕总司令部政治部部长，任国民党陕西省监察委员、省政府委员。陕西省政府于1927年7月19日任命为西安中山学院院长。1927年9月21日在上海逝世
赵愚如	维持院事		陕西长安人。陕西省政府于1927年7月19日任命为西安中山学院维持专员，复维持院事。曾任陕西省参议会秘书长、监察院晋陕绥区监察委员、西安中山大学校长、西安临时大学法律学系教授等
王来庭（1882—1938）	院长		字来亭、凤仪。陕西鄠县（今西安鄠邑区）人。留法博士。曾任国立西北大学政治经济科主任、教务长、代理校长、国民联军总司令部总务处处长等。陕西省政府于1927年8月13日任命为西安中山学院院长

续表

姓名	职务	党派	简要事迹
李子洲 （1892—1929）	副院长兼总务长	1923年经李大钊、刘天章介绍加入中国共产党	与刘含初一起确定了以"培养指导农民运动，办理党务及军队中的政治人才"为办学宗旨。1927年1月，国民联军驻陕总司令部成立，当选为国民党陕西省党部执行委员兼青年部部长。7月，中央撤销陕甘区委，成立陕西省委，当选为省委常委兼组织部长。同年9月，兼任中共陕西省委军委书记，参与了省委对清涧起义、渭华起义的领导决策工作
徐孟周 （1904—1944）	教育长	1922年加入中国共产党	安徽寿县人。1927年7月任中共延安县委书记、中共陕西省委常委兼秘书长、1928年至1930年与潘自力等一同被捕入狱，1930年11月杨虎城、南汉宸主陕时获释，任孙蔚如部秘书主任、军部秘书处长、西北农学院教授、院长秘书。1944年在汉中因车祸殉职
呼延震东 （？—1977）	事务主任（一度称"事务委员会委员长"）	共产党员	字霹雳，笔名哈雷。又称呼震东。1914年入三秦公学，1917年考入北京大学预科，1919年入北大物理科。1927年1月，任国民党陕西省党部执行委员会候补委员，同月调任西安中山学院事务主任
王子休 （1900—1984）	训练处长	共产党员	1927年1月，受中共北方区委的派遣，担任西安中山学院训练处处长。大革命失败后，失掉了党的组织关系。1927年秋，重回北京大学学习。1929年毕业后，任天津南开大学校长秘书。1930年回陕在西安高级中学任注册主任
任敬斋	总队长	共产党员	—
陈玉壁	招生委员会委员长、一中队队长，兼任军事政治训练班负责人	共产党员	—
高锦尚	二中队队长	共产党员	陕西米脂人。1927年3月2日，曾任西安中山学院游艺大会主席
穆济波 （1889—1976）	教育委员会委员长	—	四川合江人。曾任陕源国立西北大学教授兼评议会成员。讲授文字学、文学概论、史籍文选等课程。成都高等师范学校毕业。出席1927年2月17日西安中山学院筹备会议，出任学院教务主任、教育委员会委员长、招生委员会委员等

续表

姓名	职务	党派	简要事迹
吴岱峰（1903—2005）	区队长、第二大队长和第五大队长，中共党小组长、总支委员等	1927年加入中国共产党	陕西子长人，名镇东，字岱峰。历任陕甘红军游击队总指挥部总指挥，红二十九军军长，中央红军北路军参谋长、八路军陕甘宁晋绥联防军绥德警备区司令员兼党委书记、绥德警备区独立第一旅旅长兼党委书记、北线部队总指挥、榆林军区司令员兼党委书记、陕北军区司令员兼党委书记，陕西省军区第二副司令员、西北军政委员会委员、最高人民检察署西北分署检察长，中共七大代表，第三、四届全国政协委员，第五届全国政协常委等。中央组织部正部长级离休干部
陈云樵（1911—2004）	区队长，兼暑假教育人员养成班训练大队长	共产党员	陕西兴平人。1927年7月初，任陕西省农民协会武装部长，并接受省委书记耿炳光指示，到渭南固市一带进行农民军运活动，11月与吴岱峰到杨虎城部做军运工作
李万斌	三中队队长	共产党员	为黄埔军校早期学员
杜松寿（1906—1991）	农民运动班负责人	1924年加入社会主义青年团，同年加入中国共产党	陕西华县人。在北京高等师范学校学习时与李大钊结识并受到影响。历任《新秦日报》副刊主编、西北出版局审查室主编、西北人民出版社总编、《中国语文》《文字改革》杂志副主编，中国文字改革委员会汉语拼音处处长、研究员，《文字改革》杂志副总编等
金鸿图	组党班负责人	共产党员	曾在第一次国共合作时期的《陕西国民日报》任编辑
杨怀英	妇女运动班中队长、教育委员会委员	共产党员	与冯文江、徐梦周、钱清泉、陶新畬、刘卫东均为农民运动教官
冯文江（1905—1974）	中共西安中山学院地下党特别支部书记兼农民运动班主任	共产党员	陕西子洲人。1924年考入北京大学。冯文江之后，吴化之接任书记。组织委员杨怀英、宣传委员陈云樵，党员有30余人。西安中山学院结束后任绥德县委书记、陕北特委宣传部长、西川区委书记。1932年被捕，后获释。1950年任西北军政委员会办公厅研究室副主任、陕西省参事室参事等
霍建德	学院地下团支部书记	共产党员	又名王俊前。团小组长有王榜、张策、白廷栋、张云锦等

续表

姓名	职务	党派	简要事迹
李应良 （1900—1927）	学院事务委员会委员	1925年冬经吴化之介绍加入中国共产党	陕西西安人。1922年夏，考入陕西水利道路工程专门学校，1924年春随校归并于西北大学工科。1924年7月听鲁迅在西北大学讲学。1926年在中国共产主义青年团西安地委工作。1927年2月，李应良协助李子洲做党的组织工作和中山学院工作。1927年4月29日与李大钊一起遇难
保至善 （1902—1928）	学院事务委员会委员	1926年加入中国共产党	字乐廷，又名之善。甘肃平凉人。1924年3月考入国立西北大学。听过鲁迅讲学、参与1924年秋西北大学学潮、1926年西安围城中的暑期学校、1927年1月与李应良协助李子洲参与党的组织工作和西安中山学院工作。1927年2月下旬以"西北政治委员会特派甘肃省党部党务委员"身份回乡整顿国民党甘肃党务，并受中共陕甘区委委派发展党的工作，任中共甘肃特别支部领导人之一，并任国民党甘肃特别党部农民部部长。1928年春在郑州英勇就义

（姚远根据零散资料整理）

西安中山学院部分学员名录

表 5-2　西安中山学院部分学员名录表

姓名	班别	党派	简要事迹
高岗 （1905—1954）	组党班	1926年加入中国共产党	陕西横山人。在西安中山学院期间"因开展革命活动，被敌人发觉。经党组织安排，离开中山学院，回到家乡横山县"。1932年1月任陕甘工农红军游击队队委书记。1933年8月任陕甘边红军临时总指挥部政治委员。11月后，任红二十六军第四十二师政治委员、红二十六军政治委员，是陕甘红军和革命根据地的创建人之一。新中国成立后，曾任中央人民政府副主席

续表

姓名	班别	党派	简要事迹
张策[①] （1911—1999）	组党班	1927年3月加入中国共产主义青年团、1932年加入中国共产党	别名王尚毅，字临轩。陕西高陵人。1933年赴陕甘边参加红军，在刘志丹、习仲勋的领导下工作。1935年，在陕北错误肃反中遭到迫害、关押，直至中央红军抵达后，才获自由。抗战胜利后，任中共嫩江省委白城子地区工委书记、兴安省政府副主席、军区副政委、中共哈尔滨市委记、国家交通部副部长、国务院副秘书长、中共西安市委书记、中共陕西省委书记、中央纪律检查委员会副书记等
陈浅伦 （1906—1933）	农民运动班	1928年加入中国共产党	又名典伦、潜。陕西西乡人。中山学院毕业后转上海劳动大学学习。1931年任中共陕南特委书记、1932年任中国工农红军第二十九军军长。1933年因叛徒出卖而牺牲，年仅27岁
谢葆真 （1913—1947）	妇女运动班	1927年加入中国共产主义青年团，1928年经吴岱峰介绍加入中国共产党	女，原名龙宫、亦作宝珍。陕西咸宁（今西安）人。毕业后分配至杨虎城将军所在的第十路军政治部，任宣传队队长，经中共皖北特委批准，1928年1月22日在皖北太和与杨虎城结婚。与杨虎城生育了儿子杨拯中、女儿杨拯美、拯英、拯汉、拯陆、拯贵等一男六女。1936年任西北各界妇女救国联合会会长。1938年携幼子拯中为营救杨虎城而入狱，受尽折磨，1946年11月底在重庆杨家山中美合作所狱中开始绝食，复吞金。1947年2月8日含恨辞世
卫志毅 （1905—1973）	组党班	1927年春经刘含初介绍加入中国共产党	陕西泾阳人。大革命失败后，负责中共陕西省委的秘密保卫工作，参与了渭华起义的准备工作。1928年5月任中共西安市委书记，10月调任中共郑州市委书记。后因遭国民党当局缉捕，前往南京从事中共地下组织工作。1933年参与策划了王泰吉部在耀县的起义。1947年后，先后在武汉、南京、上海、天津、北平从事革命活动。1949年后任中国人民解放军西北进藏部队先遣队队长，并长期从事青藏公路建设工作

---

① 邹震远.张策[M]// 王淇，陈志凌.中共党史人物传：第80卷.北京：中央文献出版社，2002：227-240.

续表

姓名	班别	党派	简要事迹
李景林① （1908—1980）	组党班	1927年5月转为中国共产党正式党员	原名树春，字实甫。陕西清涧人。1928年参加"二七"大罢工，张贴标语时被宋哲元军法处逮捕，羁押7个月，终获释。历任中共绥德南区、西区区委书记，绥德县委代理书记，洛川特委组织部长，陕甘宁边区民政厅副厅长、建设厅副厅长、办公厅副秘书长，延安市委书记兼市长，延安专署专员，陕北行署副主任等。1945当选中共七大代表。新中国成立后，任宁夏省政府副主席及省委代理书记、第二书记、书记。1954年甘、宁合并后任甘肃省委第三书记，1958年宁夏回族自治区成立后任宁夏工委书记处书记、宁夏区党委第二书记、中共西北局委员，宁夏回族自治区政协第三届副主席，全国政协常委，第二、三届全国人大代表
崔文玉	妇女运动班	—	陕西三原人。中山学院教育长徐孟周的夫人
王晋阶 （1907—1981）	—	1928年加入中国共产党	名国安，号尧叟，字行以。陕西吴堡人。1927年由县送往西安中山学院读书，毕业后任吴堡第一高等小学国文教师。1931年春在国民革命军八十六师所属营、团、旅部任参谋、军需等职。1939年调入军粮局榆林兵站支部，历任神木、府谷、横山仓库中校库长。抗日战争胜利后任国民革命军二十二军需处中校科长、上校科长。1949年任解放军二师粮食科科长。1953年转业榆林粮食局
李培文	—	1927年经张汉民介绍加入中国共产党	陕西三原人。自中山学院毕业后与30余名同学一起被派往冯玉祥司令部工作。同年8月返回三原教书
姜炳生② （1904—?）	农民运动班	1927年2月经贺鸿箴、闵培贤介绍加入中国共产党	陕西渭南人。曾任《新陇民报》记者。在从事农运期间被推举为渭南民团团长。1927年5月被派往平凉，参与中共平凉特支的革命活动。大革命失败后，回原籍从事农运工作。1928年6月参加了渭华起义，失败后，又先后打入驻延安高双成部和驻榆林井岳秀军官教育团从事兵运工作，曾任党支部书记、区委书记。1930年8月，又跟随谢子长、刘志丹在陕甘边一带打游击，发展党的武装。1932年底在陕甘边红二十六军任参谋、骑兵连特务长。1933年随军南下终南山被敌打散，从此脱党。曾任渭南市油脂公司干部

---

① 《榆林人物志》编纂委员会. 榆林人物志［M］. 西安：陕西人民出版社，2007：95.
② 中共平凉地委党史办公室. 中共平凉党史资料之一：党在平凉地区的早期活动［M］. 平凉：中共平凉地委党史办公室，1988：12.

续表

姓名	班别	党派	简要事迹
贺鸿箴① （？—1939）	—	1926年在华县咸林中学加入中国共产党	又名贺鸿针。陕西渭南人。与姜炳生同班。曾任《新陇民报》记者。1927年春在西安中山学院农民运动班学习，同年5月被派往平凉，参与中共平凉特支的革命活动和共青团工作。大革命失败后，回到许权中旅工作。1928年6月参加了渭华起义。1929年在西安东羊市以小学教员为掩护，参与共青团陕西省委的领导工作，不幸被捕入狱。出狱后，在国民党部队中从事兵运工作，1934年又到泾阳斗口农场秘密从事党的活动
闵培贤	农民运动班	共产党员	与姜炳生同班。1927年4月，与吴密、张克勤、陈祖舜、卫志毅、吴汉周等6名共产党员，以国民党特派员的身份，到达商县县城和龙驹寨（今丹凤县县城）。他们按照中共陕甘区第一代表大会制定的《目前工作计划》，提出"党到农民中去"，被派往陕西丹凤县，创建了中共龙驹寨特别支部
吴汉周 （1905—1985）	农民运动班	在校由袁见吾介绍加入中国共产党	陕西长安人。1927年4月，与吴密等被派往陕西丹凤县，创建了中共龙驹寨特别支部
吴密	农民运动班	—	又名焕然。1927年4月，与张克勤等被派往陕西丹凤县，创建了中共龙驹寨特别支部
张克勤	农民运动班	—	1927年4月，与吴密被派往陕西丹凤县，创建了中共龙驹寨特别支部
陈祖舜	农民运动班	—	1927年4月，与张克勤等被派往陕西丹凤县，创建了中共龙驹寨特别支部
袁金章	—	—	宁夏中卫人。后赴北平上学。1927年7月中共宁夏特别支部和国民军联军中的党组织，选送五中八师学生袁金章、李雨村、张子宽、刘廷栋等人到西安中山学院（后在西安中山大学）学习
刘廷栋 （1914—1977）	—	—	字华鸣。宁夏平罗人。毕业返宁后曾在西北师范学院、西北人民大学学习深造，相继任平罗小学校长、惠农中学校长、银川师范学校校长、甘肃省人大代表等
张子宽	—	—	1931年2月在北平创刊宁夏留平学生会会刊《银光》月刊，殷占雄、雷启霖、李雨村负责，张子宽为主要编辑。曾任《贺兰日报》总编辑

---

① 中共平凉地委党史办公室. 中共平凉党史资料之一：党在平凉地区的早期活动 [M]. 平凉：中共平凉地委党史办公室，1988：13.

续表

姓名	班别	党派	简要事迹
雷启霖	—	—	宁夏银川人。1928年因西安中山学院停办回到宁夏。1930年春,到北平的中国大学学习。原在国立西北大学读书的孙俭、陆宣洛、孙常山等人返回宁夏,1927年也与雷启霖一起去西安中山学院学习
李雨村	—	—	宁夏银川人。甘肃中卫第八师范毕业
孙俭（？—1985）	西北大学转入	—	又名孙克廉。宁夏宁朔人。1924年从宁夏中学毕业后,考入西北大学
孙常山	西北大学转入	—	宁夏银川人。由国立西北大学转入西安中山学院
陆宣洛	西北大学转入	—	宁夏银川人。又名陆景机。由国立西北大学转入西安中山学院
康兴源	农民运动班	1927年3月经李万斌介绍加入中国共产党	陕西兴平人。曾在王炳南领导的国民党乾县县党部开展农民运动工作,任农运助理干事
吕林之	农民运动班	共产党员	陕西城固人。西安中山学院毕业后,与胡景岳、徐经林、强振民、周德俊等一同被派往乾县,在王炳南领导的国民党乾县县党部开展农民运动工作,任农运干事
周德俊	农民运动班	共产党员	陕西宁羌（今宁强）人。西安中山学院毕业后,与胡景岳在国民党乾县县党部开展农民运动工作,王炳南去西安后,接任农协常务委员
李志洁（1902—1972）	—	—	又名士俊。榆林榆阳人。历任省建设厅科员、民政厅会计主任、吴堡县公安局长,杜斌丞推荐为甘肃林台县县长、宜君县县长。同情革命,救过高岗。1943年任国民军新编十一旅驻榆林办事处主任和军法处处长,1945年随曹又参旅长起义,受到毛主席宴请。1949年后任榆林县县长、榆林专署民政局局长、榆林农学院院长、农垦管理局局长、陕西省人大代表、省政协委员等
郝显德	—	—	1928年参加谢子长营救杨虎城部将黑子斌行动,曾任宜川县教育局局长。1935年随刘志丹走上革命道路。1941年任陕甘宁边区固临县参议会参议长、副县长,陕甘宁边区第一、二、三届参议员。1950年后任延安革命纪念馆第一任馆长、延长县副县长,陕西省第二、三、四、五届政协委员等

续表

姓名	班别	党派	简要事迹
杨实初① （1905—1930）	军事政治班	—	字朴。1919年在三原甲种工业学校做艺徒。1920年在杨虎城部任排长。1927年3月考入西安中山学院，4月刘伯坚选拔有军事经验者10人随之出关东征，杨实初获选随行。1927年8月转入杨虎城部，曾与北洋军阀直鲁联军张宗昌部作战时，夺得一门迫击炮。1928年4月9日，随魏野畴参加皖北暴动，失败后到开封从事工运，曾与中共河南省委书记吴芝圃在一起工作。据时任中共陕西省委书记耿炳光说，杨实初1930年在豫南牺牲，时间、地点不详
艾楚南② （1901—1987）	—	1927年6月经李严雄、马绍龙介绍加入中国共产党	又名艾克生。陕西米脂人。1927年考入西安中山学院。1929年在榆林城开办中药店作为地下党的联络点。1935年任陕北苏维埃政府财政部部长，1936年转任陕甘苏维埃政府副主席兼财政部部长。之后，历任陕北绥、米、葭、吴、清警备司令部供给部部长，山东纵队司令部供给部政治委员，山东战时工作推行委员会财政处处长，山东民主政府财政厅厅长，山东省人民政府秘书长、实业厅厅长。1950年9月，调中央财委工作，10月，任中央人民政府财政部财政司长，1956年11月，任财政部部长助理。1958年7月，调哈尔滨市任市委常委兼财贸部部长、副市长。1960年12月，任哈尔滨市委书记
李仁轩③ （1905—1989）	—	1927年加入中国共产党	原名庆寿。陕西蓝田人。自西安中山学院毕业后任国民党兴平县党部常务委员，中共兴平县委宣传委员，蓝田师范学校训育主任、校长，澄城县师范学校校长，三十八军特别党部助理干事、队长，《迈进》《民意》杂志编辑，蓝田县教育局代理局长，民众教育馆馆长，国民党蓝田县党部常务监察、参议员等。晚年在蓝田公王岭蓝田猿人管理所工作

---

① 严佐民. 杨实初烈士传略 [M] //中国人民政治协商会议陕西省澄城县委员会文史资料研究委员会. 澄城文史资料第1辑, 1985: 43-45.
② 哈尔滨市地方志编纂委员会. 哈尔滨市志 36 人物 [M]. 长春：黑龙江人民出版社, 1999: 104-106.
③ 蓝田县地方志编纂委员会. 蓝田县志 [M]. 西安：陕西人民出版社, 1994: 759.

续表

姓名	班别	党派	简要事迹
张杰臣 （1903—）	—	—	字俊。西安中山学院毕业后还乡任县政府政治指导员兼任智左区合作社主任、泾乡乡长、国民政府临时参议员等。1937年间，与共产党地下党人员多有来往，支持其弟张桂林入党。1941年至1948年送一个弟弟、两个儿子和弟媳到边区参加革命，并以自己的家作为秘密联络点。1941年国民党反动派封锁边区时期，共产党员宗群（后任中央民族学院党委书记）、莫英贤（后任宝鸡地委总工会主席）均曾住过其家
孙作藩① （？—1984）	组党班	—	西安灞桥人。曾任甘肃双石铺、镇原税务所主任、公安局局长，西安警察第四分局佐理员、灞桥乡乡长等。他以此身份作掩护，成为党的联络点，汪锋、赵伯平、吕剑人、张策、陈云樵、孙作宾（孙作藩的弟弟）等，都曾获其掩护。1954年任西安市参事室参事、市政协委员等
赵志敬 （1906—1966）	—	共产党员	1928年任中共礼泉县委组织部部长。以礼泉县民团队长、咸阳民团队长等作掩护，为陕甘宁边区购买枪支、运送医药，曾两次引起怀疑被捕入狱，后获救。新中国成立后在永寿县财政局工作
李霞波② （1906—1976）	组党班	余达夫（女）介绍李霞波加入中国共产党	原名发国。继入西安中山大学文部预科、华南大学经济系、中国公学部历史系学习。1931年任西乡初中教员，旋任教育局督学，1933年初与张云卿、胡耕谓、刘泽民等策动丰东第四区团武装起义，以配合红二十九军进袭县城，但因马儿崖事变突发，行动未果。1936年秋，西乡初中改为简易师范，任该校教员。1937年9月，中华民族解放先锋队所属平津流亡学生演剧队来西乡宣传抗日，李霞波等5人首批加入民先队，任队长，1938年秋，西安师范、西安女中等校迁到西乡，经中共党员余达夫（女）介绍李霞波加入中国共产党。1951年在西北人民革命大学学习，因旧疾复发，回县修养

---

① 权玉霞. 回忆孙作藩同志 [M] // 中国人民政治协商会议西安市莲湖区委员会文史资料研究委员会. 莲湖文史资料 第2辑. 政协西安市莲湖区委员会文史资料研究委员会，1987：35-49.
② 刘粤基主编，西乡县地方志编纂委员会编. 西乡县志 [M]. 西安：陕西人民出版社，1991：623.

续表

姓名	班别	党派	简要事迹
段连三 （1905—1993）	—	—	曾用名应乾。陕西鄠县（今西安鄠邑区）人。1933年以军需官随关麟征奔赴抗日前线，参加古北口、台儿庄、湘北战役，晋升为陆军中校库长，后转刘玉章部任机要秘书
姚洗心	军事政治班	在校期间加入中国共产党	河南镇平人。1927年6月毕业后被派往冯玉祥部内防处工作。1928年2月被中共河南省委派往邓宝珊部教导总队，任第四大队区队长。1928年8月被中共南阳特委派回家乡镇平，开展党的工作，创建中共镇平县姚营支部，为该县第一个党的组织
刘振邦 （1910—1938）	农民运动班	1926年加入中国共产党	又名刘作新。陕西延安人。曾任中共延安支部和延安区委负责人。在西安中山学院学习时出席陕西省第一次农民代表大会。历任永宁高小校长兼党支部负责人、延安第一完小校长、延安教育局督学、民众教育馆馆长等。1937年7月党派往庐山受训，遭到边区保安处拘留审查，病故，年仅28岁。1988年延安市地委组织部予以平反
王文宗① （1904—1928）	由国立西北大学转入	1927年10月加入中国共产党	字子清。陕西渭南人。1921年毕业于陕西省立第一中学，1923年考入国立西北大学，1927年由国立西北大学转入西安中山学院学习。毕业后回到渭南任县立中学教员，同时参加当地农民运动。奉派担任国民党渭南县党部委员。1928年初任渭南县立中学校长，一直秘密从事革命活动。同年2月29日渭南县进步师生和一些农民群众联合起来打死恶霸豪绅刘铭初和国民党清党委员会的反动头子薛明彰，史称"宣化事件"，遭致这几所学校的党员、团员和学生、群众等40余人被捕，并被解除了中共掌握的高塘自卫团的武装。为营救被捕同志和学生，王文宗找县政府说理，却被扣押于渭南，后转西安西华门军事裁判处。在狱中遭受非人折磨，英勇不屈。6月17日下午，与同关押的8位共产党员，同时被活埋于西安北门外红庙坡，史称"西安九烈士"
冯树人	教育行政人员养成班	—	陕西长安人。西安中山学院毕业后任陕西长安县县长

---

① 西安市地方志馆，西安市档案局编. 西安通览［M］. 西安：陕西人民出版社，1993：629-630.

续表

姓名	班别	党派	简要事迹
赵启民	—	1928年1月加入共产主义青年团	西安中山学院被封闭后，到临潼雨金镇甄寿珊的军官队，编入教导营。该军官队大部分为从西安军政机关退出的工作人员和西安中山学院的学员，学兵队长为共产党人王泰吉。其所上课程与中山学院相似。1928年1月，赵启民在此加入共产主义青年团。1928年春，该部调往麟游，王泰吉升任营长。中共陕西省委指示王泰吉领导该部队起义，但因势单，起义失败，随后王泰吉又参加了渭华起义。赵启民则前往西安向组织报告
强振民	农民运动班	共青团员	又名建斋。陕西乾县人。西安中山学院毕业后，与胡景岳、徐经林、吕林之、周德俊等一同被派往乾县进行农民运动工作
胡景岳	农民运动班	—	陕西蓝田人。西安中山学院毕业后，与强振民、徐经林、吕林之、周德俊等一同被派往乾县进行农民运动工作
徐经林	农民运动班	—	又名铭勋。西安三桥人。中山学院毕业后，与胡景岳、强振民、吕林之、周德俊等一同被派往乾县进行农民运动工作
黄延年	妇女运动班	—	1927年4月带领兰州女师毕业的张华英、张慎、王际云、马馥庭、马世英、杨东龄、张碧莲、魏宗召、高淑贞、师晓霞10余名女生到西安中山学院妇女运动班学习。毕业后，被派往西安女师任教，协助共产党员韩玉贞工作。1927年9月返回兰州任教
张华英	妇女运动班	—	1927年4月在黄延年的带领下，与兰州女师毕业的张慎等10余名女生到西安中山学院学习
张慎	妇女运动班	—	1927年4月与兰州女师毕业的王际云等10余名女生到西安中山学院学习
王际云	妇女运动班	—	1927年4月与兰州女师毕业的马馥庭等10余名女生到西安中山学院学习
马馥庭	妇女运动班	—	1927年4月与兰州女师毕业的马世英等10余名女生到西安中山学院学习
马世英	妇女运动班	—	1927年4月与兰州女师毕业的杨东龄等10余名女生到西安中山学院学习
杨东龄	妇女运动班	—	1927年4月与兰州女师毕业的张碧莲等10余名女生到西安中山学院学习

续表

姓名	班别	党派	简要事迹
张碧莲	妇女运动班	—	1927年4月与兰州女师毕业的魏宗召等10余名女生到西安中山学院，入妇女运动班学习
魏宗召	妇女运动班	—	1927年4月与兰州女师毕业的高淑贞等10余名女生到西安中山学院学习
高淑贞	妇女运动班	—	1927年4月与兰州女师毕业的等师晓霞10余名女生到西安中山学院学习
师晓霞	妇女运动班	—	1927年4月与兰州女师毕业的张慎等10余名女生到西安中山学院学习
崔文玉	妇女运动班	—	妇女运动班学员。在校曾找黄延年过秘密组织生活
魏含芳	妇女运动班	—	1927年4月与兰州女师毕业的张慎等10余名女生到西安中山学院学习
雷鸣夏（1910—）	—	共产党员	又名雷鸿钧、雷伟哉。陕西合阳人。西安围城时，参加暑期学校社会系乙班学习。1927年经马凌山、王孝锡介绍加入中国共产党。1928年被捕，1935年出狱。新中国成立后，曾任陕西大荔县副县长
王晓时	—	—	又名王彦圣。甘肃人
王尚义	—	1927年在中山学院入党	字任天。甘肃静宁人。初在甘肃宁县从事农运工作，复派往静宁县从事党的秘密工作。后赴兰州求学，从此脱党
王自新	农民运动班	—	陕西渭南人
皎福杰	农民运动班	—	王自新中山学院的同学
王之经	农民运动班	共产党员	甘肃宁县人
赵静山	—	—	陕西中部（今黄陵）人。1927年6月回到家乡。刘含初遇害后去找刘志丹报告
张好义	—	—	陕西中部（今黄陵）人。1927年6月回到家乡。刘含初遇害前曾与之见面勉励
白映珍	—	—	陕西中部（今黄陵）人。1927年6月回到家乡。刘含初遇害前曾与之见面勉励
刘文德	—	共产党员	刘含初的第二任妻子。字保英。共产党员，担任过中山学院妇女运动班班长。担任过太原某保育院院长，后因病离职，1963年病逝，西安市政府安排了葬礼

注：至2023-02-02，小计67人。符号说明："—"，暂缺；"？"待考。

（姚远根据零散资料整理而成）

第二节　西安中山大学①

西安中山大学校组织大纲

第一章　名称及宗旨

第一条　本大学定名为西安中山大学。

第二条　本大学以实施高深学术、发挥中山主义、培养专门人才、应党国之需要为宗旨。

第二章　组织系统

第三条　本大学设校长一员，总理对内对外一切校务。

第四条　本大学设校务长一员，辅助校长办理本校一切行政事务，下设各部：

1. 文牍部，设主任一人，文牍员若干人，办理本校对内对外各种计划、机要文书事宜，并保管印信文档案等件；

2. 会计部，设主任一人，事务员若干人，办理本校一切收支事宜；

3. 庶务部，设主任一人，事务员若干人，办理本校一切庶务、管理、斋务、校具、仪器及不属于其他部事宜；

4. 出版部，设主任一人，事务员若干人，办理本校一切印刷、出版等事宜。

第五条　本大学设教务长一员，辅助校长办理本校一切教务事宜，除各科各系教授、讲师、助教、校医、军事教员及体育导师外，并设下列各部：

1. 注册部，设主任一人，事务员若干人，办理全校注册、登记、统计等事宜；

---

① "中山大学"之称始于 1925 年 3 月 12 日孙中山先生与世长辞后全国各地的纪念活动。黄行、廖仲恺先生相继提议，将孙中山创立的国立广东大学改名为国立中山大学。1926 年 8 月 17 日，国民政府发布命令，正式批准将国立广东大学改名为国立中山大学（Sun Yat-sen University）。继之，全国各地出现了多所中山大学。除国立中山大学命名为国立第一中山大学，国立武昌大学命名为国立第二中山大学，杭州创办国立第三中山大学，南京以国立东南大学为基础创办国立第四中山大学之外，还有河南中山大学、南昌中山大学、上海中山大学、安徽中山大学、兰州中山大学和西安中山大学等。其中，西安中山大学的前身为由国立西北大学收束而成的西安中山学院。

2. 图书馆，设主任一人，事务员若干人，办理本校图书添置、编目登记及图书馆阅览室等事宜；

3. 训育委员会，办理本校一切训育事宜，内分党义、军事、体育指导等项目，由校长、教务长、党义教员、军事教员、体育导师及其他教员若干人组织，章程另订之；

第六条　本校校务长、教务长由校长聘任之，各部主任及事务员、指导员、教练等，均由校长委任之。

第七条　本校组织系统如下：

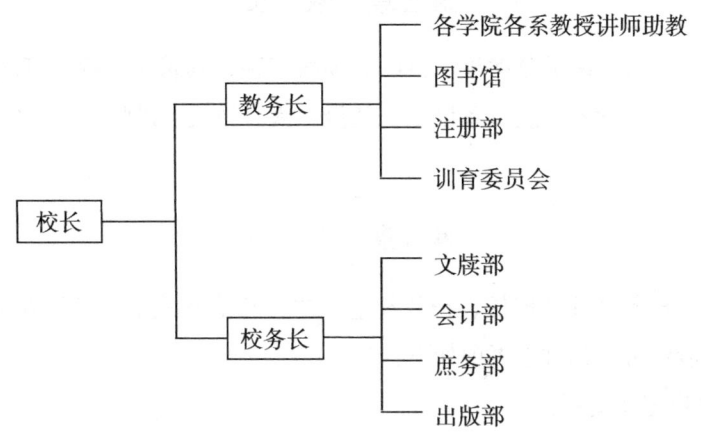

第三章　设　施

第八条　本大学设图书馆、寄宿舍、体育馆、实验室等，以资培养高尚人才。

第九条　本大学除上述之设施外，得渐次设立博物馆、农场及生物园、贩卖部、印刷部等。

第四章　科　系

第十条　本大学暂设文学院、社会科学院，以后经济略为充裕时，得渐次增设农、商、理、工、医等学院。

第十一条　本大学每学院设预科及本科，遇必要或政府委托时，得附设高级中学部、专门部或专修科及补习班等。

第十二条　本大学为研究高深学理，得设研究院，其组织规程另订之。

第五章　教授法

第十三条　本大学采用东西洋最新教授法，如自修、演讲、实验及诵书等法，以实施天才教育，学生毕业以个人成绩为标准。

第六章 入学及毕业

第十四条 本大学修业年限,根据部章规定,学科以学分计算,其余专门部、专修科等亦均以学分计算,关于学分计算法另订之。

第十五条 本校入学各种资格,均于招考章程内另订之。

第十六条 本大学本科毕业生得称学士。

第七章 教 员

第十七条 本大学教员分教授、讲师、助教三种,其聘任规程另订之。

第十八条 本大学各学院每系设主任教授一人,教授、讲师、助教各若干人,均由校长延聘之。

第八章 会 议

第十九条 校务会议由校长、校务长组织之,其他有关系之各学院主任、教授等,于必要时亦得请列席。其讨论事项如下:

1. 细则之规定及变更;
2. 计划本大学预算;
3. 政府及教育部之咨询事件;
4. 建议于中央之议案;
5. 各部工作之分配与职权之划分;
6. 校内各项事务之改良与建设;
7. 其他关于事务之要件。

第二十条 校务会议由校长召集并充任主席,校长不到时,须有其委托之代表方能开会。

第二十一条 教务会议由教务长召集,各关系学院主任及教授、讲师等举行之,教务长得充主席(缺席时由其委任之代表任之),注册部、图书馆主任及校务长等遇必要时亦得请列席。其讨论事项如下:

1. 功课之分配;
2. 学生考试及格标准率;
3. 教授法之改良;
4. 学位之颁给与赠予(校长或其指定代表须列席方能讨论);
5. 其他关于教务之事件。

第二十二条 训育会议由教务长召集并得充任主席(缺席时由其委托之代表任之),

各训育委员均须出席,各科系教授于必要时得请列席。其讨论事项如下:

1. 计划训育方针;
2. 考核学生操行;
3. 监督学生团体;
4. 其他关于训育之事件。

第二十三条　校务、教务、训育等会议之议决案,须交校长核准施行。

第二十四条　各学院及各部为工作便利计,亦得自行开会,其会议由各主任召集之。

第二十五条　各种会议细则,由各负责人自订之,以不抵触本大纲为限。

第二十六条　关于本大学自治会或自治委员会之组织条例,另订之。

第二十七条　本大学关于一切纪律及惩戒之规则,另订之。

第九章　附　则

第二十八条　本大纲如有未尽善处,得由校长修改,呈请政府核准之。

第二十九条　本大纲自奉令批准之日施行。

(原载《新西北》1929年创刊号)

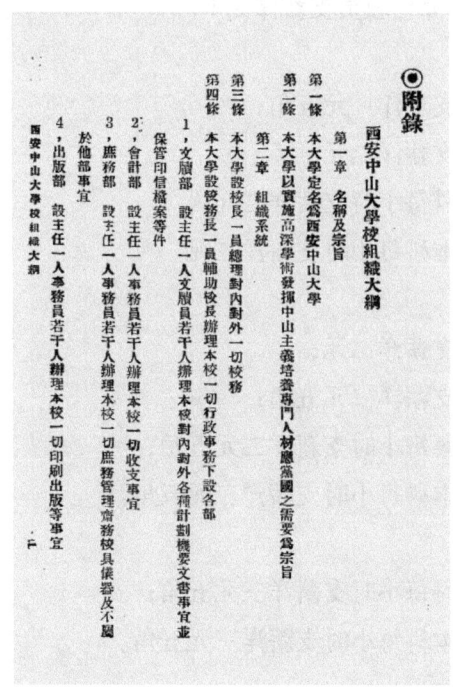

图 5-2　《新西北》1929 年创刊号所载《西安中山大学校组织大纲》

西安中山大学延聘教员规程

本校为规定教员薪俸及职务起见，暂定延聘教员规程如下。

（一）延聘教员均用聘书，由校长具名。其程式如下：

    兹聘   兹续聘

      先生为本校   此订

      西安中山大学校长

          中华民国 年 月 日

（二）本校教员按照中央颁布大学教员资格条例分下列四种：

1. 教授；2. 副教授；3. 讲师；4. 助教。

（三）本校教员分专任与兼任两种，凡每周授课在十二至十六小时者，为专任教员，每周授课不足十二小时者为兼任教员，但本校职员兼教员，每周授课六小时以上。不支职员薪俸者，仍得以专任教员论，若支职员薪俸者，则教员薪俸不另送。

（四）兼任教员薪俸按照实在授课钟点计算，每周教授课一小时，支送薪俸洋预科由五角，本科由二元五角起，至四元五角，专修科薪俸与预科同，但本校职员兼任教员，均按月计算，不论钟点，兼任教员支薪俸如下。

1. 助教

（甲）文预科每小时支薪洋一元五角；

（乙）理预科每小时支薪洋二元；

（丙）文法商学院本科每小时支薪洋二元；

（丁）理工农医学院本科每小时支薪洋二元。

2. 讲师

（甲）文预科每小时支薪洋二元；

（乙）理预科每小时支薪洋二元五角；

（丙）文法商学院本科每小时支薪洋二元五角；

（丁）理工农医学院本科每小时支薪洋三元五角。

3. 副教授

（甲）文法商学院本科每小时支薪洋三元五角；

（乙）理工农医学院本科每小时支薪洋三元五角。

4. 教授

（甲）文法商学院本科每小时支薪洋四元；

（乙）理工农医学院本科每小时支薪洋四元五角。

说明：公共必修或合班教授课程，其支薪标准按照占人数最多之科系计算，如有三科系以上学生合班时，按照适中科系计算。

（五）专任教员薪俸由校长参酌下列各项情形定之，但本校现在财政不甚充裕，故教授月薪不得超过中央颁布大学教员薪俸表规定教授最低薪俸百分之六十，副教授不得超过中央规定副教授最低薪俸百分之七十，讲师不得超过中央规定讲师最低薪俸百分之八十，助教不得超过中央规定助教最低薪俸百分之九十。

1. 授课时间之多寡。
2. 担任学科之性质。
3. 资格及声望。
4. 著述及发明之价值。
5. 服务大学之年限。

（六）初聘教员薪俸均自到校授课之日起计算，至翌年六月底止。

（七）续聘教员薪俸均按十一个月计算，由本年九月起至翌年七月底止，但职员兼教员者其薪俸得以十二个月计算。

（八）教员受聘后，应于开学时到校，如开学后受聘，应即日到校，过期在两星期以上到校又不请假者，学校得认为自行解约。

（九）每年六月三十日以前为续送聘书之期，过期作为解约。

（十）聘书期限未满以前，教员既到校授课，而由学校解约者，加送下月薪俸一个月，自解约之日起算，

（十一）自本规程施行以后，教员在校满三年，而由学校解约者，加送薪俸两个月，在校满五年或五年以上者，加送薪俸三个月。

（十二）教员自行辞职者不加送薪俸。

（十三）教员辞职须于一个月前通知学校。

（十四）教员自远路聘来者，初来及解约时，得酌送旅费，但每次旅费至多不得超过一百元，其自行辞职者，不另送旅费。

（十五）本校特设教员院，以备教员住宿，其规则另定之。

（十六）自本规程施行以后，教员继续任职满十年者，得休息一年，支取半薪或由本校咨送欧美留学，其章程另计之。

（十七）教员除因重病，于一个月内请假逾三小时以上者，学校得依照比例扣除其薪俸。其请假满半个月者，须请相当教员代课。其请假满一个月无人代课者，学校得斟酌情形认为自行辞职。

（十八）凡专任教员不得在外兼课，如有特别情形，经校长许可者，其兼课之薪水须全归学校。

（十九）本校专任教员不得兼他处职务。

（二十）延聘教员遇有特别情形时，得另以契约定之。

（二十一）凡遇有政局变迁，或其他特别事故，本校财政因而受影响时，所有一切教员薪俸均照地方各机关通例办理。

（二十二）本规程如有未定事宜，得由校务委员会议修正之。

（二十三）本规程自呈准之日施行。

（原载《陕西省政府公报》1929年度）

全国各大学已立案之统计

自教育部颁布大学立案条例以来，全国各大学纷纷呈请立案。除国立各大学，省立大学有：东北大学（在沈阳）；成都大学、成都师范大学、四川大学（该三所大学均在成都）；湖南大学（长沙）；安徽大学（安庆）；山西大学（太原）；西安中山大学（西安）；兰州中山大学（兰州）；开封中山大学（开封）；贵州大学（贵阳）；广州大学（广州）；广西大学（南宁）等十二校。

私立大学已经立案者：私立厦门大学、金陵大学、大同大学、复旦大学、沪江大学、光华大学、大夏大学、燕京大学、南开大学等九校。

其余各私大，有者已呈请立案。教部正在核办中，有者虽经呈请，已由该部批驳。

（原载《申报》1929年6月15日第三版）

西安中山大学之新发展

西安中山大学本系前国立西北大学改组成立，累年经营，颇有规模。自去年以来，积极整顿，现有学生四百余人，教授均系国内外博学之士，内分文科、政治科及预科一科，下学期拟再扩充范围，添设农林科、理工科、医科，并创办博物馆、明（确）华山为农场，另有荒地三十顷，拨为牧场。虽频年战乱灾荒，但仍蒸蒸日上。兹悉日前该校特请中央拟定大学党义教师。该校教授董为公先生来沪添置各种图书仪器，并物色有志西北之专门人才，并发行《新西北》杂志，提倡开发西北文化富源，所谋根本解决民生问题云。

（原载《申报》1929年7月21日第三版）

谢镇东、田耕原：最近陕西高等教育

本省高等教育机关，现只西安中山大学一处，唯设备简陋，核与部颁规程，诸多未合。如欲成为正式大学，又非现在省库财力所能担负。且学生程度不齐，师资亦感缺乏。与其因循敷衍，徒务大学之虚名，不如另取途径，以收目前之实效。兹将拟取步骤，条列于后：

将大学改组为独立之高级中学，以符学制。

考选成绩优良之学生，资助至国内著名大学肄业，以求深造。

视本省需要情形，筹设各种专科学校，以造成本省专门人才。

他如国外留学生之派遣，国内大学本省学生奖学金之恢复，专门才之登记与调查，亦均待次第进行者也。

……

关于本省高等教育机关，原有西安中山大学一处，唯设备简陋，核与部颁规程，如欲成为正式大学，又非现在省库财力所能担负。且学生程度不齐，师资亦感缺乏。与其因循敷衍，徒务大学之虚名，不如另取途径，以收目前之实效。乃决定两种办法：

改组中山大学为省立高级中学——将原中山大学学生，一律准予免试入高级中学肄业。并将原有专门部法律政治经济两科学生，编为高中商科一年级，原有高中二年级学生编为高中一年级，原有高中一年级学生编为高中预备班。

派送高中毕业生入国内大学肄业——招考高级中学毕业生若干人，送入省外各大学肄业，以资深造。如考取人数甚多，即由高级中学设法加以补习，如人数甚少，则命其自行预备，至暑假时由省政府资送至指定之各大学投考。其考取者之一切费用，由省府供给，其未录者，仍由省府拨给回陕旅费。

同时为奖励国内大学陕籍肄业生起见，特设奖学金学额六十名，奖学金定每名每学期 50 元，由省库支给，以肄业下列各校本科而上学期之学业成绩在 75 分以上者为限：国立中央大学，国立中山大学，国立北京大学，国立北平师范大学，国立北平大学工学院，国立北平大学农学院，国立北平大学女子师范学院，国立清华大学，国立北洋学院，国立武昌大学，国立同济大学，交通大学（上海本校），交通大学土木工程学院，南开大学，复旦大学，燕京大学，金陵大学，协和大学，计十八处，详细手续教育厅拟订有关奖学金暂行规程亦经省政府通过公布矣。

（原载《陕西教育月刊》1931 年第 1 卷第 1 期）

张本烈：西安中山大学①回忆

中山大学虽然只办了两期，但为国家培育了众多人才，同时也涌现出不少进步青年，如苏乎敬、王万程、武慰祖、蔡鸣岐、周焕堂、张策等。他们有的曾领导过陕西学运工作，有的领导过抗日救亡工作。在解放后担任鞍钢副总工程师的张振凯、卢守圭都是西安中山大学培养的学生。1931年，杨虎城将军入关后，将西安中山大学改为陕西省立高级中学（当时教育厅长是李范一），虽然受到在校学生和社会上知名士绅的反对，但终未发生效果。因此一部分学生如杨伯超、冯树功等赴北京考入北京大学，卢守圭考入清华大学继续攻读，以求上进。有一部分学生报考黄埔军官学校，学习军事。其余留校学生则编入陕高普春二二级继续学习。"四二六"学运后，唐得源接任校长，执行教育厅的指示，对编入陕高普春二二级的学生，进行一次甄别考试。考试结果，有李雄、苏尚武等十数名学生，榜上无名。这些"名落孙山"的学生不得已，只好相继离开西安去南京、北京等地，另行投考学校，再求上进。有的学生考入南京金陵大学农专（陕西官费生），学习农业。我和同学成明智，雷巨声、菊清沛等考入南京中央军官学校（即黄埔军校），学习军事学。

1930年，中山大学同学在进步学生王万程、苏子敬的领导下开展抗日救亡、抵制日货运动。苏子敬偕同部分同学到南院国民党陕西省党部陈述意见，而党部负责人田毅安拒不接见，引起学生们极为愤慨，张金兴、张自新等砸碎了省党部大门门楣上悬挂的横额牌匾。有的同学到牛庄巷捣毁了田毅安的住宅。

1931年，陕西"学联"组织学生分为二路前赴渭北和临潼以东各县进行抗日救亡宣传，得到各县学生热烈欢迎和热情支持。由李雄带队的一路东赴临潼、渭南、二华、潼关等地进行宣传，一路由李靖慈带队，其成员有：田润芝、张本烈、邢秀贞等，到渭北三原、富平、蒲城、大荔等县宣传。这次宣传使各县学生在政治思想、爱国热忱等方面均有很大提高，因此，赢得了他们的大力支持，使我们的宣传工作得以顺利完成。

1931年，西安"四二六"学生运动发生后，中央派戴传贤（即戴季陶）来西安视察，杨虎城在民乐园开会欢迎，参加大会的有西安各界人士和学生，开会后，正当戴传贤登台讲演时，猛然间陕西师院学生飞砖掷上讲台，会场顿时大乱，同时在园外的学生

---

① 西安中山大学设校长，教务长（注册股、教育股），训育长，事务长（会计股、庶务股）。校长为余天休，教务长为郝照初，训育长为江伯玉、继任樊明初，事务长为蔡守侯。
国文系有王子休，英文系有王正谦、姬载丰，日语系有刘锐亭，史地系有侯佩苍，体育部有邱瑞甫。数学系有罗端先，物理系有侯又可，化学系有柴子明、梁午峰。

也烧毁了戴的汽车。当晚军警即将各学校包围，逮捕学生，我们西安高中也同样遭到厄运。蔡鸣岐、张振凯、苏尚武等被捕，送押西华门军法处监狱。后来苏尚武、张振凯由同学李雄的父亲李伯川（绥靖公署秘书长）保释。当紧急关头，我和李雄、胡乐天由理化室越墙逃出，逃到端履门街义兴杂货店内，幸遇该店经理陈某将我们匿藏店内，始免于难。陈老先生急公尚义，诚属感戴之至。

（原载中国人民政治协商会议西安市莲湖区委员会文史资料研究委员会编
《莲湖文史资料》，1990年第5期）

《西安中山大学日刊》要目①

西安中山大学主办

1929年4月1日创刊

中华邮政局特准挂号认为新闻纸类

图5-4 西安中山大学主办的《西安中山大学日刊》第4号封面

---

① 今在北京大学图书馆仅存8期。余天休校长题写刊名。目录本无作者信息和页码信息。推算应创刊于1929年4月1日。设有校闻、报告、特载、时事简报、教育消息等栏目。出版发行信息："本刊价目，零售每号6厘，订阅一月洋三角，三月五角五分，半年一元一角，全年二元一角，邮资在内。"

本刊要目

第四号（中华民国十八年四月四日）

注册部布告（第十三号）

陕西省政府指令

附原呈

附本校组织大纲

附西安中山大学旧政经科及旧预科学年补试课程表（十八年四月四日）①

图书部新添图书报告

第五号（中华民国十八年四月五日）

注册部布告（续第十三号）

附载试验课程表

附本校组织大纲（续）

批示三则

图书馆新添图书报告

中国目前的几个社会问题②

第六号（中华民国十八年四月六日）

注册部布告（续第十三号）

附载试验课程表

附本校组织大纲（续）

批示二则

图书部新添图书报告

中国目前的几个社会问题（续）

第七号（中华民国十八年四月七日）

省政府指令

本校组织大纲（续）

---

① 由课表可见，政科开设有日文、英文、历史、财政学、经济学、经济史、宪法、社会学、国际公法、民法、政治史、政治学、帝国主义、民族运动、社会问题、法学通论等课程。文科开设有英文、天方夜谭、英文会话、几何、代数、国文作文、国文文法、东洋史、西洋史、国技、军事训练等。

② 该刊仅见的一篇学术论文，为董霖所撰，涉及自然环境问题、人口问题、社会组织问题、社会理想问题等，再分为经济问题、卫生问题、人性问题等。其中，生物要素包括以人口而发生和以遗传而发生两个方面。遗传又分为生理的遗传和社会的遗传两种。全文另见于1929年西安中山大学创办的《新西北》杂志。

批示二则

第一次教务会议记录

第十号（中华民国十八年四月十日）

省政府指令

财政厅来函

批示二则

第八次纪念周记录

图书馆新添图书报告

第十一号（中华民国十八年四月十一日）

陕西省政府训令

批示八则

图书馆新添图书报告

第十五号（中华民国十八年四月十五日）

批示四则

各科必习课目

指定参考书表

图书馆新添图书报告

教部拟定大学规程

时事简报四则

第十六号（中华民国十八年四月十六日）

批示四则

各科课目指定之参考书

图书馆新添图书报告

教部拟定大学规程（续）

教部公布大学教员资格条例

时事简报十一则

（原载《西安中山大学日刊》第4、5、6、7、10、11、15、16号）

《新西北》创刊号目录

西安中山大学主办

中华民国十八年四月创刊

中华邮政局特准认为新闻纸类

要 目

祝词

发刊词

关于开发西北之管见……………………………………………杨励三
新西北经济建设中的农业与水利………………………………赵愚如
中国人口问题之解决……………………………………………余天休
中国目前的几个社会问题………………………………………董　霖
中国币制整理……………………………………………………李康侯
中国古代社会革命思潮之历史的考察…………………………王翰芳
青年之四大问题…………………………………………………郝照初
列宁主义的简单批评……………………………………………宫廷璋
近代文学变迁概观………………………………………………姚警尘

（原载《新西北》1929 年创刊号）

《新西北》①双月刊发刊词

我们办这个杂志有两个目的：一、西北为中国民族发祥之地，文化开发最早，想把固有的文化，整理而阐扬之；二、西北科学幼稚，物质文明落后，想把欧美的科学知识，灌输于一般民众。譬如有一块肥沃的土地，再种上些美丽的佳果，将来定可得到很好的收获。但是，我们虽有这种计划，这种希望，然能否达到，还是一个问题。现在本杂志第一号出刊了，我们拿十二分的热诚，希望国内外学长，对于本杂志内容的错误，随时加以纠正，并希望时赐鸿文，以光篇幅，则不特西北之幸，本社同人亦荣感无既了。

（原载《新西北》1929 年创刊号）

---

① 《新西北》双月刊由西安中山大学出版委员会创刊于 1929 年 4 月。《陕西教育》特地刊载《新西北》杂志行将出版的消息，报道指出其办刊宗旨为阐扬西北固有文化，促进西北物质文明，及唤起西北民众之建设思想，并称其虽由西安中山大学主办，但为扩大篇幅，特分函各学校，广搜材料，以资采选，欢迎各界投稿。创刊号发表有：杨励三的《关于开发西北之管见》，赵愚如的《新西北经济建设中的农业与水利》，余天休的《中国人口问题之解决》，董霖的《中国目前的几个社会问题》，李康侯的《中国币制整理》，王翰芳的《中国古代社会革命思潮之历史的考察》，郝照初的《青年之四大问题》，宫廷璋的《列宁主义的简单批评》，姚警尘的《近代文学变迁概观》等。

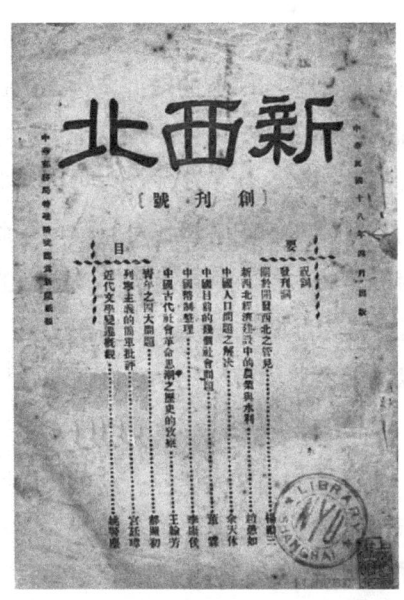

图 5-5　西安中山大学主办的《新西北》杂志创刊号封面

陕西省主席宋哲元：《新西北》创刊祝词

　　大学为国家最高学府，其目的固在阐明学理，探新知，促进科学的发展。他方面尤贵能将其所学，公诸社会，期与实际上增进人类生活的福祉。所以，一国文明的兴替，恒系乎大学研究的浅深，欧美各国的成例，已充分证明了这种事实的真确。①

　　西安中山大学成立未久，规模大备，今其师生特于讲习之余，发刊《新西北》杂志，将以阐扬西北固有文化，促进西北物质文明，用意之盛，至堪钦佩！当此训政进行，积极建设的时候，复得此学术上的钻研与指导，相资为用，使西北蔚为一种新气象，则贵杂志前途的发展，一定是不可限量的！兹当发刊之始，略缀数言，用资征验，并祝努力！

（原载《新西北》1929 年创刊号）

杨兆庚：《新西北》杂志祝词②

　　西北为中国文化发源地，当周秦汉唐的时代，声名文物真是南溯北暨，震古铄今。虽到了千百年以后，犹使人追思企慕，低徊不置。但是物极必反，盛极则衰，这种阴阳消长的公例，天地间任何事物，总是不可避免的。所以，海通以还，欧风东渐，西北因

---

① 宋哲元.《新西北》杂志出版祝词 [J]. 新西北，1929（1）：1.
② 杨兆庚.《新西北》杂志祝词 [J]. 新西北，1929（1）：1.

为地理上关系，交通梗塞，风气固蔽，所有政治、经济、文化、教育，以及各种社会事业，无不着著落后，相形见绌。虽其间政府的提倡，贤达的振导，用力不为不勤，阅时不为不久，一以时局的纷乱，经久难期，一以民智的固陋，接受无由，遂致江河日下，成效莫睹，不但成了新时代的落伍者，就是已往历史上的光荣，也是声华黯淡，沉寂无闻。这实在是一种可惜可痛，万分遗憾的事情！近自革命军到达西安，于努力政治的建设之外，即成立了最高学府的中山大学，其用意无非欲急起直追，弥补缺憾，以期学术与政治同程并进，完成三民主义的革命工作。计自成立以来，历时未几，成效即已可观。兹复发刊新西北杂志，首以发展西北固有文化，增进西北物质文明为标帜，校中教师固多硕学通儒极深研几之彦，学生受其陶冶，亦类能好学深思，苦心探讨。从此出其师生讲习之绪，平日研究所得，发为文章，贡诸社会，将见风声所树，民俗丕变，使沈滞晦塞的西北，一跃而进于文明发皇的境地。兆庚服务是邦，愧乏建树，深愿引为参证，助兹施设，相得之益，岂有涯涘！兹当发刊伊始，欣幸之余，谨以此敬祝发展！

(原载《新西北》1929年创刊号)

过之翰：《新西北》杂志出版祝词

中夏建国，于世最古，西北隩区，实为天府，历汉及唐，宏图三辅，文物声名，震耀寰宇，宋元而降，渐即衰瘉，故步自封，鲜有进取，改革以还，异帜屡树，奸暴乘之，乃益困苦，革命军兴，大奋厥武，统一完成，万众欢舞，训政肇始，斩荆披莽，日新又新，力跻华膴，大志应时，掌规挈矩，文化是宣，主义是剖，符采昭烂，珠玑倾吐，木铎警钟，发聋启瞽，遐迩风行，争先快睹，对扬烈休，岂曰小补。

(原载《新西北》1929年创刊号)

邓长耀：《新西北》杂志祝词

我国文化，发源昆仑，黄河上游，经纬攸分，水深土厚，民气稳沈，后稷穀稼，福利群伦，周召布化，风雅俗淳，马帐经术，考镜传薪，龙门史笔，包古罗今，汉唐以降，代有传人，数千年来，馀韵犹存，西北风气，至今未演。

贵社杂志，搜罗奇珍，启牖民众，推陈出新，发扬党义，唤起国魂，介绍名著，鼓舞新民，推阐哲理，抒畅奇文，百物咸备，万象俱陈，挥之弥广，按之愈深，岳岳其号，觥觥其心，大河九曲，雪岭千寻，融洽中外，开拓胸襟，如瞻旭日，如望层云，愈出愈奇，万禩万春。

(原载《新西北》1929年创刊号)

杨励三：西安中山大学之使命（关于开发西北之管见）

欧战以还，国际政治抗争之重心，移于太平洋，而列强于太平洋争霸之目标，则在我中国。盖十九世纪中叶以后，欧美商工业之发达，已臻极盛，英法德美意俄暨新兴之日本，均逐渐完成其经济的资本主义之国家，久已竞争以我国为其制造品泄出之尾闾，妄自划分势力范围，攫取铁路矿山等利权，强设租界地，视我国直如其殖民地。日俄战后，俄国东出太平洋之野心已死，欧战结束，德国欲在海上雄飞之梦亦终，以独占海上权自负之英国，亦创剧痛深不复能如昔年之骄横，似与我国以自强之机会矣。然近有新完成其工业立国之日本，恒谋吸尽我国之天产物以自肥，远有商工资本充溢之美国，亦目我国为其重要之投资地，英国虽疲惫亦不欲轻放弃其数十年苦心经营之地位及利益，于是太平洋问题中枢之我国问题，因英日美之角逐，在近将来将愈趋于严重。欧战前因远东有六强国互相牵制，我国得藉以偷安苟存，洎战后六国减而为三，汲汲均以扩张海军为务，竞争之势愈烈；以形势言无不与我国为比邻，太平洋将为世界第二次之大战场，我国或为其爆发地，识者类能言之。

在此期间，我国民能否真正完成国民革命，能否建造自主独立之国家，能否实现总理示我国民之三民主义之政治，固赖谋国领袖当局之诚意及聪明，与夫大多数国民奋斗及努力之程度如何而觇之；然二十世纪国际间国民之竞胜，均依科学智识发达之程度而决定，科学智识之发展，均依高深学术机关之普及如何而左右也。

方今国民革命，粗告成功；国政统一，外观已具。国民之希望，当局之努力，均集中于恢复国权刷新国政休养国力开发国富，以建设我民族具光辉历史之新国家。唯此大任，须赖聚集大多数国民之智识努力诚意以从事之，方能渐竟厥功。但十数年来，军阀互阋，战事频仍；幅员之内，无一省能维持安宁有秩序之干净地。学术机关几等虚设，专门人才学非所用。因之增益社会平康进步之事业，成就绝少；而深刻印入吾人之心目中者，唯腥风血雨刦掠焚烧饥饿流离而已。国家之组织，一如个人。个人之动作，均赖脑部意识指导，而四肢顺应之，始能为健全之行动。国家之脑部不健全则无论矣；即有健全脑部之指导，若手足麻痹不为用，又何能作健全之事业？

由是言，适之应现今国际环境以建设我民族发荣滋长之新国家，教育实为其基础。盖学术为促进人类文化发展智识进步之唯一利器，举凡克服自然团结人群增益社会秩序宁福之事业，端唯教育是赖。因人类广大之利益，纯系诸获得智识之方法，故今日世界较文明之国家，无一不置重培育新国民之教育机关，以企其益趋普及发展，使肩负来日国家大任继承社会积累智识之青年国民，日有所进步，以维持推进其国家社会文化于无穷。

我国自逊清中叶以后，已不能闭关自守永续酣甜偷之沉梦，欧风美雨，震荡西来，至今日欧美日本蚕食人种之势力，已逐渐深浸蚀入我国民生活之中。大而国家之政治财政军事外交无论矣，即我国农工商业举凡日常社会生活之所需，畇畇禹甸，几无处不见其势力之支配，甚至一部分国民之思想，亦恒被其熏陶受其势力所左右。今日欲求我民族我国家之独立生存，虽不欲与强邻角逐竞争亦不可得；此盖世界大势之所驱迫，吾人无法避免者也。

吾人处兹环境，若不急求应付之法终难以图存。图存之道，唯有师人之长而补己之短，尽全力计划教育之发达，以启迪国民适应环境图谋生存之智识，而尤以使全国民普遍平均之智能发展为标的。盖近世民主国家之基础，依具丰富智识能力之大多数民众所撑持。若一国人民智识能力过悬殊，则思想行为多柄凿不相入，恒有危及民国之倾向。我国十数年来内乱之纷纠，其导源之理由虽甚多，而由少数人思想行为发生之疾忌冲突，实为重要原因之一。东南滨海各省，水陆交通四辟，文物思想沟通较易，固然论矣。若以东南与西北相衡较，其差等悬殊，岂可以道里计。故吾人对于图存建国之大策中，应主张以开发西北为要务。

西北各省土厚水深，皮毛药材农产原料之富，煤油碳铁五金蕴藏之多，土地丰腴而人口稀薄，尤为强邻排泄余众力竞而不得之移民地，徒以交通未辟实业不兴，致起货弃于地地荒于人之叹，此为人所习知。然欲开发利源振兴实业，使货得其用地尽其力，非有多数专门智识技术之人以推进之不为功。辛亥以后，我国频年内乱纷无宁日，社会秩序不入正轨，大多数民众均蚩蚩氓氓救生逃死之不暇，遑论近世科学发明之利用；即极少数习得二十世纪之新知者，类多为政海波涛所播弄而用非所学。际兹维新建设之期，比诸强邻，即文化较进之东南各省，凡百事业亦处处恒起乏才之叹，矧文化落后之西北，专才直如威凤祥麟，尤为难求。故开发西北，扩张教育设备，开发交通机关，振兴生产事业，以企划交通之利便民智之进步财源之增加，固属要图；而吾人尤主张筹备规模宏大之学术中心机关，为西北逐渐培养各项之专门人才，以促进西北文化之进展。现在各国学术之中心文化之渊薮，均以大学教育机关为基础；西安中山大学继承旧国立西北大学，其设备虽颇具宏规，然因经费短绌，犹不足以语负此重任。

西安古为周秦汉唐代之故都，吾国文化渊源之所钟，而今因时变势异，其文物设施民智程度，较诸我国文化稍进之东南各省犹相差远甚，何能云与二十世纪之强邻竞！且秦陇以我国本部论，固为西北之要枢，若以全国版图观之，尚居吾国之中心，而其文化落后且如此，其他青海新疆内外蒙古之广野，直獉狉未化之区耳，乌足以语诸现代之文明！然而欲固吾西北之边圉，欲利用吾西北蕴藏之富，欲使吾民族智识思想之发展不至过趋悬隔，欲调均吾内部各省人口过庶之困窘民生，则开发西北岂容缓图？欲开发西北，则不能不为西北民众设备获得民智方法之机关，欲使民众得利用二十世纪之文明以改善其生活方法，非赖多数专门智识技艺之人为之指导，其目的弗由达。是故开发西北为我国民今日建国之大端，而为西北设大规模之学术机关，尤为刻不容缓之要政！

然一有价值之事业，其创始也均甚难，而其玉成也则较易。西安固非西北之中心，但以今日金融交通师资学生等西北之各种环境观之，似唯西安较适宜。且西安中大沿承旧国立西北大学已有五年余之历史，其间虽因军事扰攘，未树若何著大之成绩，而其规模较备，对西北社会亦不无相当之贡献。今因其旧基以扩充之，巩建宏规以作西北百廿树人之基础，则数代后未始不成为推动西北文化之中心地；若然，则利济于我国家我民族者岂有涯涘。此西安中山大学之有赖于谋国领袖当局之硕画宏猷，及高瞻远瞩之贤豪名流所赞助玉成者也。

今日世界大势之所趋，已迫吾民族再不容偷安苟存以作酣甜怠惰之生活；尤以太平洋问题之迫切，使吾民族欲保持吾祖先惨淡经营之宏业，及与吾子孙改建生存之乐土，已不能不努力奋斗与强邻相抗争。欲与强邻竞，值兹重新建国之初，不能不计划我民族智慧能力平均之发展，以使之各竭其智各尽其能合全国人民之才力以竞存。故开发西北及与西北建树学术文化之中心机关，为谋国新建设之要端，固无论矣。然吾人对此学术文化之中心机关应若何而运用：详言之，即利用此机关应如何之标的以推进西北之文化，使西北民众得吸收二十世纪之文明以备与较进步民族抗衡之资格？此种大问题，固非浅识如余之所敢妄论列，然献芹献曝一得之愚，亦冀仰教于时贤豪俊。

夷窃思吾民族今日其所以孱弱不竞之原因中，最深渗入吾国民精神而最不易纠正者，厥为依赖性。吾国民幼而在家庭所受之教养，长而受社会思想习俗之熏陶以及国家法制之所奖倡，无一不足以养成其依赖性。盖吾国社会之组织，以家族为本位，历来大多数之贤父母，兢兢业业以与儿孙积累良田美产为职志，所教导者重在逃避困难与危险，而"明哲保身""知命者不立乎危墙之下"，尤为立身处世之要诀。国家制度自来重士而轻农工，一衿之荣，可以光闾里而夸耀侪辈，已足藉获食于人之资；社会之普遍心理，以安富尊荣为极轨，以不劳而食为多福。处如斯社会之氛围气中，在在均足以消磨青年之志气而衰堕其魄力，除少数特出挺杰之士外，大多数有为之青年，均逐渐消竭其盘根错节之精神，无论思或行，均乏彻底精进之勇气，畏难苟安，只侥幸以求非分逸乐之生活。以如是偷惰之国民，处物竞天择之二十世纪，能不为其他强毅民族所挫败而戮辱？！

若自逊清中叶以后对外屡次战败经验之经过及结果，以观察我国民心理之变迁，概可见其初由鄙夷而转生畏敬，后由畏敬而渐起谄媚，近且由谄媚而甚至一部国民生恃外之倾向矣。此种心理，关于我民族我国家之前途，其危险何有纪极！我国民与日本同时受泰西者并驾而齐驱。而我国数十年来依然蜗角竞逐纷扰无已，举凡二十世纪有价值之事功，利用或成就者绝少，以历史上具光辉灿烂之文化，而且为产物丰富广土众民之庞然大国，几不能以自存。此无能，国民乏努力奋进之气力，依赖心深为之祟也。

西北民情纯朴，坚苦耐劳，唯侥幸依赖之心理，亦属一普遍之特征，于其多数聪明俊秀之士不惜营独立生产之职业，而概趋于官吏军兵生活以自甘汨没之事实，可以见之。西北学术文化之中心机关，以启发广拨专门科学的智识技术为本务，固无论矣；而纠正西北民众依赖心性，养成克己努力奋发有为之青年，使其战胜一切苦难与不快之精神；锻炼其刚健体格独立男子气概，以坚其强毅自助之意志；导其接触社会世纪生活之体系，以准备其个人担负生产事业之才能；诱启青年自进而运用思索注意考虑人生，以吸收独立生活之广博智识。要言之，西安中山大学之责任及目的，应在教育青年入社会具独立立身处世之智识及自信力，以成就其为国家社会真切有用之达才。

国今日国势之式微，社会之颓败，基于我民族堕落之习性者甚多，识者均能了见之，亦无庸赘论。总之我国民惰性之最深者，全在利用他力谋获一己生活之资源。此种依赖心性，实为国家社会文化发达之障碍，若对此种心理嫩有所矫正，则我民族活泼独立之精神可恢复，国民生活方法可改善，社会文化可进步，而教育之目的亦可谓达其泰华矣。

依目下我国内外之情势，略加观察，我民族若不能速振起克己独立自助之精神，外而国际地位，内而国民生活，均岌岌有不能自存之危险。我国民至今日不能善用进步的政治制度及组织，久见轻于强邻，致疑我国民缺乏政治之才力，自无庸为讳；甚至国防交通卫生及一切制造工艺之技术，国人尚不能表现其支配能力以运用，而多仰赖邻人以使之操持。天产虽丰而己不思努力利用以享受，人口虽庶多赖他人之劳苦经营而已只望享其成。以如是懒惰之国民，处二十世纪竞争剧烈之国际间，焉有逸然生存之余地，是故振发我民族努力奋斗独立自营之精神及意志，实今日教育应十分注意之问题也。

兹就我民族依赖习性之急待矫正者以研究之。我国国民生活集中之目标，在竞争作官吏。然官吏之职业，仅为国民生活中不能不容许之寄生职业之一小部分；数千年来国民心理系乎此，轻贱其他国民生活不可或缺之生产职业，于是竞争候补之官吏，永绩而繁殖。此盖由中国历来政治腐败法制不良，官吏之公生活最为不劳而获丰裕衣食之资之捷径，遂熔铸成中国国民习性之一种。唯此地位究有限，遂将大多数有用青年之精力光阴，多牺牲于练习竞争猎获官职之历程中，侥幸而获者多忘国家设官分职之意义，先谋补其猎获时之所亏，尽速求饱其私囊，不幸而失败者遂化而为国家社会之游民。民国以来，侥幸猎官之途愈增多，此倾向为尤著。依赖心理循环影响，遂愈见其势力之日增。

然一国民生活之丰富，均赖其生产力加增之程度而决定。我国民犹弗能脱去手工业，尚未至利用机器工艺大量生产之时代，但无法抵抗强邻政治经济竞争之压力，遂致外货充溢于我市场；加之币价低落，侈俗相靡，生活程度渐日趋日高。作官吏之公生活，除贪婪苛索有机会能敛民财纳诸私囊者外，其大部分多不足获维持生计教养子女之资。于是在政治上奸黠者多得享安富尊容之生活，而正直者反被淘汰终归于贫困。因之政治道德日降，而政治机关及为政者之信用亦落。今日世界各国对政客及官吏，在国民心理上概生鄙夷之倾向，我国近年尤见其彰著，然而对就官途犹趋之若鹜者，依赖生活之习性使之然也。

复次对于尚武之倾向，各国民亦颇现其厌恶之心理。盖历来国际间之竞争，均以强有力之军备为后盾，而现代之战争，纯以钢舰大炮飞机潜艇等机器之精巧多寡以为衡，此等设备均赖巨大之军费，赋税因之日而增，于是人民莫不苦于此负担。况吸收许多壮年国民于此寄生之职务，使不能从事于有用之技艺与事业，致个人失去独立营谋生活之能力，社会失去多数有用之中坚。证诸欧洲大战，破坏国民生活之宁福及国家之生存者，其祸患曷有穷极。故近来各国民缩减军备之声浪日高，国际联盟非战公约形式上恒现为国际间之问题也。我国十数年来之内乱，其危害及国家之烈，固不堪静心计量，然犹不能云为尚武潮流之所趋，只可认为我国民不劳而企多获之依赖心性所深切表现而已。盖我国之兵，性质依赖性化为循环式之游食职业故也。然我国民深刻厌乱之感情，已普遍发现为社会心理，此又尽人所明解之事实。

总之生活程度日高，赋税负担日重，官吏生活日窘，国民生存之竞争日烈，而游食寄生职业多之国民，其生活日趋于困窘。由此大势之所驱策，使我国民不能不速求改善生活之法。

今日我民族欲竞存于世界，唯有尽速求改善我国民生活之方法。改善生活之方法，在增大我国民之生产力。欲生产力之增大，首须改良生产技术。生产技术之改良，则在尽速设法利用二十世纪文明结晶之各种发明：详言之，举凡机器之构造，运输之设备，商事之经营，工厂之组织，农耕方法，森林培植，矿如何开，金如何炼，垦殖应若何计量，牧畜应如何改良，其他电气纺纱制纸及各种应用化学工业等不胜枚举之多数制造工业，均须详尽研究以使国民普遍利用，则生产技术方能改良，国民生活方有进步。然此种研究，纯系近世各种精深科学探索发明之所赐，绝非耳食之门外汉，以闭门造车之方法，即可仿效运用而观厥成。所以欲增加大多数国民之生产力，非有多数专门研究精神科学以改良生产技术之指导者不为功。此等指导者之造就，则为大学教育之责在。西安中山大学为西北文化之中枢机关，则改善西北半壁人民生活促进西北文化发展之重责，自不能不负也。

现代文明国家，其所以致富强之原因，亦不外我国古训所谓"生之者众……为之者疾"之原则。文明国民之义务，重在生产力而不在俭约力，故多竞竭其智识尽其资力以从事经营农工商等实业。盖国民均了解农工商三大实业为国富之源泉国命之所系；且因科学之进步技术之发达，从事实业易致个人生活之充裕，社会秩序之宁谧，延而可致国民文化致增高。于是国民心理，群趋崇尚实业，视劳工如神圣，冒险企业发明之气魄富而独立自营生计之精神所由盛也。

中国贫困之因，其所以致之之理由固然甚多，而其要者则在国民依赖心理深，多不喜从事农工商业，因之实业不能大发展。实业不振，且加强邻物力竞争之压抑，愈趋国民生活公私财源之涸竭，于是官吏兵匪及其他许多寄生职业日滋日多。然寄生职业仍赖国本之农工商等实业所支持，所以农工商业无发展，则国民生活将愈趋于贫困，国民道德文化将愈趋于衰落，遂驯致危及国家之生存。

是故今日大学之使命，重在绍介研究发展生产之技术，以促进国民生产力而改良国民生活之方法，培养壮健奋斗有为之青年，振发其独立活泼自动营谋生活之精神气概以领导社会民众之趋向。西安中山大学本此标的以运用，则不数年或可造就多数自立有用之达才，以蔚成西北半壁之中坚，而推进西北文化之发展。人民生活方法若因之以改良，则自动活泼独立营谋之精神可郁勃以起，而依赖心理亦渐可藉以泯灭也。

总之，处兹二十世纪物竞天择之时代，吾民族欲竞存于世界，不能不自食其血汗之力，亦唯自食其力之独立生活，方得谓之有价值。故凡属高瞻远视自觉肩负来日国家社会大任之有志气毅力之青年，不可不克己努力奋发而有所作为！

（原载《新西北》1929年创刊号）

余天休：本杂志①经过及其将来

社会学在我国学术上所占之地位甚为幼稚，……休自民二以还，即追随国外先知研磨该学，民九返国，即讲学于燕都，民十创办社会学会，民十一创刊《社会学杂志》……本杂志曾出刊三年，刊登极有价值之中英文论文不下百余篇，每期分销1300余份，此亦一时之盛举也。今者本刊重新出世，仍本公开主义，提倡社会学术，讨论社会问题，凡对于社会学有关系之著作，一律欢迎。社会学在我国来日之发展，实无可限量。

（原载《社会学杂志》1929年创刊号）

---

① 《社会学杂志》月刊，系由余天休1927年创办于北京的我国最早的一份社会学期刊。他任西安中山大学校长后，由北京迁至西安继续出版。之后，他改任山东大学教授后，又迁至济南出版。1930年1月在西安中山大学主编出版仅有三期，即第3卷第1、2、3号，由西安中山大学出版部发行。1930年1月出版的《社会学杂志》第3卷第1号主要有：余天休的《中国现代社会之根本问题》，陈兆畴的《中国政治家的分类及其历史的背景》，郝照初的《旧马尔萨斯主义》等。

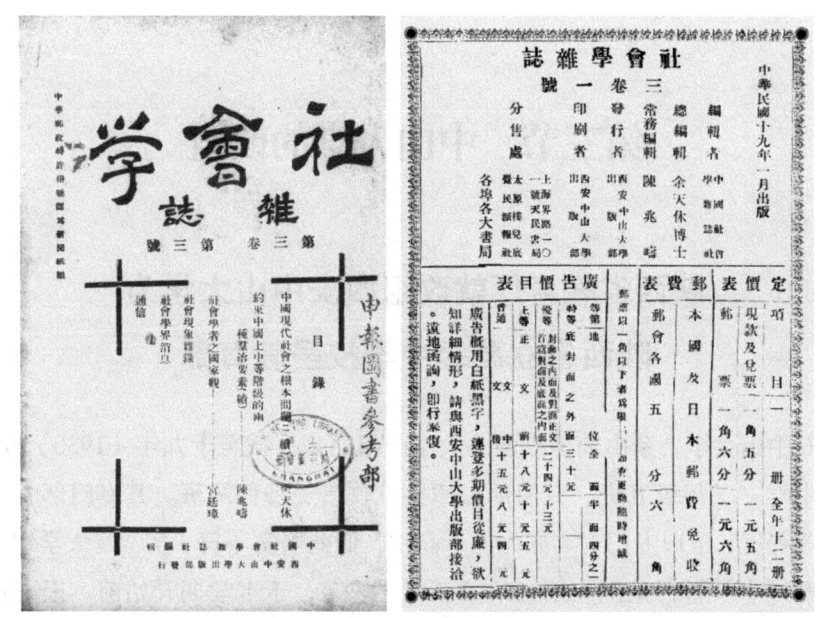

图 5-6　余天休校长任总编辑，西安中山大学出版部印刷、发行的《社会学杂志》
（1930 年第三卷第三号）封面和版权页

陕西省政府训令

（中华民国十八年七月十五日）

令醴泉县县长：

　　为令饬事，案据西安中山大学校长余天休呈为呈请通令遵照事，窃查西北区域土厚水深，表以太华终南之险，绕以□河汉水之流。古称天府之土，沃野千里，以之开发富源，振兴实业，尽可大肆扩充，立致富强。近因地方缺乏科学人才，以致水旱频仍，无法抵御，诚堪浩叹。天休有鉴于此，拟于下学期间，招考理部预科一级，以备将来兴办农、工、医等学院，预储本科学生，培植专门技术人才，解决民生问题。唯查属校招生经过历史，学生投考不注意理科，虽云风气阻隔，社会不感兴趣，亦由办理校务提倡不得要领，现拟呈请钧府通令各县，每县选送理科学生一名，并准按照从前通饬各县贷费规程，尽先有效，以资鼓励，而事提倡，是否有当，理合具文，呈请鉴核，迅予指令祗遵，实为公便谨呈等情。据此，除指令暨分行外，合行令仰该县长即便遵照办理。切切。此令。

主席　宋哲元

中华民国十八年七月十五日

（原载《醴泉县政府月刊》1929 年第 6 期）

第三节　中山大学的改组

陕西省教育厅就改组西安中山大学为陕西省立高级中学校呈教育部

查西安中山大学，系由前国立西北大学改组而来。截至十九年（1930）度寒假时，仅有高级中学一二年级五班、专门部法律科、政治经济科两班。其专门部学生，亦均系初中毕业程度，虽曰专门，实亦无异于高中。似此名实不符，实与《大学组织法》不合。特遵照《中学暂行条例》第二条第三项之规定，于本学期开始前，提请陕西省政府第八次政务会议议决通过，将该大学改组为陕西省立高级中学，直辖于教育厅，以便整理，而期改善。现在改组手续，业经完竣。原有学生：高中一二年级，按其程度之高低，分别编入高中普通科一年级及预备班；专门部者，则编为高中商科一年级。连同新招学生，已一律上课。至施教方针，除商科外，预备班及高中普通科均特别注重自然科学，以为下学年开办工业科、农业科，及将来筹设工业专科学校、农业专科学校之基本，亦即所以应陕西省地方之需要。除该校教职员名册、学生名册，应于分期呈报事项表中另案呈报外，理合将改组西安中山大学为陕西省立高级中学校情形，先行呈报鉴核备案。

（原载《教育部公报》1931 年第 3 卷第 15 期）

教育部就改组西安中山大学为陕西省立高级中学校令陕西省教育厅

（1931 年第 1199 号）

呈一件，呈报《改组西安中山大学为陕西省立高级中学校情形请备案由》呈悉。查陕西省文化低落，毗邻各省，尚无比较完善之大学，本部原拟将西安中山大学加以切实整理，改办文理学院，以为发展该省高等教育之基础。兹据呈报该大学现办情形，自应改为高级中学，以符实际，所陈施教方针，注重自然科学，以为下学年开办工业科、农业科及将来筹设工业专科学校及农业专科学校之基本，颇能适合该省现实之需要，并准备案。但前项开办文理学院计划，乃应由该厅酌量地方经济情形，逐渐筹备，以期实现。

仰即知照。此令。

教育部
中华民国二十年四月十五日

（原载《教育部公报》1931 年第 3 卷第 15 期）

谢镇东：西安中山大学成立及改组经过纪实

一、筹备中山学院时期

民国十六年二月，国民军联军驻陕总司令部以前国立西北大学规模过大，学生甚少，经费人才，均感不足，当经明令取消，将该校经费，改办中山学院。当时令委李登瀛、刘翰章、赵尔鼎、李百龄、王凤仪等，为收束西北大学兼筹备中山学院委员，第一次会议，由刘翰章召集，组织委员会，开始筹备，三月十日，中山学院遂正式成立。

二、西安中山大学成立前之波折

十六年九月，陕西省政府奉到中央政治委员会开封分会训令：以革命尚未成功，对于一切工作，正需才办理，故各省之中山大学，均系为就造人才而设。西安中山学院，为陕省最高学府，所负之责任既重且大，于名称方面，自应与各省力谋统一。现经本分会第五次会议议决，西安中山学院改为中山大学，以规划一而策进行等因，即令行中山学院遵照改组。旋据复称：查大学之设立，宜期完全，经济人才，尤需兼顾，虽基础可以资籍，而改革尤费周章，属院此次开课，继前办理，业经按照原定班级课程，按章教授，已逾三周。若遵令骤改，不唯学生方面，课程难符章规，即如属院本身经济，亦系绝大问题。基此各因，现拟多假时间，缓图改革，俾得详细考量，从容筹备。庶使名称一变，不致内容相悬……省政府接到此项呈文，即提交委员会第十九次会决议，办法如下：

（一）指令中山学院如呈暂缓筹备更改。

（二）电复开封分会，因人才经济暂缓变更。旋得复电报可。

（三）王凤仪建议改组办法。

十六年十二月，中山学院院长王凤仪拟具改组中山学院办法草案，呈送省政府，兹节录如下：

查西安大学关系西北文化，至为重要。如不早为预备，必至人才荒落。本年属院成立，即由前西北大学改组，一切校舍，图书，仪器一仍其旧，不过为应时势需要，多设短期班级。迭奉令饬，仍改大学，仰见洞悉大势，深怀远图之至意。

（一）大学内分科办法，暂开农林专修科一级，文部预科两级，并拟于明年开办理财科。一方面应付社会之需要，一方面建设大学之基础，将来经费充裕，拟再开办各部本科。此次预算案内所刊经费数目，每月共需洋八千六百六十五元，系就十七年内拟办各科预算开列，至以后如何扩充，临时另编预算，再为追加。

（二）大学原有基金，向指烟卷特税为专款，然在全省财政统一，未经加征时代，每年收数，不过十万余元。自经去岁破坏，全年收入，仅止七千八百余元。本年收入，较之上年，稍有起色，截止十一月底，亦只收得二万九千四百六十六元，按之此次预算成数，相差甚巨。如蒙照准所拟各科办理，还需设法另筹的款，弥补不敷之数。或指可靠税款，或拨现在官产，作为永久基金；或援前例，仍令甘肃省政府每年协济若干，或变通烟卷特税征收办法，藉增收入，总期款有着落，方可以言改组也。

（三）西安中山大学成立后之经费状况。

省政府接到数项办法草案，即令教育财政两厅，会同查核，具覆察夺。旋据覆称，所拟各节，揆之陕西情形，尚属需要，各项简章，亦甚妥叶，似应准如所拟办理。同时省政府委员会第二十八次会议议决中山大学经费，自十七年二月起，每月由财政厅拨给洋五千元；所有旧日烟卷经营特税征收总处，由财政厅管理。嗣以军事屡兴，税收锐减，兼以旱灾连年，各项财政，均陷十分困难，中山大学经费，不能按月领至。校长王凤仪辞职后，中经延国符、黄统、余天休、赵愚如，迭长校务，均不久于职，无从发展。

（四）改组省立高级中学之提议。

去岁讨逆军兴，阎冯势力崩溃，中央军攻克潼关，收复全陕。省政府改组后，励精图治，政令一新。二十年一月二十三日，省政府委员会第八次会议李范一、李志刚、李协三委员提议请改组西安中山大学案，决议通过。兹将原提案，及省府对于改组中山大学宣言分录于后。

请改组中山大学案

为提请改组西安中山大学，拟具办法请公决事：

（一）按照中学暂行条例第二条第三项之规定，由省政府明令将西安中山大学改组为陕西省立高级中学校，直隶于教育厅，并由教育厅遴选校长，提会通过委任，负责办理。

（二）按照中学暂行条例第四条之规定，并斟酌本省物质建设需要情形，高级中学，暂设工业农业两科，为筹设专科学校之基础。

（三）凡西安中山大学原有各级各班学生，由省政府组织甄别委员会，一律加以甄别试验，重新鉴定班次。其甄别委员会组织规程，及甄别试验办法另订之。

（四）高级中学每月之经费，由教育厅编订预算，由财政厅指定专款拨付。

以上所拟改组办法，是否有当，理合连同甄别委员会、组织规程及甄别试验办法，一并提请公决。

（原载《新陕西月刊》1931年第1卷第1期）

陕西省政府改组西安中山大学之经过宣言

西安中山大学，系由西北大学改组而成，其创始之时为民国十二年。其时国内创办大学，几成风气，政客以之树党，军阀以之沽名，互相笼络，互相利用。西北大学亦于此条件下成立，其成立之目的，既不过挂一大学之招牌，以粉饰太平，其内容之腐败概可相见。故学校虽有七年之历史，曾毫无成绩之表现。此该案过去之历史也。

国军定陕，本政府成立，凡诸施设，悉遵照中央之政令，及斟酌地方特殊之情形，以为应与应革之标准。对于中山大学，亦即秉此原则，将其改组为省立高级中学。盖该校虽以大学为名，而所设不过政经专门二班，高中五班，衡之学制，殊不相符，此其应改组者一。该校教员六七人，各种学科常有辍讲之事，师资缺乏，此其应改组者二。该校因办理腐败，投考乏人，招收新生时，不惜录取他校落第者以充数，学生劣等，程度不齐，此其应改组者三。该校图书不满千种，仪器更属全无，设备如此，难期扩充，此其应改组者四。该校经费，系以卷烟特税为来源，由校设局征收，每月不过万余元，经费殊感不足，此其应改组者五。于改组之后，对于原有学生，即为严加甄别，依照成绩，分别编级补习，以划一其程度；同时举行陕西省中学以上毕业生考试，选集优秀分子，资送国内各著名大学肄业。以后即著以为例，每年举行，以宏造就。此本省政府对于改组中山大学之经过也。说者或以为西北地大物博，诸待开发，西大既有七年之历史，正宜积极扩充，以收育才之效，岂可因办理不善，而遂加取消。殊不知教育为前后一贯之事业，为实事求是之事，既不能一蹴而就，又何能不劳而获。以本省教育现况言，完备之高中尚无一所，何能办理良好之大学。强欲躐等，其结果必致直接贻误青年，间接流毒社会，过去西北大学学生之成绩如何，足以为借镜，此其一。现在该校设备毫无，如欲扩充为完全之大学，则图书仪器等设备，至少非筹得二十万元不可，其每年经常费开支，亦非此数不办。试问目前民穷财尽之陕西，能否担此重负，此其二。又或以本省若无大学，则莘莘学子，将无升学之方，不免失学而为社会病；则本政府早已顾及此层，每年考选多数学生，视西北目前之需要何种人才，即遣送国内某种学科著名之大学肄业。以少数经费，培植多数之专门人才，时间金钱，两俱经济，此其三。将来交通发达，财力稍舒，高中普遍，学生增多，对于大学有绝对之需要时，政府社会自必因势利导，设备成立，所谓水到渠成，实至名归，自然之势也。

总之，本政府对于教育，即认为自立国根本之图，又抱定整顿之决心，自当寻名务实，对于中山大学加以彻底之改组，劳怨在所不辞，毁誉亦所不计，诚恐外界不明真相，致生误会，用述其经过如上。

（原载《新陕西月刊》1931 年第 1 卷第 1 期）

郝耀东：提议设国立西京大学案

查西北陕甘诸省为中国文化发源之地。论地理则陆海奥区，野沃千里，论民族则车□驷铁，关学渊源，实羲后稷之所创业，周秦汉唐之所经营，其制度、典章、经术、文物，在历史上之价值，不啻为中国之希腊、罗马。乃自海通以还，交通阻隔，风气闭塞，人才凋敝，文化落后，士子囿于故习，民俗日就剽悍，科学思想既不发达，物质文明等于乌有，货弃于地而不知开发，农困于野而不知补救。虽外人对此间有考察研究之举，而本国人士则未尝注意及之。自上海事变发生后，东南各省岌岌可危，于是国人始渐知西北之重要，主张用国家力量开发之者颇不乏人。唯开发之道多端，而造就开发人才实为当务之急。且长安既定为陪都，该处文化事业亦有积极提倡之必要。故拟在西安先设一国立西京大学，以为开发西北及繁荣西京之初步。兹将理由及办法开列于左（下）。

理　由

一、共和国家施政之基本原则，即在使全国各地方、各民族皆有平均发展之机会，稍有不平，必致惹起局部之反感，或邻邦之觊觎。教育机会均等，尤为重要。欲实现此种原则，西北方面实有设一国立大学之必要。就现在已设之国立大学而论，东北方面有五大学（即北平、北京、师范、清华、青岛）、三学院（即北洋、唐山及铁道管理），东南方面有六大学（即中央、劳动、同济、暨南、交通、浙江）、一学院（即中法工学院），西南方面有二大学（即中山、四川）、一学院（即广东法科学院），中央方面有武汉大学，独西北方面地域有八九省之广（即晋、豫、绥、陕、甘、宁、青、新等省），尚未有一国立大学，虽西安前曾有一国立西北大学，不久即停。故（国立）西京大学，确有设立之必要。

二、各地方情形不同，社会需要各异，国家设学育才，须根据各地方特殊需要，随地设科，因材施教，庶造出人才，不致学无所用、用非所学。西北各省因有特殊之环境与需要，故须特设大学以造就能适应地方需要之人才，且当此国难期间，倭寇节节进逼，国人既感觉开发西北之重要，对造就此开发西北人才之学校，当能赞助其迅速成立。

三、西北为关学发源之地，民族朴实勇敢，极少奢侈淫靡之习，且与繁华城市相隔较远，外诱甚少。如能于此优美环境中，建立大学，使校内同人，俱能躬行实践，砥砺气节，则风声所播，影响必大，未尝不可以挽回今日士子嚣张、浮夸、颓唐、萎靡之习。故就整饬学风、发扬民气言之，此校亦有设立之必要。

四、大学为最高学术机关，负有指导社会、领袖民众之责任，其所在地即为一方社会文化之中心，故须择适中地点设立，方能尽其使命。如东北之平津、东南之京沪、西南之广州、中央之武汉、西北之长安，皆为一方重镇，有为社会重心之可能，故最低限度，每处须有一国立最高学术机关，方能树立一方社会之表率，为一方文化之中心。此就树立社会重心言之，（国立）西京大学实有设立之必要。

五、西北诸省生产凋敝，财政收入远逊东南，如令各省自办大学，诚非易事。即就办而已停之西安中山大学，与正在举办之兰州甘肃学院言之，均因经费不足，办理未臻完善。故现在为辅助西北各省平均发展计，实有用国家力量设立大学之必要。

六、西北诸省因交通不便，中学毕业生出外升学，颇感困难。历来在省外、国外求学者，多系赖公家补助，其能完全自费出外就学者颇少。故宜就地设学，使有志青年，不至湮没。此就学生升学言之，（国立）西京大学亦有即时成立之必要。

七、自东北及上海事变发生后，各地大学受战事影响，学生失学者甚多，如在此远离战区、地方宁静之西安设一大学，各地学生来学者，较平时当更为踊跃（前国立西北大学有十七省学生）。既可与西北青年以便利，又可救济战区失学学生，所费甚微，收效甚大。故此校之设立，实有刻不容缓之势。

办　法

（甲）筹备

（一）筹备组织。由国府任命一（国立）西京大学筹备委员会，委员七人或九人，陕甘宁青四省主席为当然委员，并指定一主任委员或若干常务委员。其会内组织及办事细则，由该会自定。

（二）筹备事项。（1）择定校址；（2）筹划经费；（3）计划建筑、设备及其他进行方案；（4）规定学校组织法及其他重要规程；（5）筹备招生。

（三）筹备经费。委员会办公费由中央拨给（开办费不在内）。

（四）筹备期限。一切计划方案确定，经费有着，招生日期已公布后，即可由国府任命校长，筹委会宣告结束。

（乙）设科

本大学各科系之设立，须根据两种原则：

（一）适应社会需要，先择西北方面最需要之科系设立；

（二）沟通学校与社会之隔阂，多举办附属事业，使大学成为西北文化之重心。

拟先成立理工学院、农学院、文法学院（按照现行《大学组织法》，须有三院以上方能称为大学），以后再依照缓急，增加其他学院（如医学院、教育学院等）。

兹将拟先成立之各院系及附属机关开列于下：

（一）理工学院。拟先设采矿冶金系、土木工程系及应用化学系。

1. 采矿冶金系。西北各省矿产丰富，徒以无人开发，货弃于地，故宜造就采矿冶金人才，以为开发西北之准备，并附设矿质化验所，以备代人民化验各种矿质。

2. 土木工程系。西北各省因建筑、公路、兴修水利、土木工程人材极感缺乏，故宜设土木工程系，造就此项人才。

3. 应用化学系。西北各省制革、制纸及其他应用化学工业极不发达，故宜设立应用化学系，造就此项专门人才，并附设国防化学研究会，研究军事上应用各种化学技术。

（二）农学院。拟先设农艺系、畜牧系及森林系。

1. 农艺系。西北各省荒地甚多，其已开垦者亦多墨守旧法，生产不丰，故造就农业人才，实为开发西北之要著，并附设下列各机关：

（1）农业推广部。其重要任务为：（a）编印各种小册，普及农业常识；（b）举行各种展览会，令农民参观；（c）指导农民解决各种困难问题。

（2）农业试验场。用新法、新农具，改良各种农事，并发售各种种子于农民。

（3）农具制造所。制造各种改良农具，卖给民间。

2. 畜牧系。西北各省地广人稀，极便于畜牧事业，唯各地营畜牧者多无科学知识，故宜造就畜牧上之专门人才，以作指导。

3. 森林系。西北森林事业，极不发达，童山濯濯，到处皆是，故宜造就森林人才，以资提倡。

（三）文法学院。拟先设中国历史系、教育系、法律系及政治经济系。

1. 中国历史系。西北为中国文化发源之地，古迹、金石及其他历史上之材料，颇为丰富，故宜设立中国历史系，以便就地研究，将来成绩必有可观，并附设一中国历史博物馆，将西北所有古物、金石一律搜入陈列，于必要时并可仿照河南掘殷墟办法，将西北所有帝王陵寝中之古物，一律掘出展览，免致被奸人盗卖（如秦穆公墓被党跛子发掘，所有古物价值闻在百万以上）。

2. 教育系。西安在北京政府时代，原定有一国立高等师范学校，现西北各省中等师资缺乏，地方教育办理不良，大学实有设立教育系之必要，将来并可逐渐扩充为教育学院，附设下列各附属机关：

（1）实验学校。备师生实验各种教育学说及供学生练习教学之用。

（2）小学教育指导部。备各地方办理小学者之顾问，代为解决各种困难问题。

（3）乡村教育设计部。代各地方草拟乡村教育计划。

（4）青年职业指导及介绍部。办理、指导青年就学、择业及介绍工作等事项。

（5）革命教育馆。陈设各种关于革命之书籍、图画、遗迹等，以资社会观感。

3. 法律系。西北各省初级司法人才，极感缺乏，且因地方贫苦，东南人士多裹足不前，故司法人才实有造就之必要。

4. 政治经济系。西北生产落后，人民政治经济常识，均感缺乏，且当此预备实行宪政时期，各地方办理自治人才，亦极关重要，故宜设政治经济系，以造就此项专门人才。

（丙）经费

（一）开办费（包括建筑费与设备费）。按照现行大学规程，理学院最低开办费为二十万元，工学院三十万元，农学院十五万元，文学院、法学院各十万元，共需八十五万元。拟由中央拨庚款四十万元（对俄庚款原系划作教育经费，据北大校长蒋梦麟报告，本年余款有一千五百十九万七千五百七十二元），陕西拨二十五万元，甘肃拨十万元，宁夏、青海各拨五万元，建筑、设备限三年内完成，其分期计划，由筹备委员会拟定。

（二）经常费。每年经常费暂定为六十万元（民国十七年度中央大学经费为一百五十五万五千一百六十二元），内四十万元为学校经费，二十万元为附属事业费，拟由陕西国税项下每月拨二万元，甘肃国税项下每月拨一万元，宁夏、青海每月各拨五千元，财政部每月拨一万元，或指定陕甘宁青四省卷烟特税为大学专款，不足之数在陕西国税项下指拨（前国立西北大学即系以卷烟特税为专款，唯收数常感不足）。

（丁）开办日期

在建筑、设备未完成以前，拟暂用前国立西北大学旧址，筹备招生开学。所有一切设备，均可逐渐充实，附属机关亦可依照缓急陆续完成。

（原载《大公报》1932年7月6日）

教育部督学：视察陕西省教育报告

第四　高等教育

陕西省高等教育机关，于清光绪二十八年，就咸宁、长安两县考院旧址，建立陕西大学堂。民国元年改为西北大学预科。三年，改为省立法政专门学校。十二年，改为国立西北大学。十六年，改为中山学院，未几，又改为中山大学。二十年一月，改为省立高级中学。现该校办有一水利工程专科预备班，学生二十九人，于本年度第一学期毕业。拟即成立本科，仍由该校兼办。

（原载教育部督学：《视察陕西省教育报告》，教育部印行，1934年4月）

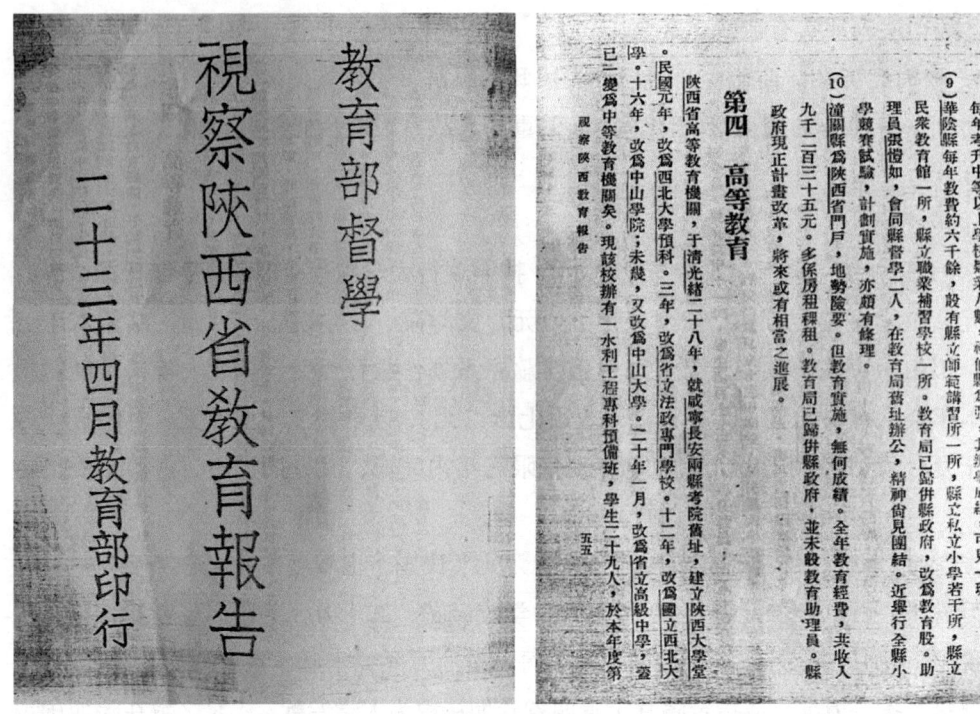

图 5-7 教育部督学：《视察陕西省教育报告》，教育部印行，1934 年 4 月

第六章　国立西北大学的中辍与恢复

第一节　开发西北与恢复西北大学①

行政院秘书处抄送刘昭晓《条陈开发西北之意见书》致内政部等函

（笺函　第二八五号）

奉代院长谕：刘昭晓条陈开发西北之意见请予采择一案，应交内政、实业、军政、教育四部参考，等因。除分函外，相应抄同原件，函达查照。此致

内政部、实业部、军政部、教育部。

计抄送意见书一份。

行政院秘书长　褚民谊

条陈开发西北之意见书（节选）

……

一宜普及教育，以资造就而广宣传也。西北为吾国民族之发源地，溯自唐虞三代以至于成周，文物已臻盛轨，其政治制度、道德文章、学术工艺亦莫不造诸极端。迨至亡

---

① 1937 年 9 月大学西迁之前，整个西北地区的高等学校甚少：陕西省在 1902 年创建陕西大学堂，1912 年由陕西高等学堂等五学堂改组为西北大学，1915 年改为陕西法政专门学校，1923 年改为国立西北大学，1927 年改为西安中山学院，次年改为西安中山大学，1934 年成立国立西北农林专科学校；甘肃省在 1909 年开办法政学堂，1913 年改为甘肃公立法政专门学校，1928 年改为兰州中山大学，1930 年改为甘肃大学，次年改为省立甘肃学院；新疆 1935 年在俄文法政专门学校（1928 年建校）的基础上成立新疆学院。抗战全面爆发前夕，仅有陕西的国立西北农专、"九一八"后客居陕西之东北大学、甘肃的甘肃学院和新疆学院 4 所高等学校，且大多气息奄奄，如新疆学院一度仅余土木工程系一年级 5 名学生。这就是大学西迁之前西北高等教育的基本状况。

清同治年间回民革命，所有城市几皆焚戮殆尽，幸经左文襄公凤鸣率带湘军前往平靖，迄今该地人民多感其再造之德。唯回汉杂处，文化东移，诸事落后，亟宜饬令广兴学校，以资造就，并宜注重军事教育与生产教育。盖学校者，文明进化之源也。先总理云："学校之目的，于读书识字学问智识之外，当注意于双手万能，力求实用。"尤为对症下药之语，伏乞饬令行之。

……

湖南溆浦县公民前国民革命军第四十七军参议、
现属钓鱼台南京市立义务小学校　刘昭晓
中华民国二十一年十二月
（原档现存中国第二历史档案馆）

刘守中、张继等拟《开发西北提案》（节选）

开发西北，在今日已为时人通常套语，……人民嗷嗷仰望于政府者迫不及待。

……

丁、教育　察绥边地为蒙汉杂居之所，汉人教育既未普遍，而蒙旗教育中央不遑远及。地方政府亦未为设施，遂致蒙人失学，视同化外。汉蒙既为一家，利蒙即所以利国。……将来弦诵兴作，而蒙旗子弟晓然于国家缔造之艰难，汉蒙一体之利益，福国利边莫大于此。

……

提案人：刘守中　张　继　吴敬恒　张人杰　于右任　居　正

中华民国二十一年十二月
（原档现存中国第二历史档案馆）

马步芳：关于开发西北应在青海边地设立工厂、学校等问题的提案

呈为建议事。……

（一）蒙藏学校请设青海边地

理由：青海蒙藏回族各方杂处，知识落后，各种事业自无发达之理，甚因不受教育之故，语言不通，感情隔阂，每于种族间不免误会。为化此种界域，冶各族于文明之炉，似宜多设蒙藏学校，尤其注重教育之普及。青海回教俱进会成立中等学校一处，初级小学2000余所，汉蒙回藏各族子弟兼收并蓄，不分界域，近且日有成绩。由此观之，若藉中央补助之力，因地制宜，因人教育，化獉狉为文明，其效最宏。

......

青海省政府委员　马步芳　呈

中华民国二十二年十一月

（原档现存中国第二历史档案馆）

行政院关于王超凡等在国民党五全大会上提《拟请组织健全机关集中人力财力积极开发西北以裕民生而固国本案》

（行政院密令　字第二六八号）

令财政部：

案奉国民政府二十五年一月六日密字第四号训令内开：为令饬事。奉中央执行委员会二十四年十二月二十五日敬字第 1025 号密函开：查第五次全国代表大会关于王超凡同志等二十五人提议拟请组织健全机关，集中人力财力开发西北以裕民生而固国本一案，经大会决议，交国民政府参考在案。相应检同原提案一件函达，即希查照，等因。奉此，除函复并分令全国经济委员会外，合行抄发原附提案，令仰该院查照参考。此令。等因。奉此，除分行实业、交通、铁道、内政、军政各部外，合行抄发原件，令仰该部查照参考。此令。

计抄发原提案一件。

院长　蒋中正

中华民国二十五年一月十五日

附件：拟请组织健全机关集中人力财力积极开发西北以裕民生而固国本案（密字第三十三号）

理由：查西北为我民族发祥地，自黄帝以降，握中国政治经济文化总枢纽者垂两千年。嗣后自西向东，政治势力开展，此古老伟大之西北反为国人所遗忘，视作边陲，无关紧要。

......

（三）人才。开发西北之首要问题为经费，其次为人才，尤其需要专门人才。我国各项专门人才颇不乏人，唯以实业不振，政治未上轨道，学非所用已成今日之普遍现象。政府应极力搜罗关于矿业、工业、交通、水利等专门人才，组织各种专门委员会，研讨设计，逐步施行，而后款不虚糜，事有成效。

......

提案人：王超凡

连署人：潘延年等

（原档现存中国第二历史档案馆）

康天国：西北应设立一国立大学

（中华民国二十一年）

"吾人试观江苏一省除八院齐全之中央大学所在外，其上海一地即有国立大学六所，而西北六七省地方除前已所云兰州公立之甘肃大学外，国家并未丝毫顾及西北之教育！此则固西北人之不幸与失望，同时亦国家当局之失职与损失，此则事理昭昭，毋庸多赘。故吾人以为今后我国当局欲谋整个中国文化程度与夫人民知识程度之提高，须由中央经费来创办一法学、理学、教育、文学、工学、农学、医学、体育八学院完备之一国立西北大学于西北不可也。"

（原载《新西北》1932年创刊号）

《大公报》：西北教育之总病原在于贫穷

（中华民国二十一年）

"吾人之见，西北教育之总病原，在于贫穷。然此为整个的问题，如何救济农民破产，事属政治，兹姑不论，以教育言，则首望政府在此各省中至少须各办一完备之专科学校。国家教育经费，动以千百万计，然用于西北者几何？沿江沿海，大学如毛，而从未在西北省区创一规模宏阔之国立大学，此政府教育行政上之大缺憾也。"

（原载《大公报》1932年11月29日）

杨一峰等：请设国立西北大学以宏造就而免偏枯案[①]

（中华民国二十四年十一月二十一日国民党第五次全国代表大会通过）

理由：查我国兴学数十年，于国立大学之设置，对地域分布向未重视。据教育部最近统计，全国国立大学及独立学院共18校，而北平一城即占其五，上海一市即占其六，院系重叠，效率低减，畸形发展，识者病之。自顷国立武汉及中山两大学新校舍先后落成，内容大加充实，国立四川大学之进展，复指日可期，此种种弊端，渐就铲除。唯西北数省，广袤万里，迄今无一国立大学，以素称文化落后之区域，又无高等学府之设置，

[①] 此案通过后"交国民政府核办"。另外，诸如杨虎城早在1926年就曾捐助陕源西北大学，还有于右任的外甥周伯敏，后任西安临大筹备委员，一直积极参与西北高等教育的筹划。

衡以教育平等之义，讵得谓平？矧国难以还，开发西北，万不容缓，百废待举，动需专才，而西北连年困于兵荒，固有教育尚难维持，创办大学更属于望。将欲借才异地，则他处人士或不习风土裹足而不前，或不耐苦寒浅尝而辄止，以故开发西北之呼声高唱入云，而实际工作仍未曾着手。溯其往事，深用慨叹，故宜从速设置国立西北大学，培植服务西北之人才，树立复兴民族之基础，不仅使全国高等教育获平均发展已也。

办法：就河南、陕西、甘肃等省专科以上学校改为国立西北大学，校址设西安，而于开封、兰州等处各设分校或学院，如教育经费急切难筹，无妨暂由各校原有经费垫支一部，渐次减少，由国库分年弥补，渐次增加，至完全担负为止，如是则国库无骤增大量担负之虑，而西北大学得以逐渐充实。事轻易举，莫善于此。是否可行，谨请公决。

决议：原则通过，交国民政府核办。

杨一峰、杨虎城、周伯敏、张钫、吴敬恒、张学恭、陈泮岭、杜松延、阎秉乾、李东圆、刘志平、邓鸿业、潘秀仁、李天民、燕化棠、范争波、韩克温、胡伯岳、李汾、梁贤达、翟宗涛、凌子惟、翟玉航、朱贯三、杨集瀛、苏振甲、曹启文、马绍武、余凌云、谷曙吟、张善兴、邵华等 32 人联署

中华民国二十四年十一月二十一日
（原档现存中国第二历史档案馆）

《中国学生》：教部筹设西北大学

南京来消息："教育部因西北各省尚无大学，为提高文化及便利学生求学计，决筹设国立西北大学，把地址拟在西安，所有各院系设置，皆照其他国立大学办理，开办费预算已在草拟中，不久将呈行政院核示。"

筹设西北大学，这消息我们对之颇觉兴奋，这些年来，开发西北的口号，唱入云霄。可是，据曾经到过西北实地观察回来的人的论调，一般皆很悲观。悲观的原因是：第一，没有钱财；第二，没有人才。西北是太大了！太荒了！

没有钱财资本以进行开发建设事业，固极困难，但不足悲观。没有人才，有资本而无人去干，这真是够悲观的。两害相较，后者又远过于前者。我们对于西北大学筹设之意，所以感觉兴奋，便是希望能因此大学之设，能解决最大困难的人才问题。现在沿江海都市各大学毕业学生，姑无论其所学是否适合建设西北事业之用，即就生活一项论，要想现在过惯都市生活的学生，以之趋赴西北穷荒中，与风沙冰雪苦斗，这是何等困难事！？西北大学之设，如能造就一批可以在黄土层里生活的青年，那便是最大的成功！我们对于未来西北大学创设计划，倒不希望其与其他国立大学一般规模，只希望其能在

西北环境中创造出一种适合于西北环境的大学，在学生生活方面，尤须表露出一种崭新的姿态，为全国大学做一些新榜样！

（原载《中国学生》1936年第2卷第19期第2—3页）

《图书展望》：西北大学将设于西安

最近，国府拟设立西北大学，已经行政院令交教育部办理。现悉教部拟与国立西北农林专科学校筹备委员会、东北大学及其他方面商榷，已决定在西安筹备，刻正在进行中。

（原载《图书展望》1936年第6期第76页）

开发西北协会第三届年会：请中央从速筹设国立西北大学案

（开发西北协会第三届年会，中华民国二十五年八月二十日）

开发西北，应以经济与文化相辅而行，庶免畸形病态不均之现象发生。查西北地域，幅员辽阔，以与全国所有教育发达之各地作面积之比例、人口之比例，则学校量、质二量，皆有霄壤之别，而高等教育之设置，亦尚付阙如，以事实与需要而论，固应有积极设立大学之必要。

中华民国二十五年八月二十日
（原档现存中国第二历史档案馆）

开发西北协会第三届年会：从速筹设国立西北大学一案①

（开发西北协会第三届年会，中华民国二十五年九月二十六日）

谨呈者，窃以开发西北，应以经济与文化相辅而行，庶免畸形病态不均之现象发生。兹以幅员辽阔之西北与全国所有教育发达之各地按面积之比例，则学校数量质量皆有霄壤之别，而高等教育之设置亦尚付阙如。民国十一年西安虽曾有陕西省立西北大学之设，而终以地方财力有限设备未周，不久即行停办，以致年来中学毕业学生有志深造者每感远途升学之苦。敝会有鉴及此，爰经第三届年会一致决议，呈请中央从速筹设国立西北

---

① 开发西北协会第三届年会再次向行政院院长蒋介石提出"从速筹设国立西北大学一案"，1936-09-26，存中国第二历史档案馆。该协会于1936年8月20日在西安陕西省建设厅中山堂举行第三届年会，并由此次会议改为"西北建设协会"。

大学在案，理合连同上述理由备文呈请钧院采纳施行，在二十五年度教育经费预算项下拨款派员，即行筹办，并于西北适中地点选定校址，从速进行，以应事实需要，实为公便。谨呈

行政院院长蒋。

开发西北协会第三届年会谨呈

中华民国二十五年九月二十六日

（原档现存中国第二历史档案馆）

行政院：关于邵力子请将北平四所大学迁移一所进陕致教育部函

（笺函 第二九八号）

奉院长谕：

陕西省政府邵主席函陈西北教育依然落后，北平一隅，国立大学居四所之多，请酌迁一所入陕，即以旧有图书、仪器教材作新校基础一案，应交教育部统筹办理，等因。相应抄同原件，函达查照。

计抄送原函一件。

中华民国二十五年一月

附：邵力子函

院长钧鉴：

敬呈者，西北自中央主持开发以来，物质建设成就渐显，唯教育一端依然落后，诚以陕甘宁青新等省，人口总数在2000万以上，乃竟无一所大学作高深之培养，实不足以应事实上之需要。前者五全大会有筹设西北大学之建议，西北人士同声欣喜，盼其实现，期望之殷，可以想见。第兹事体大，须有充分之设备，复须有相当之教才。衡以中央财政现况，恐难点正多，窃谓与其另创新基，不如利用故物。查北平一隅，国立大学居四所之多，实嫌供过于求，似可酌迁一所入陕，易名西北大学，即以旧有图书、仪器、教材作新校基础，中央但筹购地暨建筑校舍之费，预计为数不过100万元左右，如财力艰难尚可分期拨给。以此办法全国学区既免畸形畸重之弊，西北方面亦省另起炉灶之劳，一举两利，莫过于此。复查北平大学现有农、工、医、法商及女子文理等五学院，学生共1500余人，教授百余人，机器、仪器、标本、书籍等约值300万元，规模素称完备，以该校环境论，迁移西北尤为适宜。如蒙谕允，拟请钧座令饬教育部，就此项原则与该校徐校长妥商详细办法，逐步进行。除径函王部长外，谨此

奉陈，伏乞裁夺。即颂崇安。

职 邵力子 手启（印）
中华民国三十一年十二月二十八日
（原档现存中国第二历史档案馆）

行政院：关于邵力子提议将国立北洋工学院西移事

（笺函第三二九号 中华民国二十五年一月三日）

奉院长谕：

  陕西省政府邵主席函陈已接国立北洋工学院院长李书田函，拟将该院西移，为西北大学之基本。详核所拟计划，颇为赞同，该院与北平大学其他各学院自无重复，唯平大亦有工学院，是否该院一并迁陕，请统筹办理，并赐复，等情。应交教育部统筹办理，等因。相应抄同原件，函达查照。此致

  教育部。

  计抄送原函一件。

院长钧鉴：

  顷接国立北洋工学院院长李书田函，以此次五中全会有设立国立西北大学之提案，拟将该学院移至西安，以为西北大学之基本，并附意见书一份。详核所拟计划，颇为赞同，唯职日前曾上书请以北平大学迁陕改为西北大学，谅邀钧鉴。北洋工学院只工学一部分，与平大其他各学院自无重复，唯平大亦有工学院，是否该院一并迁陕，尚祈钧裁，统筹办理，并赐示复，不胜盼祷。肃此。祇请钧安。

职 邵力子 谨启（印）
中华民国二十五年一月三日
（原档现存中国第二历史档案馆）

西北大学设立计划拟定即呈教部核夺

【西安二十一日下午九时本报专电】教部在陕设立西北大学之议，去春即有此议。近周伯敏、辛树帜二人负责筹备，现决定合并目前在陕之东北大学，及国立西北农专两校而成，将来校舍，将对于现在之西北农专新在武功县建筑之校舍，加以补充。闻周、辛二氏已有计划书，呈教部核夺。

（原载天津《益世报》1937年5月22日第6版）

图 6-1　天津《益世报》1937 年 5 月 22 日第 6 版

宋联奎等致教育部长陈立夫：
为陕省中等教育师资缺乏并为冀鲁晋豫等省学生就学便利计仍请将国立西北师范学院分设陕甘两地以宏造就由

窃查上年五月联奎等以师资缺乏，请将国立西北师范学院长久分设陕甘两地，以宏造就等语，上陈钧部。嗣奉钧座六月十一日函开：

"接奉五月十五日来文，敬悉先生等关怀陕省中等学校师资训练，至深钦佩。关于师范学院之设置，本部正统筹全局，逐年推广。西北区域辽阔，甘宁青师资缺乏，远较陕省为甚。为改进各该省中等教育起见，故本应饬西北师范学院在兰筹设分院，唯为经费所限，城固本院不得暂停招生，将来当视实际需要，再行调整，俾陕甘各省所需中等教育师资均无缺乏之虑也。"等因，奉此，仰见钧部注重师资统筹兼顾之至意，英名感佩！唯近闻西北师范学院有于明年暑期迁甘之说，谨再申前请，祥悉陈之：

自北平沦陷，失去文化重心。凡冀豫鲁晋皖鄂各省人士，多携眷流寓陕境，青年亦多只身前来，以故在陕就学者，日有增加。普通大学之外，陶铸人才，延续文化，实为需要。观二十九年度西北师范学院在校学生统计表，院 521 人，河北 124 人、河南 104 人、鲁晋苏皖赣鄂辽吉黑等省 126 人，共 355 人，估全额 3/5 犹强。缘沦陷各省中学毕业生，不甘受奴化教育，而远来后方依恋中央。若国家嘉其远道来学，授以三民主义教育，使归而转教其省，则民族精神，心理建设，即寄寓于其间，较之普通大学，尤能发挥效能。至就学地点，自以陕省为较接近，若兰州固亦西北重镇，道路遥远，交通不便。或惮于长征，望尘兴叹，或限于经济，有志难酬，将使依恋之诚中沮，而沦陷省份，亦有脱离三民主义教育之危，故西北师院之在陕境，实为吾国沦陷区域造就复兴建国之人才，不宜西行迁去者也。

近年物价腾踊，建筑匪易，西北师院在陕有年，修筑校舍，所费不赀，若去而之他，原有建筑，弃之可惜。如赓续进行，需款有限，而收效甚宏。为国家节省经费计，西北师院亦宜存留陕境也。

陕省向无高等师资学校，虽在北政府特代，有西安筹设高师之计划。而曾在北平、沈阳等处毕业者，为数无多。是以中等学校教员，非研究教育之士。近年中等教育校数人数，增加日多，而教员增加数不能与校数、班级相适应。各校聘请教员，确属困难问题，钧部时有人员来省视察，此种情形，谅早鉴及，为适应目前之需要，西北师院亦宜存留陕境也。

师院附中，为教育实验场所，亦为中等学校模范，抗战以来国立中学、沦陷区域公私立中学，均集中陕境，而以附中为唯一表率，相观实宏。此种关系，尤为至巨，若独处远境，只能自行教成少数学生。能收渐渍观摩之益，此又视院之存在与否，以定去留，而企望长期存在也。

以上诸端，均系实际情形。伏愿钧部于提倡甘青宁文化之中，对于沦陷区域教育之精神，与陕省中等师资需要之迫切，兼筹并顾，俾其共存共荣，奠定复兴建国之基础。是以再陈管见，恳请俯赐垂察，仍将国立西北师范学院分设陕甘两地，以宏教育而广师资，无任感幸待命之至，再具呈人分处各地，如蒙指示，请寄陕西城固县新绣巷六号陕西省立西京图书分馆代收。合并陈明。谨呈

教育部长陈。

陕西在籍士绅

宋联奎　高祖宪　寇陈纲　陈　瑾　王化溥　李挺生　余崇德　傅鹤峰　马师儒
郝耀东　高文源　岳劼恒　曹配言　卢怀琦　龙　文　高元白　张永宣　高道天

中华民国三十一年十二月三十日

附件 1：陕西省参议会秘书处公函

顷准提请转咨教部将国立西北师范学院长久分设陕甘两地等由到会。查此事已由本

会宪参议员树勋采纳原意,向第五次大会提出专案矣。特复,即希知照。此复

高祖宪先生等。

(原档现存陕西省档案馆)

寇陈纲、宋联奎、高祖宪、马师儒等：
请教育部主张勿令师范学院迁甘由

陆一监察使勋鉴：

近闻国立西北师范学院有于本年暑期自城固全部迁移兰州之说,联奎等为健全陕省中等教育师资并为冀鲁晋豫等省学生就学便利起见,已于上年十二月三十日呈文教部请将师院分设陕甘两地以宏造就。兹将原呈稿抄上。敬祈费神主张,俾师院得长留陕境,实深盼祷专肃。敬颂勋祺。

寇陈纲　宋联奎　高祖宪　马师儒（签章）等同启
中华民国三十二年元月十四日

(原档现存陕西省档案馆)

教育部代电：
准电嘱勿归并北洋工学院西京分院电复歉难照办由

(高捌拾柒总第37063号)

事由：准电嘱勿归并北洋工学院西京分院电复歉难照办由。

陕西省临时参议会：

敬电祇悉,北洋工学院西京分院设置未久,经费设备诸多困难,应予归并办理。

中华民国三十四年七月二十七日

附件1：陕西省临时参议会秘书处收到陕西省政府公函（议1716号）

奉行政院令以贵会电请免归并北洋工学院西京分院一案请查照由（秘书处于十月六日收到,批示"已报第四次例会"）。

中华民国三十四年十月一日

附件2：陕西省临时参议会收到教育部代电（议141号）

教育部代电：

准电嘱勿归并北洋工学院西京分院电复歉难照办由（秘书处于八月四日收到,秘书处八月八日在文电摘由纸上批示"已报第二十七次例会"）。

(陕西省参议会档案,原档现存陕西省档案馆)

陕西省参议会代电：请转电教育部缓迁国立西北大学等三校

陕西省政府公鉴：

近闻国立西北大学、西北工学院及西北农学院等三校院有迁移四川之议。查陕省文化落后，实由于教育未能普及，最高学府为数无几，每年招收新生以数额限制，致多数青年皆遭失学，若各校院一旦迁川，则一般青年学子将更少求学机会，文化愈将低落。高级教育应求各地平均发展，若以时局关系而迁移，则西安目前之情形远较平津为安谧，而平津各校院犹未闻有南迁之举。各该校院等之迁移，不仅影响陕省教育前途至巨，抑且使西安人心惶惑不安。为此，电请贵府转电教育部，准国立西北大学等三校院暂缓迁移，亦维陕省教育而安人心为祷。

陕西省参议会

中华民国三十七年十二月

（陕西省参议会档案，原档现存陕西省档案馆）

楼桐荪：西北应从速筹设大学

一个民族的文化，应以讲求整个的普遍的发展为目的。全国人民在文化水平线上能够有一个相当的共同基准，然后那个民族方能站在同一旗帜之下实行团结，与他族奋斗，以图永久的生存。这是现代世界各民族生存竞争的先决条件；这也就是总理在三民主义里所大声疾呼的国族主义的真正目标。

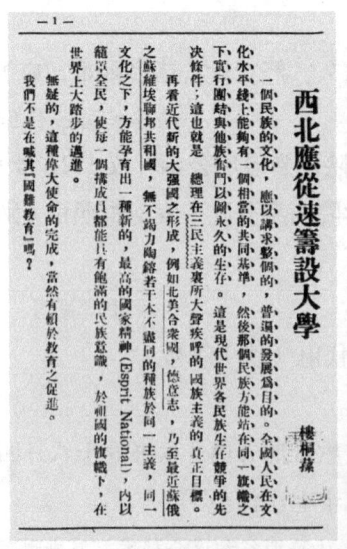

图 6-2 《西北导报》1936 年 3 月 10 日第 3 期封面和内文

再看近代新的大强国之形成，例如北美合众国、德意志，乃至最近苏俄之苏维埃联邦共和国，无不竭力陶镕若干本不尽同的种族于同一主义、同一文化之下，方能孕育出一种新的最高的国家精神（Esprit National），内以笼罩全民，使每一个构成员都能具有饱满的民族意识，于祖国的旗帜下，在世界上大踏步的迈进。

无疑的，这种伟大使命的完成，当然有赖于教育之促进。

我们不是在喊其"国难教育"吗？

我们以为以教育来陶溶全国民族的国家精神，应该是国难教育入门的途径和最后的目的。

……

因此我们对于西北各省，实在认为有从速筹设大学，以提高边区文化，充实民力，巩固国防的必要。

中国海路国防线的长远，在全世界上可称第一。以这样长远的防线，加以自国科学的落后，和重工业的绝无，若要处处从战略上着想，以军备去设置国防，只怕即或假我们以三百年的继续努力，还是徒劳而无功。但若从文化上着想，以教育去启迪民智，则我们可以断言不出三十年，无形中必可有很大很有价值的收获。

这话说来很长。我们现在姑就西北的情形略略观察一下：

西北的区域，在地理上虽然并没有明确的界说，但通常都指陕西、甘肃、青海、宁夏、西康诸省而言。这几省的面积，合计在一百八十万平方千米以上。即就陕西论，占有二十万平方千米的面积，世界上比这样更小的国家不知凡几。至若西康一省的面积，有四十六万平方千米，已经与德国差不多而大过了日本的面积（德国四十七万四千平方千米，日本则只有四十五万平方千米）。据实业部最近的调查，西康有可耕荒地至二百三十五万九百七十一亩之多。固然西北各省平均的居民密度是异常的低，但单说有数可稽的陕甘两省的人口，合计亦近二千万，与西班牙（二千一百三十万）差不多，比法国只少一半（一九二六年三月七日调查，法国本部人口四千万）。

在这样广大的地域上，有这样众多的人民，而被人高歌了"开发"多少年的西北，仍然没有一个像样的国立大学的设置，这真够使二十世纪的人类闻而咋舌！——除非大家认为这样是应该听其自生自灭，不值得加以经营的一个"非文化区"？

何况西北种族繁杂，信仰纷歧，实有从速筹设大学以陶溶国族的必要。何况西北民智闭塞，资源丰富，更有从速筹设大学以提高文化的必要。何况西北毗连强邻，交通艰阻，更有从速筹设大学以充实民力，拱护边防的必要。西北应从速筹设大学！闻教育部已奉有行政院命令，拟与国立西北农林专科学校筹备委员会、东北大学及其他关系方面进行接洽。还望我最高党政当局特别注意，深切认识西北在中国民族生存上的重要性，确立决心，加以督促，早谋实现。

二十五年三月五日于立法院

（原载《西北导报》1936 年第 3 期第 1—4 页）

教部筹设西北大学（西安）

关于设立国立西北大学一案，前经行政院令交教育部办理。现悉教部已拟与国立西北农林专科学校筹备委员会、东北大学及其他方面商酌集资，在西安筹设，刻正在进行中。

（原载《西北导报》1936 年第 3 期第 28 页）

第二节　甘、青争办国立西北大学

甘肃省立临洮师范学校：电恳改设西北大学于甘肃[①]

（甘肃省立临洮师范学校，中华民国二十五年五月二十五日）

教育部钧鉴：

顷阅西北文化日报载现在钧部欲为西北各省提高文化及便利学生求学计，筹设一西北大学，校址拟在西安。阅读之余，不胜欢忭。窃以现在国情趋势与西北关系，校址在西安似不若在甘肃之较为适切。查甘肃地处西北要冲，与宁青连省，与蒙新为邻，疆川藏康绥实成接壤，汉番蒙回互相杂居，形势扼要，种族繁复，一言交通阻塞弗便，一言

[①] 1936 年 5 月 25 日，甘肃省立临洮师范学校向教育部发出快邮代电。1936 年 5 月 30 日，甘肃省农会、省妇女会、兰州市教育会、兰州市商会、兰州市各职业公会、兰州市各同业公会、河西学会、崆峒学会、洮阳学会、甘肃学院学生自治会、农校学生自治会、工校学生自治会、女师学生自治会等 13 个团体，亦向教育部发出快邮代电。其中提出新的理由："慨自东北沦胥，国难日亟，我中央政府励精图治，杰出忧患，力谋开发西北""吾国文化程度发展畸形，西北各地落伍尤甚，虽欲开发取材维艰，推厥原因，沿海内地大学林立，造诣自宏，如能使西北朴实聪颖之士子获完美教育之陶溶，养成边疆专材，树立开发基础，则人文蔚起，国本永固""西北各省，灾祸频仍，民穷财尽，已至于极终岁辛勤温饱难继，有志之士虽负笈深造，仰事俯蓄，望洋兴叹而已""西安过去曾设国立西北大学，办理未几，因以停顿，国帑虚掷，影响匪浅，兴念及此，不无遗憾，鉴往占来，当更易处"。

文化风气教迟，令欲开发西北与中央联为一气，莫先于提高文化为复兴民族之基础，大兴教育为收拾人心之工具，化除畛域，消灭隐患，立百年树人大计，定万代立国之方针，端资培植文教高程度，建立中心，在此一举，故以大学校址设立在甘肃似较为适切。盖西安为关中古都，文化昌明，蔚为先进，且东连豫晋，南接川鄂，咫尺邻境，俱有完全大学，学子求学，往还甚便，又陇海路通京平沪汉，朝夕可达，岂若甘青宁新多寒竣子弟，往西安求学，既感道途遥远，又虑川资困难，于民族国家之关键与事实难易之情势，两相比较，孰得孰失，了若指掌，尤觉西北大学校址之设立甘肃似较在西安为适切。刍荛管见，桑梓曲情，痛切陈词，谨电恳祷伏，祈体念急需，谅予嘉纳，俾遂私衷，实深感盼临电迫切，曷胜待命之至。

甘肃省立临洮师范学校全体教职员叩
中华民国二十五年五月二十五日发
（原档现存中国第二历史档案馆）

甘肃省立天水中学：请一致主张将西北大学校址设立兰州以应需要[①]

（中华民国二十五年六月四日）

南京教育部王部长钧鉴：

顷阅报端，教育部为提高西北文化，便利边区学生求学计，决设西北大学一处，校址拟在西安等语。迭闻之下，曷胜庆幸，窃以现在国情趋势，甘肃为将来经济政治之重心，校址亦应设立兰州，似较西安为尤妥。查甘肃地当西北冲要，种族复杂，因交通之梗塞，形同乎治外。今欲启迪文化，复兴民族，非提高教育程度不为功，若将校址设立兰州，不仅造就师资，发扬教育，且可化除畛域，减免中央重视西北之隐忧，一举数得，莫此为善。西安为关中古郡，人文蔚起，地接豫晋川鄂，邻省既有大学，交通亦甚敏捷，学子求学，颇称便利，岂若甘青宁新之穷寒子弟困于经济，无力出外求学，以致半途中止者相距何啻天壤。务恳俯念国家民族之关键与事实之难易，准将校址设立兰州，以应需要而重舆论，是为至祷。临电迫切，不胜待命之至。

甘肃省立天水中学全体教职员叩
中华民国二十五年六月四日发
（原档现存中国第二历史档案馆）

[①] 甘肃省立天水中学向教育部发出快邮代电：请一致主张将西北大学校址设立兰州以应需要，1936-06-04，存中国第二历史档案馆。

张民权、凌子惟、汪震：请将西北大学设在兰州[①]

（公函第 194 号）

案据崇兰学会、枝阳学会、汝遮学会、清源学会、夏光学会、北屏学会、楼云学会、洮厓学会、平襄学会、北辰学会、水南学会、广武学会、乌兰学会、兰山学会等呈称呈为恳请转咨教育部改设西北大学于兰州事。窃维西北文化落伍，甘宁青新学生特别开放，俾得适用修正待遇蒙藏教育学生章程破格予以深造机会，实为提高西北文化，必须就地作育人才。此盖亦为教部决定设立西北大学之本意也，只缘西北辽阔，交通梗涩，甘宁青新分设大学实为国家财力所不许，然如偏设一所于陕西又失西北之意义，远不如设立于兰州之为愈也。请言其故：第一，陕西虽亦处于西北，但与甘宁青新相距甚远，设大学于陕西，直等于仍设平京，因陕西交通便利与物质较比进步之中国各大都市相差无几，而各大都市有规模学校因较为先进之故，其内容自比陕西新设之大学格外充实。陕西学子，与其就学当地，毋宁就学平京，而甘宁青新学子如能负籍陕西，定当驰往平京沪汉一带，似无疑义。兰州则不然，因其处于西北腹地中心之故，以现下各种情况论，西北大学如设于兰州，则有陕西之长无陕西之短。此吾人稍加思索，即可了然者也。第二，学校多多益善，吾人自不反对，唯当国难日急，财政奇绌，现下中国之情形，陕西既有农林专校，似不应再设立西北大学于该省，致蹈平京一带重叠架屋之覆辙，而甘宁青新各省学子依然仍与向隅之叹，不唯于情于理有所不合，即冲之政府开发西北之政策亦似有南辕北辙之嫌，大不可也。根据以上理由，爰恳钧部转咨教育部改设西北大学于兰州，则甘肃幸甚，西北幸甚，国家前途幸甚。谨呈等情据此查来呈所称不无理由，除指令外，相应函请查照办理为荷。此致

教育部。

常务委员　张民权　凌子惟　汪震
中华民国二十五年六月六日
（原档现存中国第二历史档案馆）

[①] 这将甘省争办西北大学的民情推向高潮。接着，甘肃省教育会、甘肃省农会、甘肃临洮县教育局、甘肃省临洮师范学校、青海省教育会、新青海社兰州分社、甘宁青三省旅京同乡会等，亦向中央政治委员会、国民政府行政院秘书处、教育部等机关发出相同内容的快邮代电。国民党甘肃省区党部公函第 194 号，"请将西北大学设在兰州由"，1936-06-16，存中国第二历史档案馆。

《新青海》报道：西北大学与西北教育①

从前的西北大学，已成过去了。然而，现在的西北大学开始被政府注意筹设。据《大公报》三月二日报载："关于设立西北大学案，教部拟会同西北农林专科学校筹委会及东北大学等，在西安筹设，刻正在进行中"云云。吾人知此案于五全大会通过，但迄今毫无消息，以为又成决而不行的老习惯了。欣喜得很，最近听到开始筹设的佳音，当然造福于西北者不少！

以整个西北论起来，其教育之落后，用不着我们再说，不但大学谈不到，就是一个差强人意的高级中学，也还有谈不到的地方呢！初中呢？一团糟，说不起现代之教育——特别在青、宁、康等省，实在冤人得很。因此，有许多西北的青年们，跑到东南去求学，有些人就怪生气地说："程度太差，脑子太坏，怪可怜的"。固然，程度之差，毋庸讳言地我们承认是不仅差而且是过差，可是你说脑子太坏，这一点不仅我们——西北青年不能承认，就是你说话的中国人，也自己应该羞愧自己了。欧洲人对未开化的野人或者对其他有色人，常是这样骄傲的，可是西北人并不是未进化的野人，而是处的地域不同之故也。假使西北人有东南人之教育环境，我相信有过而无不及者，不但不太差，还有许多列前茅的，所以证明他们说的这句话是错的。每年各大学招生时接受边疆学生的保送，乃是中国教育目前情形如此，所以整个国家要负此责。

西北大学要负起挽救此种笑话的重大责任，从地方教育上培养出有能力的人才来，步步地充实起西北的教育，办一个学校，像一个学校，出来一个学生，在学校里要训练成一个干才，如此的话，将来西北教育会不好吗？！同时，西北青年得到充实的教育后，绝不会再被人说"程度太差，脑子太坏，怪可怜的"的口吻了！同时，我们希望全国青年的教育程度提齐以后，到那时候，大家彼此比一比，看看到底谁的程度太差。真才不会灭没，公论自在人间呢。

设立西北大学是西北教育的前锋，中国教育的开展——那是真正复兴中华民族的大本营，希望早日筹设成功，英才得救，化雨均沾耳。

（原载《新青海》1936年第4卷第3期第6—7页）

---

① 据现在语法习惯，有删节和修正。

青海省教育会致教育部快邮代电：请将西北大学设在兰州①

中央将筹办中之西北大学设在兰州，确系体察西北实际需要，深知民众心理之主张，本会一致赞同伏祈。俯准采纳俾边疆青年得就近能受大学教育，则西北之福，亦国家幸也。

青海省教育会
中华民国二十五年六月十六日发
（原档现存中国第二历史档案馆）

马步芳：赞同在兰州设立西北大学

（中华民国二十五年六月二十六日）

青海平原辽阔，民族复杂，以距内地遥远，每年毕业学生，既感生活之穷蹙，又乏省款之补助，种种困难，不一而足。如在青省设立大学院一处，俾各族人民均有受高深教育之机会，则造福边疆者无穷矣。

青海省代主席马步芳
中华民国二十五年六月二十六日
（原档现存中国第二历史档案馆）

---

① 青海省教育会接甘肃省区党部电报后，亦于1936年6月16日向教育部发出："请将西北大学设在兰州"的快邮代电。至此，甘肃、宁夏、青海的官方和民间都发出了盼望中央在当地设立大学的声音。1936年6月26日，蒙藏委员会黄慕松委员长亦支持西北大学设在兰州，并曾将设立西北大学预算案提交行政院，但未能通过。教育部函复指出"查筹设西北大学，本部原有此拟议，唯该项预算未能通过，现时暂从缓办。"教育部并将此结果函复甘肃省和青海省，由此，西北大学设立兰州事，以及青海设大学院事，遂告流产。

第三节 陕西水利工程专科

陕西省政府：准陕西水利工程专科归并西北农林专科学校①

（廿三年字第 678 号）

案据教育厅呈称：

案准陕西水利局函开，查前因本省水利工程人才缺乏，曾呈请省府设立水利工程专科，嗣由第一百二十五次政务会议议决：由高级中学代办，即于民二十二年设立水利工程甲班于该校，嗣又于民二十三年添招一班，高中职教员，俱能尽心管理教授，唯以经

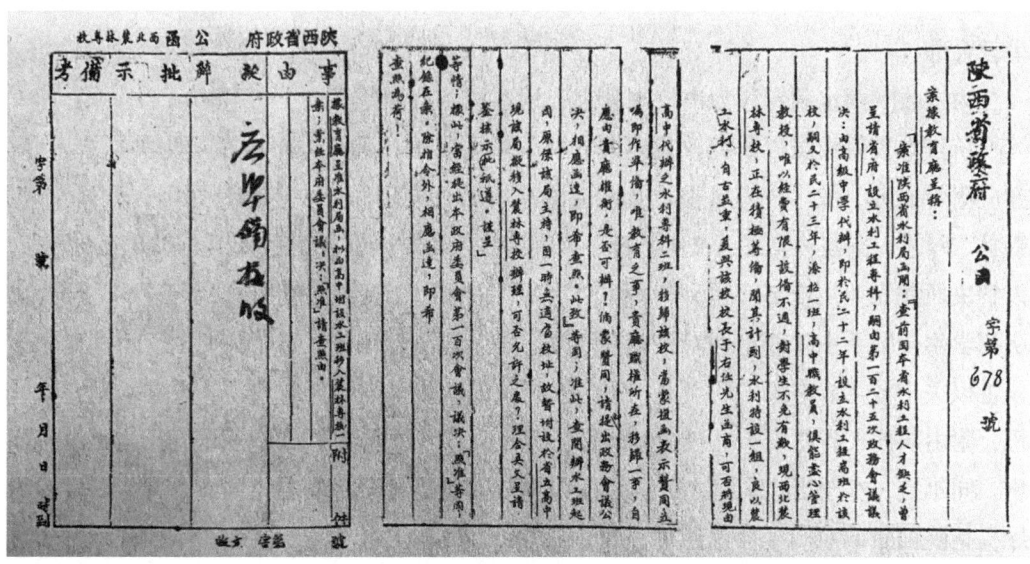

图 6-3　1934 年 6 月 17 日陕西省政府公函（转引自：西北农林科技大学档案馆《民国西农纪事》杨陵：西北农林科技大学出版社，2015 年第 35 页）

---

① 1931 年 4 月 15 日，教育部改西安中山大学为西安文理学院的计划搁浅，遂准陕西省政府改西北大学为陕西省西安高级中学，次年附设陕西水利工程专科。1933 年春招收预科生一班，次年升入本科；1934 年春续招一班，两年后升入本科，三年毕业；1934 年 6 月 19 日经陕西省政府第一百次政务会议议决通过，准陕西水利工程专科移归西北农林专科学校，改为其水利组。李仪祉仍兼水利组主任。西北农林专科学校水利组共接收本科、预科两班 76 名学生，教职员 18 名，仍在西安高级中学原址上课。1935 年 8 月迁武功张家岗西北农林专科学校本部。

费有限，设备不周，对学生不免有歉。现西北农林专校正在积极筹备，闻其计划，水利特设一组，良以农工水利自古并重，爰与该校校长于右任先生函商，可否将现由高中代办之水利专科二班，移归该校，当蒙复函表示赞同，并嘱即作准备。唯教育之事，贵厅职权所在，移归一事，自应由贵厅权衡是否可办？倘蒙赞同，请即提出政务会议公决。原系该局主持，因一时无适当校址，故暂附设于省立高中。现该局拟移入农林专校办理，可否允许之处？理合具文呈请鉴核批示祗遵。谨呈。

据此，当经提出本政府委员会第一百次会议，议决："照准"等因，记录在案。除指令外，相应函达，即希查照为荷。

（转载自：西北农林科技大学档案馆《民国西农纪事》，杨陵：西北农林科技大学出版社，2015 年第 35 页，原档存陕西省档案馆）

国立西北农林专科学校呈教育部：为接收陕西水利专科为本校水利组[①]

呈教育部

为接收陕西水利专科为本校水利组，请鉴核备案由。

窃查本校筹设虽以研究改良西北农林为主要目的，但于农林改良上为关连之事业，亦应附带研究，故本校筹备委员会前对学系组成一再研讨，决定编制原则，分列农艺、森林、园艺、畜牧、兽医、农业经济、水利、农艺化学、农业工程九组。本拟依次开办，以解决西北农业之全部问题。唯水利一组，因目前西北需要……已于二十三秋即令开办，所招学生全数系由陕西水利专科归并而来。该专科缘起系民国二十一年时，水利专家李仪祉以关中泾惠、洛惠先后兴办，每感人材缺乏，乃呈准陕西省政府，设立水利专科一班，附由陕西（省西安）高级中学代办。二十二年春季始业，二十三年春季，又续招一班。同年夏，本校当水利组之计划，商得本校筹备委员会专务委员同意，并经陕西教育厅提请陕西省政府政务会议通过，准即归并，以收农田水利益？之便，本校遂六月十五日……于七月起接收办理，划拨经费，添置仪器，延聘教职人员，九月一日正式开学，本校水利组延聘李仪祉兼组主任，地址仍于陕西（省西安）高级中学办理，以俟武功新建校舍筹备就绪，即乃迁徙。共接收本科、预科两班七十六名、教职员一十八人。现该

[①] 陕西省西安高级中学附设陕西水利工程专科由陕西省政府创办于 1932 年。1933 年春招收预科生一班，次年升入本科；1934 年春续招一班，两年后升入本科，三年毕业；1934 年 6 月 19 日经陕西省政府第一百次政务会议议决通过，准陕西水利工程专科移归西北农林专科学校，改为其水利组。李仪祉仍兼水利组主任。共接收本科、预科两班 76 名学生，教职员 18 名，仍在西安高级中学原址上课。1935 年 8 月迁武功张家岗西北农林专科学校本部。

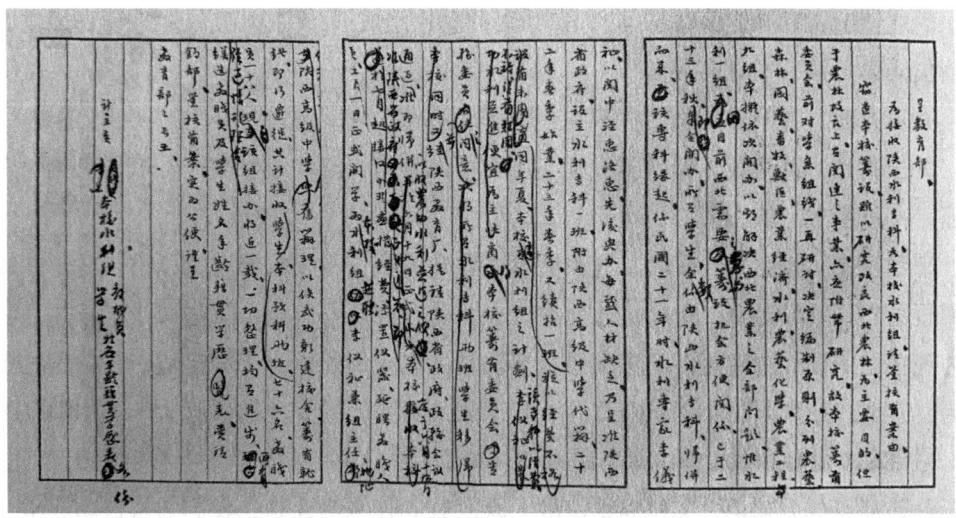

图 6-4　国立西北农林专科学校呈教育部：为接收陕西水利专科为本校水利组

组接办将近一载，一切整理均有进步。所有缮送教职员及学生姓名、年龄、籍贯、学历表请钧部，鉴核备案。实为公便，谨呈教育部部长王。

附水利组教职员、学生姓名、年龄、籍贯、学历表各一份。

（转载自：西北农林科技大学档案馆《民国西农纪事》，杨陵：西北农林科技大学出版社，2015 年第 34 页，原档存陕西省档案馆）

李仪祉：勖水利组同学——国难期间更应加紧求学

李仪祉先生讲　陈椿庭记

本来我可以常常来和诸位讲话，上次从庐山回来后，因卢沟桥事件发生，在西安担任后方工作①。很忙。此次偷闲前来，目的有几种：（一）视察渭惠渠拦河大坝经过此次

---

① 卢沟桥事变爆发以后，李仪祉报名参加陕西省各界抗敌后援会，任常委（国立西安临时大学亦有抗敌后援会学生支会，曾邀请李仪祉在第二院做《抗战力量》的演讲）。同时，他兼任国立西安临时大学工学院名誉教授和东北大学工学院名誉教授，为两校上课。1938 年 3 月 7 日，他病逝前一天还向学校请假。1938 年 5 月 9 日，西安临时大学常委会致函李仪祉家属李赋林（陕西水利局）到校领取其代课车马费，并加送车马费，两项共计 250 元，经家属同意设立 "国立西北联合大学水利工程教授李仪祉先生纪念基金" "转款存储中央银行南郑办事处，年息八厘，每年利息贰拾元，作为奖励水利工程最优毕业论文之用"。抗战期间，他以羸弱身体，积极认购国民政府发行的救国公债，将自己的金质奖章和半月工资，全部购买了救国公债。他还和夫人一起，劝说亲朋好友和水利局同事去购买公债。在他的努力下，仅妇女首饰一项，就换购救国公债近千元。他要求学生，"学水利的更应设法防止水灾、旱灾" "努力求学更图深造" "际此抗战期间，求学方面，不仅不可稍有懈怠，更当益自奋励，作十年二十年长期抗战之准备"。

大水后之情况及其补救办法；（二）查勘禁种鸦片之成绩；（三）到校中来拜访朋友，并和诸位同学见面，很觉高兴。

渠工方面，在国难期间，办事人仍很努力办事。

关于鸦片，过去我见到就觉头痛，此次所经各地，已均改种麦子，烟苗已绝，多年头痛，一旦霍然，快慰何如！

来到校中，就觉生气蓬勃，气象更新，我知道校长不仅领导大家读书，同时并领导大家救国，且领导得宜，能循正轨前进。在西安有许多中学生，救国情绪过于热烈，竟以为现在已非读死书时期，此实大错！要知敌人以大炮步枪，侵城略地，乃一般之侵略行为，但现在敌人同时并用飞机炸弹，专门来破坏我们的文化机关：大学、中学、图书馆、医院等被毁者为数极众，此实敌人不仅想亡我国，并且想灭我种，使我四万万同胞，子子孙孙都变成无知识，文化断绝。敌人既已有此种恶毒计划，我们如再自动弃学，不读书，就是直接地促成敌人计划，还谈得上什么救国！什么抗敌呢！

今后各种事业，均待兴办，断非过去诸不学无术者所能胜任。此次抗战得胜之军队，皆为受过高等军事教育，平素有严格训练者，即为明证。其他各项有利于国家之建设事业，更迫切需要人才，认为现在不必再读书，实在是最危险的思想，诸位定能明了。

至于农田水利，在战时尤为重要。德国在大战时，被封锁后支持七八年之久，这就完全靠农业有科学的方法来处理，方能有此成绩。抗战期间，前方将士用枪炮去和敌人拼，后方人民的责任，就在尽量地供给粮食。我国虽为农业国，但过去每年进口的粮食也极可观。粮食问题，实不容忽视，未来的农业，亟应增进其生产率，旱灾水灾，学水利的更应设法防止。抗战期内，后方前方，责任是同样的重大，要是后方工作不努力，直接就减小前方的作战力量，诸位务必担负起这后方人民应有的责任。

抗战结果，即使已得最后胜利，亦不要想即可安居乐业太平无事。要知日本是如何狠毒，此次苟无所得，必引为莫大耻辱，定将生聚教训，有卷土重来之一日，此第二次更猛烈之抗战，必当早日努力准备，农工商各项有长足的进步，国始能富，富则可强；反之，此次我国虽能一时胜利，但第二次更猛烈之战争，就难于应付！故长期抗战，不必以一年二年计，当以十年二十年计。此种重责，即将由诸位负起，诸位每人应有一估计，考量个人自己能担负若干责任，如自觉能力不足，当知努力求学更图深造之必要。总之，际此抗战期间，求学方面，不仅不可稍有懈怠，更当益自奋励，作十年二十年长期抗战之准备，诸君勉之！

（原载《西北农专周刊》1937年第2卷第7期，国立西北农林专科学校编印，1937年11月4日）

第七章 百廿校史文献与档案

第一节 论证与前溯

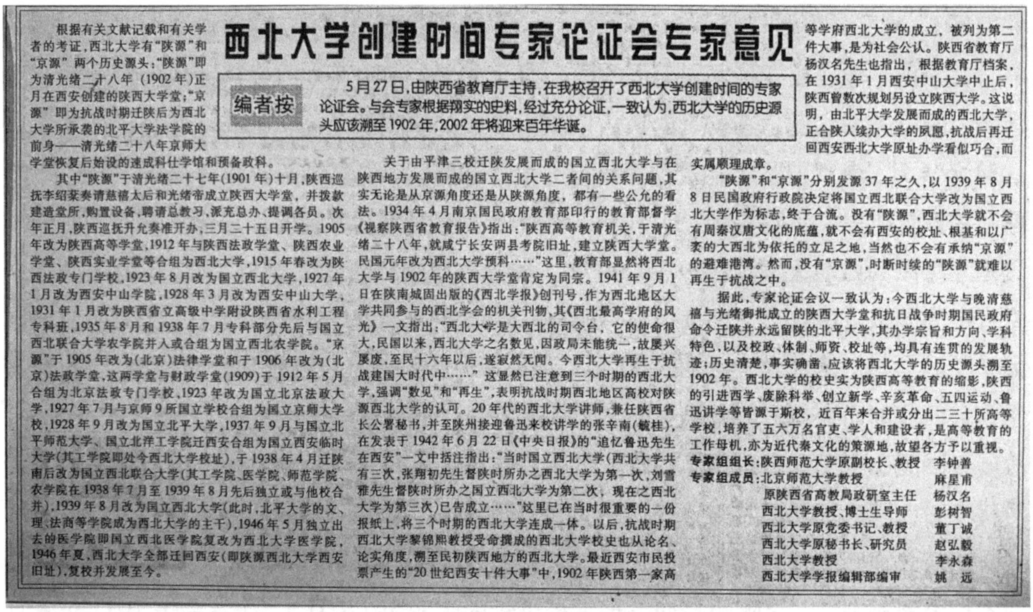

西北大学创建时间专家论证会专家意见

2001年5月27日，由陕西省教育厅主持，在我校召开了西北大学创建时间的专家论证会。与会专家根据翔实的史料，经过充分论证，一致认为，西北大学的历史源头应该溯至1902年，2002年是西北大学百年华诞。纪要如下：

根据有关文献记载和有关学者的考证，西北大学有"陕源"和"京源"两个历史源头："陕源"即为清光绪二十八年（1902）正月在西安创建的陕西大学堂；"京源"即为

图7-1 《西北大学报》2001年11月15日第一版

抗战时期迁陕后为西北大学所承袭的国立北平大学法商学院的前身——清光绪二十八年京师大学堂恢复后始设的速成科仕学馆和预备政科。

其中"陕源"于清光绪二十七年（1901）十月，陕西巡抚李绍棻奏请慈禧太后和光绪帝成立陕西大学堂，并拨款建造堂所，购置设备，聘请总教习，派充总办、提调各员。次年正月，陕西巡抚升允奏准开办，三月二十五日开学。光绪三十一年（1905）改为陕西高等学堂，1912年与陕西法政学堂、陕西农业学堂、陕西实业学堂、陕西客籍学堂等合组为西北大学，1915年春改为陕西公立法政专门学校，1923年8月改为国立西北大学，1927年1月改为西安中山学院，1928年3月改为西安中山大学，1931年1月改为陕西省立高级中学附设陕西省水利工程专科班，1935年8月和1938年7月，专科部分先后与国立西北联合大学农学院并入或合组为国立西北农学院。"京源"于光绪三十一年（1905）改为法律学堂，次年改为法政学堂，这两学堂与宣统元年（1909）的财政学堂于1912年5月合组为北京法政专门学校，1923年改为国立北京法政大学，1927年7月与京师9所国立学校合组为国立京师大学校，1928年9月改为国立北平大学。1937年9月与国立北平师范大学，国立北洋工学院迁西安合组为国立西安临时大学（其工学院、理学院数、理、化、体育四系即处今西北大学校址），于1938年4月迁陕南途中改为国立西北联合大学（其工学院、医学院、师范学院、农学院在1938年7月至1939年8月先后独立或与他校合并），1939年8月改为国立西北大学（此时，北平大学的文、理、法商等学院成为西北大学的主干），1946年5月独立出去的医学院即国立西北医学院复改为国立西北大学医学院，1946年夏，西北大学全部迁回西安（即陕源西北大学西安旧址），复校并发展至今。

关于由平津三校迁陕发展而成的国立西北大学与在陕西地方发展而成的国立西北大学二者间的关系问题，其实无论是从京源角度还是从陕源角度，都有一些公允的看法。1934年4月，南京国民政府教育部印行的教育部督学《视察陕西省教育报告》指出："陕西高等教育机关，于清光绪二十八年，就咸宁、长安两县考院旧址，建立陕西大学堂。民国元年改为西北大学预科……"这里，教育部显然将西北大学与1902年的陕西大学堂肯定为同宗。1941年9月1日在陕南城固出版的《西北学报》创刊号，作为西北地区大学共同参与的西北学会的机关刊物，其《西北最高学府的风光》一文指出："西北大学是大西北的司令台，它的使命很大，民国以来，西北大学之名数见，因政局未能统一，故屡兴屡废，至民国十六年（1927）以后，遂寂然无闻。今西北大学再生于抗战建国大时代中……"这显然已注意到三个时期的西北大学，强调"数见"和"再生"，表明抗战时期西北地区高校对陕源西北大学的认可。20世纪20年代的西北大学讲师，兼任陕西省长公署秘书，并至陕州接迎鲁迅来校讲学的张辛南（毓桂），在发表于1942年6月22日《中央日报》的《追忆鲁迅先生在西安》一文中括注指出："当时国立西北大学（西北大学共有三次，张翔初先生督陕时所办之西北大学为第一次，刘雪雅先生督陕时所办之国立西北大学为第二次，现在之西北大学为第三次）已告成立……"这里已在当时很重要的一份报纸上，将三个时期的西北大学连成一体。以后，抗战时期西北大学黎锦熙教授受命撰成西北大学校史，也从论名、论实角度，溯至民初陕西地方的西北大学。

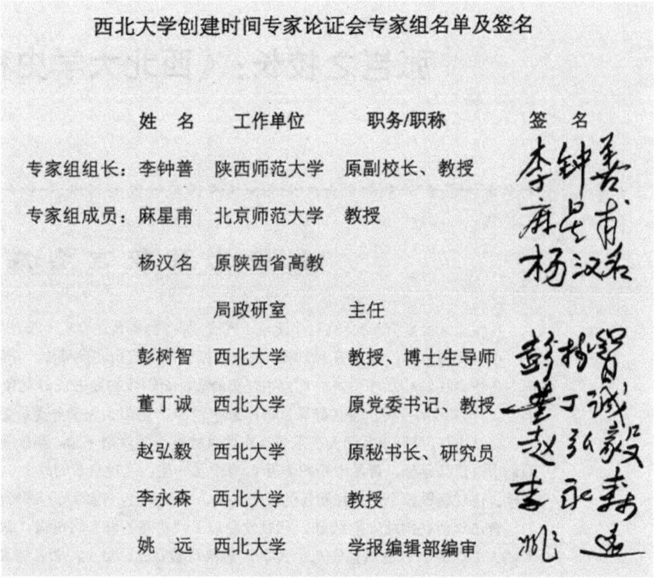

西北大学创建时间专家论证会专家组名单及签名			
姓名	工作单位	职务/职称	签名
专家组组长：李钟善	陕西师范大学	原副校长、教授	李钟善
专家组成员：麻星甫	北京师范大学	教授	麻星甫
杨汉名	原陕西省高教局政研室	主任	杨汉名
彭树智	西北大学	教授、博士生导师	彭树智
董丁诚	西北大学	原党委书记、教授	董丁诚
赵弘毅	西北大学	原秘书长、研究员	赵弘毅
李永森	西北大学	教授	李永森
姚 远	西北大学	学报编辑部编审	姚远

图 7-2　西北大学创建时间专家论证会专家组名单及签名

最近西安市民投票产生的"20 世纪西安十件大事"中，1902 年陕西第一家高等学府西北大学的成立，被列为第二件大事，是为社会公认。陕西省教育厅杨汉名先生就此指出，根据教育厅档案，在 1931 年 1 月西安中山大学中止后，陕西曾数次规划另设立陕西大学。这说明，由北平大学发展而成的西北大学，正合陕人续办大学的夙愿，抗战后再迁回西安西北大学原址办学看似巧合，而实属顺理成章。

"陕源"和"京源"分别发源 37 年之久，以 1939 年 8 月 8 日国民政府行政院决定将国立西北联合大学改为国立西北大学作为标志，终于合流。没有"陕源"，西北大学就不会有周秦汉唐文化的底蕴，就不会有西安的校址、根基和以广袤的大西北为依托的立足之地，当然也不会有承纳"京源"的避难港湾。然而，没有"京源"，时断时续的"陕源"就难以再生于抗战之中。

据此，专家论证会议一致认为：今西北大学与晚清慈禧与光绪御批成立的陕西大学堂和抗日战争时期国民政府命令迁陕并永远留陕的北平大学等，其办学宗旨和方向、学科特色，以及校政、体制、师资、校址等，均具有连贯的发展轨迹；历史清楚，事实确凿，应该将西北大学的历史源头溯至 1902 年。西北大学的校史实为陕西高等教育的缩影，陕西的引进西学、废除科举、创立新学、辛亥革命、五四运动、鲁迅讲学等皆源于斯校，近百年来合并或分出二三十所高等学校，培养了五六万名官吏、学人和建设者，是高等教育的工作母机，亦为近代秦文化的策源地，故望各方予以重视。

（原载《西北大学报》2001 年 11 月 15 日第 1 版）

张岂之校长：《西北大学史稿·前言》

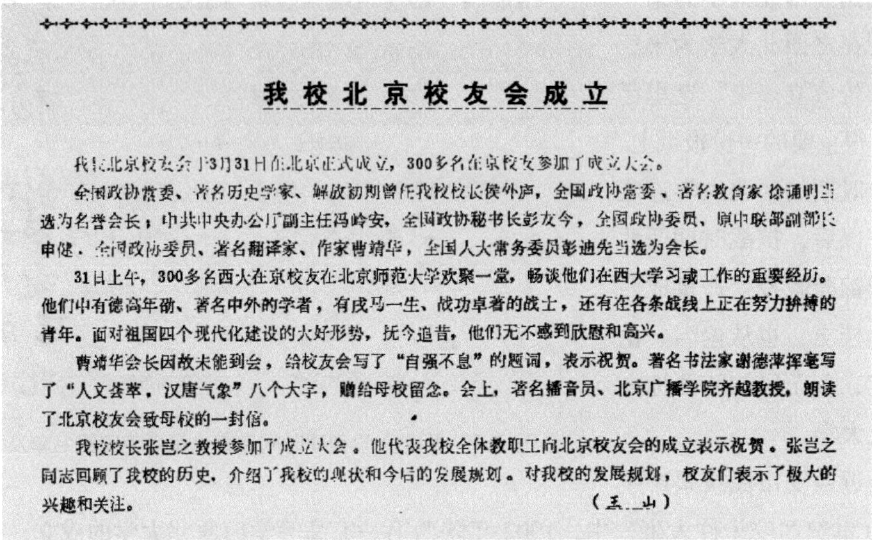

我校北京校友会成立

我校北京校友会于3月31日在北京正式成立，300多名在京校友参加了成立大会。

全国政协常委、著名历史学家、解放初期曾任我校校长侯外庐，全国政协常委、著名教育家徐诵明当选为名誉会长，中共中央办公厅副主任冯岭安，全国政协秘书长彭友今，全国政协委员、原中联部副部长申健，全国政协委员、著名翻译家、作家曹靖华，全国人大常务委员彭迪先当选为会长。

31日上午，300多名西大在京校友在北京师范大学欢聚一堂，畅谈他们在西大学习或工作的重要经历。他们中有德高年劭、著名中外的学者，有戎马一生、战功卓著的战士，还有在各条战线上正在努力拼搏的青年。面对祖国四个现代化建设的大好形势，抚今追昔，他们无不感到欣慰和高兴。

蒋靖华会长因故未能到会，给校友会写了"自强不息"的题词，表示祝贺。著名书法家谢德挥毫写了"人文荟萃，汉唐气象"八个大字，赠给母校留念。会上，著名播音员、北京广播学院齐越教授，朗读了北京校友会致母校的一封信。

我校校长张岂之教授参加了成立大会。他代表我校全体教职工向北京校友会的成立表示祝贺。张岂之同志回顾了我校的历史，介绍了我校的现状和今后的发展规划。对我校的发展规划，校友们表示了极大的兴趣和关注。

（玉山）

图7-3 《西北大学学报（哲学社会科学版）》1985年第1期报道1985年3月31日西北大学北京校友会在京成立

图7-4 张岂之校长（一排左六）与出席校史座谈会的校友合影
（1985年4月29日至5月6日）

西北大学是西北地区成立较早的高等学府之一，初创于 1912 年。①由于民国前期陕西地区频繁的政治动乱，以及财力物力的限制，西北大学曾两次停办。1937 年七七事变后，平津地区部分高校迁陕组成西北联合大学，1939 年正式改名为现今的西北大学。因此，从辛亥革命后陕西都督张凤翙发起创办西北大学开始，论名，西北大学已届七十五年；论实，西北大学乃重建于抗日民族战争年代，由具有悠久历史和革命传统的平津三校院（北平师范大学、北平大学、北洋工学院）合组而成。即使不计三校院的历史，西北大学至今已重建五十个春秋了。

西北大学是在中国近代社会变革和民族解放斗争的革命年代中诞生的。中经北洋军阀政府、国民党政府统治时期，最后迎来了新的社会主义历史时期。如今的西北大学已是满园春色的一所综合性的全国重点大学之一。古代名言"温故而知新"，含义很深。毛泽东同志说过："今天的中国是历史的中国的一个发展，我们是马克思主义历史主义者，我们不应当割断历史。"对西北大学半个多世纪的历史给以认真的总结和研究，积累和保存资料，对于理解西北近代高等教育的发展历史，总结办学经验，对师生进行爱国爱校教育，发扬好的校风和学风，建设具有中国特色的社会主义大学，都具有积极的意义。

经过由李永森同志负责的校史编写组几年的努力，在我校建校七十五周年、重建五十周年的前夕，《西北大学校史稿》（解放前部分）出版了。在编写过程中，他们努力遵循辩证唯物主义和历史唯物主义的原则，力求依照校史的本来面目，尽力做到求实、求真，实事求是地介绍学校发展的过程及其斗争；对工作的成败得失，人物的是非功过的评价，力求寓于客观历史过程的叙述之中。凡对建校和育人有贡献的人和事，书中力求

---

① 张岂之校长主持编纂的《西北大学史稿》和"前言"，是校史研究的纲领性文件，反映了 20 世纪 80 年代西北大学校史指导意见和背景。改革开放以后，齐越等北京校友就国立西安临时大学、国立西北联合大学和国立西北大学时期部分党员的党籍、党龄问题向组织提出申诉。1982 年 8 月，中共中央组织部批转中共陕西省委《关于西北联大地下党组织的情况和有关人员党籍处理意见的报告》，解决了 46 名校友的党籍党龄问题，并阐明西北大学与西北联大的传承关系；1985 年 3 月张岂之校长在京主持成立西北大学北京校友会，300 余名校友出席；1985 年 4 月 29 日至 5 月 6 日，张岂之校长又在校举行校史座谈会，搜集到吴芳吉、郝耀东、余士铭、李可风等京陕两源一批校友的口述、回忆史料，形成了浓郁的校史编纂基础和氛围。《西北大学史稿·前言》就是在此背景下于 1987 年 5 月写成的。该文在黎锦熙《国立西北大学校史》的基础上，第一次提出"论名""论实"的京陕两源说，代表了西北大学"初创于 1912 年"并以"平津三校院（北平师范大学、北平大学、北洋工学院）合组而成"的国立西北联合大学为主的校史观，也是西北大学从 1987 年开始相继庆祝 75 周年校庆的依据。

有所反映。由于西北大学重建于民族奋起反抗侵略的年代，地处西安事变的故地，距革命圣地延安甚近，学生主要来自具有"一二·九"光荣传统的京津地区，因此，参加抗日救亡和寻求救国救民的真理，一直是全校进步师生的可贵传统。《校史稿》也初步反映了本校这方面的历史发展的特点。

当然，要把西北大学半个多世纪的历史作一科学的叙述和总结，的确是一项艰巨的工程，不是短时期所能完成的。编写组由于资料缺乏，人力有限，加之时间仓促，虽然作了很大努力，但书稿在教学活动和办学育人等方面仍有不足之处；在校政和学生运动某些方面的看法上，老校友同志们也还有不同的意见。这些都是正常的。好在这仅是一部"史稿"，先行出版，广泛征求意见，今后再加修改，使之逐步完善。

饮水思源，看了这本《校史稿》，大体可以了解西北大学和我们国家民族的命运联系在一起，走过了艰难曲折的道路，校史上有不少办学育人的事迹，民主革命的光荣传统的种种表现，等等。通过对这些问题的认识，以追念前人惨淡经营的建校之功和进步师生们可贵的爱国民主精神，从而激励我们今天在校的师生员工共襄四化建设大业，继承我校优良的学风、校风，为社会主义建设更多更好地培养"四有"人材。这些就是我们出版这本《校史稿》的目的。

张岂之
1987 年 5 月

（原载《西北大学史稿》，西安：西北大学出版社，1987）

张岂之校长致函北京大学吴树青校长和国家图书馆任继愈馆长

（1990 年 7 月 27 日）

任先生：

您近来身体好！

敝校学报编辑姚远同志有急事拜访您，可否请您拨冗接见，予以指导？

敬祝

健康

张岂之敬书
7.27

吴校长：

西北大学学报编辑姚远，经各方研究，确认西大早期学报《学丛》为我国最早学报之一。《学丛》杂志今存于北京大学图书馆。我是北大一九五〇年毕业生，现在西大担任校长职务，想将藏于母校的《学丛》加以复印（一份），以陈列于敝校校史陈列室。不

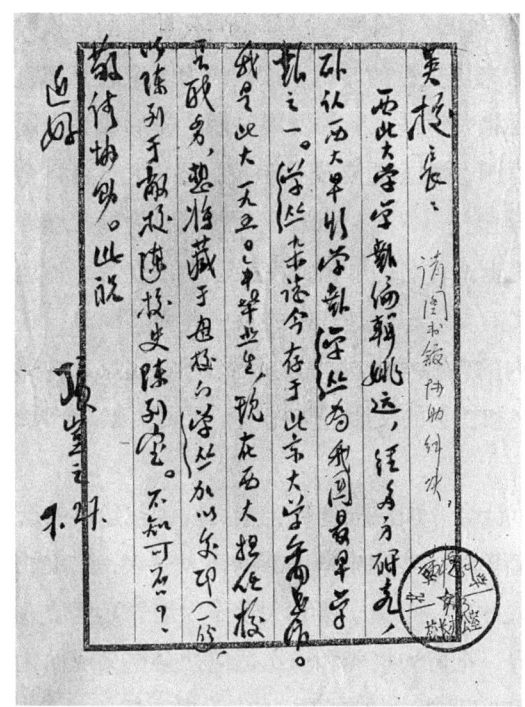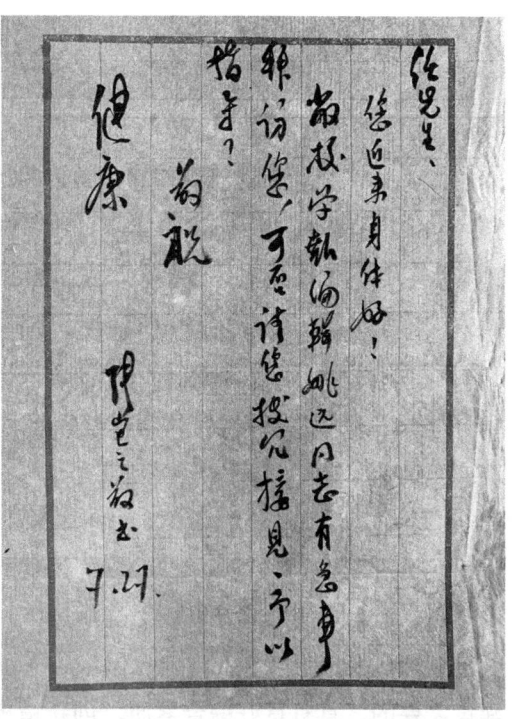

图 7-5　1990 年 7 月 27 日张岂之校长致函北京大学吴树青校长和国家图书馆任继愈馆长（吴校长批示："请图书馆协助解决"，并用"北京大学校长办公室"印），遂得复制回该馆孤本《学丛》创刊号的全部胶片

知可否？敬请协助。

此祝

近好！

张岂之

7.27

（复制件现存西北大学西北联大与大学文化研究院资料室）

中共陕西省委书记李建国：《西北大学史稿·序》

值此西北大学百年华诞来临之际，《西北大学史稿》正式出版，这是一件很有意义的事。接到这部史稿，我感到很高兴。

以史为鉴，可知兴替。西北大学组织专家学者倾注大量心血撰写的这部史稿，记述了一百年来西大曲折发展的历程，总结了办学规律和教书育人的经验，介绍了校史上的重要人物。拜读这部史料翔实、明白晓畅、严谨切实的史稿，不仅可以从中汲取营养，引发思考，启迪智慧，也对我们办好陕西的高等教育有借鉴作用。

西北大学是一所有着悠久历史的高等学府。1902年创建后，伴着时代前进的步伐跋涉前行。新中国的成立，为西北大学的发展带来历史性的转机，该校成为国家教育部直属的14所综合大学之一。改革开放以来，西北大学进入新的发展时期，先后成为全国重点大学，"211工程"重点建设大学，西部大开发国家重点支持院校，被《大英百科全书》列为世界著名大学。一百年来，西北大学坚持以"公诚勤朴"为校训，为国家培养了10多万各类专业人才，有8人成为两院院士。著名的"侯氏变换"的创立者、物理学家侯伯宇，"王氏定理"的创立者、数学家王戍堂，就是其中的杰出代表。同时，获得包括国家自然科学奖、国家科技进步奖在内的各种科研成果奖800多项，国家和省部级教学成果奖近百项，为科技教育事业的发展和社会的文明进步作出了重要贡献。今天，西北大学在全国高等学府中占有重要地位。

进入21世纪，我国进入了全面建设小康社会、加快推进社会主义现代化建设的新阶段，陕西进入了加快建设西部经济强省的新阶段。实现中华民族的伟大复兴，建设西部经济强省，关键是人才。高等院校是培养人才的主渠道。西北大学作为培养高素质人才的摇篮，要植根陕西，面向全国，放眼世界，把着力培养和输送适应社会主义现代化建设需要的，具有良好综合素质、创新精神和实践能力的专门人才作为根本任务。

要充分发挥理论创新、科技创新、知识创新的前沿作用，加强自然科学和哲学社会科学基础理论研究，不断产生新思想、新观点、新知识。科学技术是第一生产力。要把积极进行研究开发，加速科技成果转化及其产业化作为一项重要任务，力争在若干基础研究的优势领域和高新技术领域取得重大成效。要面向陕西和全国经济建设主战场，大力开发高科技成果，加强产学研结合，推动传统产业的技术改造，发展高新技术产业，提高对经济增长的贡献率。

要充分发挥民族优秀文化与世界文明成果交流传播的桥梁作用。上下五千年，中华民族创造了灿烂的人类文明，应深入研究，发掘其精华，并结合时代特点不断发展。要以宽广的眼光面向世界，加强与国外大学的交流与合作，吸收和借鉴一切外国的优秀文明成果，进行文化创新，使自己成为先进文化的聚集地、熔炉和辐射源。

江泽民总书记在庆祝北京大学建校一百周年大会上的讲话中要求："为了实现现代化，我国要有若干所具有世界先进水平的一流大学。"适应形势发展的需要，西北大学确定了要把本校建设成为国内一流、国际知名的新型综合大学的目标。希望朝着这个目标不懈努力，坚韧不拔。衷心地祝愿西北大学高举邓小平理论伟大旗帜，以"三个代表"重要思想为指导，以百年校庆为新起点，解放思想，与时俱进，发挥优势，办出特色，为有中国特色社会主义事业作出更大的贡献。

李建国
2002年9月

《光明日报》：西北大学学报编辑姚远发现西大早期《学丛》为我国最早学报之一

本报讯 通讯员高立勋报道 西北大学学报编辑姚远，经过潜心调研和查阅大量文献档案资料，首次发现西大早期学报《学丛》，又名《西北大学学丛》，于民国二年（1913年）7月1日创刊发行，从而把西北大学学报历史由1937年提前到1913年，成为全国高等学校学报历史最早的学报之一。

西北大学创建于1912年，是我国古老的高等学府之一。今年年初以来，学报编辑姚远开始对解放前西北大学所办的学术性刊物进行系统研究，终于在北京大学图书馆发现了西大早期的

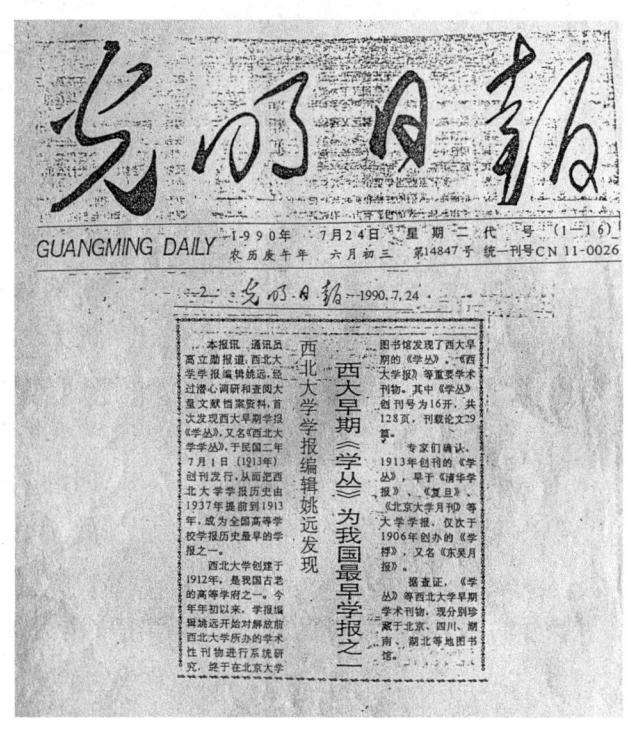

图7-6 《光明日报》1990年7月24日第2版的报道

《学丛》《西大学报》等重要学术刊物。其中，《学丛》创刊号为16开，共128页，刊载论文29篇。

专家们确认，1913年创刊的《学丛》，早于《清华学报》《复旦》《北京大学月刊》等大学学报，仅次于1906年创办的《学桴》，又名《东吴月报》。

据查证，《学丛》等西北大学早期学术刊物，现分别珍藏于北京、四川、湖南、湖北等地图书馆。

（原载《光明日报》1990年7月24日第2版）

《人民日报（海外版）》西北大学成立百年的证据：清末皇帝朱批开办"陕西大学堂"奏本被发现

本报讯 西北历史最悠久的高等学府西北大学成立何年？西北大学学报编辑部编审、李永森教授历经数年艰辛调研考证，今日在中国第一历史档案馆（清史专馆）发现清光

图 7-7 《人民日报（海外版）2001 年 11 月 26 日第 2 版的报道》

绪二十八年（1902）四月十二日陕西巡抚升允给慈禧太后和光绪皇帝关于开办陕西大学堂的奏本。其中有光绪皇帝"著即督饬，认真办理，务收兴学实效，单并发"的亲笔朱批。奏本内容表明，早在光绪二十七年（1901），陕西已拨库银二万两兴建陕西大学堂，首批录取 40 名学生于 1902 年三月二十五日开学上课。过去虽知应有此奏本和批复，但始终未见真迹或副本。这份珍贵史料的发现，再次确凿地证实了西北大学源于清光绪二十八年（1902），2002 年将迎来它百岁华诞。

据悉，姚远编审在北京大学图书馆和四川省图书馆发现西北大学于 1913 年创办的《学丛》月刊，该刊早于《清华学报》《复旦》《北京大学月刊》等学报，仅晚于东吴大学的《学桴》月刊而成为全国最早的综合性大学学报之一。（孟西安　高立勋）

（原载《人民日报（海外版）》2001 年 11 月 26 日第 2 版）

新华社电：西北大学百年华诞，江泽民等领导人题词祝贺

据新华社电　春华秋实、硕果满枝。我国西北地区创建最早的一所高等学府西北大学昨日迎来了百年华诞。党和国家领导人江泽民、李鹏、李瑞环题词祝贺，李岚清发来贺信。

江泽民的题词是："培育创新人才，攀登科学高峰，为科教兴国作出更大贡献。"李鹏的题词是："努力建设好西北大学，为西部大开发培养人才。"李瑞环的题词是："总结历史经验，振兴西北大学。"

西北大学的前身是创建于 1902 年的陕西大学堂和京师大学堂仕学馆。在百年历程中，西大形成了"公诚勤朴"的校训和"团结、进取、民主、奉献"的校风，铸就了"艰苦创业、自强不息"的精神。目前，西大正向研究型、具有特色的国内一流、国际知名的现代化综合大学的目标迈进。

（原载新浪网 http://www.sina.com.cn 2002/10/16 09：45）

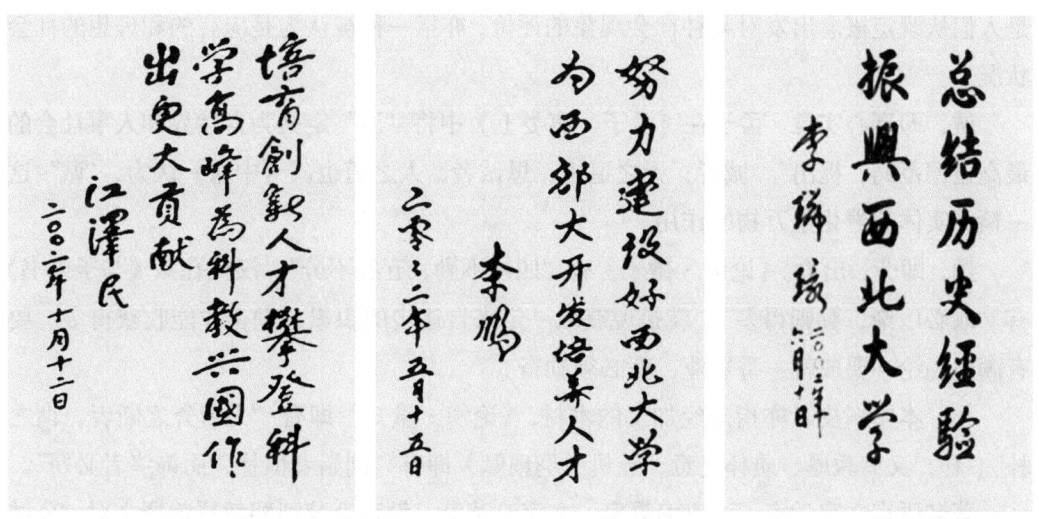

图 7-8 2002 年 10 月 12 日中国共产党中央委员会总书记、中华人民共和国主席、中央军事委员会主席江泽民同志的题词；2002 年 5 月 15 日全国人大常委会委员长李鹏同志的题词；2002 年 6 月 10 日全国政协主席李瑞环同志的题词

《光明日报》：公诚勤朴——西北大学百年文化传承探源

2014-08-09 04：29 光明网-《光明日报》

步入西北大学太白校区，一块巨大的秦岭石上赫然镌刻着"公诚勤朴"四个古朴遒劲的大字。这就是这所具有光荣办学历史的百年高等学府的灵魂——校训。

西北大学创建于 1902 年，1912 年称西北大学，后经历了国立西安临时大学、国立西北联合大学、国立西北大学等时期。新中国成立初期，学校为教育部直属的全国 14 所综合大学之一。1958 年归属陕西省政府主管。1978 年被确定为全国重点大学。现为国家"211 工程"重点建设院校、国家"一省一校"计划重点支持建设院校、教育部和陕西省共建高校。

对于民族文化，西北大学一以贯之地钟爱和传承。早在 20 世纪 40 年代，西北大学就明确提出"发扬民族精神，融合世界思想，肩负建设西北重任"的办学宗旨，致力于传承中华五千年灿烂文明、融汇世界优秀文化成果、建设祖国辽阔的西部。

2002 年 1 月 25 日，西北大学百年校庆筹备委员会全体会议研究确定，继续沿用 1938 年 10 月国立西北联合大学第 45 次会议提出的"公诚勤朴"校训为西北大学校训。

公，即公正，公平。《新书·道术》有"兼履无私谓之公，反公为私"，《礼记·礼运》也有"大道之行也，天下为公"，后者被孙中山先生赋予革命的新意。公正或公平，是人们从既定概念出发对某种社会现象的评价，亦指一种被认为是应有的和理想的社会状况。

诚，即真心实意。孟子在《孟子·离娄上》中将"诚"定义为自然界和人事社会的最高道德范畴，提出："诚者，天之道也；思诚者，人之道也。"《中庸》认为，"诚"这一精神实体起着化生万物的作用。

勤，即劳，出力。《论语·微子》有"四体不勤，五谷不分"。汉代孔臧《与子琳书》有"取必以渐，勤则得多"，就是说获取一定来自逐步的积累，勤奋才能收获得多。要有满腹经纶，要成就一番事业，就必须勤奋。

朴，本指树皮，亦指未经加工的木材，《论衡·量知》即有"无刀斧之断者，谓之朴"。朴，又有敦厚、质朴之意，陆机《羽扇赋》即有"创始者恒朴，而饰终者必妍"。

著名语言文字学家、词典编纂家、文字改革家、教育家黎锦熙教授曾撰文对"公诚勤朴"的含义进行了阐述。他说，"公诚勤朴"校风养成，盖与西北固有优良之民性风习相应："公"以去私，用绝党争；"诚"者天地之道也，天行健，君子当自强不息，此足以去弱，弱源于虚，诚则实矣；夫民生在勤，勤则不匮，此足以去贫，非仅治学修业宜尔也；勤以开源，朴以节流，然朴之意又不止此，乃巧诈之反也。

西北大学校长方光华对"公诚勤朴"校训作了进一步诠释。他说，"公"即天下为公，这是辛亥革命以来仁人志士的奋斗目标，说明西北大学追求国家和人民的根本利益；"诚者，天之道""不诚无物"，如果不是全身心投入，不可能有所成就；"勤"即勤奋坚毅，既要勤劳又要坚韧；"朴"来自《道德经》，即抱朴守真，就是永远保持一种朴素的本真状态。它表达了西北大学为国家富强和民族复兴不懈奋斗的赤子情怀。(《光明日报》记者　杨永林　张哲浩)

(原载光明网，《光明日报》2014-08-09 04：29)

《光明日报》：西北之光，辉耀世纪
——西北大学百年回眸（节选）

李军锋　孙勇

陕西，一方渗透着中华文明精髓的圣土，中国古代大学教育的发源地，周之辟雍汉之太学，唐之国子监皆肇始于此。

西安，一座蜚声中外的历史文化名城，中国近现代高等教育的重镇，文脉汇聚，名校比肩。

西北大学，一所西北地区创建最早的高等学府，彪炳于中国高等教育史册的著名大学，经历了20世纪的洗礼，迎来了百年华诞。

巍巍学府，世纪沧桑

西北大学的发轫与中国近代高等教育制度的确立是同步的。

1902年，在陕西巡抚上呈的《奏为遵旨开办大学堂拟订详细章程奏明立案恭折》上，光绪皇帝亲笔朱批："著即督饬，认真办理，务收兴学实效。"陕西大学堂应运而生。这标志着近代高等教育在陕西乃至西北地区的诞生。1905年，陕西大学堂易名陕西高等学堂。1912年，中华民国秦军政分府大督都张凤翙以"关系于现时之建设""关系于将来之建设""关系于外部之防御"的远见卓识，合并陕西高等学堂、陕西法政学堂、陕西实业学堂、陕西农业学堂与陕西客籍学堂，设立了西北大学。1915年，陕西政局出现遽变，西北大学被改为陕西公立法政专门学校。1923年，陕西省以陕西公立法政专门学校为基础，同时并入陕西水利道路工程专门学校和甲种商业学校，再度设立国立西北大学。1926年，军阀刘镇华部长达八个月之久的"西安围城"致使西北大学元气大伤，于1927年被收束改办西安中山学院，1928年又改为西安中山大学。1937年卢沟桥事变爆发后，奉教育部令，北平大学、北平师范大学、北洋工学院和北平研究院于9月内迁联合组建了国立西安临时大学。1938年，国立西安临时大学南迁途中，改名为国立西北联合大学。1939年，国立西北联合大学改称国立西北大学。1946年，国立西北医学院并为国立西北大学医学院，国立西北大学复员西安。1948年，著名学者杨钟健任校长期间，运筹帷幄，巧妙周旋，抵制了国民党当局将国立西北大学南迁四川的成命。1949年5月，国立西北大学师生与古城西安一起迎来了解放和新生。

新中国建立初期西北大学直属教育部，是全国14所综合大学之一。1958年，为支援地方建设，西北大学改隶陕西省主管。在经历了"文化大革命"的风风雨雨之后，西北大学进入了蓬勃发展时期。改革开放以来，西北大学焕发出强大活力和勃勃生机，呈现出良好的发展态势：1978年成为全国第一批重点大学之一；20世纪80年代中期，主动适应经济建设和社会发展的需求，在全国高校中率先实行了与中央部门、大型企业和地方的联合办学，创出了一条地方综合大学兴校强校的新路；1996年，跨入了国家"211工程"重点建设院校行列；2001年，学校"211工程""九五"期间建设顺利通过国家验收，受到了验收专家组的高度评价。同年，被教育部确定为西部大开发国家重点支持院校。从1981年被批准为全国首批授予博士硕士学位单位以来，西北大学现已有一级博士学科授权点3个，二级博士学科专业19个，硕士点学科专业65个，专业学位授权点2个，设立了6个博士后科研流动站。学校现有66个本科专业，涵盖九大学科门类，6个专业为国家基础学科教学与科研人才培养基地，7个专业是陕西省高校名牌专业，并建有国家大学生文化素质教育基地。建校以来，已为国家培养了10余万名专门人才。目前，有各类在校学生19000多人，13个学院、39个系，形成了规模适中、培养层次齐全和具有鲜明特色的办学格局。全校 1100 多名专任教师中教授、副教授占到 60.8%，既有院士、文理科资深教授和长江学者计划特聘教授担纲领军，又有一大批中青年学科带头人和跨世纪优秀人才作为中坚和骨干。从国家重点学科、国家人才培养和科学研究基地、人文社科重点研究基地、博硕士学位授权点、博士后科研流动站、长江学者奖励计划特聘教授岗位等一系列具有重要显示度的指标来看，西北大学居全国地方高校的前列。在全国高校中的排名不断攀升，整体实力和竞争能力持续增强。正是在这样的发展基础上，西北大学迎来了百年华诞。

百年奋进，自强不息

发端于风雨如磐的晚清末年，苦斗于动荡不安的民国初期，中兴于抗日战争的烽火岁月，新生于共和国百业俱兴的火红年代，腾飞于改革开放的全新时期。一百年来，西北大学走过了一条百年创业、百年奋进的兴校强校之路，形成了"公诚勤朴"的校训和"团结、进取、民主、奉献"的校风，铸就了"艰苦创业，自强不息，开拓创新，发奋图强"的西大精神。在一百年的办学实践中，西北大学求真务实，励精图治，不断完善办学理念，愈益体现出鲜明的办学特色。

——一以贯之的办学宗旨：兴学求强，以学报国，追求进步，振兴中华。一百年来西北大学经历了数次时代变迁和学校改制，但其跨越时空、一以贯之的办学宗旨则始终为兴学求强，以学报国。1902 年陕西大学堂的创立，目的是学习新的知识，拯救民族危亡。辛亥革命胜利后的第二年，陕西都督张凤翙为国育才的心愿充分体现在了当时西北大学"以教授高深学术养成硕学宏材应国家需要"的办学宗旨中。抗战烽火中的西北联合大学，是在"教育为民族复兴之基本""为国家命脉所系"的思想指导下，于神州山河破碎、民族危亡之际，为了坚持高擎中华文明火炬、延续我国高等教育事业而组建的。新中国成立后，西北大学焕发出了更加高昂的建设热情。1952 年，学校主动请缨，在全国率先举办了石油地质专业，培养出的千余名毕业生远赴新疆，转战东北，挺进中原，涉足东南海域等地，撑起了我国石油事业的大半个天空，为甩掉贫油国的帽子作出了无与伦比的贡献，西北大学被誉为"中华石油英才之母"。侯伯宇教授创立的"侯氏变换"、王戍堂教授创立的"王氏定理"，为中国人在国际上争光添彩，收入新华社新闻图片社《中国的骄傲——以中国人姓氏命名的科技成果》之中。改革开放以来西北大学高扬科教兴国的伟大旗帜，在人才培养、科学研究和社会服务等方面取得了更加优异的成绩，为国家富强、民族振兴提供了强大的人才、智力和科技支持。

西北大学根植陕西百年之久，周秦汉唐文化奠定了它深厚的历史底蕴，黄河黄土给予它丰富的滋养，巴山汉水给它以深情的庇荫。一个世纪来，服务陕西，开发西北，积极推动地方经济建设和社会发展，构成了百年西大的显著办学特色。清末陕西大学堂的办学目标之一，就是为陕西地方培养人才，教育学生热爱陕西承续关学，为乡梓献力。1912年西北大学的设立，更是由于"西北闭塞日久，若不早日培植，必少合格人才"。在长期的办学实践中，西北大学紧密结合并直接服务于西北地区的经济、文化建设，在陕西地方志修撰与方志理论建设、城固张骞墓发掘和汉中各县诸葛武侯遗迹考察、关学研究、西北方言考察、西北民歌收集、西北文物考古与西北史料整理研究、秦巴山区植物调查、陕南地区矿产资源勘察、关中地区地理考察研究、西北区域经济调研、培训地方师资骨干、兴办地方企业与医院诸方面都做了大量卓有成效的工作。西部大开发战略全面实施以来，在将陕西建设为经济、科技、教育、旅游等强省的各项决策中，西北大学进一步发挥了思想库、智力库、人才库的重要作用，为陕西大发展提供了强有力的科技、智力和人才支持。

——百年铸就的西大精神：艰苦创业，自强不息，开拓创新，发奋图强。历经百年铸就的西大精神，在1996年"211工程"预审中得到了淋漓尽致地体现。由多位院士、著名大学校长组成的专家组所有成员均为之动容，深受感动，大加赞赏。翻开西大校史，每一代西大人那种炽热的爱校情和美好的强校梦，强烈的进取心和高度的责任感，便会扑面而来，令人热血奔涌，感奋不已。1912年张凤翙凭着"荡舟激流，势难中止"的决心和勇气，力排北洋政府的阻挠，合组陕西五学堂设立了西北大学。1938年，组建于颠沛流离之中的国立西安临时大学，在西安仅驻足半年就再次跋山涉水，迁往汉中，且一住八年，虽然条件非常艰苦，但师生们却表现出乐观向上的精神风貌，使西北大学绛帐重开，弦歌复响。就是在这不寻常的岁月和艰苦的穷山僻壤，西大人确立了自己"公诚勤朴"的校训，创造了卓尔不凡的业绩。1949年新中国成立以后，西北大学全校上下众志成城，顽强拼搏，鼓起改革的风帆，抢抓各种机遇，积极开拓，大胆创新，使这所百年老校生机勃发活力强劲，发生了历史性的巨大变化。联合办学使学校冲破了旧观念和旧体制的束缚，拓宽了办学方向，改善了办学条件，闯出了发展的生路。争取"211工程"的奋斗过程和"九五"期间的埋头建设，弘扬了西北大学百年铸就的传统精神，彰显了西大人兴校强校的世纪情怀，催生了一批标志性重大成果，推动了学校各项事业的发展，为学校实现全面腾飞奠定了坚实的基础和更高的新起点。

——坚持不懈地致力于教师队伍建设：以人为本，夯实根基，荟萃名师，培植新秀。著名历史学家、新中国第一任西大校长侯外庐1950年就任后，首先抓的大事就是教师队伍建设。百年西大之所以薪火相传，教泽绵延，成为莘莘学子向往的殿堂，最重要的原因就是这里荟萃了大批杏坛名师，云集着众多学界俊彦。邵力子、胡小石、罗常培、吴芳吉、熊庆来、李仪祉、汪胡桢等知名学者曾在陕西大学堂和早期西大执掌教席、传道授业。1924年暑期，国立西北大学邀请鲁迅先生等十多名京津沪名流学者来校讲学一月有余。西北大学一时声誉鹊起，名驰遐迩。抗战时期的西北联合大学，师资阵容更是极一时之盛，堪称全国一流。黎锦熙、许寿裳、杨晦、罗章龙、沈志远、季陶达、黄觉非、张伯声、岳劼恒、王耀东、李建勋、袁敦礼、曹靖华、陆懋德、罗根泽、傅种孙、张贻惠、黄国璋、虞宏正、侯宗濂等著名教授曾在校长期任教。此后，著名教育家马师儒、著名科学家杨钟健曾出任校长。著名历史学家侯外庐任校长时，既十分尊重原有教授，又设法广为延聘著名学者来校任教。傅庚生、张西堂、陈登原、陈直、马长寿、江仁寿、李中宪、傅角今、王成组等名教授纷纷就教于西大，在这里口耕笔耘，教书育人，鞠躬尽瘁。侯外庐校长还立足于学校的长远发展，运用"下水游泳"与"压担加码"的方法，培养和选拔了大批中青年新秀，不仅使学校形成了阵容整齐的中青年教师梯队，更为西大加强教师队伍建设创造了传世经验。目前，西北大学的1100多名教师中有中国科学院院士2人，双聘院士6人，全国杰出专业技术人才1人，国家有突出贡献专家和省级有突出贡献专家32人，教师队伍建设进一步得到加强，为学校新世纪的腾飞奠定了坚实的师资基础。

——通专并重的人才培养模式：滋兰树蕙，桃李芬芳，毕业生素质优良，才任天下。百年来，西北大学集天下英才而育之，已为国家培养了10万多名专门人才。他们毕业后，绝大多数成为所在行业、地区或部门的骨干。其中建功立业、卓有成就者不可胜数。中国科学院院士阎隆飞、田在艺、任纪舜、刘昌明、侯洵、张国伟、张殿琳，中国工程院院士张彦仲、俄罗斯自然科学院外籍院士任益民、第三世界科学院院士牛文元，荣立一等功、受到江主席和中央军委表彰的弹道专家闫章更将军，新中国第一代爆破力学专家王如芝，著名播音艺术家齐越，著名诗人牛汉、雷抒雁，文坛奇才贾平凹，著名文艺评论家何西来，中国岩画学开拓者盖山林，著名考古学家韩伟、巩启明，青年经济学家张维迎、魏杰，全国知识分子的楷模罗健夫，献身于大漠戈壁的杨拯陆烈士，全国十大杰出青年李玉虎，担负省级以上党政领导重任的申健、冯岭安、宋汉良、安启元、王岐山等便是西大近几十年毕业生中的杰出代表。"地质英才看西大""中华石油英才之母""经济学家的摇篮""西大放飞的作家群"等赞誉，更是社会对西北大学培养了大批优秀人才的充分肯定。西北大学在长期的办学实践中形成了自己鲜明的办学特色和教育理念。城固时期，以"通专并重"为育人方针，20世纪40年代后期任校长的著名教育家马师儒十分重视通才教育与人格培养，杨钟健校长强调师生应"在知、情、意之方面交感共鸣，于和乐空气中进行人格陶冶"，侯外庐校长具有更加系统的教育思想和治校方略，他提出和建立了学校的"新三风"，即新校风、新学风、新研究风，提出了"一切为了教学，一切围绕教学，一切归到教学"的口号。进入新时期后，西北大学的人才培养和教育教学工作在继承和发扬优良传统的同时，进行了深入和全面的改革。目前，已形成了一整套新的人才培养模式和教学工作方针、方法，确立了在加强素质教育的基础上实施专业教育的教育观念，以"加强基础，强化应用，注重融合，激励创新，提高素质，体现特色"，作为人才培养的指导思想，以培养基础性和应用性两类人才为基本目标，把为区域经济和地方社会发展作为人才培养的重点。通过深化改革和加强建设，初步建起了既符合现代教育规律和特征，适应未来经济和社会发展要求，又体现西北大学特色，能够激发学生个性、创造性，使其知识、能力、素质全面发展的人才培养体系和教学运行机制。

——发展科学，传承文化，津梁学术，服务社会：精心构建学科体系，奋力攀登科学高峰，传播和创造先进文化。在一个世纪的发展历程中，西北大学形成了具有自身优势和特色的学科体系，聚集了一大批学术造诣精深的学者、专家，在自然科学和哲学社会科学领域均取得了丰硕的成果，已成为我国高层次人才培养和高水平科学研究的重要基地。改革开放以来，特别是开展"211工程"建设以来，西北大学以学科建设为龙头带动学校的各项建设，确定了"突出重点，全面提高，优化结构，注重创新，发挥优势，体现特色"的学科建设方针，明确了"文理并重，理工结合，优化基础，发展应用"的工作思路，学科建设形成了覆盖面较宽、基础学科实力雄厚、综合优势突出的良好态势。经过多年建设，拥有了诸如构造地质学、植物学、专门史（中国思想史）、政治经济学、矿产普查与勘探、世界史、分析化学、理论物理、科学技术史、计算机软件与理论等一批实力雄厚的基础学科。它们在学科建设中发挥了显著的示范和带动作用。综合大学的传统优势，使西大具有学科多样性和方向多样性的特色，发挥这一优势，依托多种学科，通过文理渗透，理工结合，近年来学校的应用学科、新兴学科和交叉边缘学科显示出良好的发展前景，如环境科学、分析科学、生命科学与生物技术、电子信息科学、材料科学、旅游管理等学科不断发展壮大并取得了一批突出的研究成果。在"211工程""九五"建设期间"中国思想文化史综合研究""中国西部山—盆动力学及其资源环境效应""理论物理与光子学""分析科学、物理无机化学与现代分离科学""中国发展经济学与陕西经济发展""现代生物技术和秦巴山区资源的保护与开发""计算机软件新技术及其在电子信息产业中的应用"等七个学科在国家立项，进行重点建设。这七个重点建设的学科，包容了西北大学现有28个国家和省部级重点学科的80%以上，具有很广的覆盖面，发挥了我校传统优势和地缘优势，与地方经济建设和社会发展密切相关，立足于学科前沿，跟踪当今科技发展的新趋势，以实现知识创新、科技创新为目标，"九五"期间取得了一批标志性重大研究成果。张国伟院士主持的国家自然科学基金重大项目"秦岭造山带岩石圈结构、演化及其成矿背景"，其研究成果获"教育部1998年科技进步一等奖"和"1999年度国家自然科学二等奖"，以他为学术带头人的构造地质学，被评为全国重点学科，在该领域处于国际一流、全国领先的地位。舒德干教授在被称为"当代自然科学十大难题之一"的"寒武纪生命大爆发研究"中取得重大突破。他作为第一作者在世界顶尖学术期刊Nature上发表的6篇重要论文，公布了他在进化生命科学领域取得的系统性科学发现。其中，尤其是他将脊椎动物起源前推了5000万年，建立了"古虫动物门"，更是在国际学术界引起强烈反响。这两项成果分别入选1999年和2001年"中国十大科技进展""1999年中国基础研究十大新闻""1999年中国高校十大科技进展"。舒德干教授2000年荣获第二届"长江学者成就奖"一等奖，2002年被授予全国"杰出专业技术人才"称号。高鸿院士主持的国家自然科学基金重大项目"生命科学中的电化学分析和分子光谱分析法研究"，将示波分析由示波滴定发展到了示波测定的新阶段，在国际上处于领先地位，被专家一致鉴定为"特优的成绩，达到了一流的学术水平"。学校被SCI收录论文数在全国高校的排名由1996年的第56位提高到了2000年的第27位，基础科学研究显示度进一步得到了攀升。张岂之教授领导的中国思想史研究独树一帜，其主编的6卷本《中国思想学术史》继承和拓展了20世纪中国思想史研究的优秀成果，形成了具有独立见解的思想史研究代表作；他新近主编出版的6卷本《中国历史》被列为教育部"九五"重点教材，在国内外产生了广泛的影响；彭树智教授主编出版的《中东国家通史》丛书，是我国第一部集中东各国通史于一体的大型丛书，受到史学界的高度评价。何炼成教授主编出版的《中国发展经济学》丛书，系统地建立和完善了中国发展经济学的学术观点和理论体系。近年来，以何炼成教授为首的研究群体承担了国家和省上一大批关于西部经济发展的重要课题，其研究成果被地方政府和企业广泛采纳应用。"西北大学中国西部经济发展研究中心"是全国高校中唯一的研究西部经济的人文社科重点研究基地。"三峡库区淹没区文物抢救与保护""城固宝山遗址发掘""扶风案板发掘"等考古项目取得重要突破，在学术界产生了重要影响。同时，其他学科领域也取得了一系列重要研究成果。中国古典数学与数理天文学的研究，解决了一系列中国数学史上的重大疑案、悬案，李继闵教授对"《九章算术》及其刘徽注"的研究，获1999年"国家科技进步奖"三等奖。曲安京教授2002年8月在第24届国际数学家大会上作了45分钟的大会邀请报告。现代分离科学、有机合成新反应和新方法、驾鹿金矿床含氧金矿物及新矿物、综合地质物化探多参数直接探测油气理论方法与效果、世纪之交理论物理重大问题、强场激光物理和飞移超快过程、物理无机化学、西部地区资源调查开发和利用、可持续发展等方面的研究，都分别承担了国家"攀登计划""863计划""973计划"和"九五"重点攻关项目任务，取得了一批获省部级以上奖励和直接应用于西部大开发的重要成果。在高新科技开发和科技成果转化方面也显示出良好的势头。毕业于西北大学的原美国加州大学基因实验室主任陈超博士返回母校工作，建起了设备和技术国际一流的西北大学生物芯片研发中心，受到了李岚清副总理的关注和赞许，得到了科技部、教育部和省市的高度重视和支持，已成为陕西省六大科技产业基地之一。生物医药研制重组蛋白药物生产线及关键设备的开发生产、三维医学可视化系统、计算机文物复原技术、纳米系列材料技术、农业科技等方面的成果转化和产业化呈现出良好势头，初步形成以生物医药、农药、纳米技术为优势和特色的科技产业格局。在"211工程"建设中，学校投入6000多万元进行科研基地建设，重点建设了10多个省部级重点实验室和工程研究中心，购置了核磁共振波谱仪、X衍射荧光光谱分析仪、电感耦合等一批具有世界先进水平的大型仪器和设备。硬件条件的改善，校园信息网、图书文献信息保障系统的建设，为学校今后的学科建设和科学研究创造了更为良好的条件。

——植根古老陕西，胸怀五洲四海：走向世界，开放办学，博采众长，融通中外。十一届三中全会以后，西北大学不断扩大对外开放视野，提高对外开放水平，先后与美、英、日、法等国家的40多所大学和研究机构建立了长期稳定的合作交流关系。李政道、杨振宁、李约瑟、米尔利斯、哈肯、牛满江、周策纵、唐德刚等著名科学家和资深教授先后来校讲学或作学术报告，多名外籍教授担任学校的名誉教授、客座教授和兼职教授。派出大批教师赴国外留学、进修或作访问学者，大力发展留学生教育，已培养外国留学生千余名。

一个世纪以来，从学堂时期的肇始奠基，筚路蓝缕，到合组学堂创设西北大学时的荡舟激流，义无反顾；从西北联大的联辉合耀，文化开秦陇，到抗战胜利后复员西安的苦心经营，抵制南迁；从新中国建立初期的"改造旧西大，建设新西大"，到20世纪50年代末归属关系的重大变化；从70年代末的拨乱反正，百废待兴，到80年代联合办学闯出一条生路，一直到90年代进入发展的快车道，实现了新时期的腾飞。一百年来，西北大学历尽沧桑，不断探索和追求，才迎来了今天的大好局面。

与时俱进，开创未来

欣逢百岁华诞，我们既感到无限自豪和光荣，更感到肩头的责任重大而神圣。在新的百年里，如何引领西北大学奔向灿烂辉煌的未来，在新的起点上怎样使西北大学开创21世纪的崭新开局，是每个西大人必须用实际行动回答的一个重大问题。

"潮平两岸阔，风正一帆悬。"知识经济时代的到来为我们开辟了更加广阔的天地，科教兴国战略和西部大开发战略的实施，召唤着我们弄潮先行，大显身手，"三个代表"重要思想和"教育创新"的动员令为我们指明了前进的方向，提供了行动的指南。

在新世纪初，我们要做好以下工作，为西北大学实现新百年的腾飞开创良好局面。

——坚持以发展为主题进一步加快学校的建设步伐。

——深化改革，锐意开拓，积极推进教育创新。

——进一步加强师资队伍建设，保持和建立一支素质较高，结构合理，充满活力，流动有序的教师队伍。

——深入推进素质教育，全面提高人才培养质量。

——继续发扬基础研究的优势和传统，积极开拓应用研究的新领域，继续保持和增强基础科学的优势。

——迎接教育全球化的挑战，以开放的精神和胸怀，坚定不移地走国际化的发展道路，不断加强国际交流与合作，增强国际竞争力，使西北大学成为国际学术交往和中外文化交流的桥梁和窗口。

站在历史与未来的交汇点上西北大学将以自强不息、与时俱进的姿态迈上新的征途，创造新的辉煌。

西岐有凤，鸣于昆冈。在新的世纪里，中国和世界都将会听到西北大学高亢的声音！

西北之光，辉耀世纪。在新的百年里，西北大学必将会谱写出更加光辉灿烂的篇章！

（原载《光明日报》2002 年 10 月 11 日）

人民网，《人民日报》：西北大学一百二十周年校庆公告

（第一号）

西岐鸣凤，绛帐弦歌。西北大学是国家首批"世界一流学科建设高校"、国家"211 工程"建设院校、教育部与陕西省共建高校。2022 年 10 月 15 日，西北大学将迎来 120 周年华诞。诚邀校友师生、社会各界共襄盛举。

百廿岁月，玉汝于成。学校创设于 1902 年的陕西大学堂和京师大学堂速成科仕学馆，1912 年始称西北大学，1923 年改称国立西北大学，康有为、鲁迅讲学于此，领风气之先。1927 年，改组为西安中山学院。抗战时期，西北联大与西南联大并辔而行，赓续中华文脉，徐诵明、黎锦熙、曹靖华、黄文弼、郑资约等名师云集，械朴作人，引一

图 7-9 西北大学一百二十周年校庆公告（第一号）

时之盛。新中国成立后，积极响应国家号召，分出诸多科系参与组建众多高校和科研院所，奠基西北高等教育格局。改革开放以来，以开放的胸襟和奋进的姿态，面向国家和区域经济建设主战场，作育英才，繁荣学术，兴学求强，以学报国。进入新时代，聚焦"双一流"建设，努力提升文化影响力和社会服务力，同祖国人民一起昂首阔步行进在实现中华民族伟大复兴的征程上。

春华秋实，桃李芬芳。产生了中国思想史研究的"侯外庐学派"、中国世界史研究领域的三大学术理论之一的"文明交往论"，中国五大地质学派之一的"地壳波浪状镶嵌构造学说"，被誉为"中国的骄傲"的"侯氏变换"和"王氏定理"，秦岭造山带的"三板块两缝合带、立交桥式三维结构"演化过程与动力学模型，破解达尔文进化论世纪难题的"三幕式寒武纪大爆发假说"，为接收南海诸岛和划定南海十一段线作出贡献，完成《南海诸岛地理志略》，主持获得国家自然科学奖一等奖、国家级教学成果奖一等奖，走出了 29 位两院院士、4 位中国科学院哲学社会科学部学部委员、10 位国际科研机构院士，涌现出"中国知识分子的楷模"罗健夫，全国重大先进典型侯伯宇，"感动中国"年度人物龚全珍等杰出校友，被誉为"中华石油英才之母""青年经济学家的摇篮"和"作家摇篮"。

踔厉奋发，踵事增华。新时代，西北大学以更开放的胸怀、更包容的气度、更有为的担当，坚持"中国特色、世界一流"导向，推动"一院一策"综合改革，实现跨越式发展。学校考古学科、地质学科入选"世界一流学科"建设行列；考古学科入选国家急需高层次人才培养专项名单；产生了一批以"清江生物群""大月氏考古"为代表的标志性成果；累计发表 Nature、Science 论文 18 篇；建设全国首个"碳中和"学院，复办医学专业，在服务国家战略、增进人民福祉中贡献新的西大智慧和力量。

奋楫笃行，荡舟激流。西北大学 120 年的办学历程，是与国家民族荣辱与共、勠力同心的 120 年！是致力于传承中华灿烂文明、追引世界科学前沿的 120 年！是涵育"公诚勤朴""艰苦创业、自强不息"文化精神的 120 年！是一代代西大人心怀赤诚埋首任事，以饱满激昂的生命留下永久传奇的 120 年！

同心相应，同声相和。120 周年校庆，是学校百二十年办学成就的积淀升华，更是激励校友师生爱校兴校、书写情怀、振奋志业的荣耀盛典！期待关爱学校发展的各界人士、海内外校友欢聚学校，畅叙情谊，凝聚共识，共创大业。

特此公告，敬祈周知。

西北大学
2022 年 2 月 7 日

（原载《人民日报》2022 年 2 月 7 日第 8 版；人民网 http://paper.people.com.cn/rmrb/images/2022-02/07/08/rmrb2022020708.pdf 2022-02-07 15：25）

第二节　梳理与研究

黎锦熙：国立西北大学校史（节选）

国立西北大学，民国二十八年（1939）8月8日始成立于陕南之城固县，迄今已满五载。其历史甚短，然而溯其本始，论名则已届三十三年，论实则且逾四十三年（指1902年至1944年）矣。何为论名？辛亥革命，陕西都督张凤翙，即发起办西北大学，距今已三十一年（应为三十三年）；后仅办一省立法政专门学校；迄民国十四年（应为民国十二年），（国立）西北大学始正式成立于西安，不二年（应为四年）停办，今西京图书馆之藏书，大抵皆当时西北大学之藏书也，以其为省立，唯校名相同。无庸祖述，所谓不唯其名而唯其实。今论实，亦不必依时贤之见，盖时贤有主张凡今校史皆宜溯源于往古者，则西周京都在陕，所谓"辟雍"，"成均"即三千年前之国立大学，今西北大学正可承其绪也。然代远年湮，不宜如此铺陈，今西大奉部令成立虽已满五载，然固当溯及民国二十七年（1938）之西北联合大学，而联大又即二十六年（1937）抗战后成立之西安临时大学；临大又即具有四十年之历史之平津国立三校院合组而成者也。

忆民国二十七年（1938）之秋，曾为联大拟定校歌，经联大常委会议决议修正通过后，托专家从举制谱，谱未成而学校改组，未之用也。歌词实即校史之纲领，今作校史，仍用为纲，分句笺疏，以醒耳目，斯亦史家创体也欤！

并序连簧，卅载燕都迥

西北大学就为西安临大，西北联大叠次改组而成，临大则为国立三校院所合组。三校院者，北平之平大、师大，及天津之北洋工学院也；除北大及清华外，平津国立校院几囊括以尽；兹以此三校院最初成立之先后为序。记其大略，此非但西北大学之导源，亦中国现代史上大学教育之概观也。

……

勤朴公诚校训崇

二十七年（1938）九月，部颁青年守则十二条，并令将校训校歌呈报备核，遂由联大常委会议通过"公诚勤朴"四字为校训。迄二十八年（1939）三月第三次全国教育会议，领袖训词，划一全国各校校训为"礼义廉耻"，遂遵改。公诚勤朴虽不标为校训，然此等校风仍当养成也。

华夏声威，神州文物，原从西北，化被南东，努力发扬我四千年国族之雄风！

论曰西北大学，源远流长，不唯其名而唯其实也。其使命，其目的约有三端：曩固言之,"公诚勤朴"校风尚养成,盖与西北固有优良之民性风习相应。夫"民生在勤,勤则不匮",此足以去贫,非仅治学修业宜尔也。勤以开源,朴以节流;然朴之义又不止此,乃巧诈之反。"今之愚也诈而已矣",此足以去愚,凡诈皆愚也。公以去私,用绝党争。"诚者天之道也","天行健,君子以自强不息"。此足以去弱。弱源于虚,诚则实矣。"贫、愚、私、弱",人皆知为吾民族之所苦;勤朴公诚,正其对症药也。此一端也。西北之华山汉水,即"华夏"之名所由来,古代文化实肇此土;然若徒珍故物,发思古之幽情,不计神州奥区,实赖物质交通而开发,则荣誉虽存于往史,今终无以解于落后之诮也,可讳言乎?学府在此,提挈群伦,当以继往开来为务。文化者,合精神与物质综古代与现代而言,非可偏举。此又一端也。西北民族杂居,异于东南,而其开化亦久,异于西南;融为"国族",正学府之任务矣。四千年使华夏之雄风,宁以遇暴敌而遂摧挫?唯在西北,必藉教育学术之力,努力铸成"国族"以发扬之;西大之责,无可旁贷。此又一端也。明乎国史与校史,自知其使命与目的所在,谨陈三义,以结斯篇。

民国三十三年五月于城固

(原载国立西北大学台湾校友会编《国立西北大学建校卅周年纪念刊》,1969年第1—9页)

姚远:西北大学与陕西辛亥革命

摘　要　通过近年来新发现的原始文献论证西北大学前身——晚清西安五学堂参与陕西辛亥革命以及西北大学诞生于辛亥革命的历史事实,为辛亥革命在西北的研究提供新线索。研究表明:西北大学的陕源前身陕西高等学堂、陕西法政学堂、陕西农业学堂、陕西实业学堂等均曾爆发以反清、保卫路矿权益为主的学潮,给行将覆灭的清廷以很大震动,是陕西辛亥革命的前奏;西北大学前身各学堂留日学生通过结社、办刊等形式,积极策应陕西反清斗争,还有马凌甫、张蔚森两位回国留日学生作为陕西代表参加了孙中山临时大总统就职典礼,并为陕西辛亥革命保卫战筹集军费;陕西辛亥起义的总司令部即设在西北大学前身陕西高等学堂内,教师和学生在组织炸弹队、攻克凤翔城、发动地方起义、维持地方治安、支持辛亥革命后军政府的财政等方面均发挥了积极作用。在秦陇复汉军政府的8个部16个正副部长中,6位出自西北大学前身的学生或教师。战事甫定,甚至西路战役尚未完全结束,张凤翙大都督即亲任西北大学创设会会长,以"荡舟激流,势难中止"的气魄,由五学堂合组创设西北大学,并使其成为陕西辛亥革命失败后存留的唯一成果。

关键词　辛亥革命;秦陇复汉军政府;张凤翙(1881—1958);西安五学堂;
　　　　　西北大学

西北大学的陕源由清光绪二十八年（1902）的陕西大学堂（1905年9月改为陕西高等学堂，1912年按全国统一要求改为陕西高等学校）、光绪二十九年（1903）的陕西课吏馆（1907年4月改为陕西法政学堂）、光绪三十年（1904）的陕西农业学堂、光绪三十三年（1907）的陕西客籍学堂、宣统二年（1910）的陕西实业学堂等西安五学堂合组而来。

这在给中华民国秦军政分府大都督张凤翙的《呈大都督文》中已有明确表述，即"近日协同旧日高等学校校长及农业学堂校长，悉心商酌，拟将关中大学（民元五学堂合组后的短暂校名）即更名为西北大学。除现开之法律、经济、政治及大学第一部、预科各班外，并将旧日之农业、实业两学堂改为本大学农科分校，高等学堂改为本大学预科，以旧日之客籍学堂改为文科分校。其开办常年经费，即用以上各学堂之经费"。又文指出："本校现已改为西北大学，所有种种原因已蒙批准转咨在案"[1]。1924年恢复的国立西北大学也有"本校系前清末年省立大学堂，后降为高等学堂，至民国改为西北大学，未几又改为法政专门学校，十二年（1923）九月间复筹设西北大学"的沿革表述[2]。1934年4月，南京国民政府教育部印行的《视察陕西省教育报告》亦指出："陕西省高等教育机关，于清光绪二十八年（1902）就咸宁、长安两县考院旧址，建立陕西大学堂。民国元年改为西北大学预科……"由此可见，民国政府教育部亦肯定陕西大学堂是西北大学的源头。1939年8月，国民政府行政院决定将国立西北联合大学改为国立西北大学，标志着陕源西北大学与京源西北大学的合流，抗战胜利后即由汉中迁回西安陕源西北大学原址（西北大学农科所在地）办学。即便京源西北大学教授黎锦熙1944年5月所撰的《国立西北大学校史》也对此有公允的表述，即"辛亥革命，陕西都督张凤翙，即发起办西北大学，距今已三十年（应为32年）；后仅办一省立法政专门学校；迄民国十四年，西北大学正式成立于西安"。陕西省长公署秘书张辛南也有"西北大学共有三次，张翔初（凤翙）先生督陕时所办之西北大学为第一次，刘雪雅（振华）先生督陕时所办之国立西北大学为第二次，现在之西北大学为第三次"的表述，显然将京陕两源之西北大学连为一体[3]。2001年5月27日，陕西省人民政府教育厅主持西北大学创建时间论证会，邀请全国有关专家与会，一致认为西北大学创建时间应按全国高校惯例推至清光绪二十八年（1902），继承陕西大学堂等五学堂的办学历史。就此，已经有一系列研究文献或报道[4-15]。

这些说明，我们以晚清五学堂发生的历史事件作为西北大学与陕西辛亥革命的关系的命题是有确凿历史依据的。

一、学堂学潮的酝酿

（一）高等学堂学生与辛亥革命

陕西高等学堂留日学生马凌甫回忆说：

"我们这个母校原是一个理学王国，学术思想和政治水平都在时代的后面，不但有关革命的书报列为禁品，就连壬寅、癸卯的《新民丛报》也认为是洋学书籍，不让学生多看。……学生在文字中偶尔引用新的名词，即目为狂悖而严加申诫。但是，客观形势的发展，决不是少数人主观愿望抑制得住的。……改为高等学堂，……学堂才开始有了新的气象，学生集会结社也才得到一些自由。"[16]

尽管学生的言论和政治自由受到严密控制，但学堂的学生仍有一些大的政治活动。光绪三十三年（1907），陕西高等学堂、陕西法政学堂联合师范、中学、陆军等学堂的全体学生，呈书给陕西巡抚曹鸿勋，抗议向英国出卖陕西铁路权，呼吁陕西自办洛潼铁路。光绪三十四年（1908）七月，陕西高等学堂地理教习张子安因未参加谒圣礼而遭侮辱，张教习提出抗议，遂被学堂监督周镛解雇。为此，学生向监督、提学使交涉，要求挽留张教习，均遭拒绝，遂引发高等学堂学生全体罢课直至退学，并撤离学堂。200多名学生离校后分住城内的醴泉（今礼泉）、咸阳、商州、蓝田各会馆，并仿上海中国公学，制定自治规则，设稽查、调查、会计、书记各员，处理日常事务。退学学生以醴泉会馆为总机关，并准备在渭南成立公学。这次学潮得到全省学界的大力支援，陕西当局唯恐事态扩大，撤销了庶务员和监学官二人，由教育总会会长等出面调停，答应了学生的要求，罢课遂结束。这是清末陕西学界最大的一次学潮，给行将覆灭的清廷以很大震动。随后，陕西当局照会高等学堂，并转发清廷学部札，要求学堂"管教各员，随时董戒学生，不准联盟纠众，立会演说及潜附他人党会"。[17]

之后，高等学堂的一些学生参加同盟会的秘密活动，远在东洋的高等学堂首批留日学生郗朝俊、马凌甫、张荫庭、钱鸿钧、谭耀唐、崔云松等先后创办《秦陇报》《关陇》《夏声》等月刊（图7-10），呼应陕西的反清斗争。《夏声》第6号即曾发表署名"大无畏"的《陕西高等学堂之纪事及评论》一文，呼应学潮。大学堂留日学生马凌甫、王芝庭、张荫庭于光绪三十二年（1906）春节期间返乡省亲，即与同学康寄遥、王授金等筹组一个爱国团体，秘密进行革命活动。原陕西农业学堂学生郑伯奇回忆：

"高等学堂……是由旧的书院改组的，学生年龄较大，资格较高，与本省在北京、上海以及留日学生多有联系，在历次学生运动中俨然居于领导地位。"[18]

辛亥革命的前一年，西安学运达到高潮，高等学堂、农业学堂等均曾引发学潮。

陕西也发生了保卫洛（阳）潼（关）、西（安）潼（关）铁路和延长石油矿主权的爱国斗争。

当时，比利时政府贷款给清政府，先取得京汉铁路修筑权，并与清政府签订了修筑汴洛以西铁路（包括陕甘）的合同。清光绪三十一年（1905）夏秋之交，在京、沪的陕甘两省士绅、商人和学生联名上书商部，坚决反对外人掠夺铁路权，主张自修铁路。陕西巡抚曹鸿勋决定官办西潼铁路，并委藩司樊增祥为总办。樊借修西潼铁路，大肆勒索，

  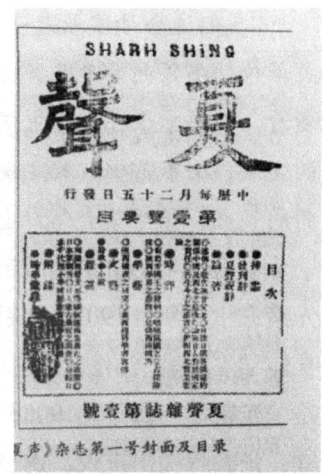

图 7-10　陕西高等学堂首批留日学生 1908 年正月创办的
《秦陇报》《关陇》和 1908 年 2 月创刊的《夏声》

征收亩捐，引发关中七州县农民抗捐斗争，迫使陕西巡抚停止征收铁路亩捐。随后，陕西巡抚曹鸿勋又与英国瑞记洋行买办密商，拟由英国承修陕西铁路，25 年后再由中国赎回。这首先激起陕西学界的强烈抗议。

光绪三十三年（1907）五月，陕西法政学堂与陕西高等学堂的全体学生联合师范学堂、中学堂、陆军学堂的全体学生，呈书给陕西巡抚曹鸿勋，抗议向英国出卖陕西铁路权，呼吁陕西自办洛潼、西潼铁路。陕西巡抚曹鸿勋一面认为"诸生关心桑梓，力保路权，其用意诚属可嘉"，一面又斥责学生："竟为报纸浮言所误"，"诸生身在学堂，唯志学已，地方要事大局所系，因不能不一关怀，然以无稽之传，捉捕风影，张大其词，又诸生之过也……吾陕士风纯谨，何应染此嚣习"[19]。这次争夺铁路权的风潮，得到陕西各界的响应，也得到了远在日本的陕籍留学生的声援。陕西留日学生在《关陇》《夏声》杂志上撰文指出：出卖路权，"国破家亡，祸自今始"。在陕西人民的一致反对下，光绪三十四年（1908），西潼铁路改为集股商办。

清光绪二十九年（1903），德国驻天津领事馆武官汉纳根，借旅游之名，在陕北发现延长石油矿资源。回到天津，他即与德国领事及德商世昌洋行密谋掠夺延长石油矿的开采权。之后，美、日、俄等国也积极活动，企图插手，陕西绅、商、学各界 600 多人在中州会馆集会，强烈反对，后在舆论压力下改为商办。

对争夺路矿权，反对英国公司修建陕西铁路，反对德、美、日、俄等开采延长石油矿，主张陕西自办路矿这件事，离开当时的国际、国内，包括陕西的背景，以现在的立场，是很难给出评价的。但是，学生敢于走出学堂，敢于同清地方当局抗争，关心国家大事，关注桑梓建设，并且全体参与，这无论怎么看，仍不啻为爱国之举。

（三）农业学堂学生的大规模罢课

宣统二年（1910），亦即辛亥革命前夕，西安的学生运动以陕西高等学堂为首，达到了高潮。其他如西安府中学堂、农业学堂、实业学堂、法政学堂、巡警学堂、陆军小学堂等，也都加入其中，先后发生了大规模的罢课。郑伯奇回忆：

"其中农业学堂罢课时间最久，影响很大，成为进步力量向反动统治展开的最激烈的一次斗争。当时，我是农业学堂的一个年纪最小的学生（推算为十五六岁）。在这次斗争中受到了锻炼，也开拓了眼界。"[18]

罢课原因表面上看是学生对教学和生活管理积有不满而爆发的，特别是一些不学无术的教职员的误人子弟行为，实际原因是对当时政治现状不满。当时，在罢课以后，农业学堂的学生立即组成纠察队，并推举张义安、王盈初等6位代表向学堂交涉。由于学堂当局持冷漠不理态度，激起学生公愤，遂一致决议由学堂迁往城内城隍庙后街的财神庙，这也使事态扩大，引起社会的广泛关注。当时，西安各校纷纷派代表慰问，并表示声援。陕西高等学堂的马彦翀、陕西师范学堂的寇胜浮、健本学堂的胡景翼（笠僧），都代表各校到财神庙声援慰问。陕西教育会也表示关心。农业学堂的罢课学生代表也奔走呼吁，更引起西安各社会团体和进步人士的广泛关注。不久，陆军小学堂也举行罢课，清陕西地方当局深惧军事学校罢课发生意外，在数日内即予平息，却对先罢课的农业学堂依然置之不理，这更激怒了学生和关心学生的各界人士。适逢陕西教育会年会，教育会长兼咨议局副局长郭希仁严正陈词，农业学堂罢课学生代表张义安痛哭流涕，以头撞壁，表示必死决心，罢课学生亦人声鼎沸。在这种情况下，清陕西地方当局遂接受学生要求，将不学无术的教职员全部撤换。学生们在这次斗争中经受了锻炼，是陕西辛亥革命的重要前奏。学生代表张义安、王盈初在这次斗争中加入同盟会，郑伯奇也由张义安、胡景翼介绍加入同盟会。

据陕西高等学堂原教习马彦翀回忆，当时西安的公益书局（南院门）、健本学堂（西大街富平会馆，焦子静主持）、驿传房（臬台衙门内东偏院）是陕西辛亥革命前的几个主要活动据点。陕西高等学堂的马彦翀、于海沧、李含芳、李澄侯、韩志淮、李梦彪、蒙俊生、杨子廉、王友卿、杨养初经常在星期日到以上地点参加革命活动，陕西高等学堂兵学教习宋元恺借在健本学堂兼课，也时常参加活动。陕西高等学堂的罢课、支援"蒲案"、反对西潼铁路抵押给外人、反对延长油矿抵押给美国人开采等就是在此商议酝酿的。[20]

二、留日学生办刊与"反旧迎新"浪潮的积聚

远在唐代，以汉文化为主体的唐文明大量涌入日本和朝鲜半岛的高丽、百济、新罗等国，儒家伦理思想、典章制度、佛教、文字、音乐，乃至服饰等被广泛吸收和承传。自唐贞观四年（630）至唐昭宗乾宁元年（894），日本曾19次派"遣唐使"至中国，每

次人数最少 120 人，最多时达 650 人左右，其中留学生、学问僧等占有相当数量，往来学习、贸易或生活于唐长安城的外国人竟有数万人之多。

然而，自 1854 年日本被美国用武力强迫敞开门户之后，美、英、荷、俄、法等国先后侵入，日本又通过明治维新运动，废除封建幕藩体制，摆脱了殖民地危机，走上效法西方资本主义的道路，在很多方面包括科学文化方面，改变了自古学习中国的做法。民元西北大学教务长、早期留日学生马凌甫指出："日本明治维新，还在我学西法办洋务之后，而甲午之战，日本以区区三岛小国，竟将我地大物博人众之国打得一败涂地。日俄之战，俄国又被日本打败。它的致富图强之道，是值得我们取法的"[16]。马凌甫的结论正是自 1900 年八国联军侵入北京之后，我国留日学生数量逐年增加的原因所在。1900 年至 1906 年，我国赴日留学生前后达万人以上，仅 1906 年滞日留学生就达 7 000 人之多[21]，也有已达 12 000 至 13 000 人之说[22]。

1900 年后，陕西一改自古接受日本留学生的历史，也随着全国兴起的留学日本热潮，开始派出留日学生。陕西周至人、清举人路孝植（1868—？）是陕西第一个自费留学日本者。张益谦、黄国梁、张凤翙、魏国钧、白毓庚、席丰和炳炎等 7 人为陕西首批官费留学生。

至辛亥革命前夕，陕西留日学生已有 116 人之多。这其中，以陕西高等学堂派出的留日学生规模最大，对陕西教育发展的影响也最为重要。

光绪三十一年八月十九日（1905 年 9 月 17 日），陕西巡抚曹鸿勋上奏慈禧太后和光绪皇帝，拟派学生游学东洋并派员出洋考察。这次派出的留学生，分别由陕西高等学堂、三原宏道学堂和陕西师范学堂遴选派出，计官费生 31 名，宦籍自费生 17 名，共 48 名，是清末陕西派出留日学生人数最多的一次。

其中，出自陕西高等学堂的留日学生有：安徽试用县丞、陕西澄城县监生白常洁（西垣），入经纬学堂学警察兼银行；陕西米脂县附生高冠英（奇卿），入振武学校习普通兵事科；陕西户县增生王觐墀（芝庭），入济美学堂习普通科后习工科；陕西咸宁县附生钱鸿钧（陶之），入早稻田大学习普通科后学农科；陕西泾阳县廪生曹澍（雨亭），入经纬学堂习普通科后习工科；陕西咸宁县附生崔云松（迭生），入早稻田大学习普通科后习农科；陕西渭南县附生张蔚森（荫庭），入济美学堂习普通科后习工科；陕西华阴县附生郗朝俊（立丞），入济美学堂习普通科后习工科；陕西合阳县附生马步云（凌甫），入早稻田大学习普通科后学农科；陕西绥德州廪生张允耀（星岩），入济美学堂习普通科后习工科等。这是初入学一年时的情况，其后在毕业时留学者的专业大都发生很大变化，习法政和经济学者居多。

清光绪三十二年八月（1906 年 9 月），同盟会陕西分会在日本成立，陕西高等学堂留日学生曹澍、马步云、张蔚森等先后加入。分会成立的三项任务之一，就是要组织舆论机构，发行刊物，展开宣传鼓励工作。陕西留日学生最早创办的革命刊物《秦陇报》遂于清光绪三十三年七月（1907年8月）在东京出版，党积龄任总经理，高等学堂留日学生郗朝俊、马步云、张蔚森分任事务、会计和印刷等主要职事。该刊的宗旨为："发扬旧文化，灌输新知识"，实际上是"反旧迎新"。其发刊词指出：

"环顾吾乡，病入膏肓，祸迫眉睫……当此危机存亡之秋，一刻千金，稍纵即逝，秦陇人如何振刷精神，改革思想，以修内政而御外侮？……倘阅是编者震动脑海，勃起热忱，积羞成愤，聚精神以运思想，思想愈灵；由思想以鼓精神，精神愈奋。不出数载，百废俱举，吾关中豪杰、陕西狂士，必能与碧眼紫须众争黄池之一欷！是则《秦陇报》补脑议功之日，是编亦随之为大纪念品矣！"[23]

该刊设有论说、时评、译件、文苑和关陇汇闻等主要栏目。创刊号发表有《西潼铁路刍议》，呼应家乡反对向英国出卖铁路权的斗争。该刊初拟每月1期，每期4万字，但因缺乏经验和主持人回国而仅出1期即停。

之后，陕西高等学堂留日学生马步云、康寄遥、钱鸿钧、谭焕章、崔云松、张仪骞、范振绪和郗朝俊，不甘失败，清光绪三十四年正月初一日（1908年2月2日）在原《秦陇报》的基础上，在东京又创办了《关陇》月刊（又名《关陇丛报》）。马步云和郗朝俊常住报社服务，有一次刊物印好，却无邮费发行，他们就把手表、身上穿的大衣，送进质屋典当，才把这期刊物发出。该刊在同年四月（5月）《夏声》杂志刊登《关陇》杂志广告言明：

"关陇为西北锁钥，天然占优胜之形势，其存亡得丧，在历史上、地理上固不与神州全局有绝大之关系。况自俄人受挫辽阳后，回风西转，撼我昆仑。西北急警，日紧一日。本社同人，既切桑梓之危，复深祖国之痛，爰自忘其愚，矢移山志，组织斯报，专以提倡爱国精神，浚瀹普通智识为宗旨。其于强俄在蒙回疆之举动，及关陇与吾国全局关系之点，尤特注意，发挥靡遗。凡留心西北情势者，幸垂览焉。"[24]

其栏目有论著、时评、实业、译述、专件、谭丛和记事等。马步云以"民气"为笔名，在该刊发表的《论中国之国体》一文，力言君主制度不能不废，民主共和不能不争。文章指出：

"世运递嬗，政治日新。自十八世纪末叶以来，欧美诸国……无不风卷云驰，群奔赴颠覆专制更始宪政之一端。……日本以亚东三岛，亦随文明进化之潮流，于数十年前革新面目，唯我中国濡滞不进，旧态依然。……人同此心，心同此理，何以白皙人种已于百余年前享自由平等之幸福，而吾民犹蜷伏鼠缩于专制政体之下，岂黄人之爱自由不如白人乎？……由此观之，世界各国必经惨雾秋云之大劫，乃有日月再清，山河重秀之日。"[25]

总之，该刊呼吁各界人士奋起保卫陕甘权利，抨击时弊，激励人民奋起变革，是陕甘辛亥革命的前奏。

除有部分学生留学日本外，也有 10 余名由陕西巡抚选送北京京师大学堂或青岛、浙江等地的高一级学堂或分科大学深造，另有不少学生被派充州县学堂的教习。

三、西北大学在辛亥革命中应运而生

自从清道光二十年（1840）的鸦片战争以来，伴随着帝国主义列强的枪炮声，中国逐步沦为半殖民地半封建国家。昏聩腐败的清政府，屈膝投降，卖国求荣，鱼肉人民，激化了阶级矛盾，亦加深了民族危机，推翻清政府成为解决中国社会基本矛盾的焦点。

（一）以陕西高等学堂为总司令部发动的起义

以孙中山先生为代表的资产阶级革命派，顺应社会发展的历史潮流，在 1911 年 10 月 10 日举行了震撼中国大地的武昌起义，即辛亥革命。武昌起义的第 12 天，即 1911 年 10 月 22 日，陕西革命党人张凤翙、钱鼎、万炳南、张云山、张钫等领导新军和哥老会响应武昌起义，发动西安起义。

1911 年 10 月 27 日，即陕西辛亥革命的第 5 天，张凤翙大统领将司令部移驻高等学堂，并在当日召开大会，张凤翙宣布成立了"秦陇复汉军政府"，并在此设府办公。直到同年 11 月 22 日得到在湖北的中华民国军政府授印后，才将都督府移到城内北院门。

辛亥年暑期，陕西高等学堂留日学生崔云松、郗朝俊、康炳勋、宋元恺、钱鸿钧等不少留日学生返陕，"直接参与革命活动"[16]。在辛亥革命前后，陕西高等学堂的一些教习也参与陕西辛亥革命。清光绪二十七年（1901）即被聘为陕西大学堂数学教习的李异材（又名仲特，1858—1937），受井勿幕影响加入同盟会，光绪三十四年（1908）秋，与井勿幕等在西安成立同盟会陕西分会，任会长，辛亥革命后任修史局总纂长。光绪三十三年（1907）在日本被聘为陕西高等学堂世界史教习的邵力子（1882—1967），次年到堂讲授法文和西洋史课程，清宣统二年（1910），辛亥革命前夕，陕西高等学堂的两名学监姚荣波和严肇卿，常与学生发生龃龉，以致在年终时酿成全体学生驱逐姚、严的风潮。邵力子在这场风潮中，始终站在学生一方，因他已是同盟会员，与革命党有密切联系，故与此次风潮的学生一起受到清陕西当局的监视和驱逐。他的一位学生李小修，遂将邵力子藏在自己家中，继赠银两，放在锅盔馍内，送邵出潼关，脱离险境。高等学堂学生、陕西临潼人李含芳，在就学期间就积极参加爱国学生运动。在光绪三十四年（1908）的蒲城学潮（即"蒲案"）中，他积极策动西安各学堂反对蒲城知县李体仁殴辱教师、打死学生的罪恶行径，参与罢课等活动，最后在学界等各界人民的抗议下，将县令李体仁革职，并不准援例捐复，成为辛亥革命中最积极的分子之一。①

---

① 李含芳在 1927 年刘镇华围困西安时，加入陕西靖国军，曾求援于冯玉祥，后被军阀杀害。

1911年10月27日，在陕西高等学堂宣布成立秦陇复汉军政府，张凤翙任大都督。陕西大学堂的毕业生崔云松任财政部长（后任都督府秘书长，民初任陕西都督府参事、财政局局长、法制局局长，1913年1月任陕北观察使）、陕西高等学堂留日学生郗朝俊任副部长、曹澍任教育部长、钱鸿钧（？—1942）为司法部副部长、高等学堂兵学教习宋元恺任外交部部长，陕西法政学堂原监督杨开甲（鼎臣）为民政部部长。都督府共由军政、民政、财政、教育、司法、外交、交通、实业8个部组成，16个正、副部长，其中5个部都由西北大学前身的学生或教师担任部长或副部长，16个正、副部长中就有6位出自西北大学前身，另有司法部长党积龄（松年）辛亥革命后亦成为西北大学主讲民法的教师，财政部副部长康炳勋（寄遥）亦成为西北大学预科学长。

大都督张凤翙更是在辛亥革命后的数月中，即宣布成立西北大学创设会，自任会长。军政府司法部部长钱鸿钧，字陶之，陕西咸宁县附生，祖籍浙江绍兴，光绪三十一年（1905）官派赴日留学，入早稻田大学习普通科，后改习农科，归国后任西北大学另一重要前身陕西法政学堂监督，民元任西北大学创设会委员、西北大学校长，主讲宪法与政治学，1914年冬陆建章督陕后被捕，羁押一年余方被营救获释，其余政治犯则大多被杀；军政府财政部长崔云松，民元任西北大学创设会委员、文科学长；军政府财政部副部长郗朝俊（1882—1965），字立丞，别号励勤，清法科举人，陕西华县附生，光绪三十一年（1905）官派赴日留学，入济美学堂习普通科，后改习工科，毕业于日本中央大学高等研究科，获法学学士学位，民元任西北大学创设会委员、农科学长，讲授宪法等课程，民国初任西北大学前身陕西公立法政专门学校校长、最高法院推事、立法院立法委员、陕西高等法院院长等；军政府教育部部长曹澍，字雨亭，陕西泾阳廪生，原为陕西高等学堂学生，光绪三十一年（1905）官派赴日留学，入经纬学堂普通科，后习工科。宋元恺为西北大学前身陕西高等学堂的兵学教习，杨开甲则为西北大学前身陕西法政学堂的监督（即校长）。在军政府各部中，尤其重要的是财政部，崔云松、郗朝俊、康炳勋三人采取开仓平粜、整理金融、设立粮台、撙节开支、劝捐助饷、发行公债、整顿厘税、开彩筹款等多项措施，支持辛亥革命后军政府的财政，以及支持秦陇复汉军在东、西两路与清军历时半年的战争，度过了辛亥革命后秦省财政最困难的时期，这三人主持财政的娴熟能力不能不说起了非常重要的作用。

（二）西北大学两留学生参加孙中山临时大总统就职典礼并为陕西革命筹集军费

留日陕西高等学堂学生中的马凌甫（1886—？）、张荫庭（1884—？）在日本已加入同盟会。马凌甫在辛亥革命中回到上海，并即与在民立报馆的于右任联系，得知清军正从河南开封调派新军一混成协向潼关进攻。于右任告之说："陕西最需要的是军火，不断有人来求我在外设法。顷有普陀山僧人代表向《民立报》表示愿助军饷，你最好在回陕前去一趟普陀山。"[16]经与宋教仁、陈其美等协商，遂派马凌甫与同乡雷震至普陀山安抚,张贴保护寺庙的布告,在山上住了三天。前后山各寺的捐款后被存入陕西烟商义源厚,成为陕西辛亥革命购运军火的专款。受陕西起义军的委托,马凌甫、张荫庭与于右任(未出席)、赵世钰还被推选为赴南京选举孙中山为中华民国临时大总统的陕西代表,并出席了总统就职典礼。

马凌甫、张荫庭与1912年3月均被聘为西北大学教师。其中,马凌甫,字步云,别号自力子,陕西合阳人,光绪三十一年(1905)官派赴日留学,入早稻田大学习普通科,后改习农科,毕业于日本明治大学政治经济科,在东京加入中国同盟会,1911年12月16日任南京代表会陕西代表(图7-11),1912年1月28日任南京临时参议院议员。辛亥革命后的1912年3月,任西北大学创设会委员,并被聘为西

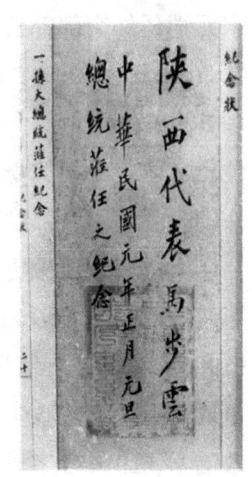

图7-11 参与选举孙中山为临时大总统的马凌甫(步云)及代表证明

北大学商科学长、教务长,主讲经济学、宪法等课程,组织学生开展"制定宪法与选举总统二者孰先"的"雄辩会",为民国的修宪与选举探讨政治理论基础和培养人才。之后,又赴日为西北大学选聘日籍教师、购置图书仪器设备和考察日本高等教育,与日本早稻田大学、明治大学、中央大学、法政大学、庆应义塾大学建立联系,使西北大学等校学生可直接进入以上日本高校学习,从而为培养辛亥革命后陕西以至西北建设人才奠定基础。张荫庭,又名蔚森,光绪三十一年(1905)官派赴日留学,入济美学堂习普通科,后改习工科,毕业于明治大学,获政治学学士学位,归国后于1911年12月16日任南京代表会陕西代表,参与选举孙中山为临时大总统,1912年1月28日任南京临时参议院议员,1913年4月至1914年1月复任北京政府时期第一届国会第一期常会议员、参议院议员,后任陕西都督府司法顾问,1912年至1915年,任西北大学创设会委员,西北大学教师,主讲国际法,1916年8月至1917年6月任黎元洪时期第一届国会第二期常会议员,1917年8月至1922年6月南下护法,任护法国会(非常国会)参议院议员。

(三)陕西高等学堂师生参与西线战役

升允在陕西巡抚任内,于光绪二十七年(1901)拨库银两万两(实际支出3万两),筹办陕西大学堂,次年又就近奏准光绪与慈禧(时避难在西安)正式立案,为陕西做了一件好事,却在辛亥革命后成为革命的死敌。光绪二十八年(1902)五月,他又奏准在陕西大学堂设农务、工艺两斋。武昌起义爆发后,升允站在革命的对立面,率甘

图 7-12　1912 年 1 月 1 日中华民国宣告成立，孙中山在南京举行临时大总统就职典礼，陕西高等学堂留日归国学生马步云、张蔚森以及于右任等 4 人作为 17 省代表（占一票）的陕西代表选举临时大总统，并出席就职典礼

肃"精锐军"、陇东"壮凯军"等不下数十万人东进，妄图迎奉溥仪，建立偏安西北的小朝廷。

陕西高等学堂兵学教习与陕西农业学堂日文教习宋元恺（1870—1917，图 7-13）参与了对升允的讨伐。宋元恺，又名相臣，宣统二年（1910）即奉孙中山指示在朝鲜、大连等地从事革命活动，后随井勿幕返陕，在任教期间曾介绍学堂中不少师生加入同盟会。辛亥革命稍事安定，他亲往军装局将枪弹配给学生，让学生回乡组织民团，保卫地方。秦陇复汉军政府成立后，他任外交部长（1911 年 11 月 22 日接到湖北全国军政府颁发的"中华民国军政府秦省都督印"后，改大统领为都督，八部改为八司），在西路战役中，他亲任炸弹队总队长，率部在醴泉（今礼泉）等地作战，几经大战，互有胜负，直到次年 3 月双方签订停战书。西路议和后改任交通司司长。1913 年辞司长任陕西留日学生经理，先后组织派出 200 余名陕西留日学生。

图 7-13　陕西高等学堂兵学教习与陕西农业学堂日文教习宋元恺（向辰，1870—1917）

陕西高等学堂学生、同盟会会员、凤翔人、清秀才杨荟桢（字茂斋），曾参加张凤翙、张云山在西安五味什字义聚楼密召的各县同盟会员起义前秘密会议。按照秦陇复汉军政府的统一安排，陕西高等学堂等学堂一律停课，组织参加起义，鉴于各县秩序混乱，遂分派省城各校学生回县倡办民团，并组织地方革命力量。杨荟桢与陕西高等学堂学生、同盟会会员、凤翔人、清秀才刘諰（字介甫），在西安光复后，即按统一安排偕同回到凤翔。九月七日（1911 年 10 月 28 日）夜间，联合当地哥老会杨凤德等千余人，于 1911 年九月初六日（10 月 27 日）夜间包围凤翔城，县衙差役张三保等在城内作内应，次日全城光复，将知县彭毓嵩和知府德祜斩首示众，清参将王志英刎颈自杀。之后，群众不懂革命意旨，寻仇报复，焚公署县衙、焚教堂、烧洋书、杀教民，一时城内混乱，杨荟桢遂请当地哥老会大首领秦凤山主马秉乾（回族）出来维持，秩序渐稳，后又派人赴省城请求派来副大统领万炳南出镇凤翔，形成以马秉乾等为中、东、西、南、北营管带的军事部署，并派出知府、知县，很快稳定了地方。[26] 凤翔人、陕西高等学堂毕业生周德润（字奋刚）与陕西优级师范毕业生王肇基也参与了凤翔民团的组织和计划实施。[27]

（四）辛亥革命后西北建设人才急缺与西北大学的应运而生

辛亥革命后，秦军政分府教育司按照全国统一做法，改陕西高等学堂为陕西高等学校；陕西法政学堂改为关中法政大学，并设政治、法律、经济三系，秦军政分府司法部副部长钱鸿钧出任校长；陕西临时议会中部分议员发起，以陕西农业学堂部分校舍为基础，新创办了以留学教育为特色的三秦公学，设有高等英文班、高等数学班和留学预备班等，田仲玉（蕴如）任校长。这是民国初年陕西高等教育的大致状况，显然，这与辛亥革命后陕西以及西北地区需要大批建设人才的局面不相适应。

鉴于此，在 1912 年 3 月，中华民国秦军政分府大都督张凤翙提出创立西北大学的主张，并成立西北大学创设会，亲自出任会长。委员有钱鸿钧（陶之）、马凌甫（步云）、崔云松（叠生）、郗朝俊（立丞）、谭耀唐、党松年（积龄）、康寄遥（炳勋）、寇锡三（鸿恩）、惠甘亭、谢文卿（增华）、王芝庭（覸墀）等。创设会推关中法政大学校长钱鸿钧（原陕西法政学堂监督）为校长，并决定以陕西高等学校、关中法政大学、原陕西农业学堂、原陕西实业学堂、原陕西客籍学堂为基础，筹组西北大学。

张凤翙（图 7-14）为什么要创设西北大学呢？

图 7-14　秦陇复汉军政府大都督、西北大学创设会会长张凤翙

首先，他认为创设西北大学"关系于现时建设"。他写道：

"武昌起义，秦中继起，甘新僻远，亦举义旗，比较东南，未遑多让。自统一政府成立之而后，服务中央政府者，西鄙之人，乃落落如晨星，非勇于破坏，不懈于建设，人才难得，无可如何，不得不诿卸于东南诸贤，使之独任其难巨，国民责任之谓何，无以对国家，尤无以对东南各省，积渐恶而为奋勉，求根本之解决，固之有西北大学之发生。"[28]

其次，他认为创建西北大学"关系将来之建设"。因为：

"政体改良而后，无论立法、行政，非有高等学识者断难胜任而愉快，东南风号开通，具有高尚知识者所在多有，尚力图进步，急急然有南京、广东、湖北大学之经营，西北闭塞日久，若不早为培植，恐愈趋愈下，将来文武法官之考试，西北必少合格人才。东南纵号多才，未必能敷全国之应用，即使敷行政机关之用，而地区所限，于立法机关将奈何？以不健全之分子，而畀之以立法之特权，影响所及，良非浅鲜。一肢痿痹，累及全体，西北不竞，岂国之福？"[28]

再次，他还认为创建西北大学"关系于外部之防御"。因为：

"俄库协约，西北首当其冲，纵此次和平解决，而野心未死，来日大难，欲取决于疆场，须布置于平日。布置方法，千经万纬，要必以培养人才为前提。东南（与西北）风气悬殊，风霜之苦，跋涉之艰，与夫鞍马之驰骤，食麦饮酥之淡泊皆西北之所长，而东南所不能耐者也。重洋商战，宜注重东南，大漠边防，宜注重西北。"[28]

根据上述理由，张凤翙认为："交通便利之省分，设立大学尚可暂行缓图，若西北则地方如此辽阔，关系如此重大，人才如此缺乏，内观外顾，忧心如焚，急起直追，犹虞不及。"[28]因此，他迅速和甘肃、新疆两省商议，得到支持后，即决心排除万难，全力以赴创设西北大学。当遇到袁世凯政府阻挠时，坚决声明若要西北大学停办，就好似"荡舟激流，势难中止"，终于1912年3月力促西北大学开学。他为西北大学学报《学丛》创刊号题词："障百川而东之，挽狂澜于既倒。"[29]表达了他对西北大学培植西北建设人才寄托了极大的希望。西北大学校长钱鸿钧所题"中原板荡起纷争，手挽狂澜不用兵，沧海横流谁砥柱，文章经济勖诸生"[30]也颇能显示西北大学诞生于辛亥革命之中，以及决心以"文章经济"救助苍生的远大志向。

四、辛亥后以五学堂合组西北大学的重要历史意义

西北大学前身陕西高等学堂、陕西法政学堂、陕西农业学堂、陕西实业学堂、陕西客籍学堂等五学堂大部分均在辛亥革命前爆发过学潮或进行过各种革命活动，为革命力量的积聚和舆论酝酿作了积极的准备，是陕西辛亥革命爆发的重要因素之一。其中，尤以陕西高等学堂抗议向英国出卖陕西铁路权、呼吁陕西自办洛潼铁路，陕西法政学堂保卫路矿主权的斗争，陕西农业学堂抗议反动统治举行大规模罢课等为代表。西北大学在

学堂时代为陕西辛亥革命作了积极的舆论酝酿，前身陕西高等学堂成为陕西辛亥革命的总司令部，学生或教师成为秦陇复汉军政府的骨干。

一个维系了296年的封建政体终于被彻底推翻了，晚清在陕西的各层组织也被辛亥勇士们逐个摧毁。从1911年10月22日西安响应武昌起义，到1911年10月27日，即陕西辛亥革命的第5天，张凤翙大统领在陕西高等学堂宣布成立"秦陇复汉军政府"；从1911年10月东西两路同时爆发战事，到1912年2月18日张伯英在潼关与清军总兵赵倜签字议和标志着东路战役结束，再到1912年3月8日秦省兵马大都督张云山与升允部下彭英甲、马安良签订停战书、1912年4月10日前后升允撤离陕境和西路战役结束，敌我相持数月，几乎每天东西两路都有战事发生。无论是在西安光复战中，还是在东西两路辛亥保卫战中，文治武功之才都显得格外重要，西安巡警学堂学生、陕西高等学堂学生、陕西优级师范学生在东西两路战役和维持地方方面都发挥了积极作用。秦陇复汉军政府中陕西高等学堂、陕西法政学堂、陕西农业学堂、陕西师范学堂等校毕业生在司法、财政、外交等方面也发挥了格外引人注目的重要作用。随着战事结束和建设时代的开始，辛亥志士们更为迫切地感触到陕西以及西北建设人才的紧缺。这就是张凤翙创设西北大学的背景，这就是他从发动起义到东西两路战役120余天的腥风血雨中刚刚坐下所考虑的第一件大事——成立西北大学创设会并出任会长。他斩钉截铁地指出："求根本之解决，固之有西北大学之发生。""本都督环顾东南，起视西北，默察现在，悬想将来，无论从何方观察，似应为破釜沉舟之计，不敢贻因噎废食之机。"[28]在他的主导下，辛亥战事甫定即有五学堂合组西北大学之发生，确定西北大学"教授高深学术，养成硕学宏材，应国家需要"的办学宗旨，并于1912年3月正式开学，招收了来自陕西、新疆、甘肃的六七百名学生。这使西北大学成为陕西辛亥革命的重要成果之一。

这一切使人不得不思考一个问题：那就是陕西辛亥革命到底是胜利了还是失败了，以及留下了什么胜利果实？对于这个问题，从全国辛亥革命举义不久即被袁世凯窃取，无疑意味着辛亥革命在全国的失败。但是，陕西不同于全国的是：武昌起义自1911年10月10日爆发和1912年1月1日孙中山在南京宣誓就任中华民国临时大总统，到1912年4月孙中山被迫解职、袁世凯窃取政权，革命遂告失败；西安起义则自1911年10月22日爆发和1911年10月27日宣布成立秦陇复汉军政府（11月22日地处湖北的全国军政府颁发中华民国秦省都督印），到1914年6月30日袁世凯下令裁撤各省督军，张凤翙被免去督军任命为无地盘无兵权的"扬威将军"，袁世凯亲信陆建章被任命为有地盘和兵权的"武威将军"督理陕西军务，陕西才全部被袁世凯政府直接控制。在陕西，这期间虽然也有1913年二次革命爆发后陕西"声讨"孙、黄"通电"甚至派兵入川镇压反袁斗争；1913年11月下令解散国民党和陕西井勿幕、胡景翼、宋元恺、张义安等被迫离陕或出国，陕西国民军改编、陕西辛亥统领之一万炳南被杀和革命力量受到严重摧残；1914 年初河南白朗入山和陆建章率 20 万大军入山"剿匪"等重大事件发生，但是辛亥西安起义的首领张凤翙从起义到 1914 年 6 月底仍然是陕西督军。这就为陕西辛亥革命取得政权后赢得两年多的时间，可以在地方建设方面有所作为。于是，这一时期发生有：1912 年 3 月西北大学开学；1912 年 9 月 24 日有与比利时筹修陇海铁路接展西安之议（1915 年 9 月通车到洛阳至观音堂因一战爆发而止）；1913 年，张凤翙以"怀西北前途，不惜为剜肉补疮之计，而亟亟以兴学育才为要，图莘莘学子"[31]，支持西北大学派出留日学生 62 人；1913 年 7 月 22 日，有与比利时、法国修筑同（大同）成（成都）铁路，途经蒲城、西安、汉中之议（因一战爆发搁浅）；1913 年 4 月美孚公司提出租借延长油矿和 1914 年 2 月签订正式租借合同，陕西石油民族资本被排挤；1914 年秋，西北大学预科学长康寄遥，利用出席北洋政府财政会议之机，用 7000 余元从上海购回百部电话机和配套器材，在西安钟楼成立陕西电话局（1917 年改为军用电话局，直到 1923 年后才改回民用）。以上这些"成果"要么化为泡影，要么无足轻重。因此，如同洋务运动失败后仅剩下一个京师大学堂（也认为还有一个"总理衙门"）这一成果一样，陕西辛亥革命的唯一成果就是以晚清陕西大学堂为主合组而成的西北大学。

这不仅使陕西大学堂的高等教育架构得以保留和提升，也组合进了国学的文学、经学和西学的外国语言学、法学、政治学、经济学、农学、工业技术等教育元素，将之提升到高等教育层面，从而首开陕西以至我国整个西部高等教育的先河，也构筑了秦文化和西北文化的新起点。另一个重要意义在于，周秦汉唐以来陕西向为中华文明发祥之地，亦为"辟雍""成均""国子监"等国立高等教育的发祥地，然而宋元明清以降除关学而外不再有昔日文化鼎盛之象，如果没有合组西北大学之发生以及由此整合陕西高层次文化的壮举，自宋以来文化重心东去南迁之局面便永远不会改观，秉承和光大周秦汉唐文明就永远是秦人难以实现的梦想。因此，西北大学的成立圆了秦人之梦，是陕西周秦汉唐文明在唐末衰败近千年后重新崛起的一个历史性转折，也是中华文脉在大西北发祥地重续的一个象征。

诚如国立西北大学教授黎锦熙 1944 年在其所撰的《国立西北大学校史》中所说："学府在此，提挈群伦，当以继往开来为务。文化者，合精神与物质，综古代与现代而言，非可偏举。此又一端也。西北民族杂居，异于东南，而其开化亦久异于西南；融为'国族'，正学府之任务矣。四千年使华夏之雄风，宁以遇暴敌而遂摧挫？唯在西北，必借教育学术之力，努力铸成'国族'以发扬之。西大之责，无可旁贷。"[32]抗战时期的西北大学校长赖琏也在《一个最愉快的回忆》一文中强调："西北大学创设陕西，吾人远观周秦汉唐之盛世，纵览陕甘宁青新区域之广大，不唯缅怀先民之功绩，起无限之敬仰。……恢复历史的光荣，创建新的文化，实为西北大学所应负的抱负"，"为最高理想。"[33]这说明，从晚清升允创建陕西大学堂到张凤翙以陕西大学堂等五学堂合组为西北大学,再到抗战时期京陕两源合流形成的西北大学,一直到 21 世纪西北大学提出的 211 工程建设目标,无不以远承周秦汉唐文明,近创新的秦文化和西北文化为己任。它将新的思想播撒到这片广袤的黄土地;它将西学系统地引入陕西,开创了西北的新学体制,加速了西北的现代化进程;它不仅是一所高等学府,也是近代秦文化的策源地,其民风教化、文治武功、谱写新关学、接续陕源中华文脉和彰显新文化的功绩,彪炳史册,千秋不没。

参考文献

[1] 西北大学. 呈大都督文[J]. 学丛, 1913, 1 (1): 本校大事记栏.

[2] 西北大学. 西北大学简介[J]. 国立西北大学一周年纪念刊, 1924.

[3] 张辛南. 追忆鲁迅先生在西安[N]. 中央日报, 1942-06-22.

[4] 姚远. 西北大学的源流与承袭(1996 年 12 月 29 日向西北大学提出报告, 原题为《对早期西北大学源流与承袭的几点看法》)[J]. 西北大学学报(哲学社会科学版), 1997, 27(3): 81-86.

[5] 姚远. 西北大学的两个历史源头[J]. 西北大学学报(哲学社会科学版), 2000, 30 (3): 127-131; 中国人民大学复印资料《高等教育》全文转载.

[6] 姚远. 中国西部最早的高等学府——陕西大学堂[J]. 西安电子科技大学学报(社会科学版), 2000, 10 (3): 77-82.

[7] 姚远. 晚清陕西农业学堂与实业学堂考[J]. 西北大学学报(自然科学版), 2000, 30 (6): 541-546.

[8] 姚远. 陕西法政学堂与西北大学关系考[J]. 西北大学学报(哲学社会科学版), 2001, 31 (3): 152-158.

[9] 姚远. 三秦公学与陕西早期的科学教育[J]. 西安电子科技大学学报(社会科学版), 2001, 11 (1): 83-88.

[10] 姚远. 陕西大学堂与西北大学一脉相承[N]. 各界导报, 2002-01-11 (6).

[11] 姚远. 陕西大学堂教学活动考[J]. 西北大学学报(哲学社会科学版), 2002, 32 (4): 164-169.

[12] 李永森, 姚远主编. 西北大学校史稿[M]. 修订本. 西安: 西北大学出版社, 2002.

[13] 姚远主编. 西北大学学人谱[M]. 西安: 西北大学出版社, 2002.

[14] 高立勋. 西北大学学报编辑姚远发现西大早期《学丛》为我国最早学报之一[N]. 光明日报, 1990-07-24 (2).

[15] 孟西安, 高立勋. 西北大学成立百年的证据: 清末皇帝朱批开办"陕西大学堂"奏本被发现[N]. 人民日报(海外版), 2001-11-26 (2).

[16] 马凌甫. 回忆辛亥革命[M]//陕西省政协编. 陕西辛亥革命回忆录. 西安: 陕西人民出版社, 1982: 83-100.

[17] 陕西学司. 学部札凡学堂管教各员随时董戒学生不准联盟纠众开会演说及与闻各会之事一体遵照文[J]. 教育官报, 1910 (6): 11-12.

[18] 郑伯奇. 回忆辛亥革命前夕陕西的学生运动 [M]//陕西省政协编. 陕西辛亥革命回忆录. 西安: 陕西人民出版社, 1982: 101-105.

[19] 曹鸿勋. 批高等、师范、法政、中学、陆军各学堂全体学生等为全陕铁路必欲自办恳请代电以杜觊觎禀 [J]. 秦中官报, 1907 (2): 98-99.

[20] 马彦翀, 师子敬. 焦子静的革命活动 [M]//陕西省政协文史资料研究委员会编. 陕西辛亥革命回忆录. 西安: 陕西人民出版社, 1982: 184-194.

[21] 杜石然, 范楚玉, 陈美东, 等. 中国科学技术史稿: 下册 [M]. 北京: 科学出版社, 1983: 298-299.

[22] 抚部院曹. 行学部电以后游学速成学生一律停派文 [J]. 秦中官报, 1906 (1).

[23] 编者. 秦陇报发刊词 [J]. 秦陇报, 1907 (1): 1.

[24] 编者. 关陇杂志广告 [J]. 夏声, 1908 (3).

[25] 民气. 论中国之国体 [J]. 关陇, 1908 (4).

[26] 朱叙五, 党自新. 陕西辛亥革命回忆 [M]//陕西省政协编. 陕西辛亥革命回忆录. 西安: 陕西人民出版社, 1982: 30-82.

[27] 王丕卿. 辛亥凤翔起义简况 [M]//陕西省政协编. 陕西辛亥革命回忆录. 西安: 陕西人民出版社, 1982: 141-146.

[28] 张凤翙. 给教育部的函, 1912-12.

[29] 张凤翙. 题词 [J]. 学丛, 1913, 1 (1): 1.

[30] 钱鸿钧. 题词 [J]. 学丛, 1913, 1 (1): 1.

[31] 崔云松. 送西北大学学生留学东瀛序 [J]. 学丛, 1913, 1 (2).

[32] 黎锦熙. 国立西北大学校史 (1944) [M]//尹雪曼. 国立西北大学建校卅周年纪念刊. 台北: 西北大学台湾校友会, 1969.

[33] 赖琏. 一个最愉快的回忆 [M]//尹雪曼. 国立西北大学建校卅周年纪念刊. 台北: 西北大学台湾校友会, 1969.

[原载《西北大学学报（哲学社会科学版）》2011年第5期；西安市档案馆《西安辛亥革命记忆》（三秦出版社，2011）转载；此次有修改）]

姚远：西北大学的两个历史源头

摘　要　通过文献资料考证和调研，认为西北大学有"陕源"和"京源"两个源头，亦即认为西北大学与始创于清光绪二十八年（1902）一月的陕西大学堂和始创于清光绪二十八年（1902）十二月的京师大学堂仕学馆、政科（北平大学法商学院前身）为一脉相承的关系。结论："陕源"与"京源"同等重要，前者奠定周秦汉唐文化的底蕴和永久校址；后者使时断时续的"陕源"再生于抗战之中；二者合流造就了战时中国规模最大的大学联合体之一。

关键词　西北大学源流；陕西大学堂；北平大学；近代高等教育史

中国近代以来，由于战乱频仍，政体更迭，造成了高等学校在体制、管理、院系设置上的不断改组、调整、分合，甚至时断时续。新中国成立以后，也多次进行院、系、专业调整。像西北大学这样历史较为悠久的大学，其源流更是支岔繁多，曾经历了几次大的解体与重组。然而，从总体上看，以抗日战争初期的重组最为重要，它最终形成了西北大学的发展基础。此前，我们曾据新见史料，就西北大学1937年以前的两个源流作过一些讨论[1-3]。西北大学上海校友会的40多位老校友也曾致函学校，赞同西北大学发展历史上的两源说。西北大学台湾校友会对此持有不同观点[4]。

我们在编写《西北大学大事记》[5]的过程中，再次认识到西北大学在发展史上有陕源和京源两个源流，提出来与大家商榷。

一、陕源的追溯

我们认为，西北大学的陕源源头应溯至清光绪二十八年（1902）一月在西安创建的陕西大学堂。当然，陕西源头溯至1912年的西北大学并无争议，问题在于如何看待由陕西大学堂、陕西法政学堂、陕西实业学堂、陕西农业学堂、陕西客籍学堂等五校合并成西北大学这一史实。

1913年7月1日创刊的西北大学学术刊物《学丛》在创刊号的"本校大事记·名称之沿革"中指出："本校席旧日法政学堂地址，初定名为关中大学，继改为西北大学。其变更之原因见于民国元年（1912）十月呈大都督（指张凤翙）文内。"[6]

"呈大都督文"指出："近日协同旧日高等学校（前身为1902年的陕西大学堂）校长及农业学堂校长，悉心商酌，拟将关中大学即更名为西北大学。除现开之法律、经济、政治及大学第一部、预科各班外，并将旧日之农业、实业两学堂改为本大学农科分校，高等学堂改为本大学预科，以旧日之客籍学堂改为文科分校。其开办常年经费，即用以上各学堂之经费。其各科内之学科及讲师职员姓名，业已编定，章程、缮列表册除另折开呈外，所有本大学拟改关中大学为西北大学各缘由理合呈请大都督鉴核，实为公便。"[7]

另在"致部视学说明本大学开办各科之大要"中也有"本大学初定名为关中大学，继因改组更名为西北大学"的说法。[8]西北大学创设会委员、文科学长崔云松也在1913年9月指出："去年由法政学校改为法政大学，扩为西北大学。其筹划之苦，期望之深，有非言语可以形容者。"[9]

1912年10月的呈大都督文被时任陕西大都督兼西北大学创设会会长的张凤翙约于当年11月批准。因当年11月钱鸿钧校长在"呈都督府文"中，已表明："本校现已改为西北大学，所有种种原因已蒙批准转咨在案。"[10]在"新督杨咨复新疆并无合格学生送校肄业由"的咨复中，也表明"将关中大学更名为西北大学已呈请张都督转咨教育部在案"。

这些公文表明三个问题：

第一，西北大学是由陕西大学堂、陕西法政学堂、陕西农业学堂、陕西实业学堂、陕西客籍学堂等五校合并改组而成的，并非凭空创建。在《现代汉语词典》中："合并"一词的含义是"结合到一起，如合并机构"；"改组"一词的含义是"改变原来的组织或更换原有的人员"。既然如此，西北大学的历史源头就自然而然地要溯至这五条发源性支流中最远的一支——创建于清光绪二十八年（1902）的陕西大学堂。五学堂与西北大学的关系并非母体与子体的关系，而是诞生于书院教育体制、"回銮新政"和西学教育体制母体中的五个子体合组成一个子体大家庭（西北大学）的关系。

第二，组校之初，始有"关中大学"之称，而后有"西北大学"之称。"关中大学"之称可能源于陕西大学堂的短期称谓"关中大学堂"和陕西法政学堂在民国元年的短期改称"关中法政大学"。这从另一角度表明了西北大学与五学堂的因缘。然而，由"关中大学"更名为"西北大学"的根本原因是大西北的情结。这就是张凤翙在致北洋政府教育部函中所说的"无以对国家，无以对东南各省""西北不竞，岂国之福"，以及"重洋商战，宜注重东南，大漠边防，宜注重西北"[11]。西北大学"致部视学说明本大学开办各科之大要"中，也从"历史上之必要""地理上之必要""各界需材之孔急"等三个方面表明立足西北改名建校的理由。

第三，在合组之初，各学堂虽在名分上合一，但在实际上尚未完全合为一体，各学堂校长的旧有身份还具有效用，以致时任校长（原关中法政大学校长），还得就重大问题"协同旧日高等学校校长及农业学堂校长，悉心商酌"。其实，从"西北大学创设会"和最初学校主要行政领导的组成中，更能反映五学堂合组的痕迹。创设委员、首任校长钱鸿钧毕业于陕西高等学堂，留日归国后为陕西法政学堂校长；陕西教育总会会长、陕西高等学堂监督周镛（石笙）同时兼任陕西农业学堂兼督；创设委员中的马凌甫、郗朝俊、谭耀唐（焕章）、康寄遥、寇鸿恩（锡三）等均系陕西高等学堂毕业，留学日本归国者。高等学堂毕业生担任西北大学创设会委员和担任西北大学初期校政或任各科学长者，占其总数的60%以上。这说明，西北大学的校政和教师骨干是以陕西高等学堂毕业生为主的，因此从西北大学的校政主体和师资主体上溯源于陕西大学堂是顺理成章的。

1912年11月初，陕西都督署曾就西北大学立案问题正式上书袁世凯政府教育部。因此，将西北大学的"陕源"溯至清光绪二十八年的陕西大学堂是合乎历史、合乎情理，也是合乎法度的。另外，民元西北大学主办的《学丛》，曾有多处将自己的校史沿革溯至晚清。黄福藻在1913年9月所作的《学丛·序》即明确指出："本校沿革始于晚清（即清光绪二十八年，1902年——笔者注），上而官司文电之交驰，下而学课手续之丛杂，几经变折始底于成。兹特将前后事实辑而录之，使后人借以觇西北教育史进化轨迹之一斑。"[12]既然我们以民元西北大学为宗,也就应该以民元西北大学"沿革始于晚清"的史实,作为学校历史的源头。总之,陕西大学堂是为源头,奠定了西北大学校政的师资骨干;陕西法政学堂奠定了西北大学法、政、商学科的根基;农业学堂奠定西北大学的永久校址;西北大学与五学堂实为一脉相承的关系。

二、京源的追溯

西北大学的"京源"也可追溯至清光绪二十八年(1902),即北平大学法商学院中法学院的前身——由光绪二十八年(1902)十二月十七日京师大学堂恢复后始设的速成科仕学馆和预备政科。

(一)国立北平大学历史沿革

1927年6月,奉系军阀张作霖驻军北京,派刘哲任政府教育总长,下令将北京的9所国立高等学校合并成立京师大学校,下设10科、部。其中将北京大学第一院改为文科,第二院改作理科,北大第三院和法政大学合为法科,农业大学改为农科,工业大学改为工科,医科大学改为医科,师范大学改为师范部,女子师范大学为女子第一部,女子大学为女子第二部,艺术专门学校为美术专门部。

1928年7月,南京国民政府会议议决,将京师大学校改为国立中华大学。同月,李煜瀛(石曾)根据法国模式倡议建立大学区制。9月,南京国民政府会议予以采纳,并议决:"国立中华大学"改称为"国立北平大学"。11月,北平大学副校长李书华主持改组事宜,将北京国立9校及北洋大学、河北大学改组为北平大学的10个学院,加俄文专修馆。其中:文学院由原北京大学一院(文科)与河北大学文科合并而成;理学院为原北京大学二院(理科),法学院由原北京大学三院(法科)与原北京法政大学、河北大学法科、天津法政专门学校合组而成;第一工学院为原北京工业大学;第二工学院为原北洋大学;第一师范学院为原北京师范大学;第二师范学院为原北京女子师范大学;农学院为原北京农业大学;医学院为原北京医科大学;艺术学院为原北京艺术专门学校;俄文专修馆为原俄文法政专门学校。京师大学校女子第二部改为国立北平大学女子文理学院分院,以原有理科为理学院分院,文科及体、音两专科为文学院分院。

国立北平大学在创建合并过程中,遭到普遍反对,学潮不断,认为大学区制不合中国国情,遂于1929年6月停止实施大学区制度。北京大学、师范大学、北洋大学等获准从北平大学中独立出来。这时,北平大学内部重组后,尚余8个学院,即法学院、俄文法政学院、女子师范学院、农学院、工学院、医学院、女子学院、艺术学院。1931年女子师范学院并入师范大学。1933年艺术学院独立为北平艺术专科学校,俄文法政学院改称商学院。1934年法学院与商学院合并称法商学院。1934至1937年迁陕前,北平大学共有5个学院,即女子文理学院、法商学院、医学院、农学院和工学院。

北平大学商学院[13]的前身为清政府总理各国事务衙门大臣、京师大学堂管学大臣、铁路督办许景澄于光绪二十五年（1899）奏设的东省铁路俄文学堂。1912年更名为外交部俄文专修馆。1921年改名为外交部部立法政专门学校。1929年被改组为北平大学俄文法政学院。1932年改组为北平大学商学院，1934年与北平大学法学院合并为北平大学法商学院。

北平大学法学院[14]的前身为光绪二十八年（1902）十二月的京师大学堂新设的速成科仕学馆和预备政科，次年改为法律馆和进仕馆。这两馆又分别于光绪三十一年（1905）改为法律学堂和于光绪三十二年（1906）改为法政学堂。1912年5月，法律学堂和法政学堂合组为北京法政专门学校，1923年又改为北京国立法政大学，1927年8月并入京师大学校，与北京大学法科合组为京师大学法科。1928年5月，再次独立设校。1928年10月，奉部令改组为北平大学法学院。1934年与平大商学院合并为北平大学法商学院。

北平大学女子文理学院是由1925年解散之女子师大改设的国立女子大学发展而来的。1925年8月，教育部以女子师范大学内部风潮连年不绝，令其解散，在其校址改办国立女子大学，并吸收原女师大学生入校。1925年12月，原女师大师生强烈要求恢复学校建制，并夺取原校舍，教育部被迫恢复女师大，女子大学迁往教育部东院办学。1927年，女子师大改为京师大学校女子第一部，女子大学为第二部。1928年，原女师大改为北平大学第二师范学院，女子大学改为北平大学女子文理学院分院。1929年4月，女子文理学院分院呈教育部令改为北平大学女子学院。1931年2月，奉教育部令改称女子文理学院[15]。同年初，女师大从北平大学独立出来，与先期脱离北平大学的男师大合并为国立北平师范大学，而北平大学女子文理学院的建制则一直持续至1937年。

（二）西北大学与北平大学法商学院和女子文理学院

1937年7月，七七事变后，平津沦陷，南京国民政府教育部令北平大学与北平师范大学、北洋工学院迁西安，合并成立国立西安临时大学，全校设6学院23系；1938年3月，西安临大迁陕南城固，4月奉教育部令改名为国立西北联合大学。同年7月，又奉教育部令，将联大的工学院和农学院与他校合组为国立西北工学院和国立西北农学院。联大教育学院则改称为师范学院。1939年8月，国民政府行政院决定将国立西北联合大学改为"国立西北大学"。同时，将联大原有的师范学院和医学院独立设置，分别改为国立西北师范学院和国立西北医学院。西北大学设文、理、法商三学院12个系，即北平大学原来的女子文理学院和法商学院。原联大工学院、医学院、农学院、师范学院的不少骨干教师亦长期留在西北大学工作，并形成20世纪30年代至70年代西北大学学科骨干和师资队伍的主体。实际上，在北平大学不复存在之后，今西北大学即成为继承其主体的唯一大学。

北平大学法商学院在京时，云集了一大批全国著名学者，如李达、陈豹隐、沈志远、许德珩、程希孟、章友江、侯外庐等。平大法商学院相继成为国立西安临时大学、国立西北联合大学、国立西北大学的法商学院，先后下设有法律系、政治经济系（在西北大学时分为政治、经济两系）、商学系等。在西安临大和西北联大时期，由校常委、原北平大学校长徐诵明兼任临大法商学院院长（鲁迅挚友许寿裳教授、教育部督学张北海曾一度任院长）。其中，法律系主任为黄觉非教授，教授有王治焘、赵愚如、王璈、李子珍；政治经济系主任为尹文敬教授，教授有章友江、吴正华、李绍鹏（兼）、沈志远；商学系主任为寸树声教授，教授有李绍鹏等。1939年9月改为国立西北大学后的法商学院，由刘鸿渐、卢峻、赖琎（校长兼）、曹国卿等教授相继任院长。这一时期法商学院学生人数居全校三学院之首，约占全校半数。1941年期间，西北大学总共出版了21种著作，其中法商学院就有15种，占71%以上。西北大学法商学院在1941年有25名教授，在1943年有21名教授，在1945年有20名教授，在1947年有24名教授（另有6名兼任教授）。据不完全统计，由北平大学法商学院毕业或原为北平大学法商学院教授，以后长期在西北大学工作的先后有40余位。其中王凤仪、徐诵明、李蒸、马师儒、侯外庐还曾主持校政，汪奠基、沈志远、侯外庐等先后成为中央研究院院士或中国科学院学部委员。

北平大学女子文理学院在北平时，是北平大学仅有的文学和理学学院，原设有文史系、哲学教育系、经济学系、数理系、化学系、音乐专修科和体育专修科，只有经济学系与法商学院有重复。1937年迁陕后，女子文理学院改为国立西安临时大学文理学院，下设国文系、历史系、外国语文系、数学系、物理学系、化学系、生物学系和地理学系，原有的教育系、体育专修科归教育学院，经济学系归法商学院，音乐专修科被取消。原北平大学女子文理学院院长许寿裳教授任西安临时大学文理学院历史系主任（1938年任西北联大法商学院院长）。原北平大学女子文理学院教授马师儒、曹靖华、戴君仁、汪奠基、包志立、傅种孙、杨永芳、谢似颜、季陶达、江绍原等也相继在西安临时大学、西北联合大学和西北大学任教。其中，马师儒教授于1939年任西北大学文学院院长，又于1948年出任西北大学校长。显然，北平大学女子文理学院为西北大学的理科和人文学科奠定了基础，加之留陕或赴陕的北平师范大学的一批理科教师，像赵进义、刘亦珩、刘书琴、魏庚人、张贻惠、蔡钟瀛、杨立奎、谭文炳、虞宏正、刘拓、赵学海、殷祖英、黄国璋、郑励俭、傅角今、郁士元、刘汝强、陈兆骝等，共同构成了西北大学理科师资的主体。

"陕源"和"京源"分别发源37年之久，以1939年8月8日民国政府行政院决定将国立西北联合大学改为国立西北大学作为标志，终于合流。从此之后，西北大学再也没有出现断续和停辍，一直延续至今，到2002年将迎来百岁华诞。

"陕源"和"京源"对西北大学同等重要。没有"陕源"，西北大学就不会有周秦汉唐文化的底蕴，就不会有千年古都西安的校址和根基，以及以广袤的大西北为依托的立足之地，当然也不会有承纳"京源"的避难港湾。然而，没有"京源"，时断时续的"陕源"就难以再生于抗战之中，也难以在短期内，陡然集合起强大的师资阵容和战时中国西南、西北两个规模最大的大学联合体之一。抗日战争，这一历史的契机，使地处大后方的"陕源"和流徙此地的"京源"汇合成了大西北历史最为悠久和培养法政、商、文、理之才最为众多的高等学府，从而奠定了21世纪西部大开发的一支重要的文明根基。

参考文献

[1] 姚远. 民初西北大学校史补遗与衍议 [J]. 高教发展研究. 1991（3）：1-4.

[2] 姚远. 西北大学的源流与承袭 [J]. 西北大学学报（哲学社会科学版），1997，27（3）：81-86.

[3] 姚远. 北平大学科技学术期刊创办始末 [J]. 西北大学学报（自然科学版），1997，27（3）：271-276.

[4] 尹雪曼编. 国立西北大学建校卅周年纪念刊 [M]. 台北：国立西北大学校友会，1969.

[5] 刘舜康，赵弘毅，程玲华等. 西北大学大事记 [M]. 西安：西北大学出版社，1999.

[6] 西北大学. 本校大事记 [J]. 学丛，1913（1）：99-100.

[7] 钱鸿钧. 呈大都督文（1912年10月）[J]. 学丛，1913（1）：99-100.

[8] 西北大学. 致部视学说明本大学开办各科之大要 [J]. 学丛，1913（1）：101-104.

[9] 崔云松. 序 [J]. 学丛，1913（2）：3-6.

[10] 西北大学. 本校大事记·本大学建筑规模 [J]. 学丛，1913（1）：117-118.

[11] 张凤翙. 致教育部函（1912年12月）[M] //李永森. 西北大学校史稿. 西安：西北大学出版社，1987：3-4.

[12] 黄福藻. 序 [J]. 学丛. 1919（2）：3-4.

[13] 本志编纂委员会. 北京市志稿·文教志上 [M]. 北京：燕山出版社，1998：394-398

[14] 本志编纂委员会. 北京市志稿·文教志上 [M]. 北京：燕山出版社，1998：382-390

[15] 本志编纂委员会. 北京市志稿·文教志上 [M]. 北京：燕山出版社，1998：380-382

姚远：陕西大学堂与西北大学一脉相承

编者按：

有关陕西高等教育的起源问题长期以来说法不一。《各界导报》2001年12月8日头版刊发了《陕西大学堂并非西北大学前身》一文，对此姚远先生撰写题为《陕西大学堂与西北大学一脉相承》的文章，提出不同的观点。

值得高兴的是，近期一批清末的原始档案逐渐对外公开，本月7日下午，又有西大历史系教授杨绳信公布了一批自己珍藏的清代末年的原始档案，更加有力地证明了陕西的高等教育起源于清代光绪年间；我省建校最早的高校——西北大学的前身确为陕西大学堂。今年西大将迎来百岁华诞，搞清陕西大学堂与西北大学之间关系，无论是对陕西数十年来的高等教育史研究，还是对中国近代高等教育的起源，都极为重要。

近日，苗禾田先生在《各界导报》撰文否定陕西高等教育源于清末，认为：陕西大学堂只能列入中等教育，也并非西北大学的前身。这不仅将陕西数十年来的高等教育史研究成果一笔抹煞，其实也反映了对中国近代高等教育的起源了解甚少。且不说苗文数处错误或多据二手旧资料，单就其立论来说，便前后矛盾，不能自圆其说。

首先，陕西大学堂与西北大学有着一脉相承的历史渊源。仅据1934年4月南京国民政府教育部印行的教育部督学《视察陕西省教育报告》，其中有"陕西高等教育机关，于清光绪二十八年，就咸宁长安两县考院旧址，建立陕西大学堂。民国元年改为西北

图 7-15　陕西省政协《各界导报》2002 年 1 月 11 日第 2 版①

---

① 中文系1967级校友苗禾田在2001年12月8日《各界导报》发表《陕西大学堂并非西北大学前身》一文，认为：①陕西大学堂并非高等学校，1908年第一期办理中学毕业，10年没有培养出一个大学生；②从"性理格致、政治时务、地舆兵士、天文算术"4门教学内容看为中学；③辛亥革命时陕西高等学堂已停办，西北大学只是用了其地方，在办学经费、行政关系、教育活动上没有任何继承递进关系。

大学预科……"这里，在评价此事上最具权威的教育部显然将西北大学与 1902 年的陕西大学堂视为同宗，毋庸置疑。民元西北大学主办的《学丛》，也曾有多处将自己的校史沿革溯至晚清。黄福藻在 1913 年 9 月所作的《学丛·序》中即明确指出："本校沿革始于晚清，上而官司文电交驰，下而学课手续之丛杂，几经变折始底于成。兹特将前后事实辑而录之，使后人借以觇西北教育史进化轨迹之一斑。"实际上，陕西大学堂在 1905 年 3 月改名为陕西高等学堂后，复于辛亥革命后改为陕西高等学校（并未如苗文所说"自行停办"）。1912 年 3 月，中华民国秦军政分府大都督张凤翙，鉴于辛亥革命后西北人才缺乏，提出创立西北大学的主张，成立西北大学创设会，并出任会长，"将旧日之农业、实业两学堂改为本大学农科分校，高等学堂改为本大学预科，以旧日之客籍学堂改为文科分校。寇鸿恩等均系陕西高等学堂毕业生。高等学堂毕业生担任西北大学创设会委员和担任西大初期校政或任各科学长者，占其教职员总数的 60% 以上。这充分说明：陕西大学堂是西北大学的历史源头，奠定了西北大学校政和师资的骨干；陕西法政学堂奠定了西北大学法、政、商学科的根基；陕西农业学堂及袭其址而建的三秦公学奠定了今西北大学的永久校址。因此，五学堂与西北大学实为一脉相承的关系，以致西北大学组成的当年（1912）、第二年（1913）均有学生毕业，就是因为从学堂并入的学生已修业期满，且五学堂的办学经费、行政关系、师资、学生、教育活动、校址等均与西北大学具有连贯的历史承继和递进关系。其实，嫁娶过继，易名换姓，不能否定一个人与生身父母的血缘，同样，时局更替，改朝换代，也不能否定一个组织与其前身的沿革。

其次，陕西大学堂不仅具有高等教育性质，而且在 1902 至 1906 年间还如同京师大学堂具有管理各省大学堂的职能一样，具有管理全省学务的职能，这是朝廷御批的，并不为一所中学所具备。一所高等学校，正科未毕业，却培养了一些招自中学生，修业 6 年，又给予中学资格的学生，甚至开除了一些学生，但他们仍然是从高等学校的大门走出的，不会由于他们的资格或身份而让母校降为中学。反之，某中学培养了一些具大学资格的尖子生，是否就说该中学是从事高等教育的学校呢？陕西大学堂在 1905 年改为陕西高等学堂后，确在奏请慈禧皇太后及光绪帝后，"援河南、福建等省高等学堂开办 4 年暂照中学毕业奖励的先例"，发给学生中学文凭，并奖励出身，实际在校 6 年多。其实际水平："于中国经史、文学具有根柢，而地理、算学、博物、理化、图画、体操、英、法、日语，亦皆分科讲习，各有可观，虽比高等稍形不足，而视中学堂程度，殆已远高"（引自曹鸿勋光绪三十三年奏本）。在光绪三十二年（1906）从日本聘回 5 名东洋教习后，西学课程水平也有了较大提高，学堂监督也认为："学堂肄业诸生，不乏聪明可造之士"（《秦中官报》1907），"堂中科学，乃臻完备"，"中西书籍、仪器标本、衣、械、饮食，无不具备"（《秦中官报》1906）。从高等学堂学生尹钧在《秦中官报》发表的《德育智育体育论》来看,其对德、智、体三者关系的论证,具有相当的中、西学功底,集中代表了学堂学生学贯中西的水平。陕西高等学堂虽无正科毕业生,但已于清宣统元年开办高等正科,至1911年应该毕业的高等正科学生因辛亥革命而推迟毕业,后在西北大学大多补办了毕业证书。学生毕业后,除留学和选送其他大学继续学习外,不少被派充州县学堂的教习,有相当一批学生参加辛亥革命,甚至为推翻封建王朝献出生命,陕西响应武昌起义和张凤翙宣布成立"秦陇复汉军政府"的大会就是在高等学堂举行的。在辛亥革命前夕,高等学堂曾数次暴发学潮,或声援他校学潮,动摇了封建政权。第一批留学生即是革命的鼓吹者,归国后也绝大部分成为陕西新政权的领导骨干。

由此可见,不是学生程度不够,而是清政府亏了学生,天下哪有招自中学生(年龄18岁以上35岁以下),学制本来只有4年,却读了6年多,到头来只拿到中学文凭的道理。这就是当时的现实,不仅陕西如此,河南高等学堂、福建高等学堂等数省亦如是。如果依苗文所说,像北京大学的前身京师大学堂(到辛亥革命前亦无正科毕业生,仅有120余名预科毕业生)、清华大学的前身清华学堂、复旦大学的前身复旦公学、交通大学的前身南洋公学、南京大学的前身三江师范学堂等,恐很少有符合其"当代高等"标准者,就连中国古代的辟雍、泮宫太学、国子学、算学、律学、医学等是否在当时具有高等教育性质,恐怕也值得怀疑了。

(原载陕西省政协《各界导报》2002年1月11日第2版)

姚远:中国西部最早的高等学府——陕西大学堂

摘　要　根据对清末报刊文献的再发掘,清理出从春明学舍和青门学舍→养正书院→崇化书院→游艺学塾(格致学堂)→陕西大学堂→西北大学的清晰脉络,并对陕西大学堂的源流、承袭、沿革、校舍、校政、宗旨等作了全面的历史性论证。得出结论:陕西大学堂是中国西部创建最早的地方性、综合性的新式高等学府,奠定其后组成西北大学的基础,同时也是陕西地方教育由书院制度向学堂制度的转折,标志着以引入西学为标志的新的高等教育体制的形成。

关键词　陕西大学堂;西方学制;东洋教习;清末学潮;近代高等教育

一、背景、创建与地位

清光绪二十七年(1901)一月二十九日,避逃八国联军攻京而驻陕的慈禧太后和光绪帝为取悦于帝国主义、拉拢资产阶级上层和巩固封建统治,在西安发布"新政上谕"。

"上谕"特别强调:"世有万古不易之常经,无一成不变之治法,穷变通久,见于大易,损益可知,著于论语。盖不易者三纲五常,昭然如日星之照世,而可变者,令甲令乙,不妨如琴瑟之改弦。"①这就是"新政"的基本原则。据此,要求各方大员参酌中西政要,就朝章国政、吏治民生、学校科举、军政、财政等提出陈奏。此后,清廷主要根据张之洞等的陈奏,对封建统治机体作了一些皮毛性的调整,即所谓"回銮新政"。光绪二十七年(1901)九月,清廷就新政又在西安发布"兴学诏",谕令:"各省所有书院,于省城均设大学堂",并规定所有学堂"当以四书五经纲常大义为主,以历史史鉴及中外政治艺学为辅。"[1]作为清廷临时的"行在"的西安,对实施新政自不甘人后。距"兴学诏"发布不到一个月,陕西巡抚李绍棻即奏请成立陕西大学堂,并对学堂经费、教师、校舍等提出解决办法,也许光绪帝与慈禧太后正忙于由西安回銮北京(1901年10月6日由西安起程,1902年1月3日抵京),无暇批奏。因此,陕西巡抚升允于1902年初再奏开办陕西大学堂事,并奏陕西大学堂章程。此奏很快御批获准,陕西大学堂遂于光绪二十八年(1902)正月正式成立,并于当年三月二十五日正式开学。在此前后,我国成立的国立、省立性质的学堂,且具有管理国家学务或管理地方学务的国家最高学府或地方最高学府,主要有天津中西学堂(天津,1895年,延续为天津大学),京师大学堂(北京,唯一国立,1898年,延续为北京大学),广西学堂(1902年改为两广大学堂,后又改为广东高等学堂),山东大学堂(济南,1901年,延续为山东大学),浙江求是大学堂(杭州,1901年,后改为浙江大学堂,延续为浙江大学),山西大学堂(太原,1902年,延续为山西大学)。当时,中国西部省份近代高等教育萌芽较早的地区主要有陕西西安、四川成都、甘肃兰州等。其时,四川省城高等学堂(四川大学的前身)尚在筹备中,直至光绪三十一年(1905)前后,才正式成立,四川的通省师范、法政、存古、藏文、农政、工业等学堂也在1905年后陆续成立。甘肃以成立于宣统元年(1909)的甘肃法政学堂(兰州大学的前身)为最早。云南、贵州、广西、重庆、新疆等省区市均在20世纪二三十年代以后才有高等教育的萌芽。青海、宁夏、西藏、内蒙古等西部省区直到中华人民共和国成立后,才有高等教育。因此,陕西大学堂是中国西部省份成立最早的地方性新式高等学府。在此前后,陕西省城及附近的学堂尚有10余所,各直隶州均设立中学堂,各州县也先后设立高、初等小学堂,以致"陕西学堂林立"[2]。

二、源流、承袭与沿革

作为陕西近代高等教育的最高学府陕西大学堂的成立,绝非凭空而设。其实,它是由清代书院、学塾、考院等学制演变而成的,特别是由书院制度向学堂制度的转折,标

---

①沈桐生辑:《光绪政要》卷二十六。

志着以引入西方学制为标志的新的高等教育体制的形成。陕西按察使、陕西大学堂兼任监督樊增祥也指出："陕西高等学堂，……其先沿于旧学。"[3] 陕西大学堂的源头可远溯至清代中期的乾隆年间。清乾隆三十八年（1773），位于省城的咸宁、长安两县各于城郭之外建立学舍（相当于书院），西称青门学舍，东称春明学舍，专教两邑童子。其中，长安县的青门学舍以西安西关旧蚕馆（今西安西关正街西段路北西新民巷附近）改建而成，由县拨当商生息银六十两作为每年维修学舍之费用，而无师生津贴膏火之费。咸宁县的春明学舍以西安东关文昌祠（今西安东关长乐坊）改建而成。两学舍由于师生生活补给来源渐枯，加上年久失修，逐渐颓废。清嘉庆七年（1802），清军同知叶世倬于西安城内卧龙寺巷购置房产，徙并青门学舍与春明学舍为养正书院，与关中书院分课生徒，并由清军同知与咸宁、长安两县共同主办。其旧址在今西安城区柏树林街东卧龙寺巷。清道光年（1821—1850）间，养正书院更名为崇化书院。清光绪十六年（1890），由卧龙寺徙址于旧清军同治署东侧（约在今西安东厅门路北西安高级中学东侧）。甲午战后，办学日趋实用，陕西巡抚魏光焘根据粮道姚协赞和举人薛信的建议，于光绪二十三年十二月（1898年1月）奏设一所格致学堂，名曰游艺学塾。"游艺学塾者，乃书院改良初具学堂雏形之教育机关也"[4]，校址即在崇化书院旧址。游艺学塾，又名格致学堂，而格致为古代"科学"的代名词，因此这是一所培养各种专门科学理论和实用人才的新式学校，在陕西的书院向学堂的嬗变中扮演着重要角色，是走向"中学为体，西学为用"办学体制的重要过渡。正如陕西巡抚魏光焘所说："拘守旧章，既滞于通今，未由一发其肩钥；徒尚西学，又或轻于蔑古，不惮自抉其藩篱。欲救二者之偏，唯有尊重经训，以端其趋，博综子史，以观其变，由是参考时务，兼习算学。举凡天文、地舆、兵、农、工、商、与夫电、化、声、光、重（机械）、汽一切有用之学，统归格致之中，分门研讨，务臻其奥，而语言文字尤为初学阶梯，亦应设立学习。"[5] 这实际上就是游艺学塾的办学方针。据此，游艺学塾由前任粮道姚协赞任总办，聘川人肖开太为教习，授算学，湘人葛道殿为分教习，授格致，旗人阎某授英语，薛信、阎培棠（甘园，1864—1942）管理理化仪器，毛昌年管理图书兼任会计，周铭任检查。课程设置除经史外，算学亦为必修，其余的电、化、声、光、重、汽，以至兵、农、工、商、地学等，则可任选一二门。对于英语学习，则招14～17岁口齿清晰，并已读经书一二部的学生20名专开一班。另外，设有"通晓算学兼精制造"的正课生4名，可兼任学塾的管理事宜和给副课生上一些课程。学塾总计学生70名。学塾中备有从津沪购置的图书、实验仪器和材料，可供学生实验制造之用。如有学生"能自出心裁制器"或"查出矿产开采畅旺者"①，从获利中抽出一定比例作为奖金，以资鼓励。学生学习3年期

---

① 曹鸿勋：《奏试办延长石油折》. 商务官报. 1907年第30期，第1—6页。

满，学业优异者，咨送总理衙门，经考试录用。学塾当年开办经费由陕西粮道姚协赞筹银 4000 两，议定以后的常年经费合计每年 6100 两。清光绪二十八年（1902）一月，陕西巡抚升允奏准在原游艺学塾旧址（即原崇化书院旧址）和西安六海坊原咸宁、长安两县考院旧址创建陕西大学堂。根据清末关于京师设大学堂，省会设高等学堂的制度，陕西巡抚夏时于清光绪三十一年（1905）将陕西大学堂改为陕西高等学堂。宣统元年（1909年）始办正科。辛亥革命后，改为陕西高等学校。1912 年 3 月，中华民国秦军政分府大都督张凤翙决定将陕西高等学校（陕西大学堂）、关中法政大学（陕西法政学堂）、三秦公学（陕西农业学堂）、陕西实业学堂、陕西客籍学堂等合组为西北大学。

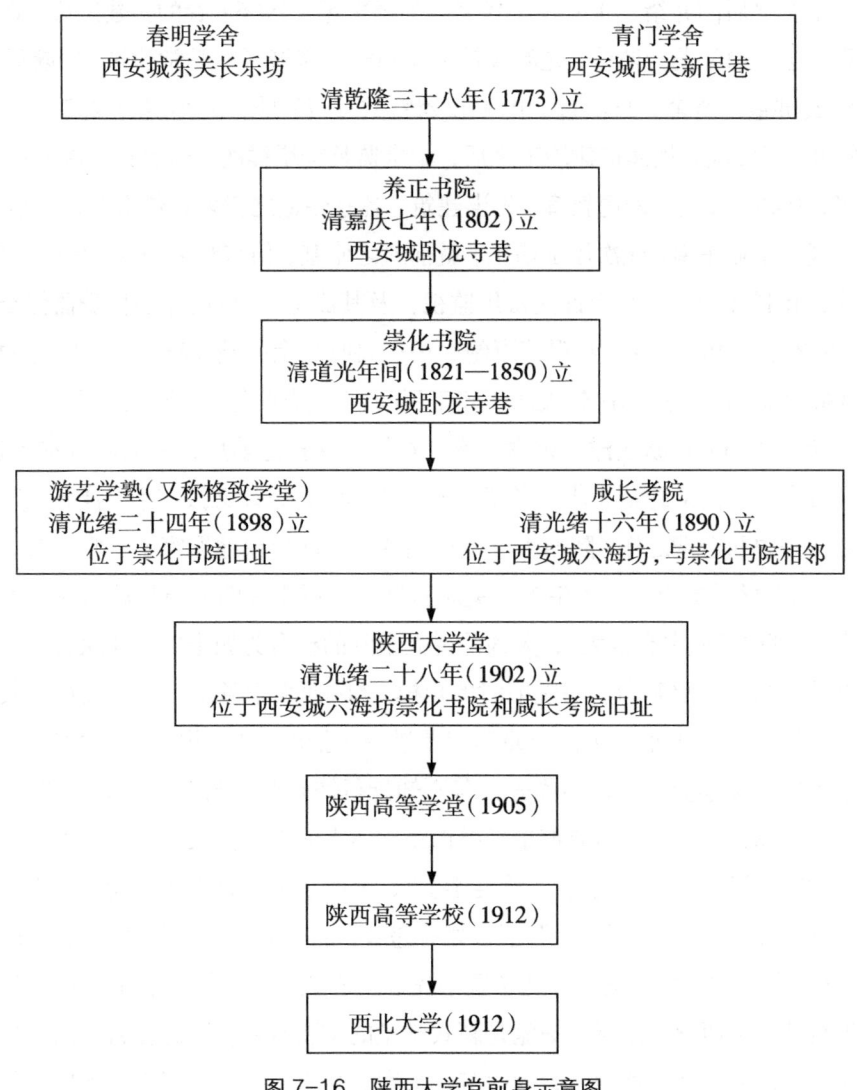

图 7-16　陕西大学堂前身示意图

三、校舍、校政与办学宗旨

（一）学堂规模与办学宗旨

陕西大学堂在西安六海坊原省城咸长考院和西安府崇化书院旧址（即今西安东厅门路北西安高级中学校址）上扩建而成。原考院和崇化书院相邻，二者合计号舍有三四十间，而且隙地空阔，扩充空间广大。其西紧贴端履门大街，东界箭道，北为东大街，西南邻碑林、文庙，南邻卧龙巷原养正书院旧址，大致呈南北长东西宽的长方形展布。"房屋系中国大四合式，院落周围有回廊，既壮观瞻，又避风雨"[6]。在此基础上，校舍有两次较大的扩建工程：第一次是在光绪二十八年（1902），学堂初办，陕西巡抚升允拨库银两万两（实际支出三万余两）用于兴造堂舍门厅，形成初期规模；第二次是在改为陕西高等学堂之后的光绪三十一年（1905）冬至次年（1906）春的扩建工程，陕西巡抚曹鸿勋委派县令涂嘉荫为监修，先派人带工匠到湖北省城考察学堂建筑，回陕后，仿华、洋各式建成讲堂、斋舍、自习室、图书仪器室共计73处，大小房舍252间，共用银18300余两。第二次大规模扩建竣工之后，学堂监督樊增祥的"验收禀"指出："查近来学务蔚兴，凡办学堂者，未遑教育，先谋建筑，各省营造之贵多者数十万，少亦十数万，吾陕学堂规制不亚东南。此次添加诸工，就前筑之堂基，仿东洋之图式，历时半年之久，聚工成阵，积料如山。官绅十许人常川监视，及其成也。"樊增祥还称赞监修委员涂嘉荫："节省至此，皆由该令一身艰苦卓绝，……嘉叹之余，益深感佩。"[7]这两次扩建共用银48000余两。在这两次较大的扩建工程间，"屡有改作"，学堂提调仇继恒亦于光绪三十一年（1905）秋添建洋式讲堂三座。在第二次扩建前后，一面赴日本考察学务，参观东洋校舍，一面又赴湖北武昌考察西式学堂建筑，设计又按"华、洋各式"，看来，其建筑必定是中西合璧之作。陕西大学堂初期的二门联形象地形容了学堂校舍的浩大规模："广厦构众材看榱题文梓青牛多士莫忘新缔造，城中有四大与岳麓梅花白鹿同时全拓旧规模。"其中"城中有四大"，大约是说大学堂的校舍为城中四大建筑群之一，不亚于岳麓书院、梅花书院和白鹿书院旧时的规模。《陕西大学堂章程》明确规定其办学宗旨为"以中学为体，以西学为用"。章程对此进一步指出："必明体乃有益身心，必达用乃有裨于家国。绩学尚已，敦品优先，若不知砥行饬躬尊君亲上为何事，即智慧日启，学业日精，流弊将不可问；甚有撷拾狂瞽谬说，谓人人有自主之权，驯至诋訾圣贤，畔道离经。"[8]这里的"敦品优先""尊君亲上"，都要求学生忠于清王朝，并将有民主色彩的言论视为异端，斥为"狂瞽谬说"，如有违者，将"立时斥逐"。由于要"以中学为体"，大学堂内还"恭祀至圣先师孔子暨诸先儒"木柱，每逢初一、十五日由教习率领各班学生行礼。引西学入学堂，毕竟是新式学堂的重要特点，因此在将"四书""五经"定为必修课的同时，性理格致、政治时务、地舆、兵事、天文、算学、地质、测量、电化等西学课程还是占了较大比例。办学宗旨还集中体现在陕西大学堂的各处楹联[9]中。

其大门联为:"天大地大王者亦大九州共识尊王义,古学今学圣人之学多士毋忘近圣居。"其官厅联为:"博古通今适用世用,砥德励行报以国华。"陕西巡抚升允为其夫子庙题写的堂联为:"日月经天谁谓西行不到,诗书未烬庶几东周可为。"大学堂总教习屠仁守所题的讲堂联为:"道统垂五千年由尧舜而来继以孔孟述以程朱大学在明新曲说异端严摈绝,声教讫九万里唯天地与立义则君臣亲则父子中庸赞化育群伦庶物广甄陶。"江西巡抚夏某为陕西大学堂所题联为:"百家虽殊言必衷圣,三代所共学以明伦。"以上楹联对"以中学为体",严摈"异端邪说",尊崇孔、孟、程、朱儒学,讲求君臣父子纲常,中庸之道的办学宗旨和中心教学内容作了进一步阐发,表明这所新式学堂未脱书院传统教育模式的痕迹。陕西大学堂的楹联中,还反映了一些新的气息。如又一处讲堂联有:"吾道自有真真理学不迁真知巧不奸真经济不杂言哓而衷诸圣可以药一切新旧党人少年读时务书先要认明忠孝字,士流贵知耻耻志力未坚耻纲纪未立耻艺业未精官失而守在夷亟须还三代神灵故物秀才任天下事莫虚生长帝王州。"这些楹联反映了三个方面的办学目标:一是再次强调要学习西学,必须先"自信是孔氏干城是本朝臣庶",必须先明"忠孝""耻纪纲未立",即以中学为体和忠于清王朝;二是强调学生要"为庠序通才",这种"通才"要博古通今,既明西学又精儒学,且对"内政外交天算舆地",亦即兵事、技术、工程、经济、政治、外交、天文、数学、地理等均要通融,如此才能"立命安身",也才能"砥德砺行报以国华";三是为陕西地方培养人才,并教学生热爱陕西,承续关学,为地方建设献力,这在"莫虚生长帝王州""岂忧秦国无人""到此自成关学派"等联语中表露无遗。

(二)校政、职事与开支

陕西大学堂除管理本学堂的学务外,同时还兼有全省教育行政中枢机构的职能,负责管理全省中、小学堂的学务。大学堂的监督、总办,既是大学堂的校长,又是全省教育行政的负责人。这项职能维持至光绪三十一年(1905),是年,陕西学政奏请按照《奏定学堂章程》,取消管理全省学务的职能,并专设陕西学务处代其职权。开办之初,陕西巡抚升允奏请前按察使陕西候补道吴树棻为陕西大学堂总办,另聘光禄寺少卿屠仁守为总教习。光绪二十九年(1903)12月,屠仁守因病去职,吴树棻以总办暂时兼任总教习一职。总办是大学堂初期的最高行政首长,负责统辖各员和主持所有事务。除总办外,另设总教习1人,分教习4人,帮分教4人,洋教习1人。其中:总教习每年银2400两;洋教习2400两;分教习每人年银140两,总办年薪水银960两;提调年薪水银720两;文案收支各一员,每人年薪288两;斋长4人,每年津贴银96两;司事工人,每年工食共银192两;书役斋夫等项执事约30人,每年共约工食银1300两。纸张笔墨等项,每年约银400两,油烛茶水等费每年约600两,再加学生所需的膏火银8800两,每年共约计银26000两。光绪三十一年(1905),陕西巡抚夏时遵章将陕西大学堂改为陕西高等学堂后,按照新的《高等学堂更订章程》,"以藩臬两司为名誉监督"[10],取消总教习之设。由此,陕西高等学堂的校政按职位依次为监督、总办、提调、教务长、庶务长、斋务长、文案官、会计官、杂务官、监学官、检察官等。其中:监督在办学初期为兼职,陕西按察使樊增祥兼任监督时日稍久,继樊增祥之后的光绪三十二年(1906),陕西高等学堂始设专任监督,周镛是为首任,并任职到宣统三年(1911),前后五年;总办在办学初期相当于一校之长,设监督后,降为统辖各员和主持具体事务者;提调在监督、总办领导之下,分管庶务、斋务或其他职事,学堂初期,滕经任提调,光绪三十一年(1905)调兴平县令杨宜瀚继任,并被派往日本考察学务,聘请教师和购置图书、仪器,富平知县仇继恒亦曾任提调,并拟订《高等学堂更订章程》;教务长"由教员兼充(无人则缺)"[10],主管学科课程、教师教法、学生学业等,王猷曾由斋务长改任此职;庶务长专管堂中庶务,其下属有掌管一切文牍的文官和掌管银钱出入的会计官,以及掌管雇用人役、堂室器物的杂务官等,姚文蔚、张效铭曾先后出任高等学堂的庶务长;斋务长主管学生品行的考察和学生斋舍的一切事务,可由教师兼任,其下属有考察学生功课勤惰和学生出入起居的监学官和检查照料学生食宿、卫生的检察官,在光绪年和宣统元年(1909)间,英文教习王猷兼任高等学堂斋务长。除以上职位外,学堂还设有养病房一所,主要为患病学生医病;设工房一所,由熟练工人随时修理学堂仪器等;设藏书楼、译书局、博物院各一所,供师生学习和研究之用。光绪三十一年(1905)曾派员专往日本采购图书、仪器,并于次年全部运回学堂。

参考文献

[1] 朱寿朋. 光绪朝东华录:第4册[M]. 北京:中华书局,1958.

[2] 西北大学历史系. 旧民主主义革命时期陕西大事记述(1840—1919)[M]. 西安:陕西人民出版社,1984:130.

[3] 樊增祥. 陕西高等学堂开学训词[J]. 秦中官报,1906(2):32-33.

[4] 黄炎培. 清季各省兴学史[J]. 人文月刊,1930,1(9):1-36.

[5] 魏光焘. 奏设游艺学塾疏[M]//朱寿朋. 光绪朝东华录:第4册. 北京:中华书局,1958.

[6] 王桐龄. 陕西旅行记[M]. 北京:北京文化学社,1928:15-17.

[7] 樊增祥. 批高等学堂监修委员会涂令嘉荫工竣报销并请派员验收禀[J]. 秦中官报,1906(5):258.

[8] 陕西大学堂. 大学堂章程[J]. 秦中官报,1903(1).

[9] 升允,屠仁守,樊增祥,等. 陕西大学堂楹联[J]. 秦中官报,1904(3):16

[10] 仇继恒拟稿. 高等学堂更订章程[J]. 秦中官报,1905(1):7-8.

(原载:《西安电子科技大学(社会科学学报)》2000年第10卷第3期第77—82页)

姚远：陕西大学堂及其教学活动考

摘 要 根据新发现的清末报刊文献，对湮没不彰的陕西大学堂的学制与教学、教习与师资管理、学生管理与学潮作了历史性的考证。结论指出：陕西大学堂的创建，是为近代陕西高等教育的开端，不仅是陕西地方教育由书院制度向学堂制度转折的标志，同时也标志着以引入西方高等教育学制和管理为特征的新型教育体制的形成。

关键词 陕西大学堂；西学；东洋教习；清末学潮

清光绪二十七年（1901）十月，陕西巡抚李绍棻奏请在原游艺学塾旧址（即原崇化书院旧址）和西安六海坊原咸宁、长安两县考院旧址创建陕西大学堂。清光绪二十八年三月二十五日（1902年5月2日）正式开学，首批入学40名学生。清光绪二十八年四月十二日（1902年5月19日）陕西巡抚升允再奏获准，并有光绪帝"著即督饬，认真办理，务收兴学实效"的朱批。清光绪二十八年四月二十四日（1902年5月31日）奏准在陕西大学堂"设农务、工艺两斋"，光绪帝有"农务工艺足厚民生，著即认真兴办，毋涉敷衍"的朱批。根据清末关于京师设大学堂，省会设高等学堂的制度，陕西巡抚夏时于清光绪三十一年（1905）将陕西大学堂改为陕西高等学堂。宣统元年（1909）始办正科。辛亥革命后，改为陕西高等学校。1912年3月，中华民国秦军政分府大都督张凤翙决定将陕西高等学校、关中法政大学（西北法政学校）、陕西农业学堂、陕西实业学堂、陕西客籍学堂等合组为西北大学。陕西大学堂是为陕西，乃至整个中国西部创办最早的地方性高等学府，在中国近代高等教育史上占有重要地位。

然而，有关陕西大学堂的历史长期湮没不彰，仅有极少的文献涉及[1-4]。本文拟对其学制与教学、教习与师资管理、学生管理与学潮等作初步考证。

一、学制与教学

陕西大学堂初期的学制并无明确规定，直至光绪三十一年（1905）拟订的《高等学堂更订章程》才对学制作了"补习普通科学一年，高等正科三年……四年毕业"[5]的明确规定。然而，这一学制并未得到切实执行。在首期学生入学3年时，兼任监督樊增祥曾就此原因和对策作了分析。他认为："陕省大学堂开办之始，考送学生多不合格。夫子之门，盖亦杂矣，忽忽三年，若竟因仍不改，必至传习愈非。驻堂学生之不合格，非止一端，要以嗜好为首先禁戒之事，欲峻整规条，以勉中程，即不能不昙为厉禁，以分别去留。"[6]看来，这既有中等教育基础欠佳的原因，也有学堂管理上的原因，特别是前者可能是造成学制执行不力，又一时难以解决的关键因素。实际学制的执行，大约均为6年左右。第一期学生本应在光绪三十二年（1906）底毕业，实际上直到光绪三十三年（1907）六月陕西巡抚曹鸿勋才奏请慈禧太后和光绪帝按中学期满办理中学毕业。之后又奏，到光绪三十四年（1908）六月，第一期学生才正式办理中学毕业，实际在堂学习6年半。第二期学生从光绪三十一年（1905）入学，到宣统二年（1910）办理中学毕业，实际在堂学习6年。第三期学生从光绪三十二年（1906）入学，到宣统三年（1911）毕业，实际学制亦为6年。实际上，高等学堂授予中学毕业资格的情况并非陕西独有，"查河南、福建等省的高等学堂均以开办4年暂照中学毕业奖励"，陕西巡抚亦据此认为"陕省事同一律，自应援案办理"[7]，即使是京师大学堂，到辛亥革命前亦无正科毕业，仅有120余名预科毕业生。

在课目和课程设置方面，陕西巡抚升允在开办大学堂的奏折中提出了"教法当以伦理为先，次及经猷材艺"的原则。据此，陕西大学堂总教习屠仁守拟定了课目。其中，中学分为4门16目：第一门为性理格致，分明伦、修身、综物、博文；第二门为政治时务，分治纲、掌故、内政、外交；第三门为地舆兵士，分形势、绘图、法制、韬钤；第四门为天文、算术，分测候、推步、元化、积微。西学也有4门，即算艺科、质测科、电化科和文语科。光绪三十二年（1906），监察御使王步瀛曾抄得陕西高等学堂课程表。这些课程每周安排有36节，即36学时，每天上课6学时，自习4学时。其中外语达20节，而且外语已被分为普通外语、理科应用外语和历史地理应用外语3种类型。表中所列，只是学堂某学期的课程，据《秦中官报》等所载，第一期学生还开设有中国经史、中国文学、博物、图画、法语（英、法、日语任选一门）等课程。在"中学"4门中，学生可任选一门作为专业，重点课目为经史、舆地、算术，尤重诵习小学、四书、五经，浏览历代史鉴，用以"厚植根柢"。西学课程是从光绪三十二年（1906）聘回东洋教习并购回图书、仪器后才开课的，其重点科目为外语、普通西学、格致等课程。全省学堂的课程中，修身（遗规、古诗歌等），读讲经（春秋、左传等），国文（阅读、作文、书法等），外国语（读法、译解、会话、文法、作文、习字），历史（中、外史），地理（分省地理、地图），算学、博物（植物、动物、标本），图画（手绘、器绘），体操（普通体操、兵式体操）等课程是统一设置的，按学堂类别区别深浅，或增设课目。因此，陕西学务处参考中外各学堂表式，订出了基本课程表样式，供各学堂使用。[8]

课程的开设由于受师资聘请所限，常常不能如期开出，造成时多时少或任意增减的现象。这种现象到了清王朝覆灭前夕，已达到较为严重的程度，陕西学司不得不于宣统二年（1910）五月至七月前后两次向高等学堂发出"请将该堂学科切实整顿"的照会。该文指出："立一校必收一校之效果，历一年即有一年之进步，倘学科任意减少，程度未能划一，于教育前途窒碍实多。前以贵堂课程种种不合，曾经照会在案，兹阅五月份所送讲义，高等科仅有经学、近世史、兵学三门，余均从阙；中学科亦少外国语、化学、地文三科。复核其教授程度,又多与年级不符,似此办法,不特违背定章,深恐有碍毕业,仍希贵监督转饬教务长,设法更正,务合定章,庶免参差不齐之弊,……迅速见复施行。"[9]清光绪三十三年(1906)九月,监察御史王步瀛曾因高等学堂英文课时太多,而上奏批评其"荒落中国根本学问",是"本末倒置"。高等学堂则撰文反驳,是趁有新聘东洋教习,"故多加钟点",认为王步瀛的奏折是"执一偏之成见,生学界之波澜","将无作有,指素为缁"[10]。

对于课程设置和学生实际水平问题,恐不能尽听一言。当学堂开学后的第四年,即开始选派留日学生。校方也认为:"学堂肄业诸生,不乏聪明可造之士。"[11]在光绪三十二年(1906)从日本聘回5名东洋教习后,学堂监督也认为"堂中科学,乃臻完备","中西书籍、仪器标本、衣、械、饮食,无不具备"[12]。陕西巡抚曹鸿勋亦认为:其"甲、乙班学生……于中国经史、文学具有根柢,而地理、算学、博物、理化、图书、体操、英、法、日语亦皆分科讲习,各有可观,虽比较高等稍形不足,而视中学堂程度殆已远过。"[13]从高等学堂考取客籍学生超等第一名尹钧在《秦中官报》发表的《德育智育体育论》来看,其对德、智、体三者关系的论证,具有相当的中、西学功底。其论文不仅注意用孔孟儒学进行论证,而且还引述了西方亚利斯托儿、斯巴达、毛塔耶尼氏、斯宾塞尔等人的观点,认为日本"以东洋道德、西洋工技合之,始成,是其智育、体育得力于西学"[14]。他认为中国则要"采泰西智育、体育之原蕴而灌输于斯民神经中,复取吾国之性理天道,昌明而阐发之,体以植德之基,智以广德之用,庶几,民俗以纯,民力以强,民智以开,我禹域之黄种不难骧首亚东,一跃而登于20世纪大舞台之上,虽强如英法吾何畏彼哉"[14]。此文"胸罗廿四史,囊括五大洲而后下笔,为文可谓极尽词章之能事"[14],集中地代表了学堂学生融通中西的学习水平。这都说明,陕西高等学堂的课程设置和学生水平,绝不能一概否定,虽无高等正科毕业生,但已于清宣统元年(1909)开办高等正科,至1911年应该毕业的高等正科学生因辛亥革命而推迟毕业,而在1912年成立的西北大学中大多补办了毕业证书。因此,陕西大学堂至高等学堂,为陕西培养了第一批学贯中西的新式人才这一点,功不可没。

学堂的校历在办学初期和中期略有不同。光绪二十八年(1902)的《学堂条规》规定每年年假为1个月,每月逢10、20、30日休假,中秋、端午和清明节亦各放假1日。光绪三十一年(1905)的《高等学堂更订章程》规定每年放年假、暑假各1个月,旬假改为每星期休息1日,中秋、端午和清明节仍各放假1日。

学堂的考试分为临时考试、学期考试、年终考试、毕业考试和升学考试5种。"预科毕业者即行升入正科无庸录考。除以上5项考试外,各科教员随时考问。考试分类以百分为满格,共分5等"[15]。其中学期考试和年终考试满80分以上为最优,或满60分以上为优等,可获奖励;20分至40分为下等最下等,将留原级补习或令其退学。毕业考试成绩分为最优等、优等、中等、差等、最差等，考为最优等者奖予"拔贡"出身，优等作为"优贡"，中等作为"岁贡"，下等作为"优廪生"。

二、教习与师资管理

"关中僻在西陲，师资合格之员尤难"[16]，因此，师资问题一直是困扰陕西办学的关键问题。陕西大学堂主要从3个渠道延聘师资：一是从省内选拔，包括从本堂优等学生中留用，如光绪三十一年（1905）七月从本省长安县所聘的廪生汪如波，即被充任算学教习（月薪平银20两）；二是从外省选聘，比如光绪二十九年（1903）二月初聘、三十一年（1905）续聘的山西猗氏县癸卯科进士狄楼海，即充任算术教习；三是从日本选聘日籍教习或中国留学生，如光绪三十二年（1906）从日本聘回田中、足立、菅野、叶董等4名教习，后又聘回铃木直，增至5位。现可知名的到堂教习有：屠仁守（总教习）、吴树菜（总教习）、李异材（数学教习）、狄楼海、陆元平（算学教习）、刘春谷（政治时务科算术教习）、杜斗垣、毛昌杰、刘葆锋（算学教习）、王猷（英文教习、庶务长、教务长）、董明铭（体操教习）、汪如波（数学教习）、高普烨（数理教习）、邵力子（世界史教习）、张子安（地理教习）、宋元恺（兵学教习）等。

首任总教习屠仁守，字梅君，湖北孝感人。清同治十三年（1874）进士，选庶吉士，授编修。光绪（1875—1908）中，转御史。光绪十五年（1889），因得罪慈禧太后被革职。离京后，主讲于山西令德堂。光绪二十六年（1900），起用为五品京堂，授光禄寺少卿。次年冬陕西巡抚李绍棻奏请允准为陕西大学堂总教习，光绪二十八年（1902）到堂任职，次年十二月因病离职。陕西巡抚升允当月二十四日的奏折称其"品端学邃，到堂以来，综览教规，发明正学，不厌不倦先后两年在堂，诸生因多可造之"。分教习狄楼海，山西猗氏县人，癸卯（1903）科进士，授刑部主事。光绪二十九年（1903）十二月被聘为陕西大学堂教习，主讲算术。光绪三十一年（1905）被派往日本考察学务，聘请日籍教习，回国后继续任教。

早期数学教习中的李异材（1858—1937），又名仲特，陕西蒲城人，为清末民初陕西著名数学家，著有《开方数理图说》和《级数比类》等。清光绪四年（1878）中秀才后，在乡间设馆授徒。光绪十五年（1889）被选为三原宏道书院上舍生。光绪二十四年（1898），主讲于甘肃兰山书院。光绪二十八年（1902）被聘为陕西大学堂教习，光绪二十九年（1903）参加川汉铁路勘测。光绪三十二年（1906）再任陕西高等学堂算学教习。后曾任同盟会陕西分会会长、陕西舆图馆馆长等职。

世界史教习邵力子（1882—1967），原名闻泰、仲辉，浙江绍兴人。光绪二十九年（1903）中举，为陕西候补县令。光绪年间留学日本。他于清光绪三十三年（1907）在日本考察时被聘为陕西高等学堂教习，次年到堂讲授法文与西洋史课程，并在师范学堂兼任西洋史教习，后因支持学运被清陕西当局逐出陕境。

算术教习刘春谷（？—1926）为陕西长安（今西安）人，清光绪甲午举人，曾任四川知县。民国元年（1912）任陕西实业厅厅长。他在光绪二十八年（1902）被陕西巡抚升允聘为陕西大学堂政治时务科教习。分教习杜斗垣，陕西米脂人，辛卯（1891）科举人。陕西大学堂创建伊始，即被聘为分教习，主讲数学。光绪三十年（1904），榆林知府延聘其创办榆林中学。辛亥革命后，任陕北联合中学国文教员。

数理教习高普燡，字竹轩，陕西榆林人。考至京师大学堂习德文。清宣统年间（1909—1911）自京师大学堂毕业后即受陕西高等学堂之聘任教习。民国年间出任第一师范学校校长，旋任农业学校校长。

兵学教习宋元恺（1870—1917），字向辰（又作相臣），陕西耀县人，清末廪生，曾在三原宏道高等学堂求学。光绪三十一年（1905）留学于日本明治大学经济科、陆军士官学校、东武学校。其间入同盟会。宣统二年（1910），奉孙中山指示，在朝鲜、大连等地从事革命活动。后随井勿幕返陕，先后任陕西高等学堂兵学教习、陕西农业学堂日文教员，并从事革命活动，介绍学堂中不少师生加入同盟会。辛亥革命中，他亲往军装局将枪弹配给学生，让学生回乡组织民团，保卫地方。在秦陇复汉军政府中任外交部部长，参加西路战役时，任炸弹队总队长，率部在礼泉等地作战。西路议和后任交通司司长。其间，建议陕西先后派出200余名留日学生，并于1913年辞司长职亲任陕西留日学生经理。1916年自日归陕任乐群学社社长。1917年，张勋复辟后，按孙中山密令，组织陕西讨逆军，任总司令，在与阎锡山部的战斗中牺牲。

日籍教习中的足立喜六，原籍日本静冈县磐田郡袖浦村字冈，明治三十一年（1898）毕业于东京高等师范学校。明治三十九年（1906）一月，应清政府聘，任陕西高等学堂教习。至明治四十三年（1910）二月回国。他在西安时常踏访古迹，晚年对历史地理多有研究，并将其数理之长用于考古测量，著有《长安史迹考》（杨炼译，商务印书馆，1935）等。1996年，日本田边昭三先生与足立氏之孙女曾同来西安访问，并与西北大学教授有联系。

中学教习和西学教习的管理均实行合同聘请法。合同每年订立一次。学堂又设"功过簿"，记录教习、学生、提调、委员各司事夫役的优劣业绩，并视具体表现给予奖惩或决定去留。按照《大学堂章程》，如教习德不称位，才不称职，由总办和总教习商请陕西巡抚随时更换。按清廷《奏定学务纲要》，凡毕业学生在60名以上，教习和管理人员工作年限在5年以上者，按异常劳绩授奖，工作年限在3年以上者，按寻常劳绩授奖。陕西高等学堂曾有两次共15人获奖：一次是宣统元年（1909）授奖10人，一次是宣统三年（1911）授奖5人。其奖励内容多系升官晋阶。如学堂监督周镛至宣统三年（1911）任职满5年，即由陕西巡抚恩寿奏准授奖，由法部主事升为员外郎并加四品衔。另有英文教员兼斋务长（后转任教务长）王猷、庶务长姚文蔚、会计官袁鸿逵、杂务兼会计官胡明显等均曾获奖,并以直隶州知州补用。对于外籍教习的管理较具体:一是明确归学堂监督节制;二是规定薪金按西历逐月发给,含饮食、衣服、医药、仆役在内;三是聘期一年即 12 个月,含年暑假,合同期内违约者辞退,只给定额川资,续聘须提前在合同期满一个月前商定;四是由学堂负担来华和回国旅费;五是其家眷不能住在堂内,单身者可在堂内住宿;六是病假一个月内照付薪水,超过一月由本人负担,超 3 个月即解聘,如病故,除发旅费外,发给 3 个月薪水的抚恤金;七是合同一式三份,分存于受聘人、省学务处和学堂。

三、学生管理与学潮

陕西大学堂的生源初拟应来自中学堂的优秀学生,但因中学堂的设立是与大学堂几乎同时进行的,故尚无中学毕业生。因此,学堂初期的招生只好暂由各府、厅、州、县按经义史招考,报送大学堂选择录取。由此,造成"陕省大学堂开办之始,考送学生多不合格"[6] 的局面。到光绪三十一年(1905),《高等学堂更订章程》颁布后,学生仍以 200 人为额,考选时备取数十名以便传补,又进一步明确规定除旧有在堂学生和当年考取的学生外,非中学堂毕业者不能躐等收入,年龄定为 18 岁以上,35 岁以下,还要求身家清白,体质强健,无不良嗜好。

学生总数计划预科 200 名,每年伙食银 6600 两,正科学生 100 名,每年膏火银 2200 两,共 8800 余两。办学初期,学堂拨付伙食费,由学生自雇炊工起火;光绪三十一年(1905)后,改为食堂制,学生依次分为精舍生、上舍生和中舍生,由"中"入"上"或入"精"且参加月考、季考者,均可在月发 2 两膏火银的基础上再加发 2 两;光绪三十一年(1905)更订章程之后,开始酌收学费,其中陕西籍学生每年收银 30 两,用于学生伙食费用 25 两,客籍学生每年收费 60 两,可享受奖学金。

学生进堂 3~4 个月期间,由教习和提调进行考核和复试,满 3 个月后,由总教习会同总办再行复核,以定去留。"其天资高明而心术不正者,立时斥逐。亦有心术纯正而赋质少绌者,考核以后再留三月,以观后效,如两次考核实属不堪造就,不准再留"[17]。光绪三十一年(1905)又规定:"开学四个月后,察看学生,如有颓惰不能授学者,即行黜退。"[5]

学生管理制度主要反映在光绪二十八年(1902)和光绪三十二年(1906)先后制定的学堂条规。这些条规大致包括 4 个方面:一是忠君,规定"每年恭逢皇太后万寿、皇上万寿、皇后千秋,由总办率领诸生齐班望阙行礼";二是尊孔,"恭祀至圣先师孔子暨本省诸先贤先儒,每年延师、开学、散学之期,由总教习、教习、总办、提调率领学生……行礼,每月朔(初一日)望(十五日)则由总教习、教习率领学生行礼并宣读《圣谕广训》一条";三是礼让,"教导诸生以明廉耻,知羞恶,敦崇礼让,激发忠良为第一要义","有违犯堂规,不敦品宜,不守礼法及梗顽不化,不能完成课程者,或量予记过,或降列等次，或开除名额，应由各教习商请总教习会同总办提调秉公核办，其父兄不得到堂辩论，违者治以妄诉之罪"[17]；四是戒忌，诸如教员上堂学生必起立致敬，必须起立致答，不许当堂提问，课间不许会客，不得赤膊赤足失仪，吸水旱烟限于憩息室内，等等。大学堂留日学生马凌甫回忆说："我们这个母校原是一个理学王国，学术思想和政治水平都在时代的后面，不但有关革命的书报列为禁品，就连壬寅、癸卯的《新民丛报》也认为是洋学书籍，不让学生多看。……学生在文字中偶尔引用新的名词，即目为狂悖而严加申诫。但是，客观形势的发展，绝不是少数人主观愿望抑制得住的。……改为高等学堂，……学堂才开始有了新的气象，学生集会结社也才得到一些自由。"[18]

尽管学生的言论和政治自由受到严密控制，但学堂的学生仍有一些大的政治活动。光绪三十三年（1907），陕西高等学堂、陕西法政学堂联合师范、中学、陆军等学堂的全体学生，呈书给陕西巡抚曹鸿勋，抗议向英国出卖陕西铁路权，呼吁陕西自办洛潼铁路。曹鸿勋斥责曰"吾陕士风纯谨，何应染此嚣习"[19]，断不许学生参政。光绪三十四年（1908）七月，陕西高等学堂地理教习张子安因未参加谒圣礼而遭侮辱，张教习提出抗议，遂被学堂监督周镛解雇。为此，学生向监督、提学使交涉，要求挽留张教习，均遭拒绝，遂引发高等学堂学生全体罢课直至退学，并撤离学堂。200多名学生离校后分住城内的礼泉、咸阳、商州、蓝田各会馆，并仿上海中国公学，制定自治规则，设稽查、调查、会计、书记各员，处理日常事务。退学学生以礼泉会馆为总机关，并准备在渭南成立公学。这次学潮得到全省学界的大力支援，陕西当局唯恐事态扩大，撤销了庶务员和监学官二人，由教育总会会长等出面调停，答应了学生的要求，罢课遂结束。这是清末陕西学界最大的一次学潮，给行将覆灭的清廷以很大震动。随后，陕西当局照会高等学堂，并转发清廷学部札，要求学堂"管教各员，随时董戒学生，不准联盟纠众，立会演说及潜附他人党会"[20]。之后，高等学堂的一些学生参加同盟会的秘密活动，远在东洋的高等学堂首批留日学生郝朝俊、马凌甫、张荫庭、钱鸿钧、谭耀唐、崔云松等先后创办《秦陇报》《关陇》《夏声》等月刊，呼应陕西的反清斗争。《夏声》第6号即曾发表署名"大无畏"的《陕西高等学堂之纪事及评论》一文，呼应学潮。大学堂留日学生马凌甫、王芝庭、张荫庭于光绪三十二年（1906）春节期间返乡省亲，即与同学康寄遥、王授金等筹组一个爱国团体，秘密进行革命活动[18]。原陕西农业学堂学生郑伯奇回忆："高等学堂……是由旧的书院改组的，学生年龄较大，资格较高，与本省在北京、上海以及留日学生多有联系，在历次学生运动中俨然居于领导地位。"[21] 辛亥革命的前一年，西安学运达到高潮，农业学堂由于对教学和生活管理不满而罢课，并全体离校入城，高等学堂学生也予以声援，并派代表马彦翀前往慰问。留日高等学堂学生中的马凌甫、张荫庭已加入同盟会，并返回南京作为17省代表之一，参加了孙中山就任中华民国临时大总统的就职典礼。陕西作为武昌起义的首先响应省份，其响应武昌起义的大会就是 1911 年 10 月 27 日在陕西高等学堂召开的，并在此宣布成立了"秦陇复汉军政府"。陕西大学堂的毕业生崔云松任财政部长（后任都督府秘书长），郗朝俊任副部长，曹澍任教育部长，钱鸿钧为司法部副部长，高等学堂兵学教习宋元恺任外交部部长，其余参加辛亥革命的不在少数。从光绪三十四年（1908）开始有 73 名毕业生起，至宣统三年（1911），共有 3 期毕业生，共毕业学生 208 名。其中：考为优等，奖以优贡出身者 31 人；考为中等，奖以岁贡出身者 161 人；考为下等，奖以优廪生出身者 10 人。其中又有白常洁、高冠英、王芝庭、钱鸿钧、曹澍、崔云松、张荫庭、郗朝俊、马凌甫、张星岩等 10 余人于光绪三十一年（1905）考取官费留学生东渡日本，也有 10 余名由陕西巡抚选送北京京师大学堂或青岛、浙江等地的高一级学堂或分科大学深造，有不少学生被派往兖州县学堂任教习。另有一些师生参加辛亥革命，甚至为推翻封建王朝献出生命。首批留日归国的学生大多成为辛亥革命后西北大学的创始人或新政权的领导骨干。

四、结论

陕西大学堂是陕源西北大学的源头，它不仅是陕西高等教育的开端，也标志着我国西北地区乃至整个西部地区高等教育的肇始。陕西大学堂教学活动的突出特点是"中学为体，西学为用"，系统开设了英文、日文、质测、电化、理化、积微、天文等西学课程，延聘了陕西最早的外国籍教师，也派出第一批较大规模的留日学生，这在传统文化积淀较为深厚的陕西，无疑激起层层波澜，发生了抵制尊孔、反对封建统治、反对向外国出卖铁路权等学潮，直到最后参与辛亥革命，推翻清王朝。这一方面反映了中西文化的碰撞冲突，也反映了 20 世纪初期，封闭落后的陕西勇于接受新文化的积极姿态，实现了由书院制度向学堂制度的转折和成功实现了第一次高等教育体制的变革。这无疑充实和丰富了近代秦文化的内涵，是作为近代秦文化策源地之一的西北大学向区内辐射出的第一束文化之波。

参考文献

[1] 杨汉铭，孙西军. 20 世纪初我省第一所最高学府陕西大学堂 [J]. 西安文史资料（内部发行），1986（9）：88-102.

[2] 姚远. 中国西部最早的高等学府：陕西大学堂 [J]. 西安电子科技大学学报（哲学社会科学版），2000，10（3）：77-82.

[3] 姚远. 西北大学的源流与承袭 [J]. 西北大学学报（哲学社会科学版），1997，27（3）：81-86.

[4] 姚远，刘舜康，赵弘毅，等. 西北大学的两个历史源头 [J]. 西北大学学报（哲学社会科学版），2000，30（3）：127-131.

[5] 仇继恒. 高等学堂更订章程 [J]. 秦中官报，1905（1）：7-8.

[6] 樊增祥. 批大学堂肄业生渭南生员贺鸿恩禀词 [J]. 秦中官报，1905，6（1）：1.

[7] 曹鸿勋. 奏高等学堂学生补习中学期满请先办中学毕业折（1907年6月）[J]. 秦中官报，1907（4）：138.

[8] 曹鸿勋. 札学务处饬发学堂表式文[J]. 秦中官报，1905（6）：1-5.

[9] 陕西学司. 照会高等学堂诸将该堂学科切实整顿文[J]. 教育官报，1910（6）：9-10.

[10] 陕西高等学堂. 驳监察御史王步瀛奏文[J]. 秦中官报，1906（4）：6.

[11] 陕西大学堂. 详请咨送陕省各学堂挑选学生前赴东洋肄业由[J]. 秦中官报，1905（3）：6.

[12] 樊增祥. 陕西高等学堂开学训词[J]. 秦中官报，1906（2）：32-33.

[13] 曹鸿勋. 奏高等学堂学生补习中学期满请先办中学毕业折[J]. 秦中官报，1907（6）：138.

[14] 尹钧. 德育智育体育论（含批语）[J]. 秦中官报，1906（4）：68-69.

[15] 学院朱. 移送高等学堂章程文（附章程）[J]. 秦中官报，1906（5）：161-168.

[16] 陕西大学堂. 聘分教习文[J]. 秦中官报，1905（1）：8-9.

[17] 陕西大学堂. 大学堂章程[J]. 秦中官报，癸卯年（1903年），9月份第1期.

[18] 马凌甫. 回忆辛亥革命[M]//陕西省政协编. 陕西辛亥革命回忆录. 西安：陕西人民出版社，1982.

[19] 曹鸿勋. 批高等师范、法政、中学、陆军各学堂全体学生等为全陕铁路必欲自办恳请代电以杜觊觎禀[J]. 秦中官报，1907（2）：98-99.

[20] 陕西学司. 学部札凡学堂管教各员，随时董戒学生，不准联盟纠众，开会演说[J]. 教育官报，1910（6）：11-12.

[21] 郑伯奇. 回忆辛亥革命前夕陕西的学生运动（1961-10-09，西安）[A]. 陕西省政协编. 陕西辛亥革命回忆录[C]. 西安：陕西人民出版社，1982.

（原载：《西北大学学报（哲学社会科学版）》2002年第32卷第4期第164—169页）

姚远：陕西法政学堂与西北大学沿袭关系考

摘　要　依据新发现的历史文献，清理出了从创建于清光绪二十九年（1903）的陕西课吏馆至陕西法政学堂、关中法政大学，再到西北大学的清晰历史脉络，从而勾勒出陕西近代法、政、商专门教育的起源和发展轨迹。重点着墨于附设陕西第一个学堂研究所等创举。

关键词　陕西课吏馆；陕西法政学堂；陕西省自治研究所

清末陕西课吏馆、陕西法政学堂和关中法政大学的创建和相沿发展，奠定了西北大学法政学科的基础和培养地方官吏的一贯宗旨。作为西北大学"陕源"的一个重要支脉，它与其后由西北大学改设的陕西法政专门学校、西安中山大学，以及抗日战争时期与

"陕源"合流的北平大学法商学院[1]，共同构成了陕西地方乃至整个西北地区培养法、政、商人才的重要基地。有趣的是陕西法政学堂的设置和制度竟是参照西北大学"京源"的开端——京师大学堂速成科仕学馆和预备政科的章程办理的，这从另一角度揭示了西北大学"陕源"与"京源"的密切关联。然而，有关这些教育机构沿革发展和成就的研究向称薄弱，以至尘封已久，鲜为人知。目前，除《西北大学大事记》记述了一些史实外[2]，尚未见其他系统的论述，本文拟在此基础上做一全面论证。

一、背景与沿革

19世纪与20世纪之交，八国联军强恃坚船利炮，攻陷京城，致使清帝弃京逃陕。血的教训再次使国人感触到富国强兵和培养法政人才的重要性和迫切性。清光绪二十七年（1901）一月二十九日，清廷在西安发布《新政上谕》，即所谓"回銮新政"。由此，陕西始办陕西大学堂、派遣留学生、改练新军、设立洋务局、继办邮政、电报事业。陕西法政学堂的前身——陕西课吏馆就是在这一背景中诞生的。光绪二十九年（1903），陕西"迭奉谕旨，整顿吏治，培养人才，为致治保邦之本"[3]。为此，在当年4月，陕西巡抚升允督饬两司设立课吏馆。光绪三十三年（1907），陕西巡抚曹鸿勋按照京师大学堂仕学馆章程，并仿北洋法政学堂章程和直隶总督呈准的法政学堂章程等情况，认为陕西课吏馆建馆4年来"按日程功，颇著成效"[3]，但"明诏预备立宪，海内士夫嚣嚣望治，举凡宪法施行之次第，地方自治之规模、立法行政之若何，以分权刑事民事之若何，判晰自非讲求有素，断难措置裕如"，故拟"即将课吏馆改作法政学堂"[3]。光绪三十三年（1907）十月初一日，慈禧太后、光绪帝御批："该衙门知道单并发，钦此。"但实际上，陕西法政学堂已于此前的三月八日正式开学。辛亥革命后，中华民国秦军政分府教育部于1912年3月19日，将陕西法政学堂改为关中法政大学，并公布简章。原陕西法政学堂监督、秦军政分府司法部副部长钱鸿钧出任校长，学校分设政治、法律、经济三系。在关中法政大学建校的同时，西北大学创设会的筹备工作亦在进行中。当同年春季西北大学开学之后，即将关中法政大学并入西北大学，钱鸿钧仍为校长。西北大学初称"关中大学"，于1912年10月改称现名，起初，在关中法政大学的基础上设立专门部，下分文、法、商、农四科，而其专门部法科又分为法律、政治、经济三科。原法政学堂别科中的甲、乙、丙三班全部转入西北大学。1918年7月，西北大学曾致函驻日公使介绍本校法科专门部法律科二年级优等学生汪康培入日本早稻田大学肄业。同月十六日，原法政学堂别科甲班学生已届毕业年限，遂发给毕业证书，而乙、丙两班学生改属西北大学法律科后，亦于1913年上学期在西北大学毕业。

二、陕西课吏馆

陕西课吏馆的管理与学堂管理大致相同，设有监督、提调、教习等。监督一般由主管司法的臬宪兼任。傅世炜一度任提调，并拟成《课吏馆章程》，含附章六条。陕西课吏馆的生源，主要"调取本省候补人员入馆肄业，以通知掌故为根柢，以研究律例为措施，以博考约章备交涉"[3]。在光绪三十二年（1906）时，"所有在省候补正佐各员均准作为外班分钟点入馆"[4]。这说明，该馆的教学既有长期性的"调入肄业者"，又有短期性的"外班"。其办学宗旨主要是"以修明政学为主，讲求吏治为先"，以造就"临民息事之才"。显然，设馆目的主要是为了培养提高在职的中下级官吏，使之通晓吏治，兼明西学。因此，其入馆生员主要为各州县正佐官员。其课程主要有历代政书、国朝政书和西国政书三门。大清律例、刑案和中外条约，均为三门主课中的基本内容和必修内容，要求对这三门课必须挨次精习。课吏馆的考试有月考、季考等，现见有光绪三十年（1904）三月试住馆正佐学员的月考题：一为"东汉永平间期门羽林甲胄之士悉通孝经论"；二为"自隋唐相沿至明代盗窃案如何办案勘验"；三为"君子讲读律令各有心得其试详言之"[5]。这些试题说明其教学内容侧重于儒学经典和中国古代司法实践。课吏馆重要学习方式之一是读书，包括"点书"、"札记"和"抄书"。光绪三十年（1904）七月，课吏馆有傅允澄、姚文蔚、李鹤年、洪寅、刘丙森、胡树人、胡明显、卢秉钧、朱兆兰、张运魁、郭永丰、孙濂、郭开绪、王心一、宝和、刘应堪、夏绥禧、侯来仪、周钟藻等20名学员肄业，对成绩优异者予以奖励。其中第一名傅允澄，点书3752页，札记约1400字，抄书60000余字，特奖银4两[6]。课吏馆的另一重要学习方式为阅报，并被定为"日课"，同时为配合这种学习方式和"开通风气，增长智识"，还在"开办之始，即选刊官报"[7]。这就是课吏馆于光绪二十九年（1903）九月受陕西当局委托附设的秦中官报局创办的《秦中官报》。当时，办刊物并不鲜见，鲜见的是将刊物委托办学机构主办，并且将办刊与办学结合起来，通过刊物使课吏馆在学人员明了本省情况和中外时局，以增广见闻。由于陕西僻处一隅，延聘师资不易，课吏馆亦曾试图延聘日籍师资，拟"就近商同徐监督（指陕西留日学生监督徐炯）聘定法政教员一人来陕，以资讲授，或从彼国研习此项专科者，如博士、学士之类，详审寻觅，或于留学生内习业有年者，密访聘定"[8]。但是，这些努力并未实现，仅为陕西高等学堂聘回四五名外籍教习，且长驻者寥寥。在这种情况下，以报刊为"师"，将阅报和做札记定为日课，不失为课堂教学的重要补充。课吏馆监督甚至指出这种做法的出处："昔顾亭林（即顾炎武，1613—1682）讲学，劝人日读邸抄，以知朝局；林文忠（即林则徐，1785—1850）抚粤，使人翻译外报，以觇夷情，通识美意。"[7]因此，课吏馆"洵堪师法，爰做成规，定为日课。谕令提调、分校等将各省官私报章，择其宗旨议论，无大纰缪者，购备多种，置之讲堂，仰肄业各员，于每日午后，均往披览。如有心得，随时作为札记，以觇达识"[7]。这些报刊："上则朝章国政，下则里巷风谣，大而聘盟征伐，详列邦交涉之机宜，细而格物致知，著欧美发明之新学，信足以开拓胸襟，浚涤尘垢。……住馆诸员，于历史掌故、政治、法律各门，亦既极深研……然根柢既茂，则枝叶宜，学力既深,则闻见宜扩。处今之世,断难墨守陈规,自封故步。"[7]这显然是将报刊视为了解世界和增识扩闻之窗,学习中学与西学的捷径,或荡涤"墨守陈规,自封故步"陋习的工具。为使这种教学方式制度化,课吏馆还颁布"阅报条规十则":一是各项报章由收支处司事经理,凡新到日报、旬报,由该司事先送分校检察,后交讲堂;二是每日派听事一名,在阅报处轮流伺应,由司事督令打扫庭屋、整理几案、检点报章;三是阅报时刻,每日自午前10点钟起至午后5点钟止;四是阅报处借备书架一个,将各项报纸均置其上,诸君可任意取阅,阅毕仍还原处,以免散失;五是每种报纸仅备一份,来阅者当以先后为次,幸勿凌越;六是诸君阅报,尽可携带纸笔,择要抄录,唯不得将报纸带回号舍,并加涂乙;七是诸君披阅报章论议商榷,在所不禁,至喧哗笑谑则当深戒;八是各种日报均可装订,每10日由司事分类装订成册,按月送交藏书处存查;九是各种旬报每到一册即由司事登记置之书架,俟诸君阅后,每月检明册数,送交藏书处收存,以免遗失;十是各种报章原备馆员披阅,一切闲杂人等不得擅入,以肃馆规。[7]从其阅报各规来看,将阅报融入教学已形成完善的制度。"诸君披阅报章论议商榷,在所不禁",表明阅报气氛的活跃,"收支处"、"阅报处"之设和"按月送藏书处存查"等,表明报刊阅览收藏和图书的阅览收藏,已渐成近代学堂教育的两大重要支撑条件。

三、陕西法政学堂

设立法政学堂,并非陕西的独自行动,而是清廷准政务处、学部所奏咨饬各省筹设法政学堂[3]的全国统一行动。陕西亦"迭奉谕旨,整顿吏治,培养人才,为致治保邦之本"[9]。为此,陕西巡抚曹鸿勋于光绪三十一年(1905)上陈"行知政务处咨学务大臣奏复专设法政学堂暨添设仕学速成科",并于当年七月二十六日准奏,"旨事理,即移明课吏馆遵照办理,务速"[10]。光绪三十三年(1907)初上陈"奏遵设法政学堂折",提出改原课吏馆为法政学堂,并于当年十月初一日获慈禧太后和光绪帝批准。曹鸿勋除强调"遵设"以外,还提出了改课吏馆为法政学堂的另外两大理由[3]:一是"陕省风气之开,后于东南","储人才而资治理"更为紧迫;二是陕西"设立课吏馆",已"颇著成效","将课吏馆改作法政学堂"的条件已经成熟。陕西法政学堂于光绪三十三年(1907)三月初八日正式开学。其校址在原课吏馆的基础上"推广斋舍,建筑讲堂"[3],"添葺食堂及教员住室,并购地为体操场"[10]而成。其遗址位于今西安城西北隅万寿宫旧址,即今西安城莲湖路西段老关庙十字西北。其开办经费由藩司库拨岁银24000两。其办学章程是参照京师大学堂章程和直隶总督奏准的北洋法政学堂章程拟定的。据此,学堂先办谳局裁判与地方自治两科,作为预科,预科毕业后再升入正科。同时,学堂附设自治研究所。对于办学,章程规定:"以改良吏治,培养佐理新政人才为宗旨","使官绅通知中外政法,故以大清律例、会典为主,兼课东、西法政。诸书以储材而资治理,一切邪说畸行在所严屏"[11]。对于总的办学思想,曹鸿勋做了进一步说明:"唯是学术多歧，士风不竞，浮薄者醉心欧美，诞妄者忘其本根，未窥法政之精深，辄欲藩篱之破抉，不知外邦政治。凡属齐民，各受法律之范围，咸有应尽之义务，天经地义。本自昭垂秩序等威，何尝畔越，所幸秦中风俗素号敦厖，吏治无奔竞之风，士习有朴厚之美，虽开通之较晚，尚流弊之未滋，臣唯有督饬学堂员绅力戒浮嚣，各端趋向，本道德人伦之旨，发忠君爱国之诚，上以任朝廷维新之政，下以慰闾阎望治之心，是则臣之微意也。"[3]这其中最为主要的办学思想：一是不要肤浅地醉心于欧美，而忘中学之根本，要钻研法政之精深，知外邦政治，才能突破思想的藩篱；二是要发扬秦中风俗敦厖、士习朴厚的美德，力戒浮嚣，各端趋向，忠君爱国，上任清朝维新之政，下慰民间望治之心。其详细办法和缘由有三：第一是学科程度。"按法政之学，重为专科，必先有普通之智识，而后分门肄习，始不嫌躐等，第由预科以进正科，计非五年不能毕业。陕西人才消乏，诸事待理，虽蓄艾之有方，究河清之难，俟查北洋法政学堂章程有简易一科，略分行政、司法两门，以养成谳局裁判及地方自治之人员，科目颇为简要，按之，陕省目前员绅程度，尚觉合宜，因饬仿照办理，俾应急需，以求速效，一俟中学堂毕业有人，再当改办专门法政科，以养通材而资深造"[3]。其章程规定："肄业年限定为一年半，分别预科、正科，计三学期毕业，预科半年，正科一年。"其中："预科以补习普通科学为主，兼授东文、东语，以为参考东书地步；正科专习中外政治、专门各科学。"[11]其中预科课程主要有伦理学、世界史、世界政治、地理、算术、教育学等。第二是学额数目。《陕西法政学堂章程》初拟90名（州县35名，佐贰各班25名和在籍绅士30名）。到后来，陕西巡抚的"奏遵设法政学堂折"又增至100人，并指出："仕途庞杂，流品混淆，科举既停，非所用捐纳，复患在空疏钱谷刑名未研究于平日，胥吏幕友得把持其短长，况新政各门皆为专学，断非不学而能。陕省需次人员，奚啻千百，其中不乏可造之士，因择其年力尚强，文理清通者，正佐60人，并考选绅士40人，一并入堂肄习，庶几，兼途并进，仕学俱优，佐治不致乏才，百端皆可整理。"[3]其章程规定"学员年龄在50岁内，文笔清通，精力强壮，素无嗜好者为'合格'，非由正途出身者，暂缓报考"[11]。第三是"酌给奖励。谨案京师大学堂仕学馆毕业章程，或擢升一秩，或褒奖升衔，所以鼓励劝奖者至为优渥。陕省所学既为简易，自难援引为例，唯该员绅等有志上进，勤苦用功，既经毕业，似宜量予奖励。现拟定为三级：曰最优等，曰优等，曰中等。或拔署要缺，或酌委优差，或派办新政，以昭激劝而励其余"[3]。其具体程序是"由本堂监督按照取列名次造册，咨明司道并各局所，俾照委派"[14]。法政学堂的管理以藩、学、臬三司为监督，总理全堂一切大纲，任整顿考察之责，其薪水不在堂中支出；设道员一员为会办，会同办理全堂一应事宜，每月支薪水银80两；设提调一员，专管全堂一应事宜，并考核学员功课勤惰及堂中上下人役，支薪水银50两；设教习5员，分任课堂讲授，师范学堂日本教习一员，兼授本堂法政课程，不另支薪，法政教习二员，各支束银 60 两，东文、东语兼译东瀛教员、讲义教习一员、体操教习一员，每员每月支束银 40 两，有兼授者拟支半；设分校 4 员，校阅书籍、律例及札记，每员每月支薪水银 40 两；设文案一员，管理堂中一应公牍及往来笔墨公事，每月支薪水银 35 两；设收支一员，管理堂中一应出入款项，每月支薪水银 32 两；设管书监印一员，管理堂中一应书籍及监印等件，每月支薪水银 30 两；设杂务员一员，管理讲堂、食堂、学舍，约束人役，兼行司法，每月支薪水银 30 两；设医员一员，管理堂中上下人等疾病、医药等，每月支薪水银 16 两；设管理报章一员，专管收发各报并管教员所出讲义，每月支薪水银 20 两；设选报一员，每月支薪水银 32 两，两帮办选报，每员每月支薪水银 30 两；设稽查一员，管理学员堂中出入请假各事宜，并接待往来宾客及稽查堂中人役，帮同司法，每月支薪水银 20 两；学员充学长 4 员，正班每员每月支津贴银 16 两，佐班每员每月支津贴银 12 两[11]。在法政学堂后期，始见有教务长、庶务长、文案官、会计官、杂务官之称。对于新聘教员，在讲授法政各科学时，不论官职大小，皆应到堂听讲。道府负有统率僚属之责。要求教员，凡新学新律，须知其大义之所在，要提纲以资表率。另有一种"分发到省，未奉差委之前"的人员，可作为旁听员到堂听讲，而且勿庸核计功课和毕业年限，如愿同各员入堂肄业，一律毕业，而对这种人员"应如何酌给津贴，并毕业后奖励"[11]，由学堂禀请巡抚酌夺示遵。对于卸缺、卸差和分发到省的人员，也可自行呈请入堂肄业，听候监督示期考试，以凭录取。由此可见，其教员的聘请、再学习，以及对待聘人员的入堂学习等，均采取了比较灵活的措施。对于学员的管理，以各门分数满百分者为"极"，满 80 分以上者为最优等，满 60 分以上者为优等，满 40 分以上者为中等，40 分以下者为下等。考试分数由监督、会办、提调核总汇齐，分别次第，开具成绩表，附卷统呈巡抚鉴核。学员的品行也要据章考验。凡届考试，除非确实有疾病、要事，均不得规避和请假，如确有缺席者必须补考。对毕业考试及格者，一律发给毕业凭照，并由学堂禀请巡抚督率监督、会办、提调及堂中各员，举行毕业典礼，当场发给凭照。法政学堂在开办之初，还于正额之外，添设外班 30 人，一律上堂听讲，核计功课，供给早、午两餐，唯不给津贴。光绪三十三年（1907）三月，陕西法政学堂首次招生结束。录取官绅计正班正取许树声等 14 名；佐班正取金梦魁等 25 名；佐班备取孙景渠等 15 名；绅班正取高凤鸣等 30 名；绅班备取赵保纯等 10 名[13]。这是目前所知唯一一批知名知姓的学员。这些学员的具体学习、毕业情况已不得而知，仅有的资料反映，在光绪三十三年（1907）五月，陕西法政学堂与陕西高等学堂的全体学生曾联合师范学堂、中学堂、陆军学堂的全体学生，呈书给陕西巡抚曹鸿勋，抗议向英国出卖陕西铁路权，呼吁陕西自办洛潼铁路。陕西巡抚曹鸿勋一面认为"诸生关心桑梓，力保路权，其用意诚属可嘉"，一面又斥责学生"竟为报纸浮言所误"，"诸生身在学堂，唯志学已，地方要事大局所系，因不能不一关怀，然以无稽之传，捉捕风影，张大其词，又诸生之过也……吾陕士风纯谨，何应染此嚣习"[13]。这次争夺铁路权的风潮，得到陕西各界的响应，也得到了远在日本的陕籍留学生的声援。对争夺路权，反对英国公司修建陕西铁路，主张陕西自办铁路这件事，离开当时的国际、国内，包括陕西的背景，以现在的立场，是很难给出公允评价的，但是，学生敢于走出学堂，敢于同清地方当局抗争，关心国家大事，关注桑梓建设，并且全体参与，这无论怎么看，仍不啻为爱国之举。

四、法政学堂附设的自治研究所

光绪三十二年（1906）九月，清廷颁布"预备立宪"诏，实行愚弄人民的假立宪，而"自治为立宪之基础"。因此，清廷参照西方的地方自治制度，即让地方享有一定的自治权力。陕西于光绪三十四年（1908）十月设咨议局筹办处，次年六月选出第一届陕西省咨议局。陕西法政学堂附设自治研究所，就是在这种背景下诞生的。清宣统元年（1909）二月上旬，陕西法政学堂就余址增修，始附设陕西省自治研究所，并公布《陕西法政学堂附设自治研究所章程》。这是陕西近代以来，第一个附设研究所的学堂。研究所由各府、厅、州、县选送士绅入所，授以关于地方自治各学科。"专为养成自治人才而设，然自治团体与官厅均为国家行政之机关，欲求各机关活动之调和，在官者亦宜研究自治之性质，故于士绅外酌添官班，庶可各尽职权，且免隔阂之虞。"[14]这就是该研究所的宗旨。在管理方面，研究所仍受法政学堂监督节制，经费亦在法政学堂节省项下开支。研究所设所长一人，"主禀承三司并本堂监督，详请抚院管理研究人员，并商同教习厘订课程及全所一切事宜"[14]；设所员一人，主帮所长掌理书籍及稽查旷课，指挥使役一切事宜；设所役一名，随时听所长、所员之命令，专司钟点及茶水洒扫一切事务；除所员另派专人外，所长由法政学堂教务长兼任，其他如购置、文牍、收支、饭餐等事，并由法政学堂现任庶务长、文案、会计、杂务官等兼任，以符附设之义；教习一般从通晓法政者中专聘，并认为聘中国籍比之聘外国教习尚需通译，则更能提高授课效率。研究所的学员称为"研究生"，入所不收学费，亦不给津贴，唯日供午饭一餐，寄宿舍由各人自赁。研究生选送到省后，由研究所、法政学堂监督会同陕西巡抚定期试验经义、时务策各一道试题，以觇学识而定去留。所内研究生数额为省城府会2人，每厅州县1人，候补正佐20人。其条件为：士绅中品学较优，富于经验，素孚众望者；官吏之文理明通，不染嗜好，于法学曾有门径者。所外人员符合资格之要求者，也可由地方官选送，由研究所认可，即为"所外研究生"，大致包括：本省绅士现充团绅局、学堂、劝学公所、教育会的办事人员，不能到所修业者；已经地方官保为所内生，或因故不能到所修业者；本省候补人员或在外府州县，并省中各局所充当要差，不能到所修业者。对于这些"所外研究生"，所内各科讲义由地方官转送或邮寄，讲义、纸墨、邮资由研究所统一办理后另单告知地方官收缴，遇到疑问，还可投"质问券"，由所内教习答疑。研究所每季举行考试，先考所内，后考所外，所外研究生必须亲自到所试验，如两季不能与考即取消资格。所内研究生分为两班，称上学期者为头班，称下学期者为二班，头班毕业后，续招其额定数目。研究生的作息、休假及学籍管理与法政学堂相同。毕业研究生依照清廷部定学堂考试新章，分为最优等、优等、中等、下等、最下等。考列前三等者，除发给毕业文凭外，绅则被派充分设传习所教习，并备为代议士之选，官则被酌情委派相当差使。考列后二等者，仅给修业文凭。其修业时间为每星期30小时，每天上午3小时，下午2小时，以6个月为一学期，满一学期即可毕业。其研究科目主要有法学通论、宪法、选举法、警察行政、教育行政、户籍法、地方自治制度论、府县郡制、市町村制、国际公法、理财学等。综上所述，从课吏馆到法政学堂，到关中法政大学，直至并入西北大学，该学堂生存了近10年，它标志着陕西近代法政专门教育的开端和一段重要的历史，它用新式教育方法培养了近代最早的一批陕西地方官吏和地方法、政、商人才，同时也为西北大学的法、政、商学科奠定了基础。其中，特别是在学堂附设秦中官报局创办刊物，用于教学，以及在学堂附设陕西省自治研究所，招收研究生等创举，为近代陕西的专门教育开辟了新的途径。由于其章程的制定、课程的设置、教习的选聘、学生的管理，大多仿京师大学堂仕学馆、政科或北洋法政学堂而成，故与西北大学的"京源"形成一脉相承的紧密关系。

参考文献：

[1] 姚远，刘舜康，赵弘毅，等. 西北大学的两个历史源头 [J]. 西北大学学报（哲学社会科学版），2000（3）.

[2] 赵弘毅，程玲华. 西北大学大事记 [M]. 西安：西北大学出版社，1999：81-86.

[3] 曹鸿勋. 奏遵设法政学堂折 [J]. 秦中官报，1907（4）：1-25.

[4] 课吏馆. 拟添外班准馆外正佐各员按日到馆肄习法政兼阅书报牌示 [J]. 秦中官报，1906（2）：541-546.

[5] 课吏馆监督臬宪严. 试住馆正佐学员月课题 [J]. 秦中官报，1904（8）：18-20.

[6] 课吏馆. 20名学员肄业 [J]. 秦中官报，1904（9）.

[7] 蔡宝善. 课吏馆监督谕馆员阅报定为日课并作札记 [J]. 秦中官报，1905（3）.

[8] 学务处. 详委缪令等赴东之便代聘法政及图书各教员文 [J]. 秦中官报，1906（1）：1-16.

[9] 陕西学务公所. 陕西官报·序言 [J]. 陕西官报，1908（13）.

[10] 曹鸿勋. 行知政务处咨学务大臣奏复专设法政学堂暨添设仕学速成科 [J]. 秦中官报，1905（3）.

[11] 陕西法政学堂. 陕西法政学堂拟定章程 [J]. 秦中官报，1907（3）.

[12] 陕西法政学堂. 录取官绅名次榜 [J]. 秦中官报，1907（5）.

[13] 曹鸿勋. 批高等、师范、法政、中学、陆军各学堂全体学生等为全陕铁路必欲自办恳请代电以杜觊觎禀 [J]. 秦中官报，1907（2）.

[14] 陕西法政学堂. 陕西法政学堂附设自治研究所章程 [J]. 陕西官报，1909 (2).

（原载《西北大学学报（哲学社会科学版）》2001年第31卷第3期）

姚远：晚清陕西农业学堂与实业学堂考
——兼论陕西实业高等教育的萌芽

摘　要　通过新发现的文献资料考证，廓清了晚清陕西农业学堂和实业学堂的基本历史脉络及与陕西中等农林学堂、西北大学农科分校、东北大学工学院、西安临时大学工学院和今西北大学的地缘关系。结论：晚清陕西农业学堂奠定了西北大学近百年的固定校址；晚清陕西高等教育的萌芽具有重要历史价值，应作为人文资源予以开发。

关键词　农业学堂；实业学堂；西北大学；近代高等教育史；近代科学技术史

晚清陕西农业学堂和陕西实业学堂与陕西的另外三学堂于民国元年合组为西北大学，是为西北大学的五大支脉之一，并且陕西农业学堂还奠定了西北大学的固定校址。同时，它也标志着陕西近代实业高等教育的萌芽，故在西北大学校史乃至陕西或我国西部近代高等教育史的研究中具有重要价值。

然而，从未有人对其历史做过仔细考证，所见不过麟爪[1,2]，难窥全貌，而对其与西北大学的关系则已有一些论述[3-5]。这里，之所以将两学堂并考，除它们同时于辛亥革命后并为西北大学之外，还因为其专业设置均属实业教育的范畴。

一、西部背景与沿革

我国西部实业高等教育的萌芽均始于晚清。清光绪二十七年（1901）清廷发布《兴学诏》之后，京师与各省开始大规模兴办学堂。

我国西部地区的实业教育主要萌芽于陕西西安、四川成都、甘肃兰州、新疆乌鲁木齐等地。清光绪三十二年（1906），四川巡抚在成都创办四川通省农政学堂，又于光绪三十三年（1907）在成都创办四川工业学堂（1910年改为四川高等工业学堂）。辛亥革命以后，两学堂改为四川公立农业专门学校和四川公立工业专门学校。1927年，两校又改为公立四川大学农科学院和工科学院。1931年，又与国立成都大学、国立成都师范大学、公立四川大学三校合并为国立四川大学。与此同时，原公立四川大学农科学院、工科学院又分别独立为四川省立农学院和四川省立工学院。甘肃的实业教育也在清末开始萌芽。光绪三十二年（1906），甘肃省在兰州创办矿务学堂。次年，兰州道彭英甲在省城兰州西门外贡院创办甘肃农林学堂。1933年，甘肃学院增设农业专修科。1939年所设的西北技艺专科学校不久即改为西北农业专科学校。新疆约在20世纪20年代初在省会迪化（今乌鲁木齐）设立农业学堂，30 年代中期，新疆学院亦设农牧系。

陕西在晚清兴学潮中，先后创办了两所中等农林学堂和 24 所初等农业学堂，分布在全省各地。在初等农林学堂中，以光绪三十四年（1908）三月成立的凤翔蚕桑学堂为最早，杭州蚕学馆第七期毕业生史兆龙、章翌农曾在该堂任教。另外，较早的还有：高陵县农业学堂、周至县初等农业学堂（宣统二年，1910 年）、咸阳县初等农业学堂（宣统二年）、泾阳县初等农业学堂（宣统二年）等。在中等农林学堂中，能称得上高等教育萌芽的有：光绪三十年（1904）创办的陕西省中等农林学堂（附设农业教员讲习所）[1]，光绪三十四年（1908）下半年成立，宣统元年（1909）十二月立案的陕西省会农业学堂[6]。其中，陕西省中等农林学堂是西部地区最早的农林专门学校。另有一说，认为在 1911 年以前"陕西省先后办起中等农业学堂 3 所"[2]，但其据不详。光绪三十年成立的陕西中等农林学堂和宣统元年成立的陕西省会农业学堂应为同处于西安城西关呈南北向展布的同一所学堂，只是可能在时间上有停辍和恢复而混淆了修志者的视听。民国初，承袭陕西农业学堂旧址建成的三秦公学的有关记载[7]和《陕西教育官报》的有关记载，亦可印证两学堂同处西关的推论。《续修陕西省通志稿》称："（陕西）中等农林学堂，在城外西关，光绪三十年（1904）设立。附设农业教员讲习所，以初级师范简易科毕业学生入堂肄业，择农学之精要者先为讲授，一年毕业，再遵章办理完全四年、简易二年毕业。（学堂）岁支银九百四十两，讲习所岁支银一千七百一十四两。"[1]该学堂至少维持至 1906 年，因为 1906 年 4 月以后由陕西学务处（1905 年设）改设成的陕西学务公所中尚专设有"实业课"，专"掌农业、商业各学堂及各实业讲习所"[1]，而在 1905 年之前，统归陕西大学堂管理。民国年间所编纂的《续修陕西省通志稿》和《咸宁长安两县续志》，前者记载时代始于乾隆，终于宣统三年（1911），后者记载时代上始嘉庆十一年（1806），下迄宣统三年（1911），而且邵力子、宋联奎等同时为两志的督修者、作序者或编纂者。由此，两志记载时代相似，编纂人相同，只是编纂时间上有先后之分，后者约编纂于 1923 年，出版于 1936 年，略迟于前者，故其所载史实除两学堂间的关系之外，不应该有较大出入。

清宣统二年（1910），西安知府尹昌龄在西安贡院北（今儿童公园北部）设立西安中等实业学堂。

1912 年春，陕西都督筹设西北大学，遂将陕西省会农业学堂、西安中等实业学堂改为西北大学农科分校。陆建章督陕时，又将西北大学农科改为省立甲种农业学校（在今西北大学校址）[8]。

1923 年，水利工程专门学校、甲种农业学校等并入西北大学，改为西北大学应用科学院农学系、林学系和工学系。1937 年至 1939 年，国立西安临时大学、国立西北联合大学先后设有农学院（包括农业化学系、林学系、农学系）、工学院（包括土木工程系、矿冶工程系、机械工程系、化学工程系、纺织工程系）。1932年，李仪祉在西安高中附设陕西省水利专科班。同年，国立西北农林专科学校开始筹建，1934年4月在陕西武功正式成立，亦将陕西省水利专科班改为西北农林专科学校水利组。1938年，国立西北联合大学农学院、河南大学农学院畜牧系与国立西北农林专科学校合并为国立西北农学院。同年，国立西北联合大学工学院独立为西北工学院。这些标志着陕西农林畜牧和工程技术高等教育从此进入新的发展时期。在本文，我们将仅限于讨论晚清时期陕西农林、工业等实业教育的起源。

二、农业学堂

在此，将陕西省会中等农业学堂简称为农业学堂，并首先予以论证，暂时搁置光绪三十年（1904）所设之陕西中等农林学堂，待以后有确凿资料时再议。

陕西农业学堂的创办与晚清陕西地方政府急于改善"财力窘绌"的现状有密切关系。农业学堂呈宪台文指出："实业为丰本阜民之基，而农业一科，尤为工商所资，衣食所赖。欧美各国立国宗旨虽各不同，然莫不各讲求实业为富强基本。如：美以农立国，而富甲环球，遂足雄视西陆，蔚为望国。盖国力既厚，则权力由是而增，若影随形，莫之或爽。比年以来，朝廷注重实业，锐意提倡，……臣民咸知实业为现今要务，农、工、商、矿竞起研求，弃虚课实，力洗固习。"[9]这既是陕西农业学堂创办的背景，也是其创办的原因。

陕西农业学堂"成立于光绪三十四年（1908）下半年"[9]，于宣统元年（1909）十二月十四日被准予立案，由陕西高等学堂监督周镛（石笙）兼任农业学堂监督。西安知府尹昌龄任提调。农业学堂"自去岁（宣统元年）春间倡议，逮柒月后始经勉强成立"[9]。学堂"就（西安城）西关外旧营房改修创设"[9]，"开办之初，四无凭藉，幸赖宪台及列宪荩画周备，乐观其成，赐拨基址，以谋扩充，宽筹母金以资周转。于是，规模粗立，士论翕然"[9]。学堂开办之初，本拟设农、蚕、林三科，使学生达到200余人，实际设有预科计两班，主要补习普通学科，不介入实地实验；农业本科计一班；蚕业别科计两班，着重训练种、养、蚕、缫、丝、烘、茧等；附设农业试验场，包括农田、房舍、农具、牲畜，及肥料、籽种等。

其常年经费支出初拟"筹拨银十二万两，发商生息，即以所生息款作为该堂经费"，但实际上"入息款实不敷用，现计额支活支每月不敷银二百余两，全年共不敷银二千四百两。又试验场开办经费需银一千九百余两，常年经费需银一千五百余两，共计本年（宣统二年）应需银五千八百两，以后每年需银三千九百两"[9]。然而，学堂开办之初即备受经费拮据之苦，以致"不敷之数，暂在开办修理项下挪借开支，时值年终，各工匠络绎领价，实在无从弥补"。另外，"蚕业别科，仍拟来春（指宣统二年）再加扩充"；"选送学生在案，应添教育用品及需用器具"；"届春令百物繁滋，试验场内以款无从出，不能如法布置，弥望荒芜"，建造房舍、购备农具牲畜、员绅薪水、工役口食，以及肥料、籽种、用具等均无从着落。为此，农业学堂屡请宪台筹拨经费，但因陕西"筹措维艰"，"财力窘绌，又甲于他省"，"兴办实业，艰窘万状"[9]，办学经费尤难。至宣统元年（1909），"陕西各学校经费动用司库正杂各款，银逾二十万两，……而解京学款及留东学费每岁支销银又六万余两，居全省财政岁出十五分之一。以边瘠之省，每年动需此数，其担负已不为轻矣"[1]。然而，农业学堂"为各属兴办农校所取资，尤为全省改良农业之关键，不忍功亏一篑"，而且，盼望借兴实业教育"以期获利益，借开风气"[9]。因此，在农业学堂的一再催请之下，直到宣统二年（1910）二月二十八日才"饬由藩司按年筹拨，以维久远"[9]。

  陕西农业学堂的学生，来自西安、同州、凤州等六府州，著名电影人郑伯奇就是该学堂的第一届学生。郑伯奇在1961年10月9日回忆说：农业学堂"最初只招收一班学生，我就是被录取的新生之一。……学校新成立，教员缺乏，课目不全，负责人（指周镛）既系兼差，不常到校，学生颇不满意。第二年（宣统元年）春，又招收各县高小毕业生，成立农、林、蚕及预科四个科，我转入农业科。外县学生年龄不齐，有的年龄在三十以上，而年纪小的只有十五六岁。由于年龄差距太大，学生的志趣不同，经历各异，思想情况也很复杂。在当时的西安各学校中，可能是比较落后的一个，清朝官吏对这个学校似乎也不重视"[10]。宣统二年（1910），亦即辛亥革命前，西安的学生运动以陕西高等学堂为首，达到了高潮。其他如西安府中学堂、农业学堂、实业学堂、法政学堂、巡警学堂、陆军小学堂等，也都加入学生运动的行列，先后发生了大规模的罢课。"其中农业学堂罢课时间最久，影响很大，成为进步力量向反动统治展开的最激烈的一次斗争。当时，我是农业学堂的一个年纪最小的学生（推算为十五六岁）。在这次斗争中受到了锻炼，也开拓了眼界"[10]。罢课原因表面上看是学生对教学和生活管理积有不满而爆发的，特别是一些不学无术的教职员的误人子弟行为，实际原因是对当时政治现状不满。当时，在罢课以后，农业学堂的学生立即组成纠察队，并推举张义安、王盈初等6个代表向学堂交涉。由于学堂当局持冷漠不理态度，激起学生公愤，遂一致决议由学堂（今西北大学校址）迁往城内城隍庙后街的财神庙，这也使事态扩大，引起社会的广泛关注。当时，西安各校纷纷派代表慰问，并表示声援。陕西高等学堂的马彦翀、陕西师范学堂的寇胜浮、健本学堂的胡景翼，都代表各校到财神庙声援慰问。陕西教育会也表示关心。农业学堂的罢课学生代表也奔走呼吁，更引起西安各社会团体和进步人士的广泛关注。不久，陆军小学堂也举行罢课，陕西地方当局深惧军事学校罢课发生意外，在数日内即予平息，却对先罢课的农业学堂依然置之不理，这更激怒了学生和关心学生的各界人士。适逢陕西教育会年会，教育会长兼咨议局副局长郭希仁在大会上严正陈词，农业学堂罢课学生代表张义安痛哭流涕，以头撞壁，表示必死决心，罢课学生亦人声鼎沸。在这种情况下，清陕西地方当局遂接受学生要求，将不学无术的教职员全部撤换。学生们在这次斗争中经受了锻炼，是陕西辛亥革命的重要前奏。学生代表张义安、王盈初在这次斗争中加入同盟会，郑伯奇也由张义安、胡景翼（笠僧）介绍加入同盟会。

三、实业学堂

实学源于宋儒程颐和朱熹对佛教、老庄、汉唐训诂学之虚的批判，明清时期有较大发展，主张学问要经世致用。关学的创始人张载、传人李二曲、杨双山等均以井田、水利、农、蚕等亲身实践，倡导实学。西学的引入又形成新实学。实业一词的来源与实学相关，在清代泛称农、林、畜牧、工业、商业、船舶业等。实业学堂就是在这种学术背景下形成的一种职业教育。实业学堂在清末分为初、中、高三等：初等实业学堂相当于高等小学程度，有农业、商业、商船三类，修业三年；中等实业学堂相当于中学程度，有农业、工业、商业、商船四类；高等实业学堂相当于大学程度，分类与中等相同，修业期预科一年，本科三年。1913年，实业学堂统改为实业学校。实业学校分为甲、乙两种，各设农业、工业、商业、商船四科。其中，甲种相当于中学程度，修业期预科一年，本科三年；乙种相当于高等小学程度，修业三年。在陕西，无论是初等实业学堂（如1910年的咸宁、长安两县实业学堂）、中等实业学堂（如1910年的西安中等实业学堂）、高等实业学堂（如1902年的宏道高等学堂，后改宏道中等工业学堂），还是甲种商业学校、甲种农业学校、甲种工业学校等，都有一定的办学规模和历史。1912年4月成立的三秦公学也承袭农业学堂、实业学堂旧址开办实业教育，即"教育以科学为实质……三秦公学撷科学之精英，较简易于普通，而畸重于实业"[7]。

陕西的实业教育始于清同治十二年（1873）的陕西泾阳味经书院和光绪二十三年（1897）的崇实书院，天文学、舆地、数学、测量、声光、英文、农林、矿务、机器制造等首次被作为教育内容。光绪二十八年（1902），味经、崇实并入三原宏道高等学堂。宣统初，又改为宏道中等工业学堂，并赴日延聘教习，购置纺织等各种机器，修建西洋式工厂，拟办织、染、窑三种实业等。此后，因驻军失火，学堂遂付之一炬。光绪二十三年十二月（1898年1月），在西安所设的游艺学塾（又名格致学堂），也以科技教育为主。这些是陕西实业教育的先声。之后的陕西实业学堂因存在时间短，仅一年有余，即结束于辛亥革命的炮火声中。辛亥革命以后，三秦公学、西北大学等，承继了这种实学教育或科技教育的传统。

陕西实业学堂位于西安城西安贡院北区东向，相当于今西安儿童公园北部，一说在习武园[11]。该学堂由西安知府尹昌龄筹足经费白银万两，并委候选训导兴平人张渊（字深如）为校长主持开办诸事。该学堂"建筑合度……空气清洁，林木丛秀，为省中诸校之冠"，而创办斯校的目的在于以举实业为己任，注重实践，使天下士"游乎诗书之林，养乎礼乐之圃，……汇征俊义者蔚起，导天下士共游于正路"[1]。学堂在其西附设农学试验场,规定凡辨土宜、择种子、培肥料、去害虫等事,必须实习,以提高学生的农学知识水平和实际运用的技能。学堂还要求学生在试验场学好农学的同时,为博物学准备标本,可见粗浅的昆虫生物学学习与实践也开始引入。

其学制按清制修业期预科二年,本科三年。该学堂虽由西安府所设,但学生来源并不限于西安一府,"盖以斯郡为首善之区,宦籍、客籍、侨人甚多,变法兴学首贵普及,非若前此考试时代之严分畛域禁止冒籍焉,亦文明进化之一端也"[1]。

实业学堂成立的当年,即清宣统二年(1910),正值辛亥革命之前,西安爆发学潮,"实业学堂、法政学堂、巡警学堂等,也都参加了学生运动的行列"[10]。实业学堂的性质类似于现在的职业教育,当时"多数是有名无实,师资设备均差,特别是不能结合实际。一些学生因为考不上官立中学,才在职业学校就读,并非自愿从事某种工作。毕业后,政府又不提供就业机会"[8]。因此,引发学潮遂成必然。

四、陕西农业学堂校址问题

陕西农业学堂校址一直被视为其后西北大学的校址之一,亦有奠定西北大学永久校址之说[4]。同时,这也使人连带想起有关今西安高级中学为陕西大学堂和西北大学唯一继承者说法[12]的偏颇,故有必要予以讨论。

(一)从三秦公学佐证农业学堂校址

历史文献有关农业学堂校址位于西安城西关的说法,是一个模糊的概念,并无确切的范围。现据三秦公学有关文献和相关回忆录予以考究。民国元年初,由于"旧有之师范、高等、中学、农业诸学堂维兵事之后,未能刻日开学",遂"借省城西门外农业学堂(同文献又有两处称为西关外旧农业学校)旧址组织三秦公学"[7]。六月初二日,"因舍宇不敷,暂借用陆军小学堂地址(原武备学堂址,1902年改,位于省城西关)。现在该小学堂拟办军官学校,……准将旧日农校及附属农业试验场划归该公学"[7]。六月十四日,三秦公学第二次职员会议议决"本校南北分设"[7],而西关外少墟东侧原养济院旧址(陆军小学堂旧址),即今西安西关正街西段路北称北校,南校即应为今西北大学址。1912年12月初间,北校南迁,交归省府办军官学校,遂取消南、北校之称。6月初交付的"前清陕西农事试验场"(同文献另处称旧农校试验场),被三秦公学改为桑园,内分农、林、蚕三大段。其中:北段为农事试验地,中段为林事试验地,包括桃、杏、枣、林檎等树数百株;南段为桑园,尚属茂密。"本园位于西关外南火巷,距公学里许,四周旷阔,唯东邻大道,车马络绎"[7]。该文献同处本有"本园之地形大别为南、北、中三区如左图",惜已散佚,不然将成为民初西北大学规模的重要图示文献。

然而,根据原三秦公学留洋预备科留德专修班首届学生杨钟健回忆[13]:"公学地点在城外西北角,房子很大",留德专修班"在西关外原陆军小学旧址上课",中途辍学时隔半年后,又"被编入甲班,在城西北角上课"。杨钟健在三秦公学两年后的三年级,

"学校正要被取消","不久省府令西北大学的中学班与三秦公学之中学班合并为第三中学（今早慈巷西安第41中学），地点设在城内旧贡院后边之新址。这两校合并后，西大中学共有甲、乙、丙三班，三秦公学有丁、戊两班，我被编入戊班"。由杨钟健先生的回忆可知，三秦公学在开学之初，尚有城西北角校址。约在1914年，或最晚在1923年，三秦公学的这些校址全部并入西北大学。

（二）延亘近百年的校址

从光绪三十年（1904）的西安城西关陕西中等农林学堂→光绪三十四年（1908）的西安城西关陕西省会农业学堂→1912年因袭农业学堂和实业学堂旧址所建的三秦公学→1912年就农业学堂和实业学堂旧址所设的西北大学农科分校→1936年在西北大学农科分校旧址所迁入扩建的东北大学工学院→1937年9月在西北大学农科旧址之东北大学迁入的西安临时大学工学院→1945年9月教育部令东北大学西安校址（即原西北大学农科旧址）准拨由陕南迁回的西北大学使用至今。一所学校历经三朝更迭和无数战乱之后，仍能在一地址绵亘近百年，的确罕见。其实，校址的变化倒应该是常理，不变化倒显得不合理。1912年在由陕西高等学校（前陕西大学堂、陕西高等学堂）、关中法政大学（原陕西法政学堂）、农业学堂、实业学堂、客籍学堂合组为西北大学时，就拥有多处地产，包括原崇化书院旧址（今西安高中东侧）和西安六海坊咸宁、长安两县考院旧址（今西安东厅门西安高中处）、西安城西北隅外，以及隅内万寿宫旧址（今莲湖路西段老关庙十字西北）、西安城西关南火巷至城西南隅一带、城内西部旧贡院北（约今儿童公园北部，包括习武园一带）、省城南校场西（今西安城甜水井街附近）。看来，在民元时，西北大学已大致展布在从城内西北隅到城外西南隅（包括西门外西关一带）和城中今东厅门、甜水井、贡院一带。其中心虽在东厅门，而重心却偏城西。但是，因法政学堂昔时仅开别科两班，规模小、教室少，不敷应用，故于1912年11月呈文都督府，建议扩大校园面积，提出"将来各科所需讲堂及农科所需农事试验场、工业传习所，均非有广大面积不足数用。本校拟将城内本大学以西省议会以北，即旧习武园实业学堂地址左右附近之官地，均划为本校区域"，并且"已将大宗工程包归总工程处，定于习武园另拟造新式讲堂。约计今年（1912年）底即可竣工"[11]。到1923年时，西北大学的规模又有新的发展，除以原西北大学所改的陕西法政专门学校址（即西安中山大学，亦即今西安高中校址）和西安东大街教育厅址（原水利道路专门学校，即以后陕西日报社旧址）两处的预科校址外，又在西安习武园一带为大学本科新建校舍。省立甲种商业学校址、省立甲种农业学校址（今西北大学址）也被并入。

五、结论

（1）光绪三十年（1904）的陕西中等农林学堂和光绪三十四年（1908）的陕西省会农业学堂应为同处西安城西关的同一所学堂，而且在辛亥革命前后的学生运动中发挥了积极作用，有着光荣的革命传统。它是我国西部创办最早的农业学堂，标志着自北宋以来关学注重经世致用之学传统的延续。

（2）农业学堂与相沿发展的三秦公学、民初西北大学农科、省立甲种农业学校，20世纪20年代西北大学应用科学院的农学系、林学系，30年代东北大学工学院和今西北大学本部等，有着一脉相承的地缘关系。其校址奠定了西北大学近百年的固定校址。从这点来看，过去某些学者仅以某一处校址的相沿关系，就断言民初西北大学、20世纪20年代西北大学与30年代末西北大学间毫无关系，或将陕西大学堂及西北大学、西安中山大学等视为西安高级中学前身的说法[12]，是极缺乏科学基础、不尊重历史和违逆从初等教育，到中等教育，再到高等教育的一般发展规律的偏颇之词。西北大学应是规模浩大的，分布西安各处的，历史悠久的，曾合并进10余所学堂、学校、大学的一个大概念，在区域上几占西半城和西城外的广大区域，故不能以某一处校址的相沿关系决定其承袭。其实，如为求历史的延续，倒不妨建议将西安高级中学改为西北大学附属中学，或恢复旧貌，就地改建为陕西教育博物馆。

（3）陕西的实业教育萌芽于清同治初年陕西泾阳的味经书院，又经游艺学塾（格致学堂）、崇实书院、三原宏道工业学堂等的发展，在清末陕西实业学堂时期步入正轨教育时期，而又经民元三秦公学、民初西北大学和20世纪20年代西北大学的发展，从而开创了陕西实业高等教育和科学技术高等教育的新纪元。

（4）由陕西农林等实业教育的发展来看，陕西科学技术高等教育有着悠久的历史，在中国高等教育史上，特别是在我国西部高等教育史上占有重要地位，这也是今天陕西高等教育在全国地位特殊的历史原因之一。然而，自20世纪80年代初编纂《陕西教育志》时有过一些粗疏的记载之外，至今鲜见研究成果，从事各学校校史研究的力量也缺乏交流和协调，甚至使各种有关陕西高等教育史的谬说以讹传讹。从爱国教育、素质教育和旅游经济的角度来看，这是陕西的一大重要人文资源，应该把重点恢复有关遗迹纳入校园建设规划，建设陕西教育博物馆，并予以有序开发，不致使其湮没不彰。

参考文献：

[1] 吴廷锡，冯光裕编纂，毛昌杰总校. 续修陕西省通志稿：卷36[M]. 西安：陕西省通志馆，1934.

[2] 储希林. 西北高等农林教育史[M]. 北京：中国农业出版社，1995：1-3.

[3] 姚远，李永森. 西北大学前身时期——学堂时代（1901-09—1911-10）[M]//赵弘毅，程玲华. 西北大学大事记. 西安：西北大学出版社，1999：1-18.

[4] 姚远. 西北大学的源流与承袭[J]. 西北大学学报（哲学社会科学版），1997，27（3）：81-86.

［5］姚远，刘舜康，赵弘毅，等. 西北大学的两个历史源头［J］. 西北大学学报（哲学社会科学版），2000，30（3）：129-131.

［6］宋联奎编纂. 咸宁长安两县续志［M］. 西安：陕西省通志馆，1936.

［7］三秦公学. 三秦公学立案文［J］. 三秦公学第壹周年纪念刊，1913-06-23.

［8］韩维墉. 从废科举立学校到解放前的陕西教育［J］. 陕西文史资料，1987（10）：1-22.

［9］本司. 院据中等农业学堂详请筹拨试验场常年各经费银两立案文［J］. 陕西教育官报（陕西学务公所主办），1910（6）：2-4.

［10］郑伯奇. 回忆辛亥革命前夕陕西的学生运动［M］//陕西省政协文史资料研究委员会. 陕西辛亥革命回忆录. 西安：陕西人民出版社，1982：101-105.

［11］西北大学. 本大学建筑规模［J］. 学丛，1913（1）：117-118.

［12］李幼芳. 西安高级中学杂忆［M］//陕西教育志编纂办公室. 陕西教育志资料选编：下卷. 西安：陕西人民出版社，1988.

［13］地质矿产部书刊编辑室. 杨钟健回忆录［M］. 北京：地质出版社，1983：18-20.

（原载：《西北大学学报（自然科学版）》2000年第30卷第6期第541—547页）

姚远：三秦公学与陕西早期的科学教育

摘　要　通过新发现的期刊文献考证，廓清了民国元年所办三秦公学的时代背景、成立缘由、校政与师资、教学与学生等基本史实和办学特色。认为该校以留学预备教育和以科学、实业教育为主的办学特色，以及公立民助的董事会办学体制和介于中等教育与高等教育之间的新取向，开创了以引入西学为特征的陕西近代科学教育的新风尚。

关键词　三秦公学；留学预备教育；科学与实业教育；科学技术史

三秦公学是辛亥革命以后陕西仿日本公学体制成立的一所介于高等教育和中等教育之间并以理工教育和留学教育为主的新式学校，在陕西近代高等教育的起源中占有重要地位，与西北大学早期的发展也有密切的关系。然而，有关其缘起、沿革和办学活动等，长期以来鲜有学者问津，以致埋没不彰。

一、背景和缘起

辛亥革命前的陕西，由于僻居西陲，"丸泥封关，文化交通远逊东南，国民教育让人先鞭，报章嘲骂等于石顽"[1]。然而，久塞则通，一鸣惊天，1911年10月22日，陕西与湖南作为首先响应武昌起义的两个省份，爆发了辛亥革命。陕西的"五陵志士、六郡少年，如龙出海，若骥奔泉，请缨投笔，挥戈摩拳。西越乾凤，东略崤函，冰天雪地，弹雨枪烟，未五越月，共和诏宣"[1]。陕西辛亥战事，历经5月有余，稍事安定不过月余，即开始筹建陕西近代两所最为著名的学校：一为西北大学；二即为三秦公学。

三秦公学成立于 1912 年 4 月 28 日，并于 6 月 23 日正式开学，其创校时间略晚于 1912 年春开学的西北大学[2]。1912 年初，由于旧有之师范、高等、中学、农业诸学堂未能刻日开学，遂"借省城西门外农业学堂旧址组织三秦公学"[3]。之后，"因舍宇不敷，暂借用陆军小学堂地址（原武备学堂址，1902 年改，位于省城西关）。现在该小学堂拟办军官学校，……准将旧日农校及附属农业试验场划归该公学"[3]，并开始南北设校。1912 年 12 月初，因原借的陆军小学堂拟改办军官学校，遂将北校南迁[4]。这无论在时间上，还是在校址上，均与李永森先生有关在 1912 年春"将三秦公学……等校学生并入（西北大学）"和以"陕西农业学堂（西北大学现址——原注）校舍为基础创办三秦公学"的论述和图示[5]有较大出入。显然，至少在 1913 年 6 月 23 日之前，三秦公学与西北大学有一段平行的办学时间。至于三秦公学承袭农业学堂和农事试验场旧址[1]与西北大学农科先在"举院后院枣刺巷，后移至原农业学堂旧址（今西北大学院内——原注）"[5]两种说法间的矛盾，尚无确凿文献佐证。杨钟健回忆：在三秦公学创校两年后的三年级时，"学校正要被取消"，"不久省府令西北大学的中学班与三秦公学之中学班合并为第三中学"[6]。韩维墉则认为在陆建章督陕时，吕调元为民政长，撤消了三秦公学，一部并入西北大学，一部改为陕西省第三中学（即今西安市第 41 中学）。看来，三秦公学是终止于 1914 年。

三秦公学的发起人主要有刘定球、田种玉（蕴如）、宋向辰、王来庭、焦子静等。赞成人主要有张凤翙、高幼尼、马青山、康继尧、张云山、郭希仁等。发起人中的宋向辰（元恺）为秦陇复汉军政府外交部长，后为陕西留日学生监督。焦子静为陕北民团督办。赞成人中有陕西大都督张凤翙，兵马大都督、陕北镇守使张云山，陕西咨议局副议长郭希仁，督府秘书长高幼尼，西路财政督办康寄遥（炳勋）等。

其缘起主要是陕西辛亥革命中投笔从戎的留日返陕学生、陕西各学堂师生和进步的政界、文化界人士，痛切地感触到："百废待举，教育特一端耳，顾登政事堂，举手触棘，问经济家太息无策，内力殚矣。张皇补苴，权宜一时，而非所以谋远大，治标逐末，而无以培其本根。夫国力视物质为强弱，物质随人智为发达，人智以教育为先导。"教育以科学为实质，……幸作民国之民，自应勉当务之急，乃组织三秦公学[8]。由国力强弱→物质强弱→人智发达→教育→科学，这一国力教育链深刻地揭示了兴办教育在辛亥革命后"谋远大政局"中的特殊作用，也成为发起创办三秦公学的根本动力。教员王培卿进而指出："破坏之后贵建设，而扩充教育、巩固国基、辟世界文明之局，以造成新时代之人才者，唯兴学之一端乎。若公学成立，则秦省改革后第一次伟大之建设也。慨自欧交通，东西洋诸国均以学术相竞斗，国运进步势如星奔，秦省反正后干戈初定，疮痍未复，弦诵之声寂焉无闻。热心大局诸君子深鉴学校废弛，而需才孔亟，于是，首先发起，惨淡经营。其意以新国家必须有新建设，而新建设尤需有一般特奇之新人才"[1]。这里着眼于陕西和国际上当时经济建设、教育、学术文化的现状，进一步说明创办三秦公学的缘由。

那么，要办一所什么性质的学校呢？发起创校者认为："教育以科学为实质，科学以种类殊，而精粗难易不同，在今日应用之缓急亦异。"陕西政要郭希仁亦指出："一切科目，虽属紧要，然于理化蚕桑二门尤望特别注重。当此时代，富国之本，端在实业，如有雄兵十万，而枪械不精，亦不足恃，故今日根本的解决，首在致富，而后可强。致富之术即在实业，实业发达而后，地可无遗利。"[9]为此，"公学撷科学之精英，较简于普通，而畸重于实业，固德育、智育、体育，有同施，亦教农、教工、教商，无不可"[8]。"教育弛而实业荒，实业荒而厚生利用之具窳敝，因仍而不足与世竞。农守其蛋，工抱其拙，商竞于佥，闾阎当凋敝之余……三秦之富源，巨则路矿，细至革毛，外人垂涎，几夺主权，我置不用，彼乃与竞。夫秦未尝无人也，池防艺林，俨然桃李之会，其胜概有足风。南郊桑亩，蔚为棫朴之观，皆多士所手植，养通材而求专技，一畦播种，并蒂苗长，亦既数历年所矣。同人此举，特以殚其培养滋溉之功，以固其根，而畅其枝条。"[8]这就从根本上点明了三秦公学以应用科学和实业教育为主的性质。创校发起者认为：之所以确立这样的办学宗旨，是与陕西的文化传统相符的，"吾乡人士以健朴翘然，自竖通国，皆知健则勇于为义，朴则习于尚实。沦其脑灵，归于匠治，稷农和医，专技成名"[8]。陕西自古以来：以农著称者远古有后稷教民稼穑，汉氾胜之著成世界现存最古的农书，汉赵过发明耦犁、三脚耧和代田法，清杨屾躬身蚕桑，著成《豳风广义》，清、民之际的路孝植以陕人中第一个留学农桑，并任北京农业专门学校校长；以医著称者远古有神农尝百草，发明医药，战国时秦有医㑆、医缓、医和，且列国之中秦医独盛，隋唐有巢元方、孙思邈、王焘、蔺道人，奠定中医；以巧著称者，三国有马钧发明龙骨水车、指南针、纺机、水转百戏，隋有何稠、宇文恺二巧，明有王征发明多种机械，并译介西方奇器，民国间的李仪祉更是开近代水利工程技术之先河。其他门类的科学家、发明家更是枚不胜数[10]。这说明，陕西的确有着悠久的科学技术传统，这正是创办以科学和实业为主的三秦公学的文化基础。

三秦公学体制"仿日本公学体制"[3]而成。学校为公立民助性质，开办费除"由发起人筹备外，更承当道诸公热心赞成，分任巨款"[3]，陕西地方政府亦有一定补助。各界人士赞助的开办费达5200余两，开学以后大都督"准暂每月拨银六百两，由会计处陆续领取"，后"呈添拨银四百两"，"都督府昔今共拨银壹千两"[3]。1912年10月份，又因暂借的陆军小学堂址将改办为军官学校，大都督又拨建筑专项费用3000两，并因新请教员、增置器具等将政府的每月补助费增至1500两。学校运转一年后的实际补助费收入为18000两，留学预备科收入9600两，学费收入2568两，总收入不包括各界赞助，实为 30168 两。这一年的实际支出约为 26700 两，两相抵销，尚有盈余。看来，其经费运转是成功的。

二、校政与师资

学校的行政体制为董事会领导下的校长负责制。董事会会长为吴希真（一度任庶务长兼柔术教员）、张聚庭（光奎）；干事为于海沧；评议委员有薛卜五、常明卿、杨松轩、王岐山、郑云章、王友卿、李约之、王伟齐等。其董事长吴希真（1886—1924）曾留学日本，为陕西辛亥革命中的著名将领，曾任秦陇复汉军西路司令，1915 年任讨袁西路司令，1917 年又任西北靖国军左路第一支队司令等。张聚庭（光奎）为督府东路筹饷大使。董事会"以维持三秦公学永远公立为宗旨"，职责主要有"决议公学章程、检查公学之预算决算、关于公学经费之筹助、协同公学职员议决一切扩充改良事件、公学职员之进退、办理公学发生之特别事项"[3]等等。凡热心学务、品学兼优，并赞助百金以上者均可加入董事会。会长总理本会一切事务。董事会会议分为例会（每学期一次）、职员会（无定期）、临时会三种。其中临时会议是遇特别重大事件时，由会长提议，或由会员 5 人、公学职员 3 人以上提议即可举行。学校具体校务由职员会议议决，"凡一切事件，除各部分应得专行者外，若关校内兴革事概由各职员会议共同决定"[9]。诸如学生班次、学校章程、校服、南北设校等问题，均曾在职员会议议决。

为了进一步宣扬和光大三秦公学的这种办学宗旨和追求，又为去除由于陕西"风气晚开，人民程度较逊东南"、"一般国民知识短浅，思想犹旧，政治进行每多窒滞"、"多端文明之输入无自"等积弊，"同人深以吾陕关山四塞，交通不便，以故学术进步，颇觉迟钝，欲为维新之计，当求灌输之方。是以各职员均愿于课余之暇，互相讨究，或译述外籍，或自为论著，以其所得付诸剞劂"。于是，公学于 1912 年 9 月"仿照杂志体例，辑为《三秦公学月刊》"，并"以阐发学识，诱起新知、甄淘社会、改良风俗为宗旨"[3]。其栏目分为论说、科学、文艺、游艺、杂俎等，第一期出版后，即呈省教育司立案。省教育司 1912 年 10 月 31 日准予立案的照会指出：其"宗旨正大，体例精详，不但为吾秦国民作一导线，并可为腐败学究作一警钟。其发明新理，翻译新书，专重试验，不尚空谈，尤于种种实业大有裨益。他日关中学术放大光明，将于是编期之"[3]。1913 年 6 月，公学还出版了 1 期纪念创校一周年特刊。这些是民国初年，由新式学校创办的第一份学府杂志，早于 1913 年 7 月西北大学创办的《学丛》月刊，又因当时陕西教育界杂志极少，因此这份月刊与西北大学《学丛》，同为研究民国初年陕西教育史、科学史和学术文化史的重要文献。

在校政设置方面，公学设有校长、教务长、庶务长、学监、舍监、书记、会计、桑园经理等。田种玉（蕴如）任校长，张允耀（星岩）任教务长，湖北方言学校肄业的湖南永顺人董明铭（雨麓）任庶务长，陕西高等学校肄业的澄城人韩声平（志淮）和北京实业学校肄业的富平人周元璐（品如）共任学监，中国公学肄业的商县人张绪籍（芝府）任舍监，陕西高等学校预科毕业的商县人于炳瀛（海沧）任书记，日本经纬学校毕业的蒲城人李鼎馨（陋吾）任会计，浙江蚕桑学校毕业的蓝田人赵丕翊（冯左）任桑园经理兼蚕桑科教员。

著名水利工程专家、蒲城人李仪祉（宜之）曾任该校教务长兼德文、物理教员，因留学德国而离校；渭南人严敬斋曾任教务长兼英文教员，因留学英国而离校；蒲城人、日文教员李子逸（元鼎）因升任本省教育司长而离校。

其国文教员有洵阳人、陕西高等学校毕业的李梦彪（啸风）和泾阳人、三原宏道学校毕业的梁涵潜（石卿）。英文教员先后多达9位：毕业于南洋大学和北京大学预科的江苏丹阳人束士方（云章），毕业于某英文专修科的凤翔人侯纲（纪堂），离职后留学英国的户县人华孝康和留学美国的户县人王来廷、留学英国的咸宁人惠甘亭，离职后任陆军测量局科员的长安人蓝正之、勉县人庄熙安和任第二师范学校校长的三原人王庭宣，以及任第一师范教员的长安人李筱修。德文教员除李仪祉外，尚有毕业于北京大学师范科的山东人王燕晋（越岑）和三原人王梯青。日文教员数量仅次于英文教员，先后有6位：1913年在职的有咸宁人杨涛（松波），1913年时已离职的有升任本省教育司司长的蒲城人李子逸、任本省教育司第四科科长的绥德人张阜生、任略阳县知事的三原人张立卿、留学日本的华县人薛辑五、户县人王枫阶。

数学类课程开设有数学、算学、算学用器画、几何、算术等课程，1913年在职的有：毕业于江苏高等学校和北京大学预科的江苏常熟人陈寅（伯达），肄业于中国公学的岐山人刘星涵（养伯），毕业于山东广文大学的临潼人常逢吉（介五），毕业于中国公学的礼泉人王肇业（岐山）。1913年离职的有留学日本的三原人刘辅臣和转任第一师范学校教员的王叔惺。物理学和化学教员除由李仪祉兼任外，尚有兴平人史鉴法（镜轩）、离职任陕西观察使署科员的洵阳人何翼辉。当时所开设的博物学，一般相当于现在的生物学，除动、植物外，也含有地质学中有关矿物甚至考古文物的一些内容。当时的博物学教员为毕业于中国公学的凤翔人仝升堂（撰臣），1913年离校的有转任众议院议员的凤翔人刘定五。地理学教员有毕业于师范完全科的凤翔人王肇基（丕卿）和于1913年转任健本学校校长的蒋仲山。蚕桑学教员有公学桑园经理赵丕翊、毕业于浙江蚕桑学校的渭南人雷发声（动之）和华阴人刘荫甲。历史、体育、音乐、美术教员相继有原任教于三原学古学校的三原人朱先照（仲明，历史教员），毕业于将弁学校马兵科的刘海鹏（瑞生，体操教员），离职转任省立第一中学教员的凤翔人马云程（体操教员），乾县人、公学董事会理事长吴希真（兼任柔术教员），湖北谨川人金常（云阶，乐歌教员），高陵人韩平山（美术教员），等等。

在公学教职员中，懂英、德、日文者达20位，这占常年在校的30余位教职员的

66%以上，如与先后在职的教师总数56人计，也占近36%。数学、物理学、化学、博物学、地学、蚕桑等科学技术方面的教职员先后达19位，占前后在职教职员总数的约34%。这从一个角度，表明了三秦公学以传授西学为主，以留学预备教育为主和以传授科学技术知识为主的办学特色。

三、教学与学生

在学制方面，学生修业3年毕业。学校设有英文、德文、日文、数理化、高等预备、蚕桑等6个科别，又分为英文专修班、德文专修班、日文专修班、高等预备班、数理化专修班、高级数理化专修班、蚕桑专修班、蚕桑简易班等8个班次。其中英、日、德、数理化、高等预科等5科在西关外原陆军小学堂上课，是为北校，其余在南校上课。至1912年6月23日开学时，已有8班学生，计400名，教员30余人。学校所开课程主要有国文、英文、日文、德文、地理、历史、数学、算术、几何、算学用器画、物理学、化学、博物、蚕桑、图画、体操、乐歌等。

在三秦公学所设的科目中，1912年9月由公学首任教务长李仪祉主持的"附设留学预备科"是最具特色的科目。大都督张凤翙特为此发布《大都督于三秦公学特设留学预备科招生文》，并指出："盖闻科学者，人类进化之阶梯，世界文明之管钥。……今则民国已建，百度维新，不思乘时急起直追，恐不数年后，白人之待吾黄裔诚有如昔人所云：智之欺愚，犹如蒸一猩猩，煮一鹦鹉者，亡国灭种，岂必待枪炮药弹哉。本都督鉴此，特兴三秦公学，……筹设留学预备科……选吾秦年力富强、聪颖子弟先入科预备二三年，将来派送出洋，即可直接入彼国专门学校。……庶几，新政设施不必借才异地，科学发达，足与欧美抗衡。"[3]这实际上就是在三秦公学特设留学预备科的办学宗旨，也点明了其科学教育的性质。李仪祉将该科分为英文、德文、日文3班，每班学生以20名为限，并拟定了入学规则。其规则确定：凡国文明通、身体强健、年在17岁以上20岁以下，以及中学毕业及在中学修业三年以上和有相当程度者可具备入学资格；凡收录学生有品行不端，取入时未及察觉者，得随时察看，令其退学；录取生入校时须具志愿、保证、履历等书；录取生入校后须守规则，不遵者分别轻重惩罚。杨钟健先生回忆在三秦公学的求学经历时说："留德预备班由从德国回来的李仪祉先生主持，学生很少。留洋预备科选拔学生的一个条件，就是要年纪小，尤以留德为然。李先生在学生中选择，选到了我，叫我入留德专修班。……在西关外原陆军小学旧址上课，由李先生亲教我们德文，从ABCD学起。此外，功课以国文、数学、物理、化学为主，这些功课我感到相当繁重。"[6]1922年，杨钟健先生实现了赴德留学的初衷，回国后，成为中国古脊椎动物学、古人类学与第四纪地质学的开创者和奠基人。

1913年6月13日，三秦公学派送第一批留日、留欧学生30余人，其数量几占当时全省留学生的一半。公学对这批留学生寄予莫大期望，并勉励诸生说："吾国此前之留学者，多速成，多半途而止，不如西人之坚忍也，孰为师，孰为戒。诸生当有抉择矣。……吾校为秦中第一成立之学校，诸生为第一来学之人，今又与第一游学之选。异日者，造第一学问，建第一事功，汲太平洋之文明水为我中华涤瑕荡秽，储文石紫桂之材为我中华结构新室。四万万人将受诸生之赐，岂唯公学与有荣施。"[8]

蚕桑科是三秦公学实业办学中的重要科目。为配合实习，特将省城西关南火巷外前清陕西农事试验场旧址的农、林、蚕三大试验场划归公学。原试验场距公学里许，东邻大道，其南段为桑园，中段以林事为主，北段以农事为主。其面积共为165.9亩（合11.06公顷），原植有桃、杏、枣、林檎等树木数百株和48500株已有3年龄的桑树。划归公学后，全部改为桑园，并置桑园经理具体管理和指导学生实习。1913年3月份，又在北区新植60424株，97％以上成活。蚕种系由杭州引进，主要有诸桂种、青桂种、大园种、新园种、诸夏种、改乘种等，消毒药品购自日本东京。这些蚕桑试验既为学生提供了实习机会，也对外地蚕种和外国农药在陕西的适应性作了科学的研究，促进了蚕桑技术与事业在陕西的复兴。公学《养蚕歌》也说："中华第一大利，丝蚕更无比，黄帝以来千岁，于今几欲坠，法兰西、意大利、日本在后起，嗟彼后生可畏，锐进莫之退；四千余年古国，古学再昌明，富国第一善策，遗教绍西陵，豳风咏，罗敷吟，讽诵入人心，更盼采桑歌舞，转瞬遍三秦。"[11] 这从一个方面反映了学生们振兴家乡的志向。

学生自治会的成立，是三秦公学有别于清末学堂的特征之一。该会以"联络感情，互相切磋，实行自治补助管理之不及为宗旨"，"凡本校学生皆得认为本会会员"[3]。该会总设代表2人，代表学生自治会，总理会中一切事宜；各科分设代表2人，代表各科分理各科事宜；设会计2人，经理会中账目；庶务2人，掌具体事务；设书记2人，经理会中往来文件和出版事宜；设调查7人，负会中一切事件的调查责任；设评议若干人，议决会中各种事件。

学生组织又有学生讲演会、踢球会之设。讲演会以讨论学理、养成雄辩才能和增进各人自治心为宗旨，下设讲演部、记事部、评论部和监察部。除评论部由教员组成外，其余均由学生参与。讲演会于每周六举行一次。讲演者有学生，也有校外"有学问渊博、道德完全，或长于辩论者"，以及本校毕业学生和本校学生留学归国者，被随时特邀临会演说。在1912年6月23日的开校日演说场上，校长田种玉，省内政要郭希仁、李襄初（天佐）、党自新、张云山、王荣镇、曹寅侯和本校教员、学生等都发表了演说。本校教员李仪祉作了"教育家的眼界"的演说，学生田铭尧作了"学生对于国家之观念"的演说，学生赵儒新作了"公学与全陕之关系"的演说。由于教员和学生的演说"皆言词锋锐，洞中窃要"，故最受欢迎，以致"拍掌之声，如雷震耳"[10]。另外，在三秦公学学生中的尚武精神值得注意，这大概受到日本公学和辛亥战事初定等因素的影响。在公学中，除体操、柔术外，"振发尚武之精神，启迪竞争之能力者，莫若踢球"，这集中表现在踢球会之设。这"一则可以求精力之疲惫,一则可以养胆量之雄健",并可"见势以联合团结"和"增长竞取之智能"[9]。公学在1913年4月间即曾组织球赛,并拟与他校联赛。公学于1912年10月10日在城内皇城举行的秋季运动会也可谓规模盛大,都督府及各司、省议会、秦丰银行等皆参与运动,成为当时西安城中一大新闻。运动会制定严密的《元年秋季运动会简章》,项目包括传旗竞走、荷重竞走、600米赛跑、风囊竞走、算术竞走、抛炸弹、柔术、劫军装、入瓮竞走、三足竞走、拖蛋竞走、拔帜竞走、中队教练、来宾运动、职员运动、选手运动、余兴运动等,有宁建邦、赵壁、杨培元等30余名参与者获得一等奖。学生的课外活动还有每年春季的旅行。1913年4月15日的往秦岭北麓南五台山的春季徒步旅行,全校有近500人参与,往返达4日。公学纪念刊发表的蚕桑简易班学生何国柱的《春季旅行南五台记》、留学预备科德文班学生刘余庆的《旅行终南山记》、中学班学生白之鋆的《旅行终南山记》、日文高等预科学生何肇庚的《旅行南五台记》等,皆文辞清雅,风格不俗,字里行间亦反映了对植物、地理、历史古迹等知识的运用,不失为研究民国初年秦岭北麓植被和地理的珍贵资料。

四、结论

(1) 三秦公学的倡办者和赞助者多系陕西政要,省议会的议员占了相当的比例,该校又系辛亥革命后首先创建的新式学校,公助经费和私赞经费便较为充足。政要中以张凤翙为首,多系留日学生,因此对源于西方的东洋教育体制便极为推崇,也对教育与国家富强的先导关系有痛切感受,故在辛亥战事初定,便仿日本公学体制,创办了三秦公学。正是由于该校与政界的这种密切关系,故当1914年初袁世凯初派亲信陆建章入陕,后又下令裁撤并免去张凤翙陕西督军,任其为徒有虚名的"扬威将军"后,以张凤翙为首支持的三秦公学也就不复存在了。其中学班归入陆建章同乡把持的省立三中,其余则归入西北大学。

(2) 晚清陕西高等、法政、农业、实业、宏道、师范等各学堂,虽号为以引入西学为标志的新学,但由于引入东洋教习充其量不过五六位,留学生尚未归国,本省又缺兼明西学者,故实际上与新式教育尚有一定距离。然而,三秦公学教员中懂西文与日文者竟占半数以上,仅在公学任上前后留日者就有10余位,这就大大提升了经由东洋全面引进西学的水准,也正成为其创建以留日、留英、留德等留学预备教育为特色的三秦公学的基础。这一点与当时由陕西大学堂等5学堂合组而成的西北大学有着相似的特点。又因为三秦公学的倡办者深切感触到科学、实业与振兴地方的密切关系,加上刻意集中了占教职员总数40%的数、理、化、生、地、蚕桑方面的教员,故形成以传授西方现代科学技术为主的又一办学特色。

(3) 三秦公学虽生存不足3年,但它的创办一方面为应考生源严重不足的西北大学等大学或专门学校提供了具中等程度的生源;另一方面由于其颇具特色的留学教育,既派出一批留学生，教员中又有一批先后留日、留美、留欧者，故为西北大学等校的发展，包括陕西近代高等教育的进一步发展奠定了师资基础。其公立民助的董事会办学模式，非中学、非大学，似科技专门学校，又似大学预科的体制和以科学与实业教育为主的办学方向，也为整个陕西的近代教育积累了经验，成为近代陕西高等教育发源中的一支重要源流。这也正是应该重视对其历史进行考辨缕析和论证研究的价值所在。

参考文献

[1] 张光奎. 祝词 [M] //三秦公学. 三秦公学第一周年纪念刊. 西安：公益印字馆，1913：1-2.

[2] 姚远. 西北大学的源流与承袭 [J]. 西北大学学报（哲学社会科学版），1997，27（3）：81-86.

[3] 三秦公学. 三秦公学立案文 [M] //三秦公学. 三秦公学第一周年纪念刊. 西安：公益印字馆，1913：1-25.

[4] 姚远，苏晋生，张惠民. 晚清陕西农业学堂与实业学堂考：兼论陕西实业高等教育的萌芽 [J]. 西北大学学报（自然科学版），2000，30（6）：541-546.

[5] 李永森. 西北大学校史稿 [M]. 西安：西北大学出版社，1987：3-7；257.

[6] 地质矿产部书刊编辑室. 杨钟健回忆录 [M]. 北京：地质出版社，1983：18-20.

[7] 韩维㙉. 从废科举立学校到解放前的陕西教育 [J]. 陕西文史资料，1987（10）：1-22.

[8] 三秦公学. 三秦公学缘起 [M] //三秦公学. 三秦公学第一周年纪念刊. 西安：公益印字馆，1913：1-14.

[9] 三秦公学. 公学成立记事 [M] //三秦公学. 三秦公学第一周年纪念刊. 西安：公益印字馆，1913：1-16.

[10] 姚远. 陕西古代科技人物述略 [J]. 西北大学学报（自然科学版），1995，25（2/3）：183-185，259-264.

[11] 三秦公学. 乐歌 [M] //三秦公学. 三秦公学第一周年纪念刊. 西安：公益印字馆，1913：1-4.

（原载《西安电子科技大学（社会科学版）》2001 第 11 卷第 1 期第 83—88 页）

曹振明：民初西北大学——我国现代大学的重要开拓者

摘　要　西北大学不仅是中国西北地区创建最早的现代大学，而且是与北京大学、北洋大学同年而生（1912）的中国最早的为数甚少的现代大学之一，成为中国现代大学的重要开拓者。据新发现的《西北大学章程》（1912），正式创建之初的西北大学设有哲学、史学、文学、法律科、政治科、经济科、商科、农学、林学等诸多学科，并形成了相应的完整课程体系，这是中国现代大学学科教育教学的重要探索成果。正式创建于民国初立之时的西北大学，表现出追求大学自治和自由、探求高深学术和融会中西思想、培养具备高水平专业素养的硕学宏才、服务国家发展和肩负西北建设的大学精神与办学理念。

关键词 民国初年；西北大学；学科设置；课程体系；办学理念

西北大学正式创建于1912年，其前身是成立于1902年的陕西大学堂。目前一般认为，西北大学是我国西北地区创建最早的现代大学，但通常被人们所忽略的一个事实是：西北大学还是与北京大学、北洋大学同年而生（1912）的我国最早的为数甚少的现代大学之一，是我国现代大学的重要开拓者。民国初年正式创建之时，西北大学的情况如何？设有哪些学科？有哪些相应的教育教学设置？形成了什么样的大学精神与办学理念？在我国现代高等教育格局中居于何种地位？此前因史料不足而不为人们所详识。值得欣慰的是，新近发现的《西北大学章程》（制定于1912年，我国最早的大学章程之一）对此作了一些详细的展示，我们结合《西北大学章程》及其他相关史料，对西北大学正式创建之初的办学情况及其精神理念和重要地位等作一较为清晰而完整的分析。

一、我国最早的现代大学之一

我国的现代高等教育发轫于多事之秋的清末时期。面对西方列强的欺压，主张"师夷长技以制夷"的洋务派，开始建立教授"西文"（西方语言类）和"西艺"（西方科技类）等的新式学堂。甲午战败后，一批有识之士更加高呼"兴学强国"，以北洋大学堂、南洋公学、京师大学堂等为代表的大学堂得以创建，我国现代高等教育由此正式发轫。辛丑之变中，"西幸"西安的慈禧太后和光绪皇帝于1901年发布"兴学诏"，谕令"各省所有书院，于省城均改设大学堂，各府、厅、直隶州均设中学堂，各州、县均设小学堂"[1] 175，于是不少督抚先后在各省设立大学堂，我国现代高等教育的初步火种在大江南北纷纷出现，其中就包括成立于1902年的陕西大学堂（西北大学前身）。

但事实上，当时各省大学堂的骤然兴办，在设计、师资、生源乃至经费等诸多方面遇到较大困难，除各省先后另设有各类专科学堂外，山东大学堂的如下"变通"举措得到清廷的明令推广并成为各省大学堂的一般做法："一面挂出大学堂的招牌，以示遵旨，一面在大学堂里以备斋（"习浅近各学，略如州县之小学堂"）、正斋（"习普通学，略如各府厅、直隶州之中学堂"）的名目办中小学堂。至于真正大学层级的专斋（"习专门学"），因为无所取材，暂时有名无实，等到正斋学生毕业，再办专斋。"[2] 70-88

有鉴于此，清廷于1903年正式颁行了中国近现代教育史上著名的"癸卯学制"，其中规定各省的最高学府"大学堂"改办为"高等学堂"（"今定省会所设学堂曰高等学堂"）；而"高等学堂"的性质和地位是："高等学堂之设，使学生于中学卒业后欲入大学分科者，先于高等学堂修业三年，再行送入大学肄业"；[3] 528 其所言各省"高等学堂"修业三年"再行送入大学肄业"之"大学"，则是指"京师大学堂"（京师大学堂

"为各省学堂卒业生升入专门正科之地")[3] 509。由此可见，在清朝最后数年间，各省的"高等学堂"虽被划入高等教育的范围之内，但实际上并非严格意义的"大学"（"专门正科"），而是成为"大学"的预备科（介于"中学"与"大学"之间），也正因此，有研究者认为清末各省的"高等学堂"实为"中学性质"（高级中学）[4] 519-523、[2] 70-88。

中华民国成立后，我国现代高等教育完成了由学堂向大学的正式转变，但因清末高等教育基础的相对薄弱，民国初立之时我国的现代大学数量寥寥。1912 年 1 月，民国教育部颁行《普通教育暂行办法》，规定学堂改称学校；1912 年 10 月，民国教育部颁行《大学令》，规定了大学的办学性质和设置标准："大学以教授高深学术，养成硕学闳材，应国家需要为宗旨"，"大学分为文科、理科、法科、商科、医科、农科、工科"，"大学以文理二科为主；须合于下列各款之一，方得名为大学：一、文理二科并设者，二、文科兼法商二科者，三、理科兼医农工三科或二科、一科者。"[5] 640 不过，清末高等教育的惨淡经营和基础相对薄弱状况，造成了中华民国成立之初我国现代大学为数极少的局面。据民国教育部官方统计，除一些高等专门学校外，中华民国元年（1912），我国的现代大学仅有公立大学 2 所（即国立的北京大学、省立的北洋大学，省立的山西大学 1913 年始获教育部批准立案）、私立大学 2 所（即民国大学、明德大学）。[6] 14、[7] 203 其中，北京大学（国立）、北洋大学（省立）于 1912 年分别由京师大学堂、北洋大学堂改办而来（山西大学由山西大学堂改办而来）。

在民国元年（1912）百业待兴、我国现代大学为数极少而亟待兴建之时，西北大学在祖国的西北大地应运而生。1912 年，中华民国秦军政分府大都督张凤翙（1912 年 8 月任陕西都督）提出建立西北大学的主张，在陕积极筹办西北大学，以清末陕西高等学堂（原陕西大学堂）、陕西法政学堂、陕西农业学堂、陕西实业学堂、陕西客籍学堂等为基础创办的西北大学，于 1912 年 10 月正式定名成立，并业已开学。[8] 99-100 1912 年 10 月，西北大学校长钱鸿钧在上呈陕西都督、西北大学创设会会长张凤翙的《呈大都督文》中即指出："吾秦实为西北一带之中心点，……（创办西北大学）已电明新、甘两省，各送学生若干名以资造就，……各科内之学科及讲师职员姓名，业已编定，《章程》（即《西北大学章程》）缮列表册。"[9] 100 可见，1912 年 10 月《西北大学章程》已经制定，它由此成为我国最早的大学章程之一。据当时制定的《西北大学章程》，西北大学与民国元年（1912）教育部所设定的现代大学的办学性质和设置标准完全相应，它"以教授高深学术，养成硕学闳才，应国家需要为宗旨"，设有文、法、商、农等四科（另外计划开设理、工、医等各科[10] 104）[11] 1，是一所名副其实的现代综合性大学。

从上不难发现，西北大学不仅是我国西北地区创建最早的现代大学，而且是与北京大学、北洋大学同年而生（1912）的我国最早的为数甚少的现代大学之一，成为我国现代大学的重要开拓者。陕西虽然地处祖国西北内陆，但正如她成为率先响应武昌起义的省份一样，她在我国现代大学的起步发展事业中，同样是领风气之先者。西北大学在我国现代大学格局中的独特重要地位，应当引起我们的关注和重视。

二、民初西北大学的学科与课程设置

西北大学（前身为1902年设立的陕西大学堂）正式创建之初的学科设置和课程体系，此前因史料不足，一直未有完整而详细的澄清，以至尘封已久，鲜为人知。幸运的是，新近发现了我国最早的大学章程之一——制定于1912年的《西北大学章程》，它对西北大学正式创建之初的学科设置和课程体系等作了详细的设计和规定，兹介绍如下。

1912年正式创建的西北大学，"分为大学部、专门部及大学预科三种，大学部暂分为文、法、商、农四科，专门部亦分为文、法、商、农四科，大学预科分为第一部、第二部，第一部为文、法、商三科之预备，第二部为农科之预备"，另外设有"研究科"等。[11]

（一）大学部的学科与课程设置

当时的西北大学"大学部"设文（"文科大学"）、法（"法科大学"）、商（"商科大学"）、农（"农科大学"）等四科，共设有哲学、史学、文学、法律科、政治科、经济科、商科、农学、林学等9个学科。

1. 文科大学的学科与课程

当时的西北大学"文科大学"，分为哲学、史学、文学等三科，其应修课程分别为（限于篇幅，每学年所修具体课目及教材等暂略①，下同）：（1）哲学科课程：哲学、哲学史、宗教学、伦理学、社会学、论理学、言语学、认识学、心理学、生理学、教育学、美学、经济学、古代语学、日文、英文、德文、法文等，其中"德文、法文为选择科目，必择一科目修习之"；（2）史学科课程：法制史、宗教史、哲学史、地理学、社会学、伦理学、论理学、哲学、教育学、法理学、文学、古代语学、日文、英文、德文、法文等，其中"德文、法文为选择科目，必择一科目修习之"；（3）文学科课程：文学概论、哲学、伦理学、社会学、论理学、教育学、文学、史学、古代语学、日文、英文、德文、法文等，其中"德文、法文为选择科目，必择一科（目）修习之"。

2. 法科大学的学科与课程

当时的西北大学"法科大学"，分为法律科、政治科、经济科等三科，其应修课程分别为：（1）法律科课程：法理学、国法、刑法、民法、诉讼法、商法、破产法、法院编制法、国际法、经济学、财政学、法例、国籍法、罗马法、法律哲学、法学实习、诉

---

① 以下有关西北大学的学科与课程设置，参见《西北大学章程》（西北大学出版部印行，1912年）"各科"与"各科课程表"等相关部分。

讼练习、日文、德文、英文、法文等，其中"英、法文为选择科目，必择一科（目）修习之"；（2）政治科课程：哲学、政治学、国法学、国法、国际法、法学、史学、经济学、财政学、应用经济学、社会学、统计学、论文演习、国会演习、外交文书研究、日文、英文、德文、法文等，其中"英、法、德文为选择科目，必择一科目修习之"；（3）经济科课程：经济学、经济学史、经济史、财政学、经济政策、国法、法学、会计学、统计学、簿记、国际法、史学、经济实习、日文、英文、德文、法文等，其中"德、法文为选择科目，必择一科目修习之"。

3. 商科大学的学科与课程

当时的西北大学"商科大学"，设立商科一科。它的应修课程为：经济学、商业论、财政学、法学、国际法、簿记、数学、统计、会计、农政学、工业纲要、历史、外国贸易论、商品学、商业实践、英语（商业作文、商业会话）、日文、德文、法文、英文等，其中"第二学年以后，随商业志望与外交官志望之区别可选择科目；又，日、德、法文为选择科目，必择一科（目）修习之"。

4. 农科大学的学科与课程

当时的西北大学"农科大学"，分为农学、林学两科，其应修课程分别为：（1）农学科课程：地质学、土壤学、气象学、作物、土地改良论、植物生理学、植物病理学、动物生理学、昆虫学、昆虫生理学、肥料、农艺化学、农艺生理学、法学通论、经济学、财政学、园艺学、畜产学、兽医学、酪农论、家畜饲养学、养渔论、养蚕论、农业经济、农产制造学、农政学、林政学、植物学实验、动物学实验、农艺化学实验、农场实习、农学实验、论文演习、英文、德文、日文等，其中"英、日文为选择科目，必择一科（目）修习之"；（2）林学科课程：森林数学、地质学、土壤学、气象学、森林植物学、森林动物学、森林物理学、森林化学、最小二乘法、力学、林学通论、造林学、森林保护学、森林经理学、森林管理学、经济学、财政学、法学通论、林政学、森林法律学、植物生理学、树病学、农学大意、森林测量、森林利用学、森林理水、沙防工作、养渔论、狩猎术、植物学实验、动物学实验、森林测量实习、森林化学实习、森林道路实习、造林学实习、实地演习、论文演习、英文、德文、日文等，其中"英、日文为选择科目，必择一科（目）修习之"。

（二）专门部的学科与课程设置

当时的西北大学"专门部"（相当于高等专科）亦设文、法、商、农等四科，共设有外国语科、法律科、政治科、经济科、商科科、边务科、农科、林科、蚕桑科等9个学科。此外，据《致部视学说明本大学开办各科之大要》，西北大学"专门部"之"文科"中又设"哲学科"为各科之首[10]104，但其课程设置目前不详。因而，当时的西北大学"专门部"共设10个学科。它们的应修课程分别为（限于篇幅，每学年所修具体课目及教材等暂略）：

（1）哲学科课程：目前不详。

（2）外国语科课程：哲学、算学、文学、史学、教育学、国文、日文、英文、德文、法文、实际日语、实际英语、体操等，其中"英、德、法为第二外国语，必选择一科修习之"。

（3）法律科课程：法制史、法学通论、法理学、国法、刑法、民法、诉讼法、商法、破产法、监狱法、法院编制法、国际法、罗马法、经济学、财政学、法例、国籍法、法学实习、诉讼演习、国文、日文、体操等。

（4）政治科课程：哲学、国法学、政治学、国法、国际法、法学、史学、地理、经济学、财政学、应用经济学、统计学、论文、国会实习、国文、日文、体操等。

（5）经济科课程：经济通论、经济学、财政学、应用经济学、经济政策、经济史、财政史、经济地理、国法、法学、国际法、会计学、统计学、数学、簿记、保险学、史学、经济实习、国文、日文、英文、体操等，其中"西洋政治史、西洋外交史、商业史、英文，须择一科目修习之"。

（6）商科课程：商业通论、经济学、商业学、财政学、经济政策、商品学、商事经营学、商业行政学、会计学、统计学、簿记学、商业算术、法学、破产法、国际法、工业纲要、工场经济、商业史、商业地理、商业史、史学、商业实践、国文、日文、英文、体操等，其中"西洋政治史、西洋外交史、经济学史、英文，须择一科目修习之"。

（7）边务科课程：经济纲要、商业通论、经济学、财政学、应用经济学、经济政策、商事经营学、商业行政、政治学、国法、法学、簿记、商业算术、商业史、商业地理、史学、国文、英语、俄语、蒙古语、西藏语、体操等，其中"英、藏语及俄、蒙语，必选择两科修习之"。

（8）农科课程：伦理、作物、园艺、地质学、土壤学、土地改良、肥料、农具、测量、制图、畜产、兽医学大意、养蚕、农产制造、农业经济、农政学、气象学、物理学、化学、分析化学、动物学、昆虫学、植物学、植物病理学、植物营养论、细菌学、林学大意、实验实习、国文、日文、德文、英文、体操等，其中"日、德、英文为选择科目，必择一科修习之"。

（9）林科课程：伦理、造林保护、森林数学、森林经理、森林利用、林产制造、森林土木、经济学、财政学、森林政策、材木商况、森林行政、法律、行政大意、森林测量、森林制图、物理学、化学、分析化学、森林动物学、森林昆虫学、森林植物学、树病学、气象学、地质学、土壤学、狩猎学论、农学大意、实验实习、国文、日文、德文、英文、体操，其中"日、英、德文为选择科目，必择一科修习之"。

（10）蚕桑科课程：伦理、气候学、数学、养蚕、制种、制丝、蚕体解剖、昆虫生理学、昆虫病理学、桑树栽培法、植物生理学、植物病理学、农艺化学、分析化学、经济学、财政学、农业经济、材政学、细菌学、农学大意、实验实习、国文、日文、德文、英文、体操等，其中"日、德、英文为选择科目，必择一科修习之"。

（三）法政别科、研究科、大学预科及其他

除"大学部"和"专门部"外，当时的西北大学"为图法政智识之普及，附设法政别科"（附设于"专门部"，大体相当于高等专科特别培训班）；"为求研究学术之蕴奥，设研究科"（相当于今天的研究生院）；还设有文、法、商、农等四科的"大学预科"，以为"大学部"之"预备"；另还设有附属中学。此外，"为增进学生政治上之能力，设拟国会；（为）养成学生法律上之能力，设拟法庭"；"为学生参考书籍、研求商品，设图书馆及商品陈列所"等。

由上可见，西北大学在1912年正式创建之初，即是一所设有"大学部"（共设9个学科）、"专门部"（共设10个学科）、"预科"、"研究科"等的综合性大学（诸多学科分为文、法、商、农等四大科类），各学科还形成了相应的完整课程体系，需要注意的是，它产生于民国教育部1913年1月发布《大学规程令》对大学的基本科目与课程作出具体规定之前，是我国现代大学的学科教育与教学的重要探索成果。此外，据西北大学《致部视学说明本大学开办各科之大要》，当时的西北大学还计划"开办理、工、医各大学部"[10]104。

三、民初西北大学的大学精神与办学理念

正式创建于民国初立之时的西北大学，扎根祖国西北，放眼中国时局，紧跟世界潮流，昭示出与清末各式学堂存在很大不同的现代大学精神与办学理念，对于推动我国现代大学的精神塑造和特色发展具有重要意义。

其一，追求大学的自治和自由。民国成立之初，在蔡元培主持下的民国教育部相继发布了有关大学的系列规章制度，推动大学的自治和自由是其中的一条基本原则和精神，这是民国时期我国现代大学生成的不同于清末衙门式学堂的重要特征。正式创建于1912年的西北大学，自觉地秉持了此种现代大学精神。她以当时教育部的相关制度为依据，"为谋（本大学）教育前途之发展"，专设"评议会"和"教授会"，凡学校重要事务均由"评议会"和"教授会"商决，《西北大学章程》对"评议会"和"教授会"的权力和职能作了明确的制度化落实[11]47-48，这种设计是现代大学自治和教授治校的根本制度保障。追求学术和思想自由也是民国时期现代大学精神的重要标志，当时的西北大学表现出了充分的学术和思想自由。在袁世凯篡夺辛亥革命胜利果实后的政治气候中，西北大学对当时的国家制度、政治思想和时政问题等展开了系列的公开学术探讨和争鸣，就是西北大学敢于追求学术和思想自由的集中表现。比如，当时的西大学人结合自己的学科优势，探讨了"内阁政治之得失"，指出"我国政党既有非历史之根据，且无政见之可言，使之组织内阁，非若傀儡登场"；探讨了"新内阁成立，减裁行政机关、停止司法，进行名义上撙节财用，实际上究寓何种政策"，对袁世凯政府的现行政策展开了评论和针砭；甚至还对"社会主义能否适行于今日之中国"展开探讨和争鸣，这是马克思主义在我国最早传播的一个重要成果。①

其二，探求高深学术，融会中西思想。探求高深学问和研究学术理论的定位与取向，是现代大学不同于其他高等学校的关键因素，亦与清末比较注重教授实用性知识与技术的各式学堂存在很大区别，"大学为研究高尚学问之地"[12] 89 是对我国现代大学性质的科学认定。《西北大学章程》即明确规定，"教授高深学术"是西北大学的一个根本办学宗旨。[11] 1 在此指引下，西北大学还于1913年上半年创办了我国最早的大学主办学术刊物之一《学丛》。《学丛》创刊号在《凡例》中，对学术探究追求作了高度的自觉表达："本报为研究学术，故所登文字，注重学理，凡与学术无关者，概不刊入。"[13] 凡例《学丛》创刊号《序》亦强调："学术基于思想，发明赖乎文章，故首之以论说"[14] 1，对学术创新寄予殷切期望。《学丛》发表的西大学人学术研究成果，涉及法学、政治学、经济学、史学、哲学、文学、理工等诸多领域，在相当程度上反映了当时西北大学的综合性学术研究水平。同时值得注意的是，《学丛》发表的西大学人学术研究成果多涉及中西比较与融合问题，并设有专栏报道和推介国际上特别是欧美国家举办的各类学术会议，展现出广阔的国际学术视野和融会中外思想的学术自觉。②在教学方面，除开设大量西学课程外，西北大学各学科还选聘外国教员，采用大量外国教材和参考书（主要是日本、德国、英国、法国等），并选派学生赴国外留学等等[11] 8-42, [15] 76-77、81-82，亦充分表现出融会中外思想的学术自觉。

其三，培养具备高水平专业素养的硕学宏才。培养高级专门人才是现代大学的根本任务，但大学的人才培养在"专"与"通"问题上，时常引起不同时期教育界的不同讨论。1912年正式创建的西北大学，在致力于培养高级专门人才的同时融入了通识的教育理念，真正贯彻了《西北大学章程》所确立的"养成硕学闳才"的办学宗旨[11] 1，这在西北大学内部体制架构和各学科课程设计中有着明显的表现。当时西北大学培养高级专门人才的部门是"大学部"和"专门部"，前者偏重理论，后者偏重应用；"预科"同样分为文、法、商、农等各科，并根据不同"科"属设计各自的相应初级课程，以为"大学部"各科的高级专门人才培养奠定学科基础知识；此外，还在"大学部"之上设立"研究科"，以培养高级专门研究人才。但是，通识教育被融入各科高级专门人才的

---

① 参见西北大学主办的《学丛》1913—1914年第1—4期发表的诸多论文。
② 参见西北大学主办的《学丛》1913—1914年第1—4期发表的诸多论文与内容。

培养过程之中，比如：哲学科必需修学社会学、经济学、生理学、言语学等课程，史学科必需修学哲学、文学、法理学、社会学等课程，文学必需修学哲学、史学、社会学等课程，法律科必需修学经济学、财政学、哲学等课程，政治科必需修学哲学、史学等课程，经济科必需修学史学、法学等课程，商科必需修学史学、法学等课程，农科必需修学法学、伦理学等课程[11]8-42，其中既有文科类学科之间的相互穿插，又有文科类学科和理科类学科之间的相互交融。此外，西北大学还十分重视学生的品德操行，并规定"学生升级及毕业时，应以操行成绩与学业成绩参定之"[11]5。

其四，服务国家发展，肩负西北建设。"学以致用"是中国思想文化的重要传统，这种传统在生长于国家内忧外患中的清末学堂和民国以来我国现代大学身上得到强化，服务国家发展和战略成为中国现代大学的重要品格。西北大学创建于发展相对落后、战略地位显著的祖国西北内陆，对于服务国家发展形成了高度认同，并进一步明确了肩负西北建设重任的办学追求，这就是《西北大学章程》所说的以"应国家需要"为"宗旨"[11]1。陕西都督、西北大学创设会会长张凤翙在1912年11月致教育部函中，即从"关系于现时之建设""关系于将来之建设""关系于外部之防御"等方面，对西北大学服务国家发展、肩负西北建设的办学追求作了集中而清晰的申明，强调："自统一政府成立之后，服务中央者，西鄙之人，乃落落如星辰，非勇于破坏，不懈于建设，人才难得，无可如何"，"若西北则地方如此辽阔，关系如此重大，人才如此缺乏，内观外顾，忧心如焚，急起直追，犹虞不及"，"积惭恧而为奋勉，求根本之解决，固之有西北大学之发生"。[16]16-17 在声明西北大学的创办原因时，西北大学首任校长钱鸿钧亦指出："窃以民国庶政之建设，视乎人才，人才之振兴，端资学校，……西北利源虽厚，（实业、民智等）尚属萌芽，于此而欲提倡实业、启发民智，非振兴西北学务不可，……西北一隅，幅员辽阔，文化、实业尤为当务之急。"[9]100 曾任西北大学文科学长的崔云松在勉励西大学子时，同样强调："为建设人才计，为大局根本计，于点金乏术之时，勉为朴樕作人之举，设立此校……无负三秦父老昆仲之望……扶持世运，巩固共和，行见太华增辉，关辅生色，西北长城将唯诸君是赖！"[17]20 可见，服务国家发展、肩负西北建设重任是西北大学得以创办的重要原因，更成为西北大学正式创建以来十分明确和高度自觉的办学追求。

参考文献

［1］中国第一历史档案馆编. 光绪宣统两朝上谕档：第27册［M］. 桂林：广西师范大学出版社，1996.

［2］桑兵. 清末各省大学堂与现代中国大学的缘起［J］. 清史研究，2022（1）.

［3］中国第一历史档案馆. 光绪朝朱批奏折：第105辑［M］. 北京：中华书局，1996.

［4］王伦信. 论清末高等学堂与民初大学预科的中学性［M］//中国地方教育史志研究会,《教育史研究》杂志编辑部. 纪念《教育史研究》创刊二十周年论文集（3）：中国教育制度史研究. 2009.

［5］舒新城. 中国近代教育史资料：中册［M］. 北京：人民教育出版社，1981.

［6］中华民国教育部. 第一次中国教育年鉴·丙编·教育概况［M］. 上海：开明书店，1934.

［7］潘懋元, 邬大光, 张亚群. 中国高等教育百年［M］. 广州：广东高等教育出版社，2003.

［8］编者. 本校大事记［J］. 学丛，1913（1）.

［9］钱鸿钧. 呈大都督文［J］. 学丛，1913（1）.

［10］西北大学. 致部视学说明本大学开办各科之大要［J］. 学丛，1913（1）.

［11］西北大学. 西北大学章程［M］. 西安：西北大学出版部，1912.

［12］编者. 大学校开学志闻之蔡元培语［J］. 教育杂志，1912（4）.

［13］编者. 凡例［J］. 学丛，1913（1）.

［14］刘芬. 序［J］. 学丛，1913（1）.

［15］李永森, 姚远. 西北大学校史稿（1902—1949）：上卷［M］. 西安：西北大学出版社，2002.

［16］张凤翙. 西北大学发生之理由［M］//杨德生. 西北大学教育理念文选. 西安：西北大学出版社，2004.

［17］崔云松. 西北长城唯诸君是赖［M］//杨德生. 西北大学教育理念文选. 西安：西北大学出版社，2004.

（此文系首次公开发表）

第三节　档案与线索

中国第二历史档案馆所存国立西北联合大学、国立西北大学档案目录

（编号、生成时间、生成部门、名称）

五—3197（3）［A］. 1942-12-29. 教育部. 追加前西北联大经费拨作其他急用费用，未便照准，仍尊前令办理并将该款缴部

五—2211［A］. 1927-09-20. 教育部. 电西安临时大学筹备委员会

五—2211［A］. 1937-10-21. 教育部. 电西安临时大学（密不录由）

五—2211［A］. 1937-10-28. 教育部. 电童冠贤

五—2211［A］. 1937-10-04. 教育部. 代电西安临时大学筹备委员会，关于学生借予膳费

五—2211［A］. 1937-11-29. 教育部. 密电西安行营蒋主任，关于电复西安临大设分校一节

五—2211［A］. 1937-09-08. 教育部. 奉谕西安临时大学设常务委员会，并指定常务委员及秘书主任

五—2211［A］. 1937-10-20. 教育部. 电陕西省政府主席蔚如，派定西安临时大学筹委前来筹备进行请请赐指导与协助

五—2211［A］. 1938-10-16. 教育部. 电徐诵明等不录由

五—2211［A］. 1938-10-19. 教育部. 电徐诵明等不录由

五—2211［A］. 1938-09. 教育部. 电孙蔚如电复平津各校师生赴西安研习自应赞助现有可容纳四五百人之临时校舍一处之资应用至另建西北高等教育校址亦经教育厅勘定数处特派员来陕再为商定

五—2211［A］. 1938-07-02. 教育部. 电西安临时大学，教育部用品照章纳费送陕用以大多仍请转商铁道部饬各馆局酌量减费速运由

五—2211［A］. 1938-07-02. 教育部. 送达西安行政厅主任机关. 电本部派定筹备委员在西安筹设临时大学，希赐予协助由

五—2211［A］. 1938-07-02. 教育部电. 西安临时大学筹委会，呈送各院系主任名单核示由

五—2211［A］. 1938-09-02. 教育部. 聘函送李书华等，聘为西安临时大学筹备委员会委员由

五—2211［A］. 1938-11-02. 教育部. 送行政院秘书处，为时代理平大校长徐诵明等请辞原职及兼职一案经过情形函复查照转情由

五—2211［A］. 1938-10-28. 教育部电. 行政院魏秘书长，奉谕代理国立北平大学校长徐诵明等效电陈辞去平大等院长原职及西安临时大学筹备委员会常委兼职情形祈临金察一案应交教育部核办等因相应抄同原电函达查照由

五—2211［A］. 1938-10-26. 教育部电. 西安临时大学. 请协商铁道部饬各路为减收教育用运费，电照缴运营

五—2211［A］. 1938-10-26. 教育部会计室. 电国立西安临时大学. 训令

五—3197［A］. 1942-12-10. 财政部公函. 准拨发二十九年度追加国立西北联合大学经费二四〇八八七元. 请查照

五—2553［A］. 1940-12-04. 行政院训令. 请知任命胡庶华为国立西北大学校长

五—2553［A］. 1940-12-04. 行政院训令. 任命赖琏为国立西北大学校长

五—3195（1）［A］. 1940-10-01. 行政院训令. 令二十八年度国立西北联合大学改组调整预算

五—3197（1）［A］. 1942-11-17. 国民政府主计处公函. 为国立西北联合大学二十九年度，追加经费二四〇八八七元应准予改作三十年支出案办理函复

五（2）—584［A］. 1944-01-14. 国立西北农学院电. 为奉电呈本院历次被作财产损失表，请鉴核

五—588［A］. 1942-12-10. 国立东南联合大学筹备委员会代电，为英士大学浙大分校等均已先后复课，今后对该校等前来登记之学生应否收容？

五—529［A］. 1944-06-07. 国立东南联合大学筹备委员会代电. 为遵电呈复假用文虎校舍实在情形由

五—3195（1）［A］. 1940-08-04. 国立西北联合大学呈文. 为奉令规定本校本年度建设费五万元不敷支配陈述，需要拟其预算增加三万元

五—3197（2）［A］. 1939-02-19. 国立西安临时大学快邮代电. 为请函促中华教育基金会迅速拨付本校航空讲座费及设备费，以免切关氏族独立之航空工程教育工作受其阻碍由

五—3197（3）［A］. 1943-10-15. 国立西北大学呈文. 为保管前西北联大追加经费二四〇八八七元，拟拨作本校急用费用请

五—3197（3）［A］. 1942-09-27. 国立西北大学呈教育部. 呈请财政部迅拨二十九年度追加本校经常费贰万肆仟零八十八元四角七分

五—3197（3）［A］. 1942-09-27. 国立西北师范学院呈文，为呈明前西北联大尚有补还款项请转饬西北大学将前拨款二四〇八八七元交出以资结束

五—2211［A］. 1938-10-18. 西安临时大学筹备委员会呈教育部. 拟请转令武汉大学、中央大学、湖南大学、浙江大雪以及金陵女子文理学院商借各系科需用之图书复本、数余仪器以及体育系用图书

五—2211［A］. 1940-01-26. 国立西北联合大学呈教育部. 为呈送本校二十六年度选移费交付预算书并请赐拨选移费由

五—2211［A］. 1938-10-28. 西安临时大学筹备委员会呈教育部. 呈复本校聘用教职各员及设立各学系情形由

五—3197（2）［A］. 1940-01-23. 国立西北联合大学呈文. 为呈复家政系设置经过及经费困难情形再请特拨家政系补助经费并咨询请钟英庚董事会继续拨发家政系补助费由

五—3197［A］. 1940-01-18. 国立西北联合大学呈文. 为准钟英庚基金会复询已领

开办费开支及未拨补助费分配情形分条答复并请速拨该报请

　　五—3197［A］.1943-04-12. 国立西北联合大学. 案准西北大学公函内开以奉

　　五—5669［A］.1939-12-07. 国立西北联合大学. 本校各院一年级共同必修国文科本学期实施情形

　　五—5669［A］.1939-12-07. 国立西北联合大学. 全校一年级生共同必修国文〔作文〕统整有效办法

　　五—588［A］.1939-04-12. 国立西北联合大学. 为依照规定及前例草拟劳作专修科招生办法呈请鉴核转行由

　　五—14479［A］.1939-11-29. 国立西北联合大学呈教育部，为奉发青年守则呈报遵办情形及校训校歌文词请

　　五—2003［A］.1945-08-05. 视察国立西北医学院报告

　　五—529［A］.1945-09-20. 国立西北联合大学. 单独建筑师范学院学生宿舍计划书

　　五—2211［A］.1938-05-02. 教育部电. 西安临时大学筹备委员会. 为平大等校学生膳费无着，援每生每月给予膳费六元半. 务祈核准至所需经费除一半由经常费用开支

　　五—2211［A］.1937-09-07. 教育部. 西安临时大学筹备委员会预备会会期

　　五—3197（2）［A］.1937-09-07. 西安临时大学教育部高等司. 请函中华教育基金会划拨本校航空讲座费及设备费由

　　五—5480［A］.1940-05-12. 国立西北联合大学医学院. 奉派来渝购仪器药械已采购就绪，计分仪器、成药及原药器械等三批，为求运输便利，请免税护照三纸. 兹遵

　　五—529［A］.1945-9-20. 国立西北联合大学单独建筑师范学院学生宿舍计划书

　　五—5669［A］.1939-06. 国立西北联合大学第一学期各系学生人数统计

　　五—5669［A］.1939-06. 国立西北联合大学第二学期各系学生人数统计

　　五—2211［A］.1938-05-21. 教育部电. 西安临时大学筹备委员会. 为平大等校学生膳费无着，援每生每月给予膳费六元半. 务祈核准至所需经费除一半由经常费用开支

　　五—2553（1）［A］.1939-09-15. 公务员任用审查表，任用审查表格式及说明. 国立西北大学. 胡庶华

　　五—3195（2）［A］.1939-02-07. 教育部会计师稿电国立西安临时大学. 中英庚款董事会函协助临时大学第二批开办费用，将于中央银行电汇，费用用途遵前令

　　（姚远、王展志、张若筠、杨慧杰查阅记录于南京中国第二历史档案馆，王雨曦整理）

陕西省档案馆所存国立西北联合大学、国立西北大学的有关文档目录

（编号、名称）

（一）校政

（1）西安临大创设文件

67-5-299　临大编制预算、簿记科目大纲、簿记组织系统图、布告及校务会会议文件等函

67-5-300　一九三七年、一九三八年西安临大与西安办事处订立合同书及函送本校代行建筑各政设备收支对照表报表等函件

67-5-292　西安临大组织草案、职员请假规则及各处院室主任名单等函件

67-5-293　一九三七年有关河北省立女子师范学院呈请家政系暂行附设西安临大校内，并供给特殊设备费，教员薪金的报告及高中以上学校军事管理办法等函件

67-3-163　一九三七年至一九三八年新生入学花名册及文理农、医学院、西北工学院二至五年级学生名册

67-3-1　西安临大一九三七年招收新生名单及转学学生名单

67-3-2　一九三七年学生通知登记、续招借读生报名册

67-3-3　一九三七年请求借读学生报名册

67-3-4　一九三六年至一九三七年工学院学生名册、学生休学、转系、记过名册

67-3-7　一九三七年至一九三八年教育部有关照册收容走读生的训令、本校在籍、转学、借读学生名册及医学院请求世界学生救济金学生名单

67-5-297　一九三七年、一九三八年有关教职员申请药费补助的公函，中国航空建设协会陕西分会征求计划等函件

67-5-169　一九三七年至一九四二年中国利比里亚国友好条约及图书馆工作报告、购书、送书、运费等函件

67-5-777　本校概况

（2）与上级往来文件

67-1-43　本校训导人员审查材料和教育部有关训导处改组后各组人员名称及任用资格等规定材料

67-1-44　本校与教育部、西安绥署等单位有关教职员学生受训及教职员任聘受奖事宜的来往文书、名册

67-5-443　教育部有关规定、训令、制度及呈文
67-2-6　一九三〇年至一九四一年会议纪录、公函、训令证明等文件
67-5-1　一九三八年收文簿 1-3
67-5-2　一九三八年收文簿 4-7
67-5-3　一九三八年发文簿 1-3
67-5-4　一九三八年发文簿 4-6
67-5-5　一九三八年发文簿 7-9
67-5-6　一九三八年总发文簿 10
67-5-7　一九三八年发文簿 11-13
67-5-8　一九三八年收发文簿注籍
67-5-9　一九三八年注招注证
67-5-10　一九三八年发文簿（军秘、数组）
67-5-11　一九三八年军秘数组
67-5-12　一九三八年秘教参、秘、政统
67-5-13　一九三八年军、秘、教、聘
67-5-14　一九三八年发聘
67-5-15　一九三八年收发文簿（会、经）
67-5-17　一九三八年收发文簿（庶秘教杂）
67-5-18　一九三八、一九三九年收发文簿
67-5-19　一九三八年至一九四二年教员资格送审报部名册归档簿
67-5-20　一九三九年总收文簿 1-2
67-5-21　一九三九年收文簿 1-2
67-5-22　一九三九年收文簿 3-4
67-5-23　一九三九年总发文 1-4
67-5-24　一九三九年发文簿 1-3
67-5-25　一九三九年发文簿 4-7
67-5-26　一九三九年发文簿训军
67-5-27　一九三九年收发文杂、总庶杂字、杂字、总文人电字
67-5-28　一九三九年总文特字、总会募捐字
67-5-29　一九三九年总文演字、参字、总文法令、会庚款补助大宗、聘字
67-5-30　一九三九年组字
67-5-31　一九三九年校长私电登记簿、训生操、法字、训军军、法字、训体卫、法字
67-5-32　一九三九年津字、总文介字、教注先字

67-5-33　一九三九年教注法、教注籍字

67-5-34　一九三九年总文人字、教注招字、教注课文

67-5-35　一九三九年教图图法字、津皖鲁赣、总会津字、总会津、蒙藏、宁闽字、总会津、湘桂皖黔赣

67-5-36　一九三九年冀蒙藏宁、陕甘鄂、总会津（晋察绥豫、滇、川鲁）字

67-5-37　一九三九年津察豫黔晋东北陕甘湘川滇闽

67-5-38　一九三九年招字、总会费字、总文移字、总出纳字、总文会

67-5-39　一九三九年教出讲字、总文地字、总文统字、纪字、总文证字

67-5-40　一九四〇年总收文簿 1-3

67-5-41　一九四〇年总收文簿 3-5

67-5-42　一九四〇年总收文簿 1-2

67-5-43　一九四〇年总收文簿 3、5、7 号

67-5-44　一九四〇年总收文簿 7-8

67-5-45　一九四〇年会捐、豫、绥、察、鲁、东北、蒙、宁、闽、滇、川、鄂、苏、浙

67-5-46　一九四〇年陕甘冀鲁、会津、总交介

67-5-47　一九四〇年收发文簿（薪、特、注招、各省）

67-5-48　一九四〇年收发文簿（地纪）

67-5-49　一九四〇年收发文簿（总人杂、数出刊）

67-5-50　一九四〇年教注组字、教注先字、教注籍字、密件簿

67-5-51　一九四〇年教图、会费、总会法

67-5-52　一九四〇年训生操、训军、训体卫、总文组

67-5-53　一九四〇年归档簿、私件呈阅簿、资字、发文簿

67-5-54　一九四〇年收发文簿（移交簿、用印登记簿）

67-5-55　一九四〇年收文簿

67-5-138　一九三八年内务处理公函及布告

67-5-139　一九三〇年至一九三八年有关事务公函电报

67-5-140　一九三八年有关经费便函、公函、呈文、电报

67-5-141　一九三八年有关经费便函、公函、呈文、电报

67-5-143　一九三八年有关会计室组织规则、审计法施行法则及预算分配表等函件

67-5-142　呈送本校简况（前移）、经济概况表、借读生改为正式生申请及新生名册等函件（移学籍管理）

67-5-144　一九三八年有关印刷文件的便函

67-5-146　一九三八年有关补赠及函复公文、函件

67-5-147　禁烟宣传及关于敌后工作的办法（一九三九）

67-5-149　一九三九年校务会会议记录、裁撤人员薪体聘请文理两院接收员等函件

67-5-150　一九三八年三九年有关修建审查表、建设校舍及训练班等文件

67-5-157　一九四〇年武昌中华大学概况、教育部关于查禁书籍之密之等函件

67-5-159　一九三九年、一九四〇年有关慰劳出征抗战军人募捐及征募寒衣运动宣传纲要等件

67-5-160　一九三〇年至一九四三年密件收文簿

67-5-161　一九四〇年有关奉令转发修正本部组织法及校长就职、报告计划等函件

67-5-162　一九四〇年有关办借仪器手续、购买药品及查禁书刊《中国革命的悲剧》和游永康读书感想等函件

67-5-467　教育部训令、代电、公函、西北大学呈文

67-5-468　一九三九年至一九四〇年有关函件、汇款通知书、工作报告、绝密文件宣传提纲

67-5-469　一九四〇年有关教学来往公函、通知、训令

67-5-470　一九四〇年有关学生毕业人数、成绩表、调查表及校务行政计划大纲等函件

67-5-471　一九四〇年有关外出搜集材料、实习及教材实行情况的来往文书

（3）学校文件

67-5-440　一九三八年调理校务、人事信件、证明书、函、通知等

67-5-441　一九三八年关于建设学校方面及合计其他事的便函、通知等

67-5-442　一九三八年关于清理工作架的通知、体委会纪录等通知、便函

67-5-444　一九三八年关于遵师制的便函、西北大学布告、电报、训令

67-5-445　有关布告、训令、调查表具体办法等

67-5-446　一九三九年有关决议、调查、报告等

67-5-447　西北大学聘书、公函、便函、支薪办法

67-5-448　一九三九年便函、训令等

67-5-449　一九三九年往来函件、移交委员会名单等公函

67-5-450　一九三九年关于教育部各种经费的函、令等

67-5-451　一九三九年西大呈文、便函、公函、电报

67-5-452　一九三九年一月至七月国立、西北大学、便函

67-5-453　一九三九年国立西北大学便函

67-5-454　一九三九年国立西北大学便函、布告、通知

67-5-455　一九三九年国民生活改进竞赛科目、修正公务员交待条例及教职员服务规程等函件

67-5-456　一九三九年至四〇年一月有关考试的证明、有关兵役公文、资料、及公务员津贴、奖励办法等函件

67-5-457　一九三九年有关来信与复函

67-5-458　一九三九年有关学生成绩、操行考核标准和方法等规则、通知

67-5-459　一九三九年度学校布告、通知便函、公函

67-5-460　一九三九年至一九四二年呈文便函、教育部电令

67-5-463　教育部有关密电、训令、财政部公函、呈文等

67-5-264　一九四〇年非常时期公务员考绩暂行条例、主计人员征用条例细则、办理交待细则及拟用人员履历表等函件

67-1-49　本校训导处各组职员名单、各系各年级导师、军事教官名单、聘书及训导学生名单

67-1-50　西北联大训导处章则、西北训导处组织规程导师制实施简则、新生入学训练实施纲要

67-2-178　一九三九年至一九四〇年有关训导章则汇编、训导人员证件、训导师名单

（4）经费财务

67-2-229　一九四〇年至一九四四年特别贷金收据、战区学生零用贷金收据及送审教员资格业经核定、尚未核定教员名册（名册移教职员）

67-5-136　一九三六年经费类

67-5-137　一九三八年经费公函、便函

67-5-140　一九三八年有关经费便函、公函、呈文、电报

67-5-141　一九三八年有关经费便函、公函、呈文、电报

67-5-145　一九三八有关拨还教育经费、购认公绩、编送经费报表的函件

67-5-152　一九三九年至一九四〇年关于学生免学费及及年度预算等函件

67-5-158　一九四〇年至一九四一年军训队、图书组、教务出版组、教务注册组移交清册、现金出纳表

67-5-464　一九三八年至一九四〇年有关助学金、经费的公函呈文

67-5-465　一九四〇年有关经费、补助、薪金支给办法的通知、公函

67-5-466　一九四〇年特种救济办法及有关电函、呈文等

67-5-472　一九四〇年七月至十月关于基建费用、补助费等代电、公函、呈文、训令

67-5-474　一九三九年至一九四〇年有关航空建设捐款、党员月捐的函件及讲学研究函件

67-5-475　一九四〇年至一九四一年教育部有关催报统计表的指令及教师、学员薪金、领取等函件

（5）办事规章

67-1-126　本校教职员服务规则、组织大纲、校务会议章程、校长办公室公文程序及来往公文

67-2-225　本校行政工作制度草案、有关学生入学、退学、转学、毕业的呈文及加薪教职员名册

67-2-229　一九四〇年至一九四四年特别贷金收据、战区学生零用贷金收据及送审教员资格业经核定、尚未核定教员名册

67-3-421　关于经济、文娱、体育、请假、医疗等函件

67-3-428　学校毕业证发给办法、工警管理办法、招生手册等规章法令

67-3-429　本校组织规程、工警管理规则等规章制度、法令草案

67-3-430　一九四〇年教务部有关非常时期战地公务员任用条例会计处组织规程等规章制度

67-5-154　一九三九年补发本校经费、出纳各款、各种经费的电报、通知、便函等

67-5-155　一九四〇年本校学生免学费、申请补助等有关经费问题的代电、呈文、公函

67-5-156　一九四〇年教职员生活补助、计划预算、学校概况、教研仪器费用等

67-5-306　教育部有关各院系调整方法及工学院、农学院合并改组事宜、设立师范学校等通知、训令、函件

67-5-307　教育部处理由战区退出人员，教职员办法大纲、各级学校处理校务临时办法、借读生转学办法等规则、训令

67-5-308　一九三八年总理纪念周活动公函等

67-5-309　一九三八至一九三九年有关借用、购买教学仪器及拨补开办费用的训令等函件

67-5-426　一九三七年有关重新规定存支收款办法、申请救济学生伙食费及登记合格回国留学生名单等函件

67-5-431　一九三八年关于学生问题的文件教育部关于战时宣传纲要汇编、布告、通知、便函

67-5-432　一九三八年关于校务便函、通知、公函

67-5-433　一九三八年有关训令及便函等

67-5-434　一九三九年有关法律系四年级考试题目和学制改进意见、便函

67-5-435　一九三八年教育部训令、租房公文、审计处公函

67-5-437　一九三八年教育部便函、致电、章友江发言稿等

67-5-438　关于开学、考试、学生生活、课程安排等布告

67-5-484　一九四〇年至一九四一年学校的各种规则、有关的党政训练的训令及密电码、报表式样等呈文、函件

会议与计划

67-5-153　一九三九年校务计划、概况报告表及概况材料

67-5-429　一九三八年校务便函、通知、布告、分院会议记录

67-5-430　关于各种会议、临时安排及学校常务等有关事项

67-1-201　一九三八年会议纪录、通告及本校组织规程知青志愿军优待办法

67-1-204　一九三九年西北联大抗敌后援简章草案、委员名册及有关来往函电

67-1-205　一九三八年至一九四三年常务会议记录、学生团体事宜、教育系学生思想性行评判表、本校导师名单、学生贴告启事办法

67-3-400　一九三九年至一九四一年校务会议记录

67-3-401　一九四〇年至一九四一年贷金审查委员会第二十九次至五十次会议纪录

67-3-402　一九三八年至一九四〇年西北联大常委会会议记录

67-3-404　一九三八年至一九四〇年各级学校兼办社会教育法、大学组织大纲、校务会议规则

67-3-443　一九三九年至一九四九年院务会议、校务会议、处务会议记录

（二）教育

（1）招生考试

67-1-140　城固考委会公文及考生会名册、考试使用经费表

67-1-142　高等考试初试委员会文件

67-3-73　一九四〇年公立各院校、城固区招生委员会关于命题委员、阅卷委员、监试委员以及职员聘书、通知来往函件

67-3-84　一九四〇年公立各院校、城固区招生委员会关于命题委员、阅卷、口试委员、卫生顾问及职员聘请、通知书等卷

67-3-54　一九四〇年至一九四三年补考生名单等卷

67-3-57　一九四〇年五月至十月招收转学学生简章及转学生名单

67-3-108　一九四〇年至一九四一年学生申请补考、毕业证书、人员名单及各系课目、文件类

67-3-173　一九四〇年至一九四九有关录取名单、招生布告公函及招考委员会记录

（2）学籍管理

67-3-85　本校一九三八年至一九四二年部分学生成绩单、毕业生缺考、不及格人员

名单

67-3-86　一九四〇年至一九四四年各系学生呈请改为正式生、催交毕业证书、补发毕业证件等来往文书

67-3-88　一九三八年至一九四六年教务处关于录取新生名单、请求转学、转系的申请及通知

67-3-91　一九三八年至一九四六年请求转学、转院、借读旁听学生的申请及校各处的有关批复通知

67-1-96　本校新生入学保证书及注册表

67-1-98　本校新生入学保证书及注册表

67-1-99　本校学生注册表、志愿书、保证书

67-1-100　本校学生保证书、志愿书及注册表

67-1-139　法商学院、文学院、理学院一年级新生名册

67-3-5　一九三八年一年级新生花名册

67-3-6　一九三八年至一九三九年文理、商法学院新生、复学生、旁听生、借读生名册

67-3-8　一九三九年转学学生登记册

67-3-17　一九四〇年至一九四八年学生宿舍名册、转学、转系学生名册、学生调查表及注册表

67-3-18　录取新生通知书

67-3-19　一九三九年至一九四五年续学学生、借读、学籍未核实、未验证书学生名单及甘籍学生成绩表、数理代各系陕籍学生名单

67-3-32　一九三八年学生注册、补考名单及恳请升级函件

67-3-34　一九三九年学生要求复学、转系、改为正式生信件

67-3-38　一九四〇年学生要求听、借读、试读的信件

67-3-45　一九三八年至一九三九年缓交各种费用文件

67-3-48　学生请假统计表、学生学籍规则及招生简章

67-3-79　一九四〇年学生转学、休学、转系、转试、免试、复学信函、鄂籍学生家庭调查表、学生成绩表及增开阿拉伯文讲座训令

67-3-80　一九四〇年亲生申请缓期注册、缓缴高中毕业证书信函等

67-3-111　一九三九年、一九四一年河北籍学生概况调查表毕业考试委员会记录、法商学院命题、监考等委员名单

67-3-122　一九三九年至一九四〇年有关申请休学、退学、转学学生名册及书信件类

67-3-123　一九四〇年至一九四六年转入本校学生呈缴的毕业证、肄业证、注册证、

申请函件

  67-3-125 一九四〇年至一九四一年申请发给转学证明及转学学生名册

  67-3-127 一九四〇年至一九四六年教务处关于转学、转系休学、保留学籍的函件等

  67-3-128 一九四〇年至一九四二年学生要求转学、补考、休学、发给成绩单的申请及教务处的批复等函件

  67-3-129 一九三八年至一九四四年教育部关于毕业生名单成绩册、毕业证核示指令及学生退学、转学、取消学籍、请发毕业证的来往函件

  67-3-130 一九四〇年至一九四一年教务处关于学生呈缴毕业证、颁发毕业证书及有关证明的来往函件

  67-3-131 一九四〇年至一九四五年申请退学、休学、发给毕业证书人员名册及休学证明存根

  67-3-135 一九三八年休学学生名册、新生休学登记册

  67-3-136 一九三八年至一九四〇年学生呈请复学、借读、注册的来信及教务处的批示

  67-3-137 一九三九年有关申请毕业、转学、休学学生名册及各种便条、电报等

  67-3-143 一九三九年至一九四六年教职工薪俸清册、学生申请转学、转系、恢复试读来入及布告等

  67-3-144 一九三八年至一九四二年关于学生转学、休学、退学申请请肄业证书、降级学生花名册、休学学生花名册

  67-3-146 一九四〇年至一九五二年学生申请复学、退学、休学、转学函件

  67-3-147 一九三七年至一九四九年部分学生复学申请及教务处通知

  67-3-148 一九四〇年至一九四八年部分学生申请保留学籍信件及教务处的通知、函件

  67-3-149 一九四〇年至一九四一年转学学生名册及申请书批复函件

  67-3-156 一九四〇年至一九四六年学生申请补考、重修、免修课程及通知公函

  67-3-159 一九四〇年至一九四三年教务处有关放学、注册转系、转学、免修课程、补考学生申请、通知及保送免试入学志愿书

  67-3-160 一九三八年至一九三九年教务处关于申请休学、勒令休学、保留学籍的申请、通知

  67-3-161 一九四〇年至一九四二年学生申请复学、试读、保留学籍的信件及考务处的批复

  67-3-175 一九四〇年至一九四五年缺课、不及格、补考学生名册

  67-3-176 一九三九至一九四〇年度河北、山东选送学生名单

67-3-177　一九三九至一九四九年校内外索取成绩单、在校证明书的函件

67-3-178　一九三七年至一九四三年学生请求复学函件

67-3-181　一九三八年至一九四八年武昌文华图书馆学专科学校入学简章、报名册、有关学生迟到、复学、休学、学业证明书及成绩名单等

67-3-183　一九三一年至一九四二年学生中学毕业证明书、大学毕业证书、成绩单、失业证明书

67-3-186　一九四〇年至一九四四年学生申请宰考、补修的来信、校务处关于补考生名单、留级生名单及通通知、布告

67-3-188　一九三九年至一九四四年学生请求发给学生证、毕业证、成绩单的来往、批复及山西大学分发商专学生入学证明书

67-3-190　一九三九年学生申请复学信件及教务处对有关问题的批复

67-3-191　一九三六年至一九三九年请求缓交证明书、入学通知书

67-3-194　一九四〇年至一九四九年学生注册、入学志愿书保证书及教育部视察校务工作调查表

67-3-199　一九三八年至一九四一年学生转学、转系申请名册及批复名册

67-3-200　一九三七年至一九四九年请发毕业证书、学籍管理证书、学生名册及通知等

67-3-203　一九三六年至一九五一年会计人员出勤表、教务处注册底稿、拟招转学、入学名额表及复学、毕业证明书

67-3-204　一九四〇年度学生请求发还证明书及单

67-3-205　一九三六年至一九四九年城固区国立院校联合招考新生报告单

67-3-207　一九四〇年至一九五〇年学生索取毕业证书、成绩单及来信信件

67-3-209　一九三八年学生请求转系、转院函件

67-3-210　学生请假统计表、成绩表、学生学籍规则、招生简章

67-3-213　一九三七年至一九四八年历届学生学籍清册、毕业生名册及教务处注册组移交清册等

67-3-220　一九三八年至一九四二年注册入学、升级、选免课、复学、补考及缺课学生处理意见

67-3-221　一九三九年学生转正、正式生名册及缓交证明文件

67-3-224　一九三四年至一九三八年学生要求转学、借读、休学、旁听及学生学籍、毕业、肄业文件

67-3-227　一九三九年至一九四六年工作人员、原单位、学校、证明

67-3-228　一九三九年毕业生名单

67-3-229　一九四〇年度学生转学要求发给各种证件、申请及校方批示

67-3-231　一九三七年至一九四三年信件登记

67-3-234　一九三九年至一九四八年学生请求发成绩单、校证明书函件

67-3-236　一九三八年学生要求转学、复学登记册

67-3-238　一九三八年至一九四七年专科以上学校毕业生就业调查表、具保书及学生请发给证明书函件

67-3-240　一九四〇年至一九四一年旷课学生及考试犯规学生卷

67-3-245　一九三八年至一九四八年学生要求复学、发给毕业证书、成绩单的申请报告及教务处的各种报告通知

67-3-246　一九三九年至一九四四年学生申请休学、保留学籍及免除学分函件

67-3-247　一九四〇年至一九四二年借读、复学、旁听、转学学生统计表、花名册

67-3-249　一九三九年先修班及各系到校学生名单

67-3-251　一九四〇年、一九四一、一九四八年学生休学、复学及批复

67-3-258　一九四〇年教务处关于冀、鲁籍学生保送、入学名单及河北、山东保送学生文件

67-3-259　一九四〇年至一九四六年学生请求复学、发证明书及转学问题的有关文件

67-3-260　一九四〇年至一九四一年学生补考文、补考成绩补考名单

67-3-262　一九三九年至一九四〇年注册组移交册

67-3-264　一九三八年至一九四四年学生学籍、休学、复学肄业等报告

67-3-265　一九三九年旁听生、借读生转正名册

67-3-266　一九四〇年至一九四二年学生转系、转学名册

67-3-268　一九三五年至一九四八年学生转学证明书

67-3-270　一九三九年至一九四七年转学证件、先修班函件挑选留美学生、借读生函件等

67-3-275　一九三七年至一九四五年借读生证件、聘请书、发还保送生证等卷

67-3-276　一九三九年聘请书及招生简章等函件

67-3-282　一九四〇年至一九四四年学生奖惩卷

67-3-283　一九三八年至一九五〇年学生复学、转学、入学选修课程申请、报告等函件

67-3-290　一九三七年至一九五〇年颁发该校免试学生入学名单、新生申请、自愿、保证书、毕业证书

67-3-291　一九四〇年至一九四一年申请进修班、索取成绩单及申请奖学金函件

67-3-292　一九三八年至一九四三年先修班学生呈请入学、转学通知等来往函件

67-3-296　一九四〇年至一九四一年先修生名册、呈准旁听生名册

67-3-297　一九三八至一九三九年先修班学生军训考试成绩册、补招亲生、考生成绩册

67-3-298　一九三九年至一九四七年先修班只送免试升学学生志愿书

67-3-299　一九四〇年先修班保送免试升学学生志愿书成绩单及各大学先修班保送免试升学学生办法

67-3-300　一九三九年至一九四七年大学先修班学生志愿入校、院系登记表、附设大学先修班学生名册

67-3-301　一九四〇年至一九四四年先修班学生名单、成绩入学申请、保送入学介绍信等

67-3-302　一九三九年至一九四七年先修班保送学生名册、入学申请、录取名单及学生入学通知等

67-3-303　一九四〇年先修班章程、旁听规则、学生名单、旁听生及省立商先修班学生名单等

67-3-304　一九三八年至一九四四年借读生成绩、请发毕业证、保留学籍、退学申请等函件

67-3-306　一九三九年借读生休学、要求保留学籍信件

67-3-308　一九三七年借读生呈请改为正式生信件

67-3-312　一九三八年学生借读证明及保证书

67-3-315　一九三八年一九四四年借读生、旁听生改为正式生函件

67-3-316　一九三九年至一九四〇年入学借读生名册及有关文件

67-3-317　一九三八年至一九四四年学生请求借读、改为正式生、转学、复学、等有关函件

67-3-320　一九四〇年至一九四二年借读生名单及有关证明

67-3-321　一九三八年至一九四八年有关借读生信函、证明名册、成绩册

67-3-325　一九三七年至一九四〇年借读生转为正式生证件

67-3-327　一九三八年至一九三九年借读生名册、退学、转学申请等函件

67-3-328　一九三八年至四〇年关于借读生分发名册及对有关问题的批复、指令等

67-3-329　一九三八年至一九四四年学生注册、借读、请假等函件

67-3-331　一九三七年至一九三九年借读生名单及成绩报告单

67-3-333　一九三七年至一九三九年新生名册、转学、借读生改这正式生名册

67-3-340　一九三九年至一九四三年修业证明书存根

67-3-342　一九三九年至一九四二年学生保证书、借读证明新生呈缴高中毕业证明书

67-3-343　一九三七年至一九三八年韩庆元等九十六名新生呈缴高中毕业、修业、肄业证明书

67-3-345　一九三九年至一九四五年新生孟培华待七十七人高中毕业证书

67-3-346　一九三四年至一九四四年学生毕业、肄业、转学通行、身份、保送证明书、领毕业证收据等

67-3-347　一九四〇年至一九四五年学生转学、毕业证书、成绩单卷

67-3-352　一九三九年度新生注册表、保证人证书

67-3-353　一九三九年新生注册表

67-3-355　一九三九年、一九四二、一九四三、一九四五年新生注册表、先修班学生注册表

67-3-356　一九三八年至一九四七年新生注册表、入学保证书、入学志愿书

67-3-372　一九四〇年至一九四八年学生呈请补发毕业证书宰课、旁听、借读及招生、聘书等函件

67-3-376　一九三九年至一九四二年高教司发学生借读件、学生学科证明、休学、考试等布告、信件及学生转学申请

67-3-378　一九三九年至一九四二年教育部有关学生学籍的训令送发学生名单、志愿书、陕教厅有关免试生函件、毕业证书、补考通知及教授、讲师聘书等

67-3-379　一九三八年至一九四一年学生呈请借读、补考、转校、发给成绩单、肄业证等函件

67-3-380　一九三八年至一九四四年来函、书信、文件

67-3-387　一九四〇年至一九四一年关于学生申请补发证明书、保留学籍及教务处公函通知

67-3-388　一九三九年至一九四二年有关招生事项、学生退学、入学、中正奖申请及入学不合格在校生名册

67-3-390　一九四〇年至一九四二年招生委员会有关文件

67-3-398　一九四〇年至一九四三年有关学生升学、肄业、报到、休学及各院校招生委员会经济问题与西京日报衬关于来彷费用函

67-3-418　一九三七年、一九四六年、一九四九年备记忘录、移文簿

67-3-427　规章制度、学籍规程

67-3-428　学校毕业证发给办法、工警管理办法、招生手册等规章法令

67-3-436　一九三八年借读生名册

67-3-436　一九三八年借读生名册

67-3-437　一九四〇年至一九四二年学生有关申请及校方公函

67-3-439　一九四〇年至一九四八年党政军头面人物推荐报考学生录取教职员的私人来往信件

67-5-561　一九四〇年至一九四二年招生简章、新生名册等训令、公告

67-5-771　一九四〇年一九四五年新生注册表、准考证、具愿书

67-5-436　一九三八年复查张连甲是否在临大就读一事的函件

67-5-294　一九三七年学生借读登记函件

67-5-295　一九三七年临大招生简章及有关学生、休学、转学、借读生入学问题的函件

67-5-298　一九三七年至一九三八年有关收容借读生办法及学校组织各种社会活动的通知函件

67-5-301　一九三七年学生请求公费函件

67-4-9　一九三九年至一九四〇年先修班补招学生及聘书等函件

67-4-10　一九四〇年教育部关于先修班经费免试生旁听生问题的指令、助教作研究生方法、补拨教育经费及发放学生补助费等文

67-4-166　一九四〇年度一年级新生名册、证件等

67-4-167　一九三八年学生申请转系、补考、借读等函件

67-4-168　一九三八年学生申请转系、注册、考试、免试等

67-4-169　一九三八年有关休学、退学、转学、转系、借读、留级个别毕业生分配文件

67-4-170　一九三八年有关学生请求休学电报及本校呈送学生成绩表函件

67-4-171　一九三八年关于学生军训、请假、转院、转系及字籍处理便函、通知

67-4-172　一九三八年学生申请免交、缓交学费、制服费及申请转学、转系函件

67-4-173　一九三八年学生请假、复学、留级公函、各科教授履历表、化学、化工系毕业生名单

67-4-175　一九三八年、一九四二年借读生名单

67-4-177　一九三八年、一九四〇年有关学生休学、转学、借读、操行成绩等函件

67-4-178　一九三八年至一九四二年呈文通知、战区学生名册函件

67-4-179　一九三九年教育部指令、训令、呈文、公函及学生改籍问题

67-4-180　一九三九年学生学籍问题便函

67-4-181　一九三九年有关学生休学、转系、保留学籍、改为正式生等件

67-4-182　一九三九年学费、制服费函件

67-4-183　一九三九年学生学籍文函、申请休学、休假及批示文件

67-4-184　一九三九年学生休学、转正、旁听文件、报到登记、招生文件

67-3-44　一九三九年至一九四〇年学生成绩单

67-3-55　一九三九年至一九四七年学生请假、转科要求旁听及补发证明书、成绩单函件

67-3-60　学生申请奖学金、索取成绩单及报告申请书

67-3-82　一九三七年西北联大部分学生军训成绩、一九四一年商专工商管理科学生成绩一成绩览表

67-3-95　一九三八年至四四年保送学生成绩单、学生申请发给成绩单及升降级学生名单、通知

67-3-97　一九三七年至一九三八年由山东、东北大学等院转入西安临大的学生成绩单及来往公函

67-3-98　一九四零年学生学业竞试有关文件及名册

67-3-99　一九三八年至一九四五年部分转学学生申请书、转学学生报告单及西大任命总务长、校务长的通知

67-4-186　一九三九年学生休学、转学、升学、补考文件

67-4-187　一九三九年史学会寒假沔县（勉县）考察团预算大纲及学生处分、休学函件

67-4-188　一九三九年至一九四〇年借读、旁听、保送学生之公函、呈文指令

67-4-189　一九三九年至一九四三年学生惩罚处理、战区学生成绩

67-4-190　一九三九年至四四年有关学生学籍、考试、毕业的呈文、三九年第二学期毕业生名册、四〇年第一学期转学学生、借读生名册

67-4-191　一九三九年至一九四〇年，校长胡庶华卸任、陈石珍上任时学校各系处移交清册及鲁籍学生名册

67-4-192　一九三九年、一九四〇年招生广告费用公函、选送学生考试文件及报务通讯处招生公告

67-4-193　一九四〇年新生、补招新生、先修班、学生转正、借读试读名单等函件

67-4-194　一九四〇年有关招生文件及新生名册

67-4-195　一九四〇年至一九四五年教育部招收新生、借读生转为正式生名册及教师特别资金周转函件

67-4-196　一九四〇年呈送借读生改为正式生函件及要求继续升学学生名单、证件

67-4-197　一九四〇年学生入学、转学证件

67-4-198　一九四〇年学生呈缴证件、学籍问题、申请复学、毕业试验、学生更名函件

67-4-199　一九四〇年学生休学、毕业、会考及有关呈文

67-4-200　一九四〇年学生借读、试读、肄业、复学、转学、继续留校学习的指令、函件

67-4-201　一九四〇年、一九四一年各省学生统计表、教职员录等函件

67-4-202　一九四〇年至一九四二年学生转学、休学、毕业生、借读生、旁听生转正式生成绩单、入学资格证明

67-4-203　一九四〇年至一九四一年学生旁听、借读、改正式生及补考公函、呈文等

67-4-204　一九四〇、一九四五、一九四六年学生证件、退学、改籍、考试成绩及毕业生清册

67-4-205　一九四〇年至一九四一年有关城固区招生会会议纪录、招生会组织细则及招转学生名册等函件

67-4-206　一九四〇年香港登记学生分发名单及招生问题函件

67-4-207　一九四一年新生、借读生、免试生名单等函件

67-4-208　一九四一年指令、训令、呈文、布告及转学学生名册借读生转正式生名册

67-4-209　一九四一年招收新生简章及试读生、借读生、转学学生函件

67-4-210　一九四〇年一九四一年学生退学、复学、转学、开除学生函件及借读生改为正式生呈文等

67-4-217　一九三九年至一九四一年聘书、毕业生考试科目及名单

67-4-239　一九四〇年至一九四三年有关核定学籍证件、借读生考正式生等函件

67-4-302　一九三八年有关学生退学、休学、复学、转系、毕业等函件

67-5-771　一九四〇年、一九四五年新生注册表、准考证、自愿书

67-3-61　一九三八年度学生请求发给肄业、在校修业转学证明书

67-3-63　一九四〇年大学先修班学生操行成绩单、学生自愿书、转学、休学函件

67-3-65　一九三九年至一九四一年学生请求颁发、补发学生证、校徽及成绩单

67-3-70　一九四〇年至一九四三年学生请求复学及发给毕业证书函件

67-4-117　一九三九年、一九四〇年有关学生学籍证明、新聘教员薪额一览表（职员移走）

三、学术

（一）学术论文

67-5-151　一九三九年毕业论文

（二）学术讲演

67-2-200　一九三九年黄文弼等人被请讲学电函存根

（三）学术期刊

67-5-134　一九三八年北平大学农学院研究会通讯 1-3 期

67-5-135　一九三八年北平大学农学院研究会通讯 4-6 期

（四）学术研究

67-5-304　医学院诊所暂行组织章程（移动至校政）、抗战史料纂集指导会计划书附件、张骞墓间古物探寻计划书等函件

67-5-439　一九三八年关于整理张骞墓公函及其他便函、布告

四、教师

（一）管理与聘任

67-2-15　本校一九三九年教职员领取徽章登记簿

67-2-16　本校一九三九年教职员授课时间表册

67-2-16　本校一九三九年教职员授课时间表册

67-2-41　一九四〇年至一九四二年教员资格审查履历表及函件

67-2-42　一九四〇年岳劼恒等十四人补缴证件一览表

67-2-44　教工资格审查表

67-2-49　久任教员奖金、奖状

67-2-54　一九三八年聘函、通知

67-2-55　本校一九三九年电报、通知、任聘集

67-2-56　一九三九年有关人事聘请、提升、录取的电函、通知、布告

67-2-57　一九三九年有关教职员人事任免、聘请及保证书

67-2-58　一九三九年有关教职员聘书及委派书

67-2-59　一九三九年有关教职工离职、停职及加薪问题的通知、函件

67-2-60　一九三九年有关教职员聘书、委任书及加薪便函

67-2-61　一九三九年、一九四一年、一九四三年有关教职员任聘电报

67-2-62　一九三九年教职员薪俸名册及聘书

67-2-63　一九三九年有关聘教授讲师薪额表

67-2-64　一九三八年至一九三九年有关教职员聘任、辞职加薪函件

67-2-65　一九三九年有关教职员聘任通知及委任行政管理人员的函件

67-2-66　一九三九年教职员聘任、加薪及教育部有关人事任免的训令等

67-2-67　一九三九年教职工聘书、委派书

67-2-68　本校教职工聘任、辞职及认购外汇等函件

67-2-69　本校聘派遣书

67-2-70　一九三九年至一九四四年有关教职员聘任、委派书

67-2-71　一九三九年至一九四三年教授、讲师、助教聘书及委派书

67-2-72　本校一九四〇年便函、聘文集

67-2-73　一九四〇年至一九四一年聘书、委派书及便函

67-2-74　本校一九四〇年聘书、委派书

67-2-75　一九四一年至一九四二年有关教职员聘任、通知及某些学生退学和处分文件

67-2-76　本校一九四〇年聘书、委派书、电报、呈文报告集

67-2-77　一九四〇年有关教员聘任函件

67-2-78　教育部有关教师调动的训令、便函、电报及教员辞职、聘任书

67-2-79　一九四〇年教职员任免委派书、聘书等

67-2-80　一九四〇年一九四四年教职员聘任、辞职、请假通知

67-2-81　一九四一年教职员聘任、辞职及增发薪金通知等函件

67-2-82　一九四〇年至一九四一年教职员聘任书

67-2-83　一九四〇年至一九四一年教职员聘书、辞职书、委派书

67-2-84　本校有关教职员聘任书及知青从军文件通知

67-2-89　一九四〇年至一九四二年有关各地教职员任聘电报

67-2-90　一九四〇年至一九四二教育部有关教职员任命训令

67-2-101　本校教授、副教授应聘书

67-2-142　一九四〇年至一九四一年教职员所得税扣缴清单及捐款献机活动的公函、征募计划等文件

67-2-146　一九三九年至一九四三年有关实际问题研究报告表、呈文及公务员考绩暂行条例

67-2-168　有关福利会章程、委员名册及领取福利金收据等

67-2-170　公教人员食米标准

67-2-173　本校与教育部有关教职员生活补助费、医疗费、生育补助费等问题的来往文书

67-2-177　本校与教育部有关人事任免及发放补助费、救济费等问题的来往文书

67-2-182　一九三九年有关教职员请假、委托人代职等事务性便函、电报通知

67-2-191　一九三二年至一九四三年教授、讲师、助教聘任证件、收条

67-2-196　一九三九年至一九四三年教职工晋级加薪、发薪、扣薪通知及薪俸册

67-2-197　一九四〇年至一九四七年第一次特种考试税各人员考试、应届毕业生名单及考试须知

67-2-201　一九三九年至一九四〇年本校组织大纲、学则及所属教职员不吸毒切结总表（附名单、印记）

67-2-210　一九四〇年至一九四二年教职员食粮代金名册（上册）

67-2-211　一九四〇年至一九四二年教职员食粮代金名册（下册）

67-2-218　一九三八年西大教员代课钟点册、选送华大学习教员名单、陕西省立师专教员授课钟点表

67-2-233　一九三九年教员请假名册

67-2-247　教职员随校迁移亲属调查表

67-2-253　一九四〇年有关教职员图书研究费薪俸数额名册

67-2-259　一九三九年至一九五〇年合计室、出版组等系、室人员名册、工作分配表、讲议表及训育会委员名单

67-3-62　一九三九年至一九四七年有关职员服务法则、员工加班支给津贴办法及统一缴解捐款金办法、学生成绩册等卷（成绩移学籍管理）

67-4-81　美国加州医师贷金审委会组织大纲、教育部关于创作发明、美术的奖励训令及王子云奖励申请等函

67-5-233　一九四〇年有关教职员聘任通知等函件

67-5-244　一九四〇年、一九四一年有关金融法规、招生简章、训练班讲师名册、学生名册等函件

67-5-248　一九四〇年、一九四一年有关人事任免及录送学生入学函件等（学生移走）

67-5-477　一九三九年七月至一九四三年有关人员的奖惩、任免件、介绍本届毕业生便函等

67-5-483　一九四〇年、一九四一年教育部有关催计划及进度表的训令本校教职员学生人数调查表等函件

（二）教职员名录

67-2-14　本校一九三九年教职员录

67-1-102　本校优良教职员报告表、教职员工作成绩、履历、住址、通讯处、调查表

67-1-103　本校教职员履历、住址、通讯处、调查表

67-1-104　本校教职员履历表、人事登记表、职员花名册及拟用人员送审表

67-1-106　本校教职员一览表

67-1-113　本校职员一览表

67-1-117　本校教职员名册

67-1-122　本校教职员、训导人员名册及陕西中等以上学校概况

67-2-213　一九三九年教职员名单

67-2-224　一九三九年教职员录

五、学生

（一）学生概况

67-1-151　本校文科、文学教育系学生概况调查表及新生登记表

67-1-152　本校金融、法科、经济系学生概况调查登记表

67-1-153　本校法科、法律、政治系学生概况调查表及新生登记表

67-5-148　一九三九年注册组移交清册以及学生名册

（二）贷金助学金

67-3-364　一九四〇年十二月份学生实发贷金报部底册

67-3-366　一九三八年法律系、物理系、化学系、地理系、政治系、经济系应行毕业生名单、一九四五年八九月份贷金印领清册

67-3-367　一九四〇年至一九四二年学生家境清寒证明书、林主席、中正奖学金申请书

67-3-370　一九三七年正奖学金申请书及名单

67-5-296　一九三七年学生申请公费补助及认购公债专卷

67-4-26　一九三九年蒙、藏、回族学生补助费办法

67-4-27　一九三九年十月至一九四一年三月学生贷金、名册

67-4-28　一九三九年二月至十月学生申请公费数及家境清贫证明

67-4-29　一九三九年学生助学金便函、旅费申请

67-4-30　一九三九年至一九四〇年学生申请发给助学金、奖金、贷金函件

67-4-31　一九三九年至一九四〇年学校贷款生章程及贷金、奖学金呈请发放公函

67-4-32　一九三九年至一九四〇年公函、便函、毕业证书、奖学金及成绩单

67-4-33　一九四〇年学生奖学金、贷金、救济金

67-4-34　一九四〇年有关贷金、公函、布告等

67-4-35　一九四〇年学生生活、医药补助费及贷金的增发

67-4-36　一九四〇年至一九四一年有关学生救济金、膳食补助的公函便函、代电、通告

67-4-37　一九四〇年至一九四一年贷金及奖学金办法、申请

67-4-42　一九四〇年至一九四三年学生奖学金呈文、指令及申请名单

67-4-62　于右任河南奖学金简章、陕北籍学生救济费清册及学生成绩册

67-4-66　一九三九年至一九四四年学生各种补助金、奖学金、成绩单

67-4-174　一九三八年至一九四五年学生学籍处理布告、开放、考试、放假日期、学生困难补助、校务计划件

67-5-16　一九三八年各省学生津贴

67-5-232　一九四〇年学生请假单、存根及薪金报酬所得税

67-3-253　一九四〇年招收新生有关函件、中正奖金获得者名单

（三）毕业就业

67-1-200　校史、一九三九年毕业生名册、一九四四年教员奖金、一九四七年退役学生名单（教员，据原档调整到"教师"）

67-3-28　一九三八年学生名册及毕业证明书

67-3-43　一九四〇年至一九四三年学生毕业证明、升能补考、课时表

67-3-51　一九四〇年至一九四五年学生学历证明

67-3-53　一九三八年北大、河北省立女子师范、医学院、教育学院及本校应届毕业生名册

67-3-71　一九三九至一九四八年本校毕业生、在校学生索要毕业文凭、证书的来往文件

67-4-88　一九三九年至一九四三年学生毕业证件清单、一九四六年第二学期应届毕业生名单

67-4-115　一九三九年至一九四〇年学生毕业证明书及各种证件、申请书

67-4-116　一九四〇年学生毕业证明书、汇款单手续规定等件

67-4-118　一九四〇年、一九四一年有关学生要求补发毕业证书的来往公函、便函

67-4-132　一九四〇年举办中国文化服务社"读书会"章则、西大课程安排及学生竞试文件

67-4-136　工学院、农学院、师范学院一九四二年学生竞试名册及有关竞试文件

67-4-143　一九三八年有关毕业生工作介绍、学生补考等函件

67-4-144　一九三九年毕业生工作的呈文、批复函件

67-4-159　一九三七年借读生资格审查函件

67-4-160　一九三八年休学、退学学生名单、招收借读生办法、西安临大校刊编辑及发行大纲

67-4-161　一九三七年、一九三八年请求免费学生名单、请求免交、缓交学费、制服费学生名单及批示

67-4-162　一九三七年至一九四八年寄读生、转学文件、新生名册、毕业生名册及休学学生名册

67-4-163　一九三八年有关学生寄读、休学、由旁听生转为正式生、毕业生安排工作等件

67-4-164　一九三八年借读生转学办法、公告等函件

67-4-165　一九三八年保送学生入兵工专校呈文及学籍函件

67-5-251　一九三七年至一九四一年学生学历证明函件

67-5-611　一九三七年至一九四四年法令讲习大纲、本校学生参加各公司工本科与兴业银行人员冲突事件

六、党团

（一）中共地下党

本校与教育部、鄂陕甘边区警备司令部有关通缉、监视共产党地下党员刘宗和等材料

7-1-118　本校学运文件、刊物、画报、照片

（二）国民党

67-2-1　本校国民党党员康伦先等三十四人有关所请缓扣党捐及已扣者权为发还问题给中央执委会秘书处的请示、电报

67-2-27　一九三八年至一九四四年有关中训团党政班受训人员名单、训令等

67-2-143　一九四〇年至一九四三年国民党员月捐、公函、布告、证件等

该校国民党、三青团名册、登记表及甄选党政干部人员推荐书、区党部工作人员名册、国民党西大区党部党员名册、党员党籍调查表等

（三）三民主义青年团

该校三青团名册

该校教育部三青团陕西青年夏令营有关成立夏令营筹委会、研究会办法、三民主义论文比赛

七、抗战与军训

（一）军训管理

67-1-131　本校学生军训入队登记表

67-1-137　军法处承审李寅委任状等材料

67-1-206　一九三七年至一九三八年特种技术训练专卷

67-1-210　本校与中央训练团、战干团、教育部等单位有关学生参加战时工作训练的来往公文及学生名册

67-1-211　本校与军管司令部等单位有关学校军训问题的来往文书及军训实施办法

67-1-212　本校与教育部有关聘请政治教官、调训职员学生的来往文书及受训人员名册（有一部党团）

67-1-213　本校与教育部、省军管司令部等单位有关军训教官调用、互助待遇、学生保防、收容取缔袍哥党会等事宜的来往

67-1-213　本校与教育部、省军管司令部等单位有关军训教官调用、互助待遇、学生保防、收容取缔袍哥党会等事宜的来往文书

67-2-7　本校军管实施办法草案、与教育部等单位有关军事教官职级、军训等问题

的来往文书

67-2-8 一九四〇年至一九四一年关于兵役、防空、抗战的函件

67-2-10 一九四一年至一九四二年有关军事函件、兵役标语汇集

67-2-12 一九二九年至一九三七年有关高中以上学校军训实施办法及经费等文件

67-2-183 一九三九年至一九四〇年军训教官任职呈文、教员讲座补助及学生举办生产事业办法规则

67-5-237 一九三〇年有关学生参加军事训练函件

（二）从军

67-2-13 一九四四年青年从军规定、学生名单及防空规定、办法

八、并入院校

（一）国立西北医学院

67-5-255 国立西北医学院移交清册

（二）西安政治学院

67-1-150 陕西省立政治学院办公日志

67-3-441 一九三九年非常时期专门人员调查名册、一九四〇年本校学生名册，一九四一年政治学院聘书、一九四七年商专沦陷区学生救济证明（商专部分下移）

67-5-226 一九四〇年各机关职员姓名省立各中等以上学校一览表及各校校长姓名、金融毕业生名单

67-5-227 一九四〇年陕西省立政治学院教职员履历表等函

67-5-229 省立政治学院招生简章、金融训练班招生广告等有关函件

（三）陕西省立商专、医专、师专

67-1-182 省立商业专科学校各科学生登记表（会计、统计、银行）

67-1-185 省立商业专科学校学生登记表

（四）其他相关院校

67-1-195 一九四九年国民党陕西执委会陕南地区工作督导团关于学校情况调查大纲

（吕晶整理）

后 记

一所大学的连续性之所以得以维系，在很大程度上有赖于历史记忆。而在其全部历史中，最重要者莫过于学科史。它是大学赖以生存和发展的核心，是大学学术生命所系，举凡人才培养、科学研究、社会服务、文化传承与创新等，倘若离开学科，一切皆无从谈起。因此，一部学科史，如同一面镜子，全景式地折射出大学改革、建设与发展的历史，所彰显的是一代一代学人践行使命与担当的轨迹。系统地整理、编纂一部体现西北大学百余年来学科发展历程的学科发展史是学校由来已久的愿望。

2021年5月，王亚杰书记、常江副校长与校友、中国文化遗产研究院原院长张廷皓在北京见面时，再一次提及编纂西北大学学科发展史的想法。张廷皓校友讲到，西北大学百余年的学科发展历程是西北大学历代学人与国家民族荣辱与共、共同发展的历程，不仅体现着学校始终把服务国家富强、民族复兴作为最高追求的传统，也体现着这所有着深厚文化底蕴的高等学府格物致知、经世致用、知行合一的传统，很有必要深入研究，形成成果。两位学校领导深以为然，一起讨论谋划学科发展史的编纂工作。

在西北大学建校120周年之际，在学校领导的支持和指导下，这项西大人"由来已久的想法"作为一项宏大的校史文化工程开始实施。2021年10月21日，120周年校庆工作总指挥、副校长常江主持召开学科发展史编纂工作会议，正式启动《西北大学学科发展史》的编纂。一年多来，25个院系的300余位执笔人，放弃假期，连续作战，数易其稿，终于在2022年9月初陆续交稿，完成300余万字的初稿，经有关专家评审，进入出版程序。

在学科发展史编纂工作期间，王亚杰书记对学科发展史编纂工作给予了有力的支持和指导。他强调，学科发展历史是学校的宝贵文化遗产，它不仅使学校的过去与现在融为一体，而且关联着学校的未来发展。整理、编纂学校120年的学科发展史既是对双甲子的致敬，也是对"双一流"建设的有力推动。

郭立宏校长一直关注和支持西北大学校史文化研究、学科发展史研究。他指出，对校史研究要组织化、系统化、长期化，对学科发展的再总结、再认识，为现时西大人传承传统、团结奋进提供强大精神动力。他在学科史策划阶段就对选题和审稿给予有力的支持，还特地为本丛书撰写总序。

常江副校长对科学史、学科史有深刻的理解，在编纂学科发展史的创意起源、总策划、意义阐释、范本提供等方面起到了重要作用；全国教学名师、赖绍聪副校长熟悉学科建设工作，为学科发展史编纂给出许多指导意见，鼎力支持对西北大学教育理念的研究；校党委常委、宣传部田明纲部长在总的指导、工作推进和书稿评审给出重要意见和有力的机制保障；编委会委员、西北大学原副校长杨春德，校党委宣传部原部长杨德生、学校发展规划与学科建设处汪涛处长，他们热心支持学科发展史的编撰工作，认真审读书稿，并提出了具体修改意见；张廷皓校友以地质学科为例，提供富有指导意义的编撰意见，对母校的殷殷之情溢于言表；校庆办周超、宁岗、杨涛及朱家栋等人负责学科史编纂工作的总体推进和日常运行，承担了大量的组织协调、会议筹备、文件准备、稿件收发等工作；科学技术处杨涛处长、社会科学科研管理处韩志斌处长帮助解决学科发展史编纂工作中的技术难点；刘池阳、华洪、王家鼎、彭进业、耿国华、任战利、黄民兴、谢阳举、马健、张瑞、张军丽、贺庆丽、田来科，以及杨遇青、任萌、陈战峰、樊涛、史波、张卫峰、李青彦、李楠、刘俊杰等专家教授、院（系）领导，参与本院（系）学科史编纂大量工作；编纂组曹振明、杨遇青、袁敏、伍小东，以及技术编辑王雨曦、林启东等人也在学科分卷编纂、总编纂统稿、协助院系、初审修改、排版编目、打印装订、送审和联络等方面付出艰辛劳动；出版社组织20余位富有经验的编辑人员加班加点，对书稿的体例规范、文字表述仔细推敲，并针对相关问题与主编沟通讨论，为润饰、提高书稿质量起到了巨大作用。

"千金之裘，非一狐之腋；大厦之材，非一丘之木。"尚望更多有志于此道者，继续努力。对以上所有同志的辛勤付出，在此一并表示衷心感谢！

"欲流之远者，必浚其泉源。"站在120年的关键节点，回溯学科奠基、积累、传承和发展的轨迹，梳理学术脉络的源流与走向，回答"从哪里来，到哪里去"，以期为当下高等教育高质量发展提供借鉴，将对学校进一步总结办学经验、传承文化、推动学科发展有着重要的意义。

《西北大学学科史文献资料选编》是《西北大学学科发展史》丛书之一。书稿虽成，但其研究工作才刚刚起步，仍有大量工作需要深入开展，希望有更多的志同道合者加入这个行列。

水平有限，错谬之处，尚请方家批评指正。

编者

2023年8月28日